LILIAN · TISHENG · CHENGZHANG
·

成长 提升 历练

高校团学干部实务培训十讲

刘艳辉 潘 健◎主编

ZHEJIANG UNIVERSITY PRESS
浙江大学出版社

《历练·提升·成长——高校团学干部实务培训十讲》

编委会

顾问:严建华

主编:刘艳辉　潘　健

编委:(按姓氏笔画为序)

马宇光　王万成　仇婷婷　卢飞霞

卢军霞　朱佐想　任立娣　李姿曼

吴维东　沈晓华　沈晔娜　陈　敏

金芳芳　俞　磊　徐　洁　翁　亮

梁　艳　谭　芸　潘贤林

序 言

　　高校团学干部是学校教育、管理、服务等各项工作在学生中的组织者、协调者和执行者，是参与学校民主管理、服务学校改革发展的重要力量。团学干部主要包括校院学生会干部和共青团干部、学生组织和学生社团干部、班团干部等。加强团学干部队伍建设，对促进大学生健康成长，推动一流大学建设，培养具有国际视野的高素质创新人才和未来领导者，造就大批中国特色社会主义事业合格建设者和可靠接班人具有十分重要的意义。

　　加强团学干部队伍建设，开展教育培训是一项十分重要的工作。浙江大学党委高度重视团学干部队伍建设，校团委、校党委学工部、校党委研工部具体对团学干部开展针对性的实务培训。在培训工作开展过程中，培训师资组觉得非常有必要编写一本对广大团学干部来说既高屋建瓴，又贴近实际，既有理论深度，又通俗易懂的教材，供团学干部参考阅读，以进一步增强培训效果。编写组组织相关同志根据实际工作积累编写了本书，我觉得十分有必要。本书共十讲，可以从三大部分去学习理解：一是关于团史的，简叙了共青团 90 多年的发展历程，增强团学干部对共青团的整体认识；二是关于团学工作实务的，包括思想引领、组织建设、文体活动、社会实践、志愿服务、创新创业等；三是关于团学工作的一些方法论思考，包括团学工作的思路、基本方法，团学干部的能力提升、成长路径等。本书体系性强，内容丰富，案例详实，具有较强的知识性和可读性，相信对增强团学干部的政治素养、理论水平、领导能力和业务能力大有裨益。

　　在加快建设世界一流大学的征程中，浙江大学提出了"六高强校"战略，其中第一目标就是"培育时代高才"。希望广大团学干部和求是学子自觉践行社会主义核心价值观，争当政治坚定、德才兼备、素质全面、模范表率、堪当重任的团学骨干，在实现中华民族伟大复兴的中国梦历史洪流中，将个人理想和发展目标与国家需要紧密结合起来，用奋斗书写精彩的青春篇章！

　　是为序。

浙江大学党委副书记

2015 年 1 月 28 日

目 录

第一讲　共青团的历史沿革与发展现状

中国共产主义青年团（以下简称"共青团"）是中国共产党领导的先进青年的群众组织，是广大青年在实践中学习中国特色社会主义和共产主义的学校，是中国共产党的助手和后备军。从初中开始，我们就以加入共青团为骄傲，我们佩戴团徽、高唱团歌，我们都是光荣的共青团员。那我们是否知道共青团是如何成立和发展的呢？共青团的性质和职能又是什么？作为共青团的一员，我们拥有哪些权利、要履行哪些义务呢？如何才能成为一名优秀的共青团员？了解团史团情、重温团章正是我们第一讲的内容。

第一节　共青团的成立和发展

中国共产主义青年团是中国共产党领导的先进青年的群众组织，是广大青年在实践中学习中国特色社会主义和共产主义的学校，是中国共产党的助手和后备军。共青团自 1922 年 5 月诞生以来，到今天已经走过了 90 多年的光辉历程。90 多年来，共青团在党的历代领导集体以及众多老一辈无产阶级革命家的亲切关怀下，不断发展壮大，为中华民族的伟大复兴事业做出了重大的贡献。

一、共青团组织的成立

(一)共青团组织成立的背景

辛亥革命之后，袁世凯窃取了革命的果实，中国社会进入北洋军阀的黑暗统治。军阀混战与政治昏暗使中国人民依然生活在水深火热之中，国内阶级矛盾不断激化。而一战期间，帝国主义国家暂时放松了对中国的侵略和压迫，中国的民族资本工业获得了前所未有的发展，中国工人阶级队伍迅速壮大。1915 年 9 月，陈独秀在上海创办《青年杂志》（后改名为《新青年》），标志着新文化运动的开始。1917年,俄国十月社会主义革命胜利,"一声炮响,为中国送来了马克思列宁主义"。在新思潮涌动、新理念传播的影响下,在经济、政治发展的基础上,中国爆发了划时代的五四爱国运动。

1918年11月,第一次世界大战以同盟国的失败告终。1919年1月,一战的战胜国在巴黎召开"和平会议",拟定对战败国的"和约"。在一战中参加协约国方面的中国也以战胜国的资格派出代表团出席会议,并向和会提出废弃势力范围、归还租借地、归还租界等七项条件。但在日本的威胁和恫吓下,和会竟不顾中国的战胜国身份,拒绝了中国代表的要求,并决定将德国在中国山东的权益转让给日本。消息传到国内,引发全国各界群情激愤,抗议日本帝国主义的强盗行径,斥责曹汝霖、章宗祥、陆宗舆等人的卖国行为,并要求中国代表据理力争。1919年5月4日下午,北京大学等13所学校的学生在天安门前集会,进行大规模讲演和游行,并放火焚烧位于赵家楼胡同的曹汝霖住宅。在北京爆发的运动得到了全国各地的积极响应,运动的主力军也由学生扩大到工人阶级,形成了学生罢课、工人罢工、商人罢市的"三罢"运动。在各地各界呼喊抗争的形势下,北京政府被迫免去曹、章、陆三人的职务,中国代表也未出席签字会议,拒绝在和约上签字。

五四运动使中国青年第一次站在了中国的政治舞台上,体现出了自己的先锋作用,为中国青年运动的发展奠定了良好的基础。五四运动中一批年轻的左翼骨干在马克思主义的指导下,积极投身到群众斗争中,促使马克思主义得到广泛传播并密切地与中国工人运动相结合。

(二)中国社会主义青年团的成立

1920年8月,中国最早的共产主义小组在共产国际的帮助下在上海建立。在上海共产主义小组筹建的过程中,共产党的发起人李大钊、陈独秀等人已经对中国青年运动和团结教育革命青年进行了极大关注。在上海共产主义小组建立后,陈独秀指派组织中最年轻的成员俞秀松组建社会主义青年团。同年8月22日,俞秀松、施存统等人成立上海社会主义青年团,由俞秀松任书记。在这之后的1920年秋至1921年春,北京、武汉、广州、长沙等地也分别建立了社会主义青年团的早期组织,并在当地共产主义小组的领导下开展组织工作,宣传先进思想,推动民族解放运动。

1921年7月,中国共产党成立。新生的中国共产党派出党员对各地团的早期工作进行指导,使得各地的建团工作得到了促进与发展。到1922年5月,全国的团员总数已达5000多人。1921年8月,代表中国共产党和青年团出席共产国际三大和青年共产国际二大的张太雷从莫斯科回国,并带回了青年共产国际关于建立中国青年团组织的指示。中共中央局随即决定由张太雷等人主持正式建立青年团的工作。

1922 年 5 月 5 日,中国社会主义青年团第一次全国代表大会在广州召开。出席大会的代表共 25 人,代表全国 15 个地方团组织 5000 多名团员。中共领导人陈独秀等和青年共产国际代表也出席了会议。大会制定和通过了团的纲领和章程,建立了团的中央领导机构。在团中央执行委员会第一次会议上,方国昌①被推选为书记。青年团一大的召开标志着中国社会主义青年团的正式成立,中国的青年团组织实现了在思想上、组织上的完全统一,中国青年运动从此有了自己的核心。

二、共青团组织的发展

(一)从社会主义青年团到共产主义青年团

新生的社会主义青年团立即带领各地的团员和青年们积极投身到如火如荼的工人运动之中。在 1922 年的安源路矿工人运动和 1923 年的"二七大罢工"中,青年团员和青年始终站在斗争的最前列。1923 年 8 月,中国社会主义青年团第二次全国代表大会在南京召开。大会最后选举组成新的团中央执委会,其中执行委员有邓中夏等 7 人;候补委员有恽代英等 4 人。二届一中全会推选刘仁静任委员长。同时,大会确定了团在政治上完全服从共产党的领导,完全接受中共三大确定的国共合作建立革命统一战线的方针,并在会后积极投入到帮助国民党的改组工作中。1923 年 10 月,青年团机关刊物《中国青年》创办。在第一次国内革命战争时期,《中国青年》周刊成为党、团组织进行思想文化宣传与斗争的主要阵地。为了提高团员的战斗力与政治意识,党团组织选派团员到黄埔军校和农民讲习所学习,在这一时期参加组织与学习的干部与学员们,很多都成为后来中国共产党和人民解放军的主要领导和将领。

1925 年 1 月,在中共四大闭幕后,中国社会主义青年团在上海召开第三次全国代表大会。会议确定了共青团在大革命高潮即将到来时的工作任务,同时,大会为了明确表明党在中国实现共产主义的政治主张和团组织是为无产阶级利益而奋斗的革命青年组织,决定将中国社会主义青年团改名为中国共产主义青年团。在团三届一中全会上,张太雷被推选为总书记。更名后的共青团在中共中央的直接领导下,在以五卅运动为发端的大革命高潮以及国民革命军的北伐战争中积极战斗、密切配合,在全国各地掀起规模宏大的反帝反军阀浪潮,在中国青年运动史上谱写了壮丽的篇章。

---

① 注:原名施存统,方国昌为化名。

1927 年 4 月 12 日,以蒋介石为代表的国民党右派发动反革命政变,第一次国共合作破裂,大革命遭受了严重的挫折。在危急关头,中国共青团于 1927 年 5 月在武汉召开了第四次全国代表大会。大会认真总结了大革命时期的斗争经验,接受中共五大的决议和共产国际、少共国际的指示,规定学生运动今后的主要方针是到群众中去,深入到农村和军队中去。任弼时在团中央全会上被选为团中央书记。会后,共青团在共产党的领导下,与右倾机会主义进行斗争,并引领青年群众勇敢地加入到创建革命根据地的战斗行列中。1928 年 7 月,在中共六大召开之后,中国共青团在莫斯科召开了第五次全国代表大会。大会根据中共六大的决议制定了团的工作方针和任务,以适应土地革命和创建革命根据地任务的要求。关向应在团中央全会上被选为团中央书记。此后,各个革命根据地的共青团组织逐渐建立和壮大,国民党统治区的青年运动也趋于活跃。到 1930 年 10 月,革命根据地的团员数量达到 10 万人。

(二)青年团的改造与重建

1931 年 9 月 18 日,日本帝国主义者发动"九一八"事变,开始了变中国为其独占的殖民地的侵略战争,而以蒋介石为首的国民党政权继续镇压中国革命,围剿革命根据地。由于党内"左"倾冒险主义的统治地位,导致了共产党第五次反"围剿"失败,中国工农红军被迫开始二万五千里的长征。1935 年 10 月,中央红军到达陕北。一个月之后,共青团中央(时称少共中央局)就恢复了工作。1936 年 11 月 1 日,为响应青年共产国际根据世界反法西斯斗争的要求做出的改造各国共青团组织的决定,中共中央发出《关于青年工作的决定》,把青年无产阶级先锋队的共青团改造为非党的广大青年的统一战线组织。在此前一年的 12 月 9 日,北平共青团组织配合北平党组织通过北平学联发动了"一二·九"运动,在此运动中诞生的中华民族解放先锋队即为中国共青团改造提供了一个成功范例。《决定》发出后,作为全国唯一苏区的陕甘宁根据地的各级团组织自上而下进行改造,相继成立了各级青年救国联合会(简称"青救会")。随着共青团陕北省委加入青救会,经过几个月对团的改造,陕甘宁各级团组织逐步更名为青救会,同时,基层的青救会、学生救国会和学生自治会等青年救亡团体陆续建立。到 1937 年 3 月,陕甘宁根据地的共青团组织已完成了彻底的改造,组织人数由原来的 2 万团员增加到 16 万青救会员。在全面抗战开始后,包括国统区和沦陷区在内的全国各地区的共青团改造工作相继完成,形成了多形式、多名称的青年救国组织,在共产党的领导下,组织和带领青年参加对日斗争、发展生产、宣传文化、建设根据地等各方面工作,让青春的烽火点燃在中华大地。

抗战胜利之后,由于国民党军队进攻解放区,解放战争打响。在新的历史时期,中国青年再一次站到了时代的前列。1946年秋,中共中央书记处专门对建立青年团的问题进行了会议讨论。之后,在中共中央青委的指导下,在延安成立了第一个新民主主义青年团的团支部。同年12月5日,中共中央向各个解放区发出《中共中央关于建立民主青年团的提议》,在党中央的指导与成功试点经验的引领下,各解放区的青年团试建工作纷纷展开。1948年9月,中共中央在西柏坡召开政治局扩大会议,其中做出了正式建立新民主主义青年团的决定。之后,党中央创办中央团校培养青年干部,并指导《中国青年》杂志复刊。1949年4月,中国新民主主义青年团第一次全国代表大会在刚刚解放的北平召开,宣告中国新民主主义青年团正式成立。在青年团一届一中全会上,冯文彬当选为团中央书记。中国新民主主义青年团的成立标志着中国青年又有了自己的组织,中国青年运动又进入了一个新的历史时期。

延伸阅读 1-1

战火纷飞中的求是青年之"黑白文艺社"

1937年春,在中国共产党地下组织安排下,一批爱国进步学生联合成立了浙江大学黑白文艺社。当时东北三省已陷入日本侵略者手中,之所以取名"黑白",有响应东北抗日军民之意,向公众申明收复日寇侵占的"黑水白山"(即黑龙江和长白山)领土而奋斗的决心,以及表明像黑白分明一般来判明是非的求是精神。因其所持"抗日救国,收复祖国失地"的宗旨,一经登报成立,就有数十位浙大同学踊跃报名参加。张毕来是其首位社长。

在宜山的一次民众集会上,黑白文艺社就组织演出了《破坏大队》,教育民众破坏敌人的交通线,所有的社员都参加了演出。值得一提的是,该社甚至有自己专门的剧作家,潘传列就是其中一位。他是一位才华横溢的社员,常常一夜就能写出一个富有戏剧性的短剧以供排练。1939年年初,何友谅当选社长,一直连任至被捕。

据目前的史料情况看,该社的活动重点并非在戏剧演出方面,其使命主要是组织浙大同学开展抗日民主斗争。特别是进入宜山阶段以后,除演出外,剧社常常通过义卖义演支援前线,下乡宣传表演慰劳兵民,而且开办民众夜校、帮助当地百姓、组织战地服务员等许多抗日救亡工作。后演变成为当时浙大地下党组织"马列主义小组"最为重要的外围组织之一,经常组织同学阅读进步书刊,启蒙思想,参加抗日救亡民主运动。

1942 年年初浙大爆发"倒孔运动",黑白文艺社被校方明令禁止活动。面对国民党当局的镇压,黑白文艺社由公开转入地下,坚持秘密活动,直至新中国成立。

(三)青年团的继续发展

新中国成立后,青年团响应党的号召,对广大青年进行了深入的爱国主义教育,使青年团成为党在社会主义过渡时期最亲密、最可靠的助手。在抗美援朝时期和土地改革、镇压反革命、"三反"、"五反"以及社会主义改造过程中,青年团发挥先锋带头作用,与党密切配合,大力支持和有效推动了各项工作的胜利开展。在这一时期,在中国的青年群体中涌现出了黄继光、罗盛教、丁佑君、郝建秀等英雄人物与劳动模范,在新生的中华大地上谱写了一曲又一曲壮丽辉煌的青春之歌。与此同时,青年团自身也在不断地发展和壮大。到 1953 年 6 月,中国新民主主义青年团第二次全国代表大会召开之时,全国团员数量已经达到 900 万人。在青年团二届一中全会上,胡耀邦等 9 人当选为团中央书记处书记。

1957 年 5 月,在北京召开的中国新民主主义青年团第三次全国代表大会上,大会一致通过了《关于将中国新民主主义青年团改名为中国共产主义青年团的决议》,鉴于我国已正式进入社会主义社会,为了确切地反映青年团所担负的政治任务和广大团员的意志,将中国新民主主义青年团改名为中国共产主义青年团。同时《决议》指出,"为了继承和发扬我国青年运动的光荣传统,应该将改名以后团的全国代表大会和过去的中国社会主义青年团、中国共产主义青年团以及中国新民主主义青年团历次代表大会相衔接,依照次序加以排列,把下一次团的代表大会定名为中国共产主义青年团第九次全国代表大会"。在共青团三届一中全会上,胡耀邦当选为团中央书记处第一书记。

青年团三大之后,共青团在中国共产党探索建设社会主义道路的过程中,积极投入到经济建设的各项事业之中,在农业建设、技术革新、油田开发等重大任务中,都留下了共青团员们青春的汗水。同时,共青团引导中国青年们用思想武装自己,组织带领青年掀起学习毛泽东著作、学习政治理论的热潮。伟大的共产主义战士雷锋、爱民模范欧阳海、"草原英雄小姐妹"龙梅和玉荣等就是这一时期涌现出的优秀青年代表。

1964 年 6 月,中国共产主义青年团第九次全国代表大会在北京举行。在共青团九届一中全会上,胡耀邦当选为团中央书记处第一书记。此时国民经济已出现全面好转,大会也向全国青年提出了"发扬我们革命前辈愚公移山的伟大精神,贡献出一切力量,充当社会主义的突击队"的号召。但由于当时的"左"倾错误进一步发展,大会也提出了青年"以阶级斗争为纲"的要求,对部分青年造成了伤害。近两年后,"文化大革命"开始,共青团组织和全国人民一起遭受了一场空前的浩劫。共青团不仅被说成是"全民团、生产团、娱乐团",而且各级组织都停止了活动,工作机构遭到破坏,失去了系统的领导。虽然毛泽东在1969年4月党的九届一中全会提出开展整团建团工作,但由于"文革"时期的形势与破坏,整团建团的工作一直没能完成。直到"文革"结束之后,团中央机关刊物《中国青年》和团中央机关报《中国青年报》相继复刊,中国共产主义青年团第十次全国代表大会于1978年10月在北京召开,标志着全面恢复共青团工作的任务基本完成。在共青团十届一中全会上,韩英当选为团中央书记处第一书记。

(四)迈向社会主义建设新时代

党的十一届三中全会召开之后,团中央落实会议精神,要求共青团组织从以参加政治运动为主转移到以参加生产建设活动为主,将共青团的工作重心转移到社会主义现代化建设上。从1979年到20世纪80年代初,共青团组织先后发起和组织了"学雷锋、树新风"、"五讲四美"等活动,在青少年心中燃起了精神文明之火,在社会上重新树立了青少年的美好形象。经过四年的恢复与发展,到1982年年底,全国团员数量达到4800万名。1982年12月,中国共产主义青年团第十一次全国代表大会在北京召开。在共青团十一届一中全会上,王兆国当选为团中央书记处第一书记。此后,全团以生机勃勃的精神状态投入到了经济建设和改革开放的大潮中。在随后的五年中,团中央通过发动青年参加"五小"智慧杯竞赛活动、"一团两户"活动、读书活动和推广礼貌用语活动,以青年作为时代的先锋,鼓励生产建设,引领社会新风尚。1984年12月,胡锦涛在共青团十一届三中全会上当选为团中央书记处第一书记,之后由宋德福接任。

1988年5月,中国共产主义青年团第十二次全国代表大会在北京召开。会议上,《光荣啊,中国共青团》被确定为中国共青团代团歌。在共青团十二届一中全会上,宋德福继续当选团中央书记处第一书记。此时适逢中国的改革开放、社会主义现代化建设事业进入关键性发展阶段之时,共青团坚决贯彻党的基本路线,团结和带领广大团员和青年服务改革和经济建设的大局,努力为发展生产力做贡献,做维护安定团结社会局面的促进者。从20世纪80年代中期开始,在党的领导下,为了更好地体现团的性质、明确团的社会职能、理顺党团关系,共青团开始了体制改革的探索。通过改革,促进了团的组织建设,优化了团的外部工作环境,推进了团的文化建设事业发展,拓展了团的国际、国内各种联系交往的新空间,扩大了共青团的工作领域。

1993年5月,中国共产主义青年团第十三次全国代表大会在北京召开。在共青团十三届一中全会上,李克强当选为团中央书记处第一书记。这是在中国改革开放的总设计师邓小平南方谈话后共青团的首次全国代表大会,为团组织在中华民族振兴,实现跨世纪宏图伟业的过程中再创新局面、再谱新篇章奠定了基础。1993年12月,"中国青年志愿者行动"在团中央的组织下开展;1994年1月,全团开展的"青年文明号"活动拉开了序幕;1994年2月,"跨世纪青年人才工程"通知发出。在团组织的领导与号召下,中国青年站在新世纪的门槛上,准备接过先辈们建设国家的重担,磨炼意志,锻炼能力,服务社会,为中国的建设事业唱响青春之歌。

1998年6月,中国共产主义青年团第十四次全国代表大会在北京召开。在共青团十四届一中全会上,周强当选为团中央书记处第一书记。共青团十四大以后,团组织引领青年认真学习政治理论知识,积极开展形式多样、内容丰富的社会实践活动,并通过发挥宣传舆论阵地作用,引导青年精神文明建设。

2003年7月,中国共产主义青年团第十五次全国代表大会在北京召开。在共青团十五届一中全会上,周强当选为团中央书记处第一书记,之后由胡春华接任。共青团十五大之后,在网络媒体迅猛发展、青少年发展多元化等背景下,共青团贯彻落实中央8号文件①与16号文件②,制定了《团中央加强未成年人思想道德建设主要工作推进计划》,并会同教育部起草和下发了《关于进一步加强和改进大学生社团建设的意见》,极大地促进了全党全社会关心未成年人和大学生健康成长的工作。通过全团开展的团员意识教育活动,落实党建带团建和"推优"工作,引导青年发挥生力军和突击队作用,坚定了团员的意志品质,牢固了团员的政治组织,发扬了团员的年轻斗志。

2008年6月,中国共产主义青年团第十六次全国代表大会在北京召开。在共青团十六届一中全会上,陆昊当选为团中央书记处第一书记。此后五年中,在党的领导下,共青团紧紧围绕党和国家工作大局,切实履行组织青年、引导青年、服务青年、维护青少年合法权益的职能,深入开展"青年马克思主义者培养工程",深化"青年文明号",积极运用新媒体和文化手段,加强团干部队伍建设与基层团组织建设,加强理想信念教育,推进思想道德建

---

① 《中共中央、国务院关于进一步加强和改进未成年人思想道德建设的若干意见》(中发〔2004〕8号)。

② 《中共中央、国务院关于进一步加强和改进大学生思想政治教育的意见》(中发〔2004〕16号)。

设,推动团的各项工作和建设实现新的发展。

2013 年 6 月,中国共产主义青年团第十七次全国代表大会在北京召开。在共青团十七届一中全会上,秦宜智当选团中央书记处第一书记。秦宜智向大会做了题为《高举团旗跟党走　奋力实现中国梦》的报告,要求全团要紧密团结在以习近平同志为总书记的党中央周围,高举中国特色社会主义伟大旗帜,以邓小平理论、"三个代表"重要思想、科学发展观为指导,团结带领广大团员青年在全面建成小康社会、加快推进社会主义现代化、实现中华民族伟大复兴的中国梦的新征程上谱写新的青春篇章。

三、共青团的优良传统

共青团不但具有光荣历史,而且在长期的发展过程中,逐步形成了具有先进青年群众组织特色的优良传统和作风。

（一）始终站在社会变革的前列,做革命和建设事业的先锋队

毛泽东同志曾经指出:"'五四'以来,中国青年起了什么作用呢？起了某种先锋队的作用……就是带头作用,就是站在革命队伍的前头。"从五四运动到改革开放的今天,无论是在与帝国主义、封建主义和官僚资本主义"三座大山"的艰苦斗争中,还是在建设富强、民主、文明、和谐的社会主义现代化国家的伟大事业中,共青团在党的领导下,始终站在社会变革的前列,团结带领广大青年为了国家和民族的解放,为了改变祖国贫穷落后的面貌,冲锋在前,战斗在前,成为推动社会变革的先锋力量。

（二）代表和维护青年利益,适应青年特点开展工作

中国共青团从它成立之日起,就公开宣布它是维护青年利益的团体,要为青年工人、农民、学生的利益而奋斗,吸引着千千万万的青年投入革命的怀抱。在民主革命时期,它为了青年的利益和人民的利益而奋斗,同时克服了团内一度存在的"不着重去注意青年的特殊的工作,而和党做同样工作"的脱离青年群众的"第二党"倾向,成为团结中华进步青年的核心。在社会主义建设初期,毛泽东同志谆谆告诫青年团:"你们现在有 900 万团员,如果不注意青年特点,也许就只有 100 万拥护你们,800 万不拥护你们。"在改革开放、推进中国特色社会主义建设的新时期,共青团进一步提出要为青年建功立业、成长成才的根本利益服务,强调把服务作为团的各项工作的重要出发点和落脚点,在代表和维护青年利益上更加主动、更加自觉。

（三）自觉接受党的领导,积极引导青年前进

共青团自成立以来,始终把马列主义作为自己的指导思想,把实现共产

主义作为自己的奋斗目标,要求团的组织和团员接受党的政治领导,拥护党的政治主张,引导广大青年不断地走上党所指引的革命道路,保证中国青年运动的健康发展。因此,始终不渝地接受党的领导,既是共青团性质的基本要求,也是把握青年运动前进方向的首要条件。

第二节 共青团的性质和职能

一、共青团组织的性质

首先,我们应理解中国共产主义青年团的含义:"共产主义"代表着政治属性,代表着组织成员的政治信仰和奋斗目标,以实现共产主义为最终奋斗目标;"青年"代表着组织成员的特点,是中国最富有活力、最具朝气的群体;"团"代表着组织形式。一句话概括就是:共青团是具有政治属性、针对青年这一特定群体开展工作的社团组织。共青团的性质是它所具有的本质和内涵,决定了它的发展方向。对于每位共青团员来说,只有正确认识共青团的性质,才能明确职责、严于律己,在各方面自觉发挥模范带头作用,力争做优秀的团员。党章和团章中都规定:中国共产主义青年团是中国共产党领导的先进青年的群众组织,是广大青年在实践中学习中国特色社会主义和共产主义的学校,是中国共产党的助手和后备军。该规定完整准确地概括了共青团的性质,其中,第一句话体现了共青团组织的基本属性;第二句话体现了共青团组织的重要责任;第三句话体现了共青团与中国共产党的特殊关系。

(一)中国共产党领导的先进青年的群众组织

1. 坚持中国共产党的领导

中国共产党是中国工人阶级的先锋队,同时也是中国人民和中华民族的先锋队,是中国特色社会主义事业的领导核心。共青团是中国共产党领导的先进青年的群众组织,党的领导是共青团存在和发展的根本保证,共青团在政治上必须接受中国共产党的领导。

中国共产主义青年团的诞生,是与中华民族伟大复兴事业紧密连在一起的,是在中国共产党的领导下得以实现的:1920年8月,上海共产主义小组一成立,陈独秀便指派小组内最年轻的成员俞秀松组建社会主义青年团。同年8月22日,中国第一个地方青年团组织——上海社会主义青年团由俞秀松、施存统等8人正式发起建立。在党的领导下,1922年5月5日,中国社会主义青年团第一次全国代表大会召开,标志着中国青年团的正式成立。在90多年的风雨历程中,共青团在中国共产党的领导下积极投身新民主主义革命、社会主义改造、社会主义现代化建设,做出卓越的贡献。虽然在这过程中,共青团曾三次改名,但始终不忘本质和初衷,始终跟党走,带领中国青年走上正确和光明的道路。中国共产主义青年团组织的成长和发展,与中国共产党的领导和关怀密不可分,凝聚了党的无数心血,是党直接领导和辛勤培养的结果。党章第十章第五十条规定:"党的各级委员会要加强对共青团的领导,注意团的干部的选拔和培训。党要坚决支持共青团根据广大青年的特点和需要,生动活泼地、富于创造性地进行工作,充分发挥团的突击队作用和联系广大青年的桥梁作用。团的县级和县级以下各级委员会书记,企业事业单位的团委员会书记,是党员的,可以列席同级党的委员会和常务委员会的会议。"该规定精辟地论述了党与共青团特殊的政治关系。刘云山同志在中国共产主义青年团第十七次全国代表大会上的祝词中指出:"各级党委和政府要从巩固党的执政基础、保证党的事业后继有人的高度,从实现'两个一百年'奋斗目标、实现中国梦的高度,充分认识做好共青团工作和青年工作的极端重要性,切实加强对共青团的领导和指导,支持共青团创造性地开展工作,关心帮助团干部锻炼成长。要热情关心青年,充分信任青年,真诚帮助青年,促进青年健康成长,引导青年建功立业。"

中国共产党是中国共青团的缔造者、领导者,是中国青年根本利益的代表者,是中国青年投身中国革命和中国特色社会主义建设的指导者。历史和实践充分证明:坚持中国共产党的领导是共青团赖以生存的基础,也是共青团胜利前进的根本保证。

2. 先进青年的群众组织

中国共青团是中国先进青年的代表,它的先进性主要体现在以下三个方面:一是在政治上,共青团坚决拥护中国共产党的纲领,自觉接受党的领导,以邓小平理论、"三个代表"重要思想、科学发展观为指导,在改革开放和中国特色社会主义现代化建设的实践中,培养和造就有理想、有道德、有文化、有纪律的社会主义事业接班人,为实现共产主义而努力奋斗;二是在思想上,坚定理想信念,牢记共青团的宗旨,了解共青团的光辉历史,树立正确的世界观、人生观和价值观,发挥表率作用,在群众中具有较高的威信和影响力;三是在组织上,共青团组织是按照民主集中制原则建立起来的,有着严密的组织系统和严格的组织纪律。在共青团的发展历程中,涌现出许多先进青年的楷模,他们与时代同呼吸、共命运,写下了可歌可泣、感天动地的华彩篇章。前有带领浙江大学和杭州其他大专院校学生与国民党政府展开英勇顽强的斗争,成为坚强的学生运动领袖的于子三;后有"把有限的生命,投入到无限的为人民服务之中去"的好榜样雷锋;今有自强不息、立志成才,大山深处孤身支教的优秀团员青年徐本禹,他们用自己的鲜血和汗水,以自己的实际行动,挺起了中华民族的脊梁。

同时中国共青团是群众组织,具有群众性。它的群众性主要体现在以下两方面:一是共青团是党密切联系广大青年的桥梁和纽带。共青团用中国特色社会主义理论和共产主义远大理想引导和感召青年,在青年中宣传党的方针政策,密切党和青年的联系,不断增进青年对党的信赖、信念、信心;同时共青团围绕党的中心任务并按照青年的特点开展工作,代表和维护青年的合法权益,反映广大青年在思想政治、学习、工作和生活中的诉求,解决青年的实际问题,促进青年身心健康成长。二是共青团具有广泛的群众基础。凡是思想进步、学习努力、工作积极、具备团章规定的入团条件的青年,只要愿意为共产主义事业而奋斗,都可以成为共青团员。

中国共青团的先进性和群众性相辅相成,辩证统一。共青团的群众性是先进性的基础,这是党对共青团的基本要求;共青团的先进性是群众性的条件,这是共青团区别于其他群众组织和一般性社会团体的主要标志。

延伸阅读 1-2

浙江大学学生运动领袖——于子三

于子三(1925—1947),原名于泽西,山东牟平人。

1944年,于子三考入当时在贵州的浙江大学农学院农艺系。入校后,于子三参加了战地服务团。1946年秋,于子三随校返回杭州,并加入了进步学生组织"新潮社"。在校期间,于子三积极投入斗争,受到广大学生的信任。因此,1947年5月,于子三被推选为浙江大学学生自治会主席,接着又被选为罢课执行委员会主席。随着内战的全面爆发,全国兴起"反饥饿、反内战、反迫害"的爱国斗争,于子三根据党组织的指示,领导学生联合行动。

于子三担任学生自治会主席以来,积极配合当时浙大地下党组织工作,并且在学生运动中表现突出。1947年10月26日,国民党特务将其秘密逮捕。于子三在严刑逼供面前经受住了生死考验。29日,于子三在狱中被害,年仅23岁。竺可桢校长这样评价于子三:"作为一个学生,他是一个好学生,此事将成为千古奇冤。"

于子三被秘密杀害的消息传出后,北平、天津、上海、南京等20多个城市的大中学生举行声势浩大的罢课示威，抗议国民党反动派的暴行，形成全国规模的"于子三运动"。"于子三运动"是新中国成立前夕爆发的最后一次全国规模的学生运动，也是新中国成立前浙大学生爱国民主运动史上最为光辉的火炬，将浙江大学塑造成为一处闻名全国的"东南民主堡垒"。

如今，每逢清明时节，浙江大学师生代表都会祭扫于子三烈士墓，举行纪念活动，缅怀革命先烈，传承求是精神。

（二）广大青年在实践中学习中国特色社会主义和共产主义的学校

共青团组织的重要责任就是教育、引导广大青年在实践中学习中国特色社会主义和共产主义。

首先，它强调了学习的内容。党的十六大通过的《中国共产党章程》（修正案）把共青团"是广大青年在实践中学习共产主义的学校"改为"是广大青年在实践中学习中国特色社会主义和共产主义的学校"。团的十五大通过的《中国共产主义青年团章程》（修正案）也做出相应的修改。中国特色社会主义，就是在中国共产党领导下，立足基本国情，以经济建设为中心，坚持四项基本原则，坚持改革开放，解放和发展社会生产力，巩固和完善社会主义制度，建设社会主义市场经济、社会主义民主政治、社会主义先进文化、社会主义和谐社会、社会主义生态文明，促进人的全面发展，逐步实现全体人民共同富裕，建设富强民主文明和谐的社会主义现代化国家。中国特色社会主义是马克思主义的普遍真理同中国的具体实际的有机结合，符合建设中国社会主义的客观规律。实现共产主义是一个长期的循序渐进的过程。在现阶段，我们党的最高纲领是实现共产主义，最低纲领是建设中国特色社会主义，最高纲领和最低纲领是有机统一的。对团的性质作这样表述的修改，充分体现了党和共青团的特殊关系，充分体现了党赋予共青团的神圣职责，这必将进一步激励广大青年把胸怀共产主义远大理想同坚定中国特色社会主义信念结合起来，积极投身改革开放和社会主义现代化建设的伟大事业。

其次，它强调了实践的重要性。我们深刻地认识到：真理的标准只能由实践来检验。共青团的发展不是在"本本主义"与"教条主义"环境中成长起来的，而是共青团员不断地在实践中探索，逐步发展起来的。列宁在《共青团的任务》一书中指出："共青团的任务就是要这样来安排自己的实践活动，使青年在学习、组织、团结和奋斗的过程中把自己和领导的一切都培养成为共产主义者。"这表明共青团不仅自身要积极参与实践，还要带动周围的广大青年一起投身实践当中，让共青团真正成为广大青年能够接受的、积极响应并健康成长的"无形"学校。

(三)中国共产党的助手和后备军

中国共青团既是党的助手,也是后备军。党的助手,指的是共青团坚持"党建带团建",做到"党有号召,团有行动",协助党加强对青年的教育和引导,动员和带领青年努力完成党在各个时期的任务。党的后备军,指的是在革命、建设和改革的实践中不断提升青年的思想觉悟和综合素质,培养和造就社会主义事业的接班人,为党输送新鲜血液,为国家培养建设人才。1949年4月,任弼时同志代表党中央在中国新民主主义青年团第一次全国代表大会上向青年团提出了"培养出千千万万有高度政治觉悟又有坚强的实际工作能力的优秀的革命后备军"的任务。邓小平同志曾经指出:"党章草案指明了党同青年团的关系,要求各级党组织密切地关怀青年团的思想工作和组织工作,领导青年团用共产主义精神和马克思列宁主义的理论教育全体团员,注意保持青年团同广大青年群众的密切的联系,并且经常注意青年团领导骨干的选拔。青年是我们的未来,我们的一切事业的继承者。因此,我们相信,各级党组织一定不会在执行这些任务的时候,吝惜自己的精力。"

党把共青团作为自己的助手和后备军,充分体现了党对共青团的信任和支持,对新一代团员青年的殷切期望。共青团应不辜负党的期望,努力加强自身建设,团结和带领广大团员青年,围绕党的中心开展工作,为实现中华民族伟大复兴的中国梦而努力奋斗。

延伸阅读 1-3

青年马克思主义者培养工程

为了在广大青年中着力培养造就一大批用马克思主义中国化的最新成果武装的马克思主义者,引导当代青年成长为中国特色社会主义事业的合格建设者和可靠接班人,共青团中央于 2007 年 5 月启动"青年马克思主义者培养工程"(简称"青马工程")。青马工程的重点培养对象是大学生骨干、共青团干部和青年知识分子。培养内容主要包括:其一,大学生骨干培养,主要课程有理论学习、实践锻炼、志愿服务、对外交流、课题研究等;其二,共青团干部培养,主要课程有理论研讨、参观考察、挂职锻炼、出国培训等;其三,青年知识分子培养,主要课程有社会服务、国情考察、高端研讨。2007 年至今,团中央、各地团组织以及高校各级团组织纷纷实施"青马工程",成立形式多样的"青马学院",吸引了大批大学生骨干、共青团干部和青年知识分子成为其中一员,培养了大批当代青年马克思主义者。

二、共青团组织的职能

中国共青团组织的职能指的是共青团所具有的功能或应起的作用,这是由共青团的根本属性所决定的。虽然,中国共青团与中国共产党之间的关系曾经历过一些波折,但是,从中国共青团诞生的历史原因到青年团重建时中共中央的考虑,都证明了中国共青团是中国共产党为了保证自身历史使命完成,并使之能够后继有人的一个制度性安排。服务于中国共产党的生存和发展,是中国共青团的根本使命。共青团的职能应围绕着这一使命而展开。放眼国内外,当今世界正在发生广泛的变化,当代中国也在发生深刻的变化。党的十八大全面把握国内国际发展趋势,提出必须坚定不移走中国特色社会主义道路,全面建成小康社会,加快推进社会主义现代化,实现中华民族伟大复兴。2013 年 6 月 20 日,习近平同志在同团中央新一届领导班子成员集体谈话时强调:"当前,全党全国各族人民正在为实现党的十八大提出的奋斗目标而奋发努力,正在朝着实现中华民族伟大复兴的中国梦而奋勇迈进。这是党和国家工作大局,也是中国青年运动的时代主题。团的工作要把握住根本性问题,把培养中国特色社会主义事业建设者和接班人作为根本任务,把巩固和扩大党执政的青年群众基础作为政治责任,把围绕中心、服务大局作为工作主线。"要做好新形势下的共青团工作,必须全面履行共青团组织的四项职能,即组织青年、引导青年、服务青年和维护青少年合法权益,这四项职能将共青团的政治职能、行政职能和社会职能有机地结合在了一起。

组织青年有两层含义:一是夯实共青团基层组织建设;二是围绕党政中心工作,组织广大青年充分参与其中。

基层团组织是共青团工作的基础,是团的工作和活动的基本单位,它与广大团员青年保持着最直接、最广泛的联系。基层团组织要深化思想教育,突出"思想阵地"作用,把对团员青年的思想政治教育和新时代对团员青年的要求密切结合;要健全组织生活,健全团内制度建设,筑牢基层团组织的工作基础;要增强团员意识教育,注重团干部队伍培养,团干部的质量决定着团组织是否具有战斗力和凝聚力,因此要做好团干部的选拔、培养和考核;要开展内容丰富、形式多样的主题团日活动,充分发挥基层团组织的作用。

围绕党政中心工作,组织广大青年充分参与其中,其基础取决于广大青年对共青团的理念认同、组织认同,这不仅考验共青团组织在广大青年中的公信力、号召力和影响力,也是对共青团组织集体智慧的考验。实现该组织功能的途径：一是依托政党政治设计，坚持党建带团建，通过制度安排、工作带动、经费支持等。二是结合青年特点，获得青年认同，根据青年喜闻乐见的沟通、交流、联络和聚集的新方式，大胆探索创新有效载体和模式。例如2013年，由吉林大学三位学生共同开发研制的"叫醒神器"——"还睡呀"微信平台迅速在吉大校园内流行，让学生的早起从被动变成了主动，学生的学风和精神风貌有了很大改观。同时要挖掘和培养青年能人，做到"不拘一格降人才"，起到模范作用，从而带动身边的青年学习和进步。三是立足共青团工作创新，及时总结和提升共青团有影响力的工作和活动，将此内化为团组织建设的一部分，坚持共青团工作中形成的好做法，对好的工作要连续抓、持久抓，要处理好传承与创新的关系，不要为了创新而创新、为了活动而活动。

引导青年是共青团的根本任务。2013年6月20日，习近平总书记在同团中央新一届领导班子成员集体谈话时指出，团的工作归纳起来，最主要的不足是共青团组织的吸引力和凝聚力不够、有效覆盖面不足。这两大问题是新时期共青团面临的最直接、最严峻的挑战，充分表明了共青团开展青年思想引领工作的极端重要性。思想引领应做到主体引导、文化引导和分类引导。主体引导指的是应尊重青年的主体地位，坚持"以青年为本"，站在平等的位置与青年对话，没有说教，没有"填鸭式"灌输，更多的是启发、思考和成长，而这样的引导要依托文化引导，在有形和无形氛围中营造和传递社会主义核心价值体系的内涵。例如"感动中国"自2002年以来评选了100余位年度人物，姚明、杨利伟、丛飞、洪战辉、吴菊萍等等，他们为这个时代树立了精神的丰碑；在2008年北京奥运会、残奥会，2010年广州亚运会上，青年志愿者辛勤工作的身影凝集了民族的希望。在国际形势瞬息万变，国内经济体制深刻变革、社会结构深刻变动、思想观念深刻变化的背景下，青年群体也发生了新的变化，他们在思想政治、道德意识、价值观选择等方面表现出独立性、多元性、多变性的趋势，不同类别的青年群体存在的思维方式、思想问题、行为习惯也有很大的差异。因此，只有充分认识各类青年群体存在的差异、充分尊重不同类别青年的特点，确定不同的思想引领的目标和方法，增强思想引领的针对性、适用性、普遍性和实效性，才能在真正意义上实现对青年的有效凝聚和引导。

服务青年是共青团组织担负的社会职能的体现。共青团作为党领导下的先进青年的群众组织，作为党联系青年的桥梁和纽带，在开放的社会格局中，要积极履行服务青年的职能。共青团应通过构建有效的政策支持和广泛的社会联系网络来拓展获得社会资源的渠道，服务大局、服务社会尤其是服务青年。服务青年的前提是我们应全面把握青年需求，就像网络故事写的："第一天，小白兔去钓鱼，一无所获。第二天，它又去钓鱼，还是如此。第三天它刚到，一条大鱼从河里跳出来，大叫：'你要是再敢用胡萝卜当鱼饵，我就扁死你。'"服务青年不是形式、不是任务，它是真诚奉献、全心付出，我们不能给予青年我们"想给"的，而要给予青年他们"想要"的。团的十六大报告指出：青年时期的需求主要包括身心健康、个人成长、事业发展、社会参与和权利表达等内容；根据不同青年群体又可分为中学生、大学生、企业青年、进城务工青年等的需求。共青团应增强服务意识、提升服务能力，解决广大青年最关心、最现实的困难和问题。充分关注青年的成长成才，通过青年志愿者、"希望工程"、大学生社会实践、青年马克思主义者培养工程、"青年文明号"和"青年岗位能手"评选、"挑战杯"全国大学生课外学术科技作品竞赛、博士生服务团等活动平台为青年的发展创造良好的条件。充分重视青年的就业创业，通过政策扶植、经济支持、平台搭建和整合资源等途径和措施，建立统一规范的品牌，如青年就业创业基金、青年创业小额贷款、青年就业创业见习基地等，开展具有针对性的工作，提升青年的就业能力，激发青年的创业热情，全力促进青年就业创业。

维护青少年合法权益与服务青年互为补充。党的十八大报告中强调："支持工会、共青团、妇联等人民团体充分发挥桥梁纽带作用，更好反映群众呼声，维护群众合法权益。"由于在政府部门设置中，没有专门的青年工作部门，很多本应由政府部门承办的青年工作事务，都委托共青团组织去承担，因此共青团在参与某些政策的制定、公共事务的决策和执行中具有一定话语权。特殊的定位和作用要求共青团畅通渠道、完善机制，代表党和政府维护好青少年的具体利益。例如在县以上普遍开展"共青团与人大代表、政协委员面对面"活动，积极反映青少年普遍性利益诉求。针对重点青少年群体开展预防违法犯罪试点工作，深化青少年法制宣传教育。切实加强未成年人权益保护，营造全社会关心、维护青少年合法权益的氛围。

共青团的四项职能是既有逻辑前提又紧密联系的体系，组织青年是重要任务也是重要前提，与服务青年、维护青少年合法权益之间相互促进，引导青年是根本任务。要切实把青年广泛组织起来，提高服务青年、维护青少年合法权益的能力水平，并以此为基础对青年进行有效引导，使青年坚定跟党走中国特色社会主义道路的理想信念。

三、高校共青团组织的主要职能

高校是一个传播知识、创造知识的重要社会组织，也是培养和输送各级各类专业人才的社会组织;在中国特色社会主义事业的发展格局中,又承担着教育引导青年学生坚定走中国特色社会主义道路信念的重要职责。高校共青团组织作为高校党组织领导下的先进青年的群众组织,是高校青年根本利益的代表和维护者,是高校党组织联系青年的纽带和桥梁;同时高校共青团作为高等教育管理体系中的有机组成部分,以立德树人为根本,努力做好全员育人、全过程育人、全方位育人,促进高校青年健康成长。高校共青团应把握好"政治角色"和"行政角色"的配合与互补,推进团工作进一步发展。

(一)思想引领

1.理想信念教育

高校团组织要用社会主义核心价值观教育引导青年学生,提高青年学生的思想政治素质,引导他们树立正确的世界观、人生观和价值观,激发"知校、爱校、荣校"情怀,进一步增强青年学生的责任感和荣誉感。培养中国特色社会主义事业的合格建设者和可靠接班人是党赋予高校共青团的重要使命。例如,浙江大学团委于2010年启动"感动同窗"事迹评选活动,共评选出候选事迹57件,5万余人次参与了投票,最终确定了10件"感动同窗"事迹。事迹的主人公用不同的方式,践行着青春的誓言,是广大青年团员的代表,为大家树立了青春的榜样。

2.分类引导青年工作

高校团组织要针对青年学生思想意识的关键点,主动研究思想意识形态,通过校院两级团组织的共同努力,探索引导青年的有效路径。例如,浙江大学针对大一新生专门开通了"新生服务网";2009年起实施的"求是强鹰"实践成才计划入选团中央《大学生思想引导案例精选》,为全团工作的推进提供了理论基础和实践经验。在此基础上,还应根据各年级、各类别青年学生的思想特点和行为特征,加强功能整合、资源配置和引导路径的继承创新,不断提高吸引、凝聚和影响青年学生的能力水平,进一步增强引导工作的针对性和实效性。

3.青年马克思主义者培养工程

高校团组织要着力培养造就一大批用马克思主义中国化的最新成果武装的马克思主义者,不断深化对"青马工程"的认识和理解,充分挖掘整合校内外资源和力量,将"青马工程"纳入学校人才培养目标,探索"青马工程"的实现路径和工作方法,以"加强顶层设计,重视学院建设,整合培养资源,优化考核机制"为培养模式,逐步建立"青马工程"的长效培养机制,以取得预期成效。

4. 团属新媒体阵地

宣传舆论不仅引导着青年思想走向，引领着青年文化发展方向，也对共青团营造良好的工作氛围和环境起着重要作用。高校团组织应推进新媒体阵地建设，在深入调研、重点突破、系统推进的基础上，采用传统的宣传方式与新媒体技术相结合的方式，形成门户网站、传媒组织、报纸期刊、多媒体信息平台和校园手机彩信平台等互为补充的媒体集群，提升现有团属宣传舆论阵地的影响力，以植入方式倡导和谐校园文化，引导青年学生客观理性认知，进一步增强团属宣传舆论阵地的引领作用。

(二)组织建设

1. 基层团组织建设

基层组织和基层工作是共青团履行根本职责的主要载体，是共青团实现各项职能的基本途径，也是共青团组织全部活力的根本体现。高校团组织要在高校党组织的领导下，坚持"党建带团建，团建促党建"，围绕学校党政中心工作，进一步夯实共青团的组织基础，增强团组织的战斗力。高校团组织应进一步优化"推优"工作，力争使团的基层组织网络覆盖全体青年、团的各项工作和活动影响全体青年。通过基层团组织建设月、"五四红旗团支部"争创等，进一步发挥榜样力量，体现引领示范作用。

2. 团学干部队伍建设

以专兼职团干部和学生干部为主体，努力造就一支高素质的学习型团学干部队伍。输送团学干部到团中央、地方各级团组织或企事业单位团组织挂职锻炼。紧扣当前共青团工作、青年工作实践中迫切需要解决的热点、难点问题，形成一批具有理论创新水平和实践推广意义的课题成果。

3. 青年教职工团建工作

高校团组织要将青工团建作为高校共青团工作的重要组成部分，不断激发和鼓励青年围绕部门中心工作，积极进取，奋发向上，不断改善服务态度，提高服务技能。通过开展"青年文明号"创建、"青年岗位能手"评比等活动，把自身的成长成才与服务奉献统一起来，切实发挥教职工团员青年教书育人、管理育人、服务育人的生力军作用。

(三)实践育人

1. 社会实践

高校团组织应始终将实践育人作为加强青年学生思想政治教育、提高青年学生综合素质的重要举措来落实。高校团组织应坚持理论与实践相结合,校内外资源相整合,育人与成才相统一,组织开展形式多样的大学生社会实践活动,加强与对口省、市、地区的校地合作,拓展大学生社会实践基地,进一步完善社会实践长效机制建设,使广大青年学生在实践中受教育、长才干、做贡献,增强社会责任感。例如,2011年,浙江大学与浙江日报社联合启动大学生"追寻红色记忆"活动,鼓励"90后"大学生开展"参观一个革命教育基地,寻访一位老革命、老党员,参访一位典型人物"实践活动,在社会各界引起了广泛关注和赞赏,为数万名大学生上了党史国情教育的生动一课。

2.青年志愿服务工作

高校团组织要扎实推进青年志愿服务品牌项目,引导青年学生广泛开展社区志愿服务、助残帮扶等日常志愿服务工作,形成校院联动、项目运行的工作体系。例如,在2011年浙江省承办的第八届全国残疾人运动会中,浙江大学团委共选拔856名志愿者积极参与,圆满完成了各项赛事任务。服务人数、服务时长均达省内高校青年志愿者之最。

3.创新创业教育

高校团组织应紧紧围绕"培养高素质创新型人才"的育人目标,将大学生学术科技创新和创业教育作为培养创新型人才的重要途径,促进青年学生创新精神和实践能力的提升。组织参与"挑战杯"全国大学生课外学术科技作品竞赛和创业计划大赛,拓展创新创业实践平台,创办青年创业学院、青年就业创业见习基地,形成由来自政府、企业、高校等知名人士和专家组成的创业导师师资库,大力开展大学生创新创业教育活动。

(四)文化建设

1.打造特色校园文化

校园文化是学校发展的灵魂,是凝聚人心、展示学校形象、提高学校文明程度的重要体现。高校团组织要牢牢掌握校园文化建设的主导权,围绕学术科技、文化娱乐、公益服务、体育竞技等多项主题,开展丰富多彩、积极向上的校园文化活动,进一步发挥文化的示范和辐射作用。

2.营造社团时尚文化

学生社团是大学生丰富和繁荣校园文化而自发结成的团体,在大学生课余文化生活中发挥着重要的作用,对青年学生具有强大的吸引力。高校团组织应切实加强对社团的指导、管理和服务,践行"小活动,广受众;小品牌,多层次;小社团,大文化"的理念和目标,发挥其在校园文化建设中的积极作用,营造良好的校园文化氛围。

第三节 共青团员的义务、权利与成长

一、共青团员的义务与权利

青年一旦成为共青团员之后，团组织要从思想、政治、组织上对其言行提出具体的准则，同时要保证其在团内的正当权益。团章规定团员的义务和权利，就是从这两个方面对团员提出的基本要求。

团员的义务是统一团员意志和行动的规范，是共青团员应该履行的职责。规定团员的义务，就是为了使共青团员明确自己在中国特色社会主义事业的建设中应该做什么和怎样去做，在社会生活中更好地发挥模范带头作用，使团组织成为团结教育青年的坚强集体。团员的权利是指团员在团内的地位。团员是团组织的主体，也是团组织的主人，他们在团内生活中具有当家做主的政治权利。规定团员的权利是为了充分发挥每位团员的积极性和创造性，树立团员的主人翁责任感，在团内营造朝气蓬勃、团结一致的氛围。按照团章的规定，团组织应监督团员认真履行义务，切实保障团员的权利。团员正确地对待自己的义务和权利，对于提高自身素质、发挥模范作用，对于保持和增强团的先进性、完成团的各项工作任务，都具有重要意义。

团章第一章第二条规定了共青团员必须履行的义务，第一章第三条规定了共青团员可以享有的权利，内容如下。

（一）共青团员的义务

（1）努力学习马克思列宁主义、毛泽东思想、邓小平理论和"三个代表"重要思想，学习科学发展观，学习团的基本知识，学习科学、文化、法律和业务知识，不断提高为人民服务的本领。

（2）宣传、执行党的基本路线和各项方针政策，积极参加改革开放和社会主义现代化建设，努力完成团组织交给的任务，在学习、劳动、工作及其他社会活动中起模范作用。

（3）自觉遵守国家的法律法规和团的纪律，执行团的决议，发扬社会主义新风尚，实践社会主义荣辱观，提倡共产主义道德，维护国家和人民的利益，为保护国家财产和人民群众的安全挺身而出，英勇斗争。

（4）接受国防教育，增强国防意识，积极履行保卫祖国的义务。

（5）虚心向人民群众学习，热心帮助青年进步，及时反映青年的意见和要求。

（6）开展批评和自我批评，勇于改正缺点和错误，自觉维护团结。

（二）共青团员的权利

（1）参加团的有关会议和团组织开展的各类活动，接受团组织的教育和培训。

（2）在团内有选举权、被选举权和表决权。

（3）在团的会议和团的报刊上，参加关于团的工作和青年关心的问题的讨论，对团的工作提出建议，监督、批评团的领导机关和团的工作人员。

（4）对团的决议如有不同意见，在坚决执行的前提下，可以保留，并且可以向团的上级组织提出。

（5）参加团组织讨论对自己处分的会议，并且可以申辩，其他团员可以为其作证和辩护。

（6）向团的任何一级组织直至中央委员会提出请求、申诉和控告，并要求有关组织给以负责的答复。

团的任何一级组织或个人都无权剥夺团员的权利。

（三）如何正确理解团员的义务与权利之间的关系

团章规定了团员的六项义务，同时还规定了团员的六项权利。团员的义务是光荣的，团员的权利是神圣的。正确认识团员义务与权利的关键在于把握两者之间相互联系、互相依存的关系。正如马克思所说："没有无义务的权利，也没有无权利的义务。"在共青团内，不应该有只尽义务不享受权利的团员，这是因为如果团员在团内不享受应有的权利，就难以切实履行自己的义务。同时，在共青团内，也绝不允许有只享受权利不尽义务的"特殊团员"，这是因为只享受权利不履行义务，只能使这种"特殊团员"丧失自己的权利。因此，团员要想很好地履行自己的义务，必须严肃、正确地运用自己的权利，同时团员要想充分享有自己的权利，就必须严格、忠诚地履行团员的义务。青年自加入共青团之日起，应自觉地履行团员的光荣义务，在本职岗位上发挥共青团员的模范作用，同时团员应正确认识和行使团章赋予的团员权利。团组织应对团员履行义务情况进行有效监督，并保障团员的合法权利不受损害，积极为团员行使权利创造条件。

团员的权利和义务是不可分割的一个整体，两者是相互联系、相互依存的辩证关系。每一位共青团员在享受组织赋予的权利和利益的同时，必须认真履行团员的义务。在共青团组织内，权利与义务是完全一致的，行使团员正当的权利，但不能影响或损害共青团的利益和国家的利益；履行团员的义务，应从保护团员的权利和利益出发，用更高的标准严格要求自己。对组织负责,对个人负责,用自己的行动保证团组织的纯洁性和生命力是每位团员的光荣职责。

二、高校共青团员的成长成才

高校共青团员既是普通团员中的一部分,也有别于其他团员,具有其特殊性。高校共青团员身处高等学府中,是团员群体中的高学历群体,是知识的学习者、传播者和实践者,应成为实践代表中国先进生产力的发展要求、代表中国先进文化的前进方向、代表中国最广大人民的根本利益的生力军,是中国特色社会主义事业的中坚力量,是中国共产党的助手和后备军,高校共青团员不仅应充分行使组织赋予的权利、履行组织要求的义务、符合组织所要求的合格团员的标准,更应该对自身高标准、严要求,树立远大理想,具备更高的思想政治素养和文化知识水平,更强大的实践能力,更灵活的创新意识,通过不断的学习和成长,最终成为优秀的高校共青团员。

(一)用坚定理想信念指引人生

习近平同志指出:"理想指引人生方向,信念决定事业成败。没有理想信念,就会导致精神上'缺钙'。"高校共青团员要认真学习马克思列宁主义、毛泽东思想、邓小平理论、"三个代表"重要思想和科学发展观,把理想信念建立在对科学理论的认同上,建立在对历史规律的正确认识上,建立在对基本国情的准确把握上,保持对共产主义的坚定信仰、对中国特色社会主义的坚定信念,时刻牢记我们的政治使命,做社会主义事业的可靠接班人,把中国特色社会主义现代化建设作为终身事业而努力。

作为中国共产党的助手和后备军,共青团的作用就是在革命和实践中不断提高青年的思想觉悟,培养和造就"四有"新人,为党输送新鲜血液,为国家培养青年建设人才。我们要树立科学的世界观、人生观和价值观,将个人价值与社会主义事业建设目标有机地统一起来,增强对坚持党的领导的信念,加强对党的认识和理解,积极向党组织靠拢,为成为共产党员而奋斗,永远紧跟党,高高举起中国特色社会主义伟大旗帜。

高校共青团员应牢固政治信仰、坚定政治立场、严明政治纪律,保持高度的政治敏锐性和政治鉴别力,毫不动摇地坚持党的领导,坚持走中国特色社会主义道路,在思想与行动上自觉同党中央保持高度一致。高校是各种思想自由交流的场所,也是境内外反动势力进行思想渗透的必争之地,发达的网络和种类丰富的社交网络平台是主要宣传途径,渗透内容通常具有迷惑性、煽动性和隐蔽性,高校共青团员应时刻保持警觉,在大是大非面前保持清醒的头脑,坚定立场,言行如一。

（二）用高尚道德情操规范行为

共青团是中国共产党领导下的先进青年的群众组织,共青团的先进性靠每一位共青团员的良好形象体现,尤其要靠具有高尚道德情操的高校共青团员的模范作用展现。作为一名高校共青团员,首先应自觉遵守国法、团纪和校纪校规,这不仅是应尽的义务,而且是应履行的光荣职责。高校共青团员还要有牢固的组织纪律观念,坚决抵制个人主义、自由主义和无政府主义思想的影响。共青团的纪律是建立在团员思想、政治上的统一和自觉遵守的基础上的,每位共青团员必须严格遵守。团章中对团的建设有以下要求:"民主集中制是共青团根本的组织原则。要充分发扬民主,切实保障团员的民主权利。要实行正确的集中,加强组织性和纪律性,保证团的决议得到有效的贯彻执行",同时在团员的权利中提到:"对团的决议如有不同意见,在坚决执行的前提下,可以保留,并且可以向团的上级组织提出"。这就要求我们能够正确处理好国家利益、集体利益和个人利益三者之间的关系,当个人利益与国家利益、集体利益产生冲突的时候,要懂得顾全大局,具有牺牲精神,学会"顾大家,舍小我",全力维护国家和集体的利益。

我们要弘扬高校共青团员的正气,即有错必纠,知错必改;关心同学,服务同学;吃苦在前,享受在后;敢于担当,勇于拼搏;以身作则,争做榜样,始终保持共青团员人格高尚和正直清廉的形象。大学时代是最充满活力的人生阶段,机遇与挑战同在、诱惑与困惑并存,浮躁、懒散、弄虚作假等种种随时可能成为高校共青团员道德上的"毒瘤"。作为先进青年的代表,高校共青团员要"静得下心、沉得住气、干得成事",坚持戒骄戒躁,无论在学习科研还是社会工作中,保持求真务实的作风,增强大局意识与责任意识,坚决反对主观主义、官僚主义和形式主义,坚决反对搞"小团体",杜绝腐败,让广大同学信服。

（三）用扎实科学知识武装头脑

高校共青团员是高学历人才,具有较强的掌握知识、应用知识的能力,正处于人生当中学习的黄金时期,应把学习作为首要任务,作为一种责任、一种精神追求、一种生活方式,孜孜不倦地学习知识,如饥似渴地汲取知识,这样才有能力实现远大理想和目标。

高校共青团员应加强思想政治上的学习,认真学习共青团的基本知识,深刻领悟共青团的性质、任务、组织原则、团员的义务和权利以及团的光荣历史和优良传统,增强荣誉感和使命感,增强发挥模范作用的自觉性,应主动学习中国共产党的基本知识,理解中国共产党和共青团的关系,理解党对共青团的领导,以及共青团作为党的助手和后备军发挥的作用。

高校共青团员应清楚地认识到学习的重要性,加强对专业知识的学习,刻苦钻研、不断提升,掌握过硬的本领,在某一专业领域做到"学有所长,术有专攻",在专业知识学习上得到老师和同学的肯定,具有模范带头作用。同时不应仅仅把目光局限于考试成绩的多少、绩点排名的高低,更应加强对自身综合素质的提升,不断提高与时代发展和事业要求相适应的素质和能力,成为社会主义现代化建设所需要的复合型人才。

(四)用不断实践探索寻求真理

实践是检验真理的唯一标准。高校共青团员要牢记"空谈误国、实干兴邦",立足本职,埋头苦干,从自身做起,从点滴做起,用所学的知识、所具备的能力积极投身于中国特色社会主义建设的实践当中。我们要运用马克思主义的立场、观点和方法,锻炼我们发现问题、分析问题和解决问题的能力。在实践过程中,要不怕困难、攻坚克难,勇于到条件最艰苦、环境最恶劣、国家建设的一线、项目攻关的前沿,经受锻炼,增长才干,不断开辟事业发展新天地。

实践的过程也是不断实施、总结、审视、调整、再实施的过程,我们应及时地开展批评与自我批评,勇于改正在实践过程中的缺点和错误。批评和自我批评是中国共产党的三大优良作风之一,也是共青团组织必须继承的优良传统。这是本着对组织、对工作、对同志、对自身负责的精神,帮助别人和自身发现问题、纠正错误。高校共青团员应在实践过程中虚心接受批评,认真总结经验教训,不断改进,才能超越自我,日臻完善,在寻求真理的道路上又迈进一步。

(五)用勇于创新精神实现梦想

创新是民族进步的灵魂,是国家兴盛富强的不竭源泉,也是中华民族最深沉的民族禀赋。高校共青团员是最富于活力、最具有创造力和创新性的群体,理应走在创新创造的前列,才有可能承担起中华民族复兴这个伟大的"中国梦"。"中国梦"的本质内涵,是实现国家富强、民族复兴、人民幸福、社会和谐,这既是民族的梦,也是每个中国人的梦。实现中国梦的三大原动力之一就是创新。邓小平同志曾经指出:"没有一点闯的精神,没有一点'冒'的精神,没有一股子气呀、劲呀,就走不出一条好路,走不出一条新路,就干不出新的事业。"我们在投身中国特色社会主义事业的建设中就要有这么一股"不达目的决不服输"的精神,培养创新意识,树立创新自信,提高创新能力,向世界上一切值得我们借鉴的经验学习,拜人民为师,"摸着石头过河",实现理论创新、制度创新和科技创新,才能在激烈的竞争中赢得挑战,真正实现小家大国的美好梦想。

高校共青团员在积极主动创新的同时,也要处理好传承与创新的关系,中华民族五千年的文明留给我们太多有形和无形的财富,共青团在90余年的发展历程中也积累了丰富的经验和优良传统,我们都应该好好传承下去。传承不是照搬照抄,而是取其精华、去其糟粕;创新不是离开传统另搞一套,而是对原有事物合理部分的发扬光大。我们决不能因为要传承而因循守旧,也不能为了创新而无中生有。正确处理传承与创新的关系,关键在于立足于"传承",着力于"创新",这样的创新才是源源不断的,才是具有生命力的,才能推动中华民族的伟大复兴。

延伸阅读 1-4

一个人和一群人的梦:浙大梦想使者筑梦在路上

一年的西部支教生涯,他将"用一年不长的时间,做一生难忘的事情"的誓言牢记于心。怀揣梦想,用爱播下希望的种子,圆大山深处孩子们的梦。返回学校,他努力推广"志愿者,大学生活新风尚",鼓励同学们加入志愿者的队伍,帮助更多的人圆梦。他,就是浙大梦想使者陆智辉。筑梦路上,他一直在努力。

2007年,刚上大学时,陆智辉的梦想很简单,就是学习知识、锻炼能力,将来找一份好工作。但是本科阶段,学生会和志愿者工作的经历让他体会到了帮助别人的快乐和自己的成长,他的梦想发生改变。2010年,他做出了人生中的重要决定,放弃直接保研的机会,报名参加了中国青年志愿者扶贫接力计划,成了一名光荣的西部志愿者。

奉献西部:圆孩子们的梦想

2011年夏天,作为支教团团长,他和五位兄弟一起来到了千里之外的四川省凉山彝族自治州昭觉县,正式开始了一年的生命之旅。初到昭觉,沿路破败的房屋,席地而睡的村民,满身尘土的孩子都给了他深深的震撼。他很快就找到了自己奋斗的目标,在做好日常教学工作的同时,他将扶贫帮困当成自己的事业,努力改善孩子们的学习生活条件。

2011年11月,得知昭觉有很多孩子的梦想仅仅是穿上一件新衣服,陆智辉和团友们坐不住了。他们在新浪微博上发起了"微暖"计划,号召大家少逛一次街、少请一次客,省下1元、10元、100元,乃至更多的钱来帮助这些孩子圆新衣梦。经过一个月的努力,"微暖"计划收到来自全国各地的爱心款和新衣服折现共计 439127.60 元,为 12 所学校的 3320 名学生提供了棉衣、1300 名学生提供了保暖的鞋子。用爱心为孩子们编织了一个温暖的冬天,圆了孩子们的新衣梦。

陆智辉说,在昭觉一年最难受的就是看着勤奋、上进的孩子因为贫困而辍学。为了圆这些懂事的孩子们的上学梦,他们发起了"千人圆梦"结对助学计划。通过联系爱心企业和个人结对帮助贫困学生的形式解决上不起学的问题。活动发起之后,QQ、电话、短信、邮件响个不停,他经常忙得焦头烂额,但却无比兴奋。一年时间,共有 649 个亟须帮助孩子结对成功,圆了求学梦。

除此以外,一年间支教团募集爱心捐款为瓦洛基点校的学生修了宿舍,让孩子们不用每天走 5 个小时的山路上学;为俄尔中学的学生修建了浴室,让孩子们不用冒着危险到河里洗澡;为龙恩乡中心学校的孩子改善伙食,让吃肉不再是奢望等等。

一颗颗爱的种子深深根植在大凉山府邸,陆智辉用一年的青春和汗水在西部践行着理想,圆孩子们的梦想。

志愿风尚:接力梦想传递

一个人的力量是渺小的,只有大家都参与进来才能实现更多人的梦想。所以,2012 年 9 月返校后,陆智辉担任了浙大青年志愿者指导中心主任,致力于传播志愿理念,希望更多的人助力他人梦想,传递真情。

结合自身经历以及对当前大学生参与志愿服务情况的深入了解,他提出了"志愿者,大学生活新风尚"的口号。他的目标是让同学们把成为一名青年志愿者,参与志愿服务当成一种时尚。此外,他也用时下同学们喜闻乐见的方式,通过"浙大志愿者"的新浪微博和人人网等社交网络平台的宣传,扩大志愿服务活动的影响力。如今,网络平台已经实现了和同学们线上最贴近的互动,在全校营造了全新的志愿服务氛围。志愿服务已经成为他生命的一部分,在他的身上烙下了深深的印记。传播志愿服务理念,鼓励更多的人参与到志愿服务中来,已经成了他的使命。

一个人的梦,一群孩子的梦。因为梦,一颗心和孩子们的心贴得这么近,那条山路,承载着孩子们的梦;那条心路,描绘了志愿者最心底的中国梦。

梦想使者陆智辉,筑梦一直在路上。

(来源:浙江在线·教育新闻网,http://edu.zjol.com.cn/05edu/system/2013/05/08/019326518.shtml,2013 年 5 月 8 日)

本讲附录

团史团情知识小测试

1. 五四运动的直接导火线是中国外交在_____上的失败。

 A. 巴黎和会　　　　　　　　B. 凡尔赛和会

 C. 华盛顿会议　　　　　　　D. 伦敦会议

2. 1920年8月,中国共产党首先在_____组织了社会主义青年团。1922年5月5日,在党的直接领导下,中国社会主义青年团在_____召开第一次全国代表大会,会议完成了青年团的创建工作,通过了团的《纲领》和《章程》。

 A. 南京、武汉　　　　　　　B. 上海、广州

 C. 上海、昆明　　　　　　　D. 天津、北京

3. "九一八事变"后,日本帝国主义开始大举入侵。在民族危亡的重要关头,共青团响应党倡导建立抗日民族统一战线的召唤,于1935年12月发出_____,声明愿意开放组织,欢迎一切赞成抗日救国的青年加入。

 A.《告全国青年书》

 B.《八一宣言》

 C.《青年运动的方向》

 D.《为抗日救国告全国各校学生和各界青年同胞宣言》

4. 中国共产主义青年团高举爱国主义旗帜,坚决维护和发展全国各族青年之间的团结友爱,加强同台湾、香港、澳门青年同胞和海外青年侨胞的团结,按照"_____"的方针,共同促进祖国统一大业的完成。

 A. 坚持改革开放　　　　　　B. 一个国家,两种制度

 C. 以经济建设为中心　　　　D. 坚持四项基本原则

5. 联合国把_____年确定为国际志愿者年。

 A. 1999　　　　　　　　　　B. 2000

 C. 2001　　　　　　　　　　D. 2002

6. 团的全国代表大会每_____举行一次,由团中央委员会召集,在特殊情况下,可以提前或延期举行。

 A. 两年　　　　　　　　　　B. 三年

 C. 四年　　　　　　　　　　D. 五年

7. 团章规定,团员没有正当理由,连续_____不交纳团费,不过团的组织生活,均被认为是自行脱团,应由支部大会决定除名,并报上级委员会

批准。

 A. 三个月   B. 六个月

 C. 九个月   D. 一年

8. 团章规定,被批准入团的青年从_____之日起取得团籍。

 A. 团委审批通过   B. 支部大会通过

 C. 填写入团志愿书   D. 领取团员证

9. 共青团中央、全国青联授予青年的最高荣誉称号是_____。

 A. 中国十大杰出青年   B. 中国青年五四奖章

 C. 全国优秀共青团员   D. 全国优秀青年

10. 团员代表大会的会议程序包括_____。

 A. 开幕式、预备会、大会选举、小组会、闭幕式

 B. 开幕式、预备会、小组会、大会选举、闭幕式

 C. 预备会、开幕式、大会选举、小组会、闭幕式

 D. 预备会、开幕式、小组会、大会选举、闭幕式

参考答案:

 1. A 2. B 3. D 4. B 5. C 6. D 7. B 8. B 9. B 10. D

参考文献

[1] 习近平. 紧跟党走在时代前列走在青年前列,在实现中华民族伟大复兴的征途中续写新光荣. http://politics. people. com. cn/n/2013/0621/c1024-21918088. html. 2013-06-21.

[2] 胡锦涛. 坚定不移沿着中国特色社会主义道路前进　为全面建成小康社会而奋斗——在中国共产党第十八次全国代表大会上的报告. http://politics. people. com. cn/n/2012/1118/c1001-19612670. html. 2012-11-18.

[3] 刘云山. 在实现中国梦的伟大实践中谱写壮丽的青春篇章——在中国共产主义青年团第十七次全国代表大会上的祝词. http://www. qinglian. org/YouthFederation/Speeches/Speeches_29. html. 2013-06-17.

[4] 王桧林. 中国近代史. 北京:高等教育出版社,2002.

[5] 李玉琦. 中国共青团史稿 1922—2008. 北京:中国青年出版社,2010.

[6] 黄晓波,刘海春. 新时期高校共青团工作概论. 北京:人民出版社,2010.

[7] 赵晓刚. 中国共青团史情团务简明读本. 北京:红旗出版社,2012.

[8] 周晓波,张华. 基层共青团工作常识问答. 北京:中国青年出版社,2012.

[9] 郗杰英,刘俊彦. 共青团工作 12 讲. 北京:中国青年出版社,2012.

[10] 石国亮.最新共青团基本知识简明读本.北京:东方出版社,2012.

[11] 共青团浙江大学委员会.传承·发展·跨越——浙江大学共青团工作回顾与展望.杭州:浙江大学出版社,2012.

[12] 吕素香.新时期共青团组织的职能定位与核心竞争力.中国青年研究,2006(8):31—33.

[13] 俞进.社会转型与共青团的改革创新.中国青年研究,2008(1):39—41.

[14] 郑长忠,袁罡.社会转型期共青团职能定位与实现途径研究.中国青年研究.2008(3):31—36.

[15] 中国共青团网.团史纵览.http://www.gqt.org.cn/695/gqt_tuanshi/gqt_ghlc/tszl/.2014-07-28.

第二讲　团的基层组织与团支部建设

　　共青团的基层组织是团组织一切活力的源泉。在共青团的整个组织结构中，基层团支部是最小的单位，如果把这个最小的单位比作细胞，正是这些数量庞大的细胞们，组成了整个共青团组织的有机整体。因此这个最小单位的自身建设与工作和活动的开展，在整个团的工作中有着举足轻重的地位。本讲从介绍团的组织体系切入，进而阐述高校共青团组织的重要地位和作用，重点论述高校基层团支部建设的相关理论，并结合网络团建等创新工作给出指导方法和操作指南。通过本讲，希望大家对团的组织工作既有宏观上的了解，又有细节上的把握，并能掌握高校团支部建设的基本原则与方法。

第一节　团的基层组织概述

　　作为党的助手和后备军的共青团，为党培养、输送了大批新生力量和工作骨干。从团中央到团的地方组织再到团的军队组织和基层组织，朝气蓬勃的代代青年在中国共产党的领导下，为祖国的繁荣富强做出了重要贡献。而作为思想政治教育的主阵地和祖国接班人的培养和输送单位，高校共青团组织也在党的领导下不断夯实基层团组织建设，充分发挥了共青团的生力军和突击队作用，为党的队伍不断注入新鲜血液，为社会主义现代化建设贡献智慧和力量。

一、共青团的组织体系

　　中国共青团是一个拥有 359 万个基层组织、8990.6 万名团员①的先进青年的群众组织。它根据民主集中制的组织原则，建立起从中央到地方直至

---

① 　数据来源：共青团中央组织部于 2013 年 5 月公布的全国团内统计数据（数据统计截至 2012年年底）。

基层的组织体系。

(一)团的中央组织

1.团的全国代表大会

团的全国代表大会是团的全国领导机关。团章规定:团的代表大会每五年举行一次,由中央委员会召集,在特殊情况下,可以提前或延期举行。全国代表大会代表的名额及产生办法,由中央委员会决定。团的全国代表大会的职权是:审查和批准中央委员会的工作报告;讨论和决定全团的工作方针、任务和有关重大事项;修改团的章程;选举中央委员会。

延伸阅读 2-1

共青团第十七次全国代表大会

2013 年 6 月 17 日至 20 日,共青团第十七次全国代表大会在北京召开。大会对团章做了重要修改:把科学发展观写入共青团的行动指南。在团章中对共青团的奋斗目标进行了调整和充实,对现阶段共青团基本任务、共青团思想政治工作内容、团的建设基本要求的内容进行充实。共青团十七届一中全会第二次会议,选举产生了新一届团中央委员会,秦宜智为团十七届中央委员会书记处第一书记,贺军科、罗梅、汪鸿雁、周长奎、徐晓、傅振邦为书记处书记。

2.团的中央委员会

中国共产主义青年团中央委员会是受党中央领导的,经团的全国代表大会选举产生的团的全国领导机构。在团的全国代表大会闭会期间,中央委员会执行全国代表大会的决议,领导团的全部工作。团的中央委员会全体会议选举常务委员若干人,组成常务委员会;选举第一书记一人和书记若干人,组成书记处。中央委员会全体会议由常务委员会召集,每年至少举行一次。在中央委员会全体会议和常务委员会闭会期间,书记处行使中央委员会的职权。

团中央的主要任务是:贯彻党的基本路线、方针和政策,引导和帮助团员青年用马克思列宁主义、毛泽东思想、邓小平理论、"三个代表"重要思想、科学发展观和现代科学文化知识武装自己,带领全国青年自力更生、艰苦创业,积极推动社会主义经济建设、政治建设、文化建设、社会建设、生态文明建设,为全面建成小康社会、加快推进社会主义现代化、实现中华民族伟大复兴的中国梦贡献智慧和力量,代表和维护青年的具体利益,在建设中国特色社会主义的实践中把青年培养成为有理想、有道德、有文化、有纪律的接班人。

团中央的主要职责是:领导全国共青团工作;调查青年的思想动态和青年工作的情况,为党和国家制定有关青年工作的方针、政策和法律提供依据;研究青年工作中的理论和实际问题,加强团的思想、组织和作风建设,抓好团的干部队伍和团员队伍建设,加强团干部的选拔、管理、考核、培训和输送;征集青年运动史资料,研究撰写青年运动史;代表和维护青年的具体利益,动员和协调社会各方面的力量促进青年的健康成长;做好青年统战工作,指导和帮助中华全国青年联合会、中华全国学生联合会的工作;负责全国青少年和学生的对外联络工作;调查研究各国青年、学生运动的情况,建立和发展与各国青年、学生组织的友好关系,支持各国青年的正义事业,开展对港澳台青年、学生组织的工作,发展青年旅游事业,扩大同各国青年的交往;领导团中央系统的青少年报刊和青少年读物的出版工作,指导各地青少年报刊的工作;受党中央委托,领导全国少先队工作,指导少先队辅导员的工作。

3.团中央机关

团中央机关是团的中央委员会的办事机构,受团中央书记处领导,下设若干职能部门,包括办公厅、组织部、宣传部、学校部、少年部、青工部、青农部、统战部、国际联络部、维护青少年权益部、机关党委等。

(二)团的地方组织

1.团的地方各级代表大会

团的地方各级代表大会是地方各级团的领导机关。团章规定:团的省、自治区、直辖市、省辖市、自治州代表大会每五年举行一次。团的县(市、旗)、自治县、市辖区代表大会每三年举行一次。团的地方各级代表大会由同级团的委员会召集。在特殊情况下,经同级党的委员会和团的上级委员会批准,可以提前或延期举行。团的地方各级代表大会的职权是:审查和批准同级委员会的工作报告;讨论和决定本地区团的工作任务和有关重要事项;选举同级委员会;选举出席上一级团的代表大会的代表。

2.团的地方各级委员会

团的地方各级委员会由三级构成,它包括团省、自治区、直辖市委和中央直属系统团委;团市、地、州、盟委;团县、市(县级市)、旗、市辖区委。团的地方委员会由同级党委和上级团委双重领导,它是由同级代表大会选举产生的地方各级团组织的领导机关。团的地方各级委员会在代表大会闭会期间,执行上级团组织的指示和同级团的代表大会的决议,领导本地方团的工作,定期向上级团的委员会报告工作。团的地方各级委员会全体会议选举各该级委员会的常务委员会和书记、副书记。团的地方各级委员会全体会议由常务委员会召集,每年至少举行一次。在委员会全体会议闭会期间,由常务委员会行使委员会的职权。团的地方各级委员会的组成,必须经同级党的委员会和上级团的委员会批准。

团的地方各级委员会的主要职责和任务是:受同级党委和上级团组织双重领导,执行上级团组织和同级代表大会的决议,贯彻共青团工作的指导思想,实现共青团组织的各项任务,创造性地领导和开展本地区团的工作,定期向上级团委报告工作。

各级地方团委机关,是团的各级地方委员会的办事机构,下设办公室、组织部、宣传部、青工部、青农部、学校部、少年部、统战联络部、权益部等。

(三)团的军队组织

中国人民解放军和中国人民武装警察部队中团的工作,是军队和武警部队政治工作的重要组成部分。中国人民解放军和中国人民武装警察部队中团的组织在本单位党组织和政治机关的领导下,根据团的章程和军队有关规定进行工作,由中国人民解放军总政治部负责管理。

(四)团的基层组织

企业、农村、机关、学校、科研院所、街道社区、社会组织、人民解放军连队、人民武装警察部队中队和其他基层单位,凡是有团员三人以上的,都应当建立团的基层组织。团的基层组织,根据工作需要和团员人数,经上级团的委员会批准,分别设立团的基层委员会、总支部委员会、支部委员会,在基层委员会、总支部下建立支部。如果工作需要,在基层委员会下也可以建立总支部。在一个支部内可以分若干个小组。支部委员会、总支部委员会由团员大会选举产生,每届任期两年或三年,其中大、中学校学生支部委员会每届任期一年。基层委员会由团员大会或代表大会选举产生,每届任期三年至五年。团的基层组织设置应从实际出发,可以不完全与党组织和行政建制对应。适应街道社区、非公有制经济组织、社会组织等单位和领域的特点,适应团员青年流动和分布聚集的特点,灵活设置团的组织。

团的基层组织是按照生产、工作单位或学习、生活、工作区域设立的,建在社会基层单位或社区。但从实际出发有多种形式:区域型(即基层团组织设置与生产单位和行政区域相一致)、专业型(即打破行政区域和系统的界限,按生产的分工、按行业设置基层组织)、组合型(即在同一作业时间和单位的不同工序、工种的团员中建立基层组织)、流动型(即在城乡集体外出从事经济活动的团员中建立临时团支部)等。团总支的机构设置由团总支书记、团总支副书记、秘书处、组织部、宣传部、文体部等组成。团支部一般由团支书、组织委员和宣传委员组成。

高校各级团组织在原有基层团组织的基础上,结合时代的要求和现实的需求,也探索和建立了一批新型基层团组织,如以大学生素质拓展计划为核心载体的新型团支部、以学生社团为载体的活动团支部等。

团的基层组织的基本任务是:

(1)组织团员和青年学习马克思列宁主义、毛泽东思想、邓小平理论、"三个代表"重要思想和科学发展观,学习党的路线、方针和政策,学习科学、文化、法律和业务。

(2)宣传、执行党和团组织的指示和决议,参与民主管理和民主监督,充分发挥团员的模范作用,积极创先争优,团结带领青年积极投身改革开放和现代化建设,为社会主义经济建设、政治建设、文化建设、社会建设、生态文明建设做贡献。

(3)教育团员和青年学习革命前辈,继承党的优良传统,发扬社会主义道德风尚,树立与改革开放和社会发展相适应的新观念,自觉抵制不良倾向,坚决同各种违法犯罪行为做斗争。

(4)了解和反映团员与青年的思想、要求,维护他们的权益,关心他们的学习、工作、生活和休息,开展文化、娱乐、体育活动。

(5)对要求入团的青年进行培养教育,做好经常性发展团员工作,收缴团费,办理超龄团员的离团手续。

(6)对团员进行教育、管理和服务,健全团的组织生活,开展批评和自我批评,监督团员切实履行义务,保障团员的权利不受侵犯,表彰先进,执行团的纪律。

(7)对团员进行党的基本知识教育,推荐优秀团员作党的发展对象;发现和培养青年中的优秀人才,推荐他们进入更重要的生产和工作岗位。

延伸阅读 2-2

共青团的组织体系构架图示例

结合浙江大学的团组织设置情况①，共青团的组织体系构架如图 2-1所示。

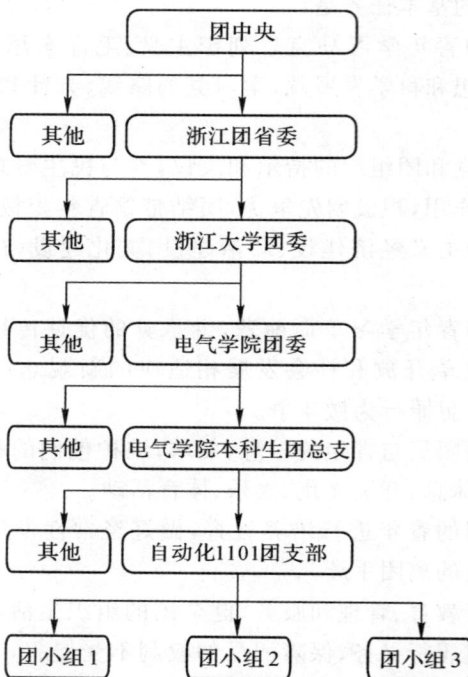

图 2-1　共青团的组织体系构架图示例

二、高校共青团组织的地位和作用

高校共青团工作是高校工作的重要构成部分，也是全团工作的重要组成部分，是全团工作的重点。高校共青团工作最直接地服务于先进生产力的发展要求，最紧密地把握着先进文化的前进方向，最有效地代表着广大青

① 团小组不是团的一级组织，是为了便于开展团的工作而划分的活动单位，团小组长可以由团员选举产生，也可以由团支部指定。

年的根本利益,在全团工作中具有特殊地位和重要作用。

(一)高校共青团组织的地位

首先,从工作对象来看,高校共青团组织面向的是经历过高考的洗礼、心怀天下的优秀青年。他们带着梦想,继续追逐在拼搏的道路上。他们有着过硬的专业基础、独到的思维模式与方法、良好的沟通与交流能力、良好的学习和工作方式与方法,并具有一定的冒险精神和创新精神。他们都将在不久的将来,成为社会各个领域的带头人,成为未来社会的建设者、经济的推动者、文化的传承者、决策的制定者等。高校青年是社会主义现代化建设的接班人。因此,高校共青团组织作为培养未来接班人的主阵地,肩负着建设社会主义大蓝图的光荣使命。

其次,从工作覆盖面来看,在第一要务即为育人的高校,共青团员比例非常高,达90%以上。因此,高校共青团组织的覆盖面非常广,高校共青团组织的工作就显得尤为重要。一个先进的高校共青团组织将把党的思想、团的灵魂传遍整个校园,切实加强基层组织的建设,把一批批优秀青年团结在党团的周围,共同为未来而不懈努力。同样,一个个举措也将面临广大青年团员的考验。这是高校共青团组织的优势,也将激励其不断发展和完善组织建设。

最后,从工作环境来看,高校在整个社会的发展中起着举足轻重的作用。高校是社会主义现代化建设的生产力,是现代化技术发展的来源,是先进文化交流和碰撞的前沿,是推动社会主义经济建设、政治建设、文化建设、社会建设、生态文明建设的阵地。教育是命脉,高等教育的发展势必影响整个国家的发展。高校共青团工作置身于这样的环境中,自然具备了把握先进文化前进方向的优势和条件,能够不断保持工作的领先地位。

(二)高校共青团组织的作用

1.团员青年思想引领的重要力量

思想政治教育工作是高校学生工作的重要内容之一,也是团的工作重点。现代教育强调学生素质全面发展,而德智体美劳的德即为德育、思想政治教育。它是整个教育的有机整体和重要组成部分,并居于首要地位,包括政治教育、思想教育和道德教育三个方面。它对大学生的发展起主导作用,同时也是精神文明建设的重要内容,又是两个文明顺利建设的重要保证。

中国共产主义青年团是中国共产党领导的先进青年的群众组织,是广大青年在实践中学习中国特色社会主义和共产主义的学校,是中国共产党的助手和后备军。团章中这三个方面的界定明确了包括高校共青团在内的各级共青团组织作为政治组织的本质属性。这一属性成为高校共青团组织在引领大学生思想提升上的优势。做好高校学生的思想政治工作,也是高校共青团的根本任务。

共青团组织作为一个植根于青年群体中的群众性组织,有着与其他群众组织一样的群团特征——鲜明的群众属性。从群众中来,到群众中去,又生活在群众之中。相对而言,共青团组织对大学生的教育在表现形式上更趋向于一个主体内部的自我教育,对大学生而言,更为设身处地、更加突出自我,因而更容易接受。这种以一带十、以十带百、优势带动,从而达到整体互动的群众工作路线,是共青团组织立足于本质属性开展工作的一个独特优势。

2.团员青年成长成才的主导力量

服务青年成长成才是党赋予共青团的历史使命和光荣职责,也是团员青年的热切盼望。青年历来是国家的未来和民族的希望,这就要求共青团组织把培养社会主义合格建设者和可靠接班人的任务作为全部工作的出发点和落脚点,也与共青团作为青年群众组织要组织青年、引导青年、服务青年和维护青年合法权益的理念是一致的。

高校共青团组织的性质和职能决定了它在大学生成长成才中所能发挥的重要作用,具有与学生联系紧密、对学生了解深入等优势,是服务青年的阵地和平台,为大学生成长成才提供了有效的载体和条件。高校共青团工作的有效开展能充分激发和调动青年团员的积极性,加快促进青年团员的成长成才。这也要求高校共青团工作必须紧跟时代发展的步伐,充分了解青年团员的需求,有效拓展组织的功能,切实引导提高青年团员的意识和自我提升能力,强化服务青年团员的力度,拓宽服务青年团员的领域,切实有效地做好工作的针对性和指导性,更好地为青年团员成长成才创造和提供条件。

3.团员青年创新创业的良师益友

当前国内大学毕业生所面临的不容乐观的就业形势,以及信息化时代下大学生所能接受到的参差不齐的就业与创业信息的局面,都迫切需要高校共青团组织利用自身优势,服务青年团员的就业创业工作,特别是创新创业教育。高校共青团组织在对大学生进行创业教育过程中,可以利用丰富多彩、生动活泼的教育形式和方法,加强大学生的思想教育,着力引导大学生树立正确的就业观和价值取向,培养健康的社会品质。

共青团组织通过组织多种创业培训、技能培训班、创业计划类比赛、职业生涯规划大赛等活动,帮助大学生明确创业教育的目标,激发他们学习的积极性,提升他们的相关能力,同时鼓励他们将所学到的专业知识应用到实际操作中去,在实践中有意识地将创业教育融入其中,在实践中培养大学生的创业意识和创业精神,提高创业能力,推动大学生积极主动地学习创业理论知识,掌握创业技能。同时,高校共青团组织作为青年团员与政府相关部门间的纽带,起到了政策宣传和共同解决青年团员在创业过程中所面临的各种困难的作用。

4.团员青年服务公益的引路人

在能源短缺、环境问题日益突出、城乡差距加大、区域发展不平衡等背景下,越来越多的团员青年走在国家的各个地区,深入社会的各个阶层,以社会的角度、人类的角度审视自身、社会与现实,活跃在志愿服务与实践的大队伍中。而高校共青团组织是青年团员参与其中的组织者、引路人和良师。

高校共青团组织依托服务公益活动,使青年团员在实践中接受了思想政治教育所传播的内容,并依托团员本身又使教育内容得以交流和传播,从而稳固了高校共青团组织的思想政治教育功能。高校共青团组织依托自身优势,着眼社会需求,不断加强与相关部门的协调配合,为广大青年团员提供了大量锻炼的机会和岗位;通过输送青年团员到服务社会的各个领域,为国家的建设、社会的发展贡献了青春力量;在青年团员实践中突出团员的主体地位,尊重团员的需求与兴趣,使青年团员实践有所得;积极把服务公益与学生成长成才相结合,扎实推进高校的育人工作。

5.高校团文化的传承者

文化是民族的精神和灵魂,是民族振兴的重要支撑。有了共同的文化,人们才会有强烈的归属感和共同的道德约束力,民族才会有强大的凝聚力和创造力。高校是传承和弘扬民族文化的主阵地,建设和谐校园文化关乎学校的发展。高校共青团组织作为建设和传承校园文化的主要力量,以理论、科学、创新的思维,将高校文化注入共青团的日常工作中,带领广大青年团员一道支撑起共同的精神和灵魂。

校园文化,是指以学校校园环境为阵地,以社会先进文化为背景,以全体师生员工为主体,在学校教育学习和管理过程中,以具有校园特色的物质形式和精神形式为其外部表现影响和制约校园人群的特定的精神环境和文化氛围。高校团文化是校园文化的重要组成部分。青年团员正处在成长的关键时期,他们的成长不仅表现在身体、心理的成长,更主要地表现在精神世界的成长。创造良好的文化环境,能使他们的心灵得到陶冶和净化,审美情感得到丰富,道德理想获得发展,精神境界得到提升。高校团文化是一股巨大的力量,吸引广大青年团员团结在团组织的周围,携手为梦想而奋斗,为"中国梦"而拼搏。

高校共青团不断适应时代的要求,结合自身学校的实际,确立高校共青团的活动理念、工作理念和创新理念,用主导色、活动标识、组织徽标、海报标识等来建立视觉识别系统,通过主题团日活动、优秀表彰、纪念会、座谈会等仪式活动强化青年团员的组织认同,通过契合青年团员特点、符合组织特色、深受青年团员欢迎的品牌活动的建设不断凝练高校共青团文化,以期更好地指导青年团员的思想政治教育工作和青年团员的成长成才工作。

三、坚持党建带团建,加强团的基层组织建设

(一)党建带团建工作的意义

1. 党建带团建工作的重要性

共青团作为党领导的先进青年的群众组织,是党的助手和后备军。党中央一直高度重视共青团工作,始终把共青团建设纳入党的建设总体规划之中。同时,近年来基层党建带团建的实践也证明了,这是充分发挥共青团生力军和突击队作用,完成党的中心任务的重要保证;是活跃基层、打牢基础,扩大党的工作覆盖面和影响力的迫切需要;是为党的队伍源源不断注入新鲜血液,保证党的事业薪火相传、后继有人的战略任务。坚持党建带团建,就会事半功倍、双赢共进。只有依托党建带团建,才能把握基层团组织建设正确的政治方向,建立基层团组织建设坚实的政治基础,营造基层团组织良好的外部环境。

2. 党建带团建工作的紧迫性

随着时代的发展和我国经济、社会的蓬勃发展,青年团员的流动也变得更加频繁,青年团员的思维更加活跃、诉求更加多样。因此,共青团的工作也面临许多新情况、新要求、新机遇、新挑战。这对基层党建带团建工作也提出了新的更高的要求。各级党组织要牢固树立赢得青年就是赢得未来的思想,切实加强对共青团工作的领导,深入研究基层党建和团建工作的特点与规律,解决突出问题,加强薄弱环节,以改革创新精神推进基层党建带团建工作,努力使团的基层组织网络覆盖全体青年、团的各项工作和活动影响全体青年。

3. 基层党建带团建工作的总体要求

基层党建带团建的总体要求是:以邓小平理论、"三个代表"重要思想、科学发展观和党的基本路线统一思想和行动;把党的要求贯彻落实到团的

建设之中,使团的建设纳入党的建设总体规划;紧紧围绕改革发展稳定大局,以带团干部队伍建设为关键,以带基层组织建设为基础,以创先争优活动为载体,推动建立广泛覆盖、富有活力的团的基层组织;教育团员带头坚定信念、带头勤奋学习、带头争创佳绩、带头弘扬新风;造就一支忠诚党的事业、热爱团的岗位、竭诚服务青年的团干部队伍,不断增强基层团组织的吸引力、凝聚力和战斗力。

4.高校党建带团建的意义

在新形势新任务面前,只有充分认清抓好党建带团建工作的重要意义,才能增强做好党建带团建工作的责任心和使命感,才能提高党建带团建工作的实效性。党建带团建,是深入贯彻落实科学发展观的要求,是加强新时期高校党的建设的具体实践。共青团作为党的助手和后备军,其历史使命、地位和作用始终与党的先进性紧密相联。加强党建带团建工作,是共青团组织做好各项工作的根本保证。党建带团建,是巩固党的青年群众基础,确保党的事业兴旺发达的必然要求。高校共青团作为大学校园里最重要的一支思想政治工作队伍,是保持高校稳定的中坚力量,也是大学校园里最活跃、最具创新性、最有潜力的队伍。党建带团建,是更好地发挥共青团组织生力军作用,加快高校又好又快发展的迫切需要。

(二)基层党建带团建工作的原则

党建带团建始终是基层组织建设和工作的根本保障和基本要求。党组织从制度安排、干部配备、工作指导三个方面的带动,对基层组织建设和基层工作至关重要。

基层党建带团建工作要把握几个原则:一是有利于加强和改善党的领导。通过开展党建带团建工作,使党与团、党与青年群众的联系更加密切,党在新时期执政的群众基础更加巩固,使团的工作始终沿着党指引的方向前进。二是坚持为大局服务,为青年服务。服务大局,就是所有工作要坚持以经济建设为中心,认真贯彻党的基本战线和各项方针政策,为改革、发展和稳定的大局服务。服务青年,就是根据青年的聪明才智,为广大团员青年健康成长创造良好的环境和条件。三是实现基层党建与团建的互相促进、共同提高。通过加强和改进基层建设工作,发挥基层党组织的战斗堡垒作用,引导、带动团组织发挥作用,增强团组织的凝聚力、战斗力;通过加强和改进基层团的建设工作,使基层组织建设得到改进和加强,促进基层党的建设工作整体水平的提高。

(三)基层党建带团建工作的思路

1. 要增强党建带团建的工作意识

共青团的组织建设是党的建设的有机组成部分。共青团工作首先是党组织的工作,其次才是团组织的工作。高校基层党组织要按照党章规定,把抓好团的工作当作自己分内的工作职责,主动加强对团组织的领导和对团的工作的指导。要顺利推进党的建设新的伟大工程,各级党团组织必须增强党建带团建的工作意识。党建带团建是贯彻和实践"三个代表"重要思想和科学发展观的内在要求;是加强和改进党的作风建设的现实需要;是夯实和推进党的基层组织建设的客观需要;是巩固和发展党的青年群众基础的重要途径;是实现和维护改革发展稳定大局的长远之计。

团组织是党领导的先进青年的群众组织,是党的助手和后备军,这表示党团组织有着天然的政治关系。这种政治关系决定了团的基层组织建设必须紧紧依靠党的基层组织建设,服务于党的基层组织建设,置于党的基层组织配套建设之中,并按照党建的总体目标来安排部署。

2. 要带好团干部队伍建设

从优选拔配备团干部。坚持德才兼备、以德为先标准,用民主、公开、竞争、择优的办法,把政治过硬、作风扎实、自律严格、善于做青年工作的优秀青年党、团员充实到团干部队伍当中。

从严教育管理团干部。党组织要按照中央关于从严管理干部的要求,加强对团干部的教育、管理和监督。重视带好团干部的思想作风建设,建立健全党组织负责人和团干部谈心谈话制度,加强对团干部的成长观教育,加强团干部培训,注重加强理论武装和党性锻炼,提高团干部服务大局和做好青年工作的本领。

注重团干部的培养锻炼和考验。党组织要根据青年干部成长的特点和规律,采取交流轮岗、任职挂职等方式,把团干部放到艰苦环境、急难险重任务中加强锻炼和考验。完善团干部考核考察制度,对发展潜力大的优秀团干部长期培养、跟踪考察,全面了解其德才素质和工作实绩,特别是完成重大任务和关键时刻的表现。把培养团干部作为培养党的年轻干部的重要任务,及时把优秀团干部用到条件艰苦、任务艰巨的工作岗位上。

3. 要抓好基层组织建设

加强团的基层组织。巩固和加强各领域团的基层组织。指导团组织创新基层组织设置方式,已建立党组织的要尽快把团组织建立起来,不具备建立党组织条件的可先建立团组织。加强对流动团员的教育管理和服务。各级党组织要帮助团组织建立健全"推优"标准、"推优"程序、入党申请人培养联系制度、定期组织学习制度、申请人定期汇报思想制度等。通过培养优秀团员作党的发展对象,培养优秀团干部作党政后备干部,挑选优秀青年党员作团组织的主要负责人实现对团的建设的引领。同时,基层党组织要把"推优"工作作为发展党员的一项基础性工作来抓,纳入发展党员工作规划;要将"推优入党"和培育"优秀团员"工作结合起来,加强对团员青年进行先进性教育和党的基本理论、基本知识的教育,引导他们积极向党组织靠拢。

重视发挥团组织的作用,推动基层组织阵地共建共享。党组织要经常给团组织交任务、压担子、搭平台,为团组织发挥作用创造条件。重视发挥团组织的动员优势,组织和动员广大团员青年积极投身推动科学发展、促进社会和谐的一线建功立业。党组织要有效整合基层组织阵地资源,发挥最大效益。活动场所向团组织开放,各类资源向青年团员开放,指导和支持团组织加强网络阵地建设,拓展团组织工作和活动空间。

4.要建立完善基层党建带团建长效机制

建立党建带团建工作制度。党组织书记和领导班子要树立抓党建必须抓团建的意识,切实加强对基层党建带团建工作的领导,要把党建带团建工作纳入基层组织建设的整体格局中,建立起基层党建带团建的领导责任制。定期研究共青团工作,建立领导干部党建带团建工作联系点,重视团干部转岗工作,保持团干部队伍合理的年龄结构。党组织负责人要加强对团的重要工作的指导,参加团的重要会议。同时也要落实团组织书记列席党的领导班子会议制度,让团组织书记参与有关决策,更好地了解大局、服务大局。

要建立健全党建带团建工作目标责任制,建立考核和保障制度,把工作目标任务纳入考核内容,以制度来规范和约束党建带团建工作,确保党建带团建的各项任务落到实处、取得实效。加大对团的工作物质支持和经费保障,帮助改善工作环境和条件。真心爱护、真情关心、真诚帮助基层团干部。注意发现和树立党建带团建工作先进典型,总结推广先进经验,加强宣传表彰,形成良好的工作导向和社会氛围。

第二节　团的支部组织

团支部是共青团工作和活动的基本单位,是团的最基层一级的组织。团支部同广大团员青年有着最直接、最广泛的联系,是团组织联系广大青年的桥梁和纽带,是共青团组织发挥其作用的重要的组织基础,是团的各项工作的显示终端。团支部工作是搞好共青团工作的关键环节。团的各级领导机关及其全部工作的目的和意义，都最终集中在能否最大限度地搞好共青团的支部工作。

企业、农村、机关、学校、科研院所、街道社区、社会组织、人民解放军连队、人民武装警察部队中队和其他基层单位，凡是有团员达三人以上的，都应当建立团支部。

一、团支部的定位

(一)团支部是共青团的组织基础

团的支部组织是共青团联系和团结其成员的最基层的组织形式，它能够将团员组织起来，有计划地开展团的活动。一方面，团支部能够使团员在团内接受培养和教育；另一方面，团支部还可以动员和组织广大团员青年去努力完成党的中心任务。在共青团的组织系统中，如果缺少这样一个能够把团员青年组织起来并置于直接领导和管理之下的基层组织，共青团的领导机关和广大团员青年之间，就不可能形成紧密的联系，共青团组织也势必成为一盘散沙，而不能形成应有的战斗力。

(二)团支部是共青团团结教育团员青年的桥梁和纽带

团支部贯彻落实团中央的精神，依托与青年直接广泛的联系，通过对广大青年的思想教育，团结了一批又一批的优秀青年，并在他们的工作、学习和生活上予以关心和帮助，在思想政治的提高和进步上予以培养和教育，传达团中央的号召，落实共青团的各项任务，并紧密结合青年的实际开展丰富多彩、健康有益的各类活动以满足青年的需求和帮助青年提高。

团的支部组织作为共青团团结教育团员青年的桥梁和纽带，充分体现了共青团组织的先进性与群众性，也反映出共青团组织作为党领导的先进青年的群众组织，是广大青年在实践中学习共产主义的学校，是党的助手和后备军这一特殊的组织性质。

(三)团支部工作是搞好共青团工作的关键环节

共青团组织是青年之家，共青团工作的地位依托于团支部工作的良好开展。由于共青团的支部组织是全团工作的显示终端，共青团的各项工作基本上都在团支部工作中反映出来，它是共青团工作的一个缩影。团支部工作开展的好与坏，对共青团组织的全局工作有着重要的影响。作为与青年最接近的共青团的基层组织，团支部还要向同级党组织和上级团组织反映团员青年在工作、学习和生活中遇到的各种实际问题，并要想方设法地去解决。

二、团支部的基本任务

根据团章对团的基层组织任务的规定,团支部工作可以概括为以下几个方面的内容。

（一）加强对团员和青年的思想政治工作

共青团是一个培养青年的教育性组织,因此,加强对团员青年的思想政治工作,是团支部的首要任务。团支部要坚持对青年的教育和引导,组织青年学习马克思列宁主义、毛泽东思想、邓小平理论、"三个代表"重要思想和科学发展观,广泛开展党的基本路线教育,爱国主义、集体主义和社会主义思想教育,社会主义道德教育,近代史、现代史教育和国情教育,民主和法制教育,增强青年的民族自尊、自信和自强精神,树立正确的理想、信念和世界观、人生观、价值观,进一步增强对中国特色社会主义的道路自信、理论自信、制度自信。对团员还必须进行中国特色社会主义共同理想和共产主义远大理想教育。努力帮助青年学习现代科学文化知识,吸收和借鉴人类社会创造的一切文明成果,抵御资本主义和封建腐朽思想的侵蚀,不断提高青年的思想道德素质和科学文化素质。

（二）动员和组织团员青年在社会主义现代化建设中发挥作用

共青团是党的助手和后备军,在社会主义现代化建设中应当充分发挥生力军和突击队作用。团支部要从本单位的实际出发,动员和组织青年在本职岗位上艰苦奋斗,争创一流成绩。要组织青年开展岗位训练,帮助青年提高科学文化素质和劳动技能。要根据本单位工作或生产的需要,因地制宜、形式多样地开展各种劳动竞赛和生产突击活动,发挥团组织的突击队作用。

（三）关心青年利益,密切联系青年群众

共青团是党联系青年的桥梁和纽带。关心青年的全面成长,反映青年的要求,维护青年的正当权益,努力为青年提供具体有效的服务,是团支部不容推卸的责任。团支部要围绕党的中心任务,经常开展各种适合青年特点的独立活动,帮助青年建功立业、成长成才。要指导青年过好有益于身心健康的文化、娱乐、体育等业余生活。要关心青年的特殊利益和特殊问题,帮助青年正确处理恋爱、婚姻、家庭问题,带头破旧俗、立新风。团支部要做青年的知心朋友,倾听青年的呼声,了解他们的意见和要求。对于青年的合理意见,要主动向上级反映,并创造条件,努力帮助解决。要维护青年的正当权益,同危害青年的行为进行坚决的斗争,为青年的健康成长创造良好的条件。

(四)加强对团员的教育和管理,做好团支部的经常性工作

共青团是先进青年的群众组织,有着严密的组织和严格的纪律。团支部应当做到"团要管团",对于本支部的所有团员,都要做到有教育、有管理、有要求、有监督。要健全团的组织生活,使广大团员真正了解团的性质和任务,了解团员的义务和权利,在社会生活的各个方面发挥模范带头作用。要及时地表彰优秀团员,宣传他们的先进事迹;对犯有错误的团员进行严肃的批评,给予必要的纪律处分。要向所有愿意为社会主义和共产主义奋斗的青年敞开团的大门,积极地、有计划地做好团员发展工作。要经常协助党组织对团员进行党的基础知识教育,及时向党组织推荐优秀团员作党的发展对象。要认真做好团费收缴工作。

1.团员发展

青年入团的条件为:年龄在14周岁以上,28周岁以下的中国青年,承认团的章程,愿意参加团的一个组织并在其中积极工作、执行团的决议和按期交纳团费的,可以申请加入中国共产主义青年团。

接收团员必须严格履行下列手续:①申请入团的青年应有两名团员做介绍人;②介绍人应负责地向被介绍人说明团章,向团的组织说明被介绍人的思想、表现和经历;③要求入团的青年要向支部委员会提出申请,填写入团志愿书,经支部大会讨论通过和上级委员会批准,才能成为团员。被批准入团的青年从支部大会通过之日起取得团籍。

新团员必须在团旗下进行入团宣誓。誓词如下:我志愿加入中国共产主义青年团,坚决拥护中国共产党的领导,遵守团的章程,执行团的决议,履行团员义务,严守团的纪律,勤奋学习,积极工作,吃苦在前,享受在后,为共产主义事业而奋斗。

延伸阅读 2-3

团员自行脱团以后能不能重新入团?

团员自行脱团是一种无组织、无纪律的表现,是极其错误的。自行脱团的团员,如果觉悟有了提高,重新要求入团的话,团组织应该接受他的入团申请,但对其所犯错误要进行批评教育。经过一段时间考验,确实达到了团员标准,可以重新接收其为团员。其入团手续和一般青年的入团手续相同。

2.团员教育管理

对团员的教育和管理，主要应做好以下几项工作：①根据团章要求，结合不同时期团的任务，对团员提出严格的要求和分配一定的工作，并经常性进行检查督促；②及时接转团员组织关系；③严肃慎重做好团员离团、脱团、退团工作；④严格执行团员的奖励和处分制度；⑤认真做好团员登记、统计工作；⑥经常了解外来团员的情况，吸引他们参加团的生活和活动，密切与外出团员的联系；⑦关心团员的工作、学习和生活；⑧团员证的管理工作，及时做好团员证的颁发、补发、回收、注销工作；⑨做好团员档案管理工作。团员档案的主要内容包括：入团志愿书、组织鉴定、团员奖励卡片、团内处分的调查、本人的检查和组织决定等。

团员年度团籍注册是对团员团籍的连续认定。基层团组织应从本单位的实际出发，认真做好团员年度团籍注册工作。年度团籍注册以团支部或团总支为单位，注册工作一般可按以下程序进行：①以组织生活形式，开展团员教育评议活动；②团支部委员会向全体团员报告一年来的工作，接受团员监督；③团支部验收团员上年度团费收缴卡，并收缴拖欠团费；④对符合注册条件的团员，由团组织在其团员证的"团籍注册"栏内填写注册时间，加盖注册专用印章，同时发给下年度团费收缴卡；⑤根据团员注册情况，搞好年度团员统计；⑥办理超龄团员离团手续；⑦发展新团员。年度团籍注册后，团支部应及时向上级团委汇报注册情况，并根据团员注册、超龄团员离团和发展新团员情况，修订团员花名册。

另外，团员遗失了团员证，并确认无法找回的，要及时报告所在团支部，团支部要向上一级团委报告情况。团的基层委员会在了解遗失原因并对团员进行必要教育后，可以为其办理补发手续，并在新证备注栏内注明，加盖团的基层委员会印章。新证的编号，可按已编到的序号递增。

延伸阅读 2-4

团员要求退团，如何处理？

团章规定："团员有退团的自由。"团员提出退团，是允许的。但在实际处理过程中，要十分慎重，不能草率从事。团的组织要深入了解团员提出退团的原因，区别情况，妥善处理。如果是思想认识问题，应耐心地进行教育帮助；如果有实际困难，应热情地帮助解决。经教育帮助后，提出退团要求的团员如果愿意继续留在团内，应当允许，并予以鼓励；如果坚持退团，则应要求他向支部委员会递交书面报告,由支部大会通过宣布除名,并报上级委员会备案。对已经退团的青年,团组织仍负有对他进行帮助教育的责任。

3. 团费收缴

按期交纳团费是团员对团组织应尽的一种义务,也是团员支持团的工作的一种表现,同时还是团员和团组织保持经常联系,不断增强组织观念的一种必要形式。团费收缴工作是团务工作的重要组成部分,也是衡量团的基层组织建设,尤其是团员教育、管理工作状况的显著标志。

全体共青团员均应按照团章的规定交纳团费;保留团籍的共产党员,从取得预备党员资格起,应交纳党费,可不交纳团费,自愿交纳团费者不限;团员除按规定交纳团费外,本人自愿多交不限。团的县级以下基层组织留用团费总数的 50%,其余上缴。团费收缴须严格依据各单位的团情况统计数据,务必确保交纳团费的准确性。上级团委将对各单位团费收缴工作进行统计、核查。

团费主要用于团的活动,团员、团干部教育、培训、奖励,订阅团的机关报刊等方面的必要开支。团费的开支应加强管理,严格手续,注意节约,合理使用。不能把团费用于团员、团干部的生活福利,严禁用团费请客送礼。要严格团费使用的审批手续。

4. 团内推优

共青团作为中国共产党领导的先进青年的群众组织,是党的助手和后备军。推优入党工作是指团的组织推荐优秀团员作党组织发展对象的工作。

工作原则:①28 周岁以下的青年入党,一般应从团员中发展,发展团员青年入党一般要经过团组织推荐;②坚持自下而上的原则;③坚持集体决定的原则;④坚持党建带团建的原则;⑤坚持组织员监督的原则。

考评标准:党章规定的党员标准是团内推优工作的基本依据。①拥护党的纲领,承认党的章程,认真贯彻执行党的路线、方针、政策;②积极参加团的活动,自觉履行团员义务,带头完成工作、学习任务,模范遵守团的纪律;③思想上进,已递交入党申请书,入党动机端正;④有全心全意为人民服务的自觉意识,关心集体,具有团队精神,群众基础好,在群众中有较高威信;⑤学生学习态度端正,成绩优良,综合素质较高;⑥模范遵守国家法律和校纪校规。

推优工作以团支部为单位,在党支部和上级团委的领导下进行。其具体程序是:①召开团员大会,介绍申请入党的团员情况,提出推荐标准;②团员酝酿推荐对象,团支部委员会在对推荐对象进行全面考查并征求党支意见的基础上,讨论确定推荐人选,填写推荐表报上级团委;③上级团委审核并签署意见后,由团支部向党支部正式推荐。

延伸阅读 2-5

浙江大学推荐优秀团员作党的发展对象工作程序

(1)团支部"推优"工作一般每长学期进行一次,分别在春学期和秋学期开学后的前两周内进行。

(2)团支部"推优"应按照以下程序:团支部召开团员大会,团支部委员会在对申请入党的团员进行认真考察的基础上,介绍其情况;经团员大会充分讨论评议后,全体团员以无记名投票方式进行推荐,提出推荐对象;团支部委员会确认推荐名单,写出推荐意见,报上级团组织审定。

推荐对象需填写《浙江大学优秀团员入党推荐表》,团支部、院团委、学生党支部各留存一份。一般团员、团支部委员的推荐意见由团支部书记填写;团支部书记、院团委(团总支)委员的推荐意见由院团委(团总支)书记填写;院团委(团总支)书记的推荐意见由校团委书记填写。

(3)各院(系)、各单位团委在广泛征求团员意见后,进行认真审核并签署意见,向党支部推荐。如果征得的多数意见与团支部意见不一致,应责成团支部重新考察,在统一意见的基础上再向推荐对象所在党支部推荐。推荐名单应张榜公布。

(4)党组织在收到团组织报来的《浙江大学优秀团员入党推荐表》后,应在两周内讨论研究,对被推荐的优秀团员可以列为入党积极分子,条件成熟的可以确定为发展对象。党支部应及时将结果反馈给团组织。

(5)对被接收为入党积极分子的推荐对象,党组织应指定1~2名正式党员做入党积极分子的培养联系人,对其进行经常性的帮助教育。

(6)从外单位转入我校的团员青年发展入党,原单位党组织已确定其为入党积极分子且培养教育的相关材料完善的,其培养考察的时间可以连续计算。原单位团组织已作为"推优"对象向党组织推荐的,推荐意见在一年内有效;超过一年的仍应与其他团员一起参加"推优"。

(7)推荐对象的推荐材料应随入党积极分子培养考察材料一起归入本人党建档案。

5.团内评优

团章规定,对于模范履行团员义务、在社会主义现代化建设和保卫祖国的事业中有显著成绩的团员,团的组织应当给予奖励。奖励分为:通报表扬,由团的中央、省、市(地)、县级委员会和基层团委授予优秀共青团员称号。

对团员的奖励一般表现为向表现突出的团员授予"优秀共青团员"称号,优秀团员必须达到以下标准:具有坚定的共产主义理想和建设中国特色社会主义的信念;能够积极贯彻执行党的路线、方针、政策;按照团章规定认真履行团员义务,正确行使团员权利,发挥模范带头作用;能够准确地把握物质利益与无私奉献的关系,勇于开展批评与自我批评来努力学习科学文化技术和业务知识,干一行、爱一行、专一行,熟练掌握本职岗位的业务技能,完成本职工作;积极主动地参加团组织活动,认真执行团的决议,遵守团的纪律,出色完成组织交给的各项任务,具体细则根据具体行业而定。

延伸阅读 2-6

团支部工作月历

团支部工作月历的基本格式以浙江大学电气学院电信 1001 团支部 2012—2013 学年工作月历为例,如表 2-1 所示。

表 2-1　浙江大学电气学院电信 1001 团支部 2012—2013 学年工作月历

序　号		工作名称	主要内容	责任人	参加人员
九月	1	支部选举	选举产生新一届团支部委员会以及团支部书记、组织委员、宣传委员和青志委员	团支部	全体
	2	社会实践	暑假社会实践材料收集、整理、上交	组织委员	全体
	3	培训	浙江大学新任团支书培训	团支书	团支书
	4	团日活动	青春献礼十八大	宣传委员	全体
	5	推优	组织开展秋冬学期推荐优秀团员作党的发展对象工作	团支书	全体
十月	1	争优	"五四红旗团支部"争创申报	宣传委员	全体
	2	培训	组织参加入党积极分子培训班	团支书	入党积极分子
	3	团日活动	求是引领新风尚	组织委员	全体
十一月	1	争优	"五四红旗团支部"争创答辩	宣传委员	部分
	2	志愿者	2012 年浙江大学志愿服务基本数据统计工作	青志委员	全体

续表

序号		工作名称	主要内容	责任人	参加人员
十一月	3	志愿者	电器维修进社区	青志委员	全体
	4	团日活动	"青春献礼十八大　求是引领新风尚"主题团日活动总结评选工作	团支书	部分
十二月	1	社会实践	2012年暑期社会实践总结与表彰	组织委员	全体
	2	志愿者	志愿者小时数审核,星级志愿者评定	青志委员	全体
	3	团日活动	诚信考试,优良学风建设	宣传委员	全体
	4	团日活动	集体自习	团支书	全体
	5	团情统计	2012年浙江大学团情况统计工作	团支书	全体
	6	团费收缴	根据团情统计进行团费收缴	团支书	全体
二月	1	社会实践	寒假社会实践材料收集、整理、上交	组织委员	全体
三月	1	推优	组织开展春夏学期推荐优秀团员作党的发展对象工作	团支书	全体
	2	社会实践	寒假社会实践优秀个人、团队评比,材料上交	组织委员	全体
	3	团日活动	"青春·使命·中国梦"主题团日活动之"青春"	团支书	全体
	4	培训	组织参加入党积极分子培训班	团支书	入党积极分子
四月	1	争优	"五四红旗团支部"争创中期检查	宣传委员	部分
	2	评优	浙江大学2012—2013学年团内评奖评优	团支书	全体
	3	团日活动	"青春·使命·中国梦"主题团日活动之"使命"	组织委员	全体
五月	1	志愿者	电器维修进社区	青志委员	部分
	2	团日活动	"青春·使命·中国梦"主题团日活动之"中国梦"	宣传委员	全体
	3	团员管理	团员证注册、团费收缴	组织委员	全体
	4	社会实践	2013年寒假社会实践总结与表彰	组织委员	全体
六月	1	争优	"五四红旗团支部"争创答辩	宣传委员	部分
	2	社会实践	暑期社会实践工作部署	组织委员	全体
	3	团日活动	诚信考试,优良学风建设	团支书	全体
七月	1	团日活动	集体自习	团支书	全体

三、团支部的制度

团支部的工作制度是支部全体成员应共同遵守的行动准则,是团支部的工作规范。建立和实施团支部工作制度是实现支部工作稳定发展,提高团支部工作质量和工作效率的重要保证。团的支部委员会要根据工作需要,建立健全各项工作制度。

(一)民主集中制

民主集中制是共青团根本的组织原则。要充分发扬民主,尊重团员的主体地位,切实保障团员的民主权利。要实行正确的集中,加强组织性和纪律性,保证团的决议得到有效的贯彻执行。

团员民主决定团内重要事务的团的组织生活,一般通过团支部团员大会、团支部委员会和团小组的形式来进行。但凡需要经过全体团员共同决定的问题,都要召开支部团员大会,提交全体团员进行讨论,统一认识。对需要形成决议的问题,应在发扬民主、团员充分发表意见的基础上进行表决,做出决议。

团支部委员会是支部工作的核心,因此,要根据工作需要,通过支部委员会的形成,首先对团的组织生活将要讨论、决定的事情进行研究,形成初步意见或方案,并做好各项准备工作,以保证团的组织生活目标明确、议题集中,取得良好效果。

团小组是团支部为便于对团员进行教育、管理、和开展活动而划分的相对独立的活动单位,是团支部的组成部分。团支部应发挥其团员少而集中,易统一行动的有利条件,指导团小组开好团小组会,通过团小组会的形式,讨论决定一些事情或对团支部大会将要决定的某些问题进行酝酿、讨论,为最终达成一致意见创造条件。

(二)"三会两制一课"制度

"三会两制一课"制度,即团支部要定期召开团支部团员大会,根据团支部工作需要,经常召开团支部委员会,并指导团小组开好团小组会;严格按照有关要求,每年定期实施团员教育评议、年度团籍注册制度;定期组织团员上好团课。加强团的组织生活制度建设,其核心是要健全落实团支部的"三会两制一课"。

"三会两制一课"制度是促进团的组织生活的基本制度,要使其真正落实,团支部必须结合支部的工作实际,针对各项制度的不同内容,进一步做出一些相应的具体规定、细则和要求,并使其与支部的工作计划、管理等工作结合起来,逐步成为支部全体团员清楚明了、团支部在工作中易于操作的工作程序。

围绕"三会两制一课"制度，建立相应的团的组织生活具体制度，要坚持原则性与灵活性的统一，两者不可偏废。组织生活制度一经建立，就成为团内的一项纪律，每个团员都必须自觉遵守。团支部要定期坚持并通报每个团员参加组织生活的情况，并把它作为考核团员的重要内容。同时，团支部在执行组织生活制度中，又要根据情况的变化，掌握好活动内容与形式的灵活性、组织方式的灵活性、定期与不定期相结合的时间灵活性。对制度的执行定期检查，全面总结，及时修订，使之不断完善。

(三)团支部管理制度

团支部在建立民主集中制、"三会两制一课"等工作制度的基础上，还可以根据支部工作的需要制定相应的管理制度。

第一，支部工作目标管理制度，即根据工作任务确定工作目标，然后依据工作目标的要求逐项落实的制度。这项制度的建立有利于支部工作的落实。

第二，支部工作定期检查、考核制度，即通过支部团员大会或其他形式，保证全体团员对团支部的工作的评议或考核的制度。这项制度的建立有利于团员对支部工作的监督机制。

第三，支部活动制度，即支部按照工作的整体安排，有序地开展活动的制度。这项制度的建立有利于支部活动正规化，避免随意性。

第四，团支部财物管理制度，即支部对财产、设备、器械的使用和管理的制度。这项制度的建立有利于支部维持正常的活动秩序。

(四)其他制度

建立和健全团的各项制度，是保证团的基层工作正常进行，建立稳定有序的工作秩序的有力措施，也是做好团支部经常性工作的客观依据，它适应改革开放条件下团的工作的要求，同时也为巩固和发展改革成果奠定基础。建立和健全团的各项制度还包括团费收缴制度、组织发展制度、表彰和处分团员制度、团支委会例会制度、组织关系转接制度、团籍注册制度等。

建立制度是为了做好工作，而不是应付上级的检查和衬托支部工作的门面。因此，不论建立何种制度，都应从本系统、本部门、本单位的实际出发，既照顾到各自的工作性质和特点，宽严结合，便于遵循，又要注意可操作性、灵活具体，防止教条、死板和形式主义。同时，在制定制度时要考虑透明度以便于监督，还要注意随着客观形势的发展变化，不断修改完善所建制度。

此外，团干部要自觉执行各项规章制度，对于模范执行各项制度的同志要给予表彰,对于破坏纪律的行为要予以批评。要通过制度的建立,使团的基层建设走上健康发展的轨道。

第三节　团支部建设的理论与实践

团支部是团的基层组织建设的活力源泉。从地位上看,团支部是团组织的基础和细胞,团支部活力如何,直接关系到共青团的工作基础扎实与否;从工作影响上看,团支部是团组织联系青年、了解青年、凝聚青年的前沿阵地,是最直接、最具体面向全体团员青年的单位,面广量大,团支部活力如何,直接关系到团组织在青年中的凝聚力、号召力;从工作评判上看,活力是团的根本评判标准,团支部活力如何,直接关系到共青团能否发挥作用,当好党联系青年的桥梁和纽带。因此在明确先进团支部建设标准的前提下,如何激发基层团支部的活力,在实践中探寻活力团支部建设的方法,成为广大基层团务工作者必须重视的一个问题。

一、先进团支部建设的标准

(一)思想教育好,组织的感召力强

思想教育有广义与狭义之分,广义的思想教育指对人的各方面思想、观点产生影响的教育,狭义的思想教育指形成一定世界观、人生观、价值观的教育。思想教育的作用在于促进价值意识的觉醒和更新,传递一定的衡量大众群体的价值标准和影响个体发展的价值选择标准,影响大学生的价值选择能力、理想、信念,逐渐引导大学生树立科学的世界观、人生观、价值观。一个先进的团支部要始终坚持把思想教育放在突出的位置,从思想上武装支部成员,从思想源头上做文章,取得"随风潜入夜,润物细无声"的效果。引导团员树立正确的人生观和价值观,着力加强团员的政治意识、组织意识和模范意识,把握好团员的思想;引导广大团员立足社会需要,加强自我教育、自我管理的能力,提高自身的综合素质。突出基层团组织的"思想阵地"作用,从而增强团组织的感召力。

(二)制度建设好,组织的执行力强

"无规矩无以成方圆",健全的工作制度是基层团支部各项工作顺利完成的保证。要想做好基层团支部的工作,就必须在加强思想教育的同时,建立健全各项规章制度来约束本支部成员的行为。一个先进的团支部应围绕提高团组织建设水平和团组织的执行力这一中心,构建一套适应时代要求、

切合基层实际、规范完备的制度体系，提高支部工作的科学化、制度化和规范化水平，并最终提升支部的执行力。一要做到日常管理制度完善，工作开展有序；二要做到考评机制优化，工作开展有力。团支部要认真组织填写《团员登记表》《团支部工作记录手册》，学期初有工作计划，各项活动有记录，学期末有总结；要形成团员大会制度和支部委员会民主选举制度；实行团员证制度，定期注册，按时收缴团费，以加强团籍管理，增强团员的组织观念；建立健全团的组织生活制度，开展团内批评与自我批评；落实推优制度，坚持推荐优秀团员青年加入中国共产党。只有完善团内各项规章制度，使得团支部日常工作有序进行，才能推动团支部的建设，夯实工作基础。

（三）队伍建设好，组织的战斗力强

毛泽东曾说过："政治路线确定之后，干部就是决定的因素。"选好用好以团支书为代表的团支部支委是团支部建设好的关键所在。一个先进的团支部干部要具备良好的工作作风，要以求实的精神、务实的作风扎实工作。要深入实际，深入基层，深入到广大同学中去，了解同学的呼声，开展服务同学的活动，调动更多的同学参加团支部的活动。优秀的基层团支部干部应紧密团结在同学周围，在工作中，敢于管理，敢于负责，勇于创新；在生活中，严于律己，宽以待人，团结同学，从各方面起好先锋模范作用，充分发挥班团干部在团支部建设中的核心作用。

（四）活动形式好，组织的影响力强

支部活动是团支部的结点要素，是团干部和团员的联结点和黏合剂，也是团组织增强影响力的基本方法。创新出一个好的形式，对任何工作内容具有重要意义。一个先进的团支部在活动的形式上应力争做到：第一，求异。高校基层团支部的团员青年正处于求异的年龄段，对于新奇的形式会不约而同地关注。工作开展的形式要力争新颖别致，不落俗套，吸引青年团员的兴趣。第二，求变。形式多样的活动，即使内容基本相同，也会达到良好的效果。对于组织学习等传统活动，要将形式加以创新，使老活动焕发生机。第三，求优。所谓"优"，最基本的就是能被对象广泛接受的，换句话说就是走群众路线，良好的形式要有广泛的群众基础，不能太过空洞、太过理论化，也不能脱离群众。第四，求当。马克思主义认为具体问题具体分析，任何活动形式都要考虑到参与对象的自身特点和客观环境。高校基层团支部建设工作的主体虽然都是高校团员青年，但团员进入高校后根据所学专业的不同特点又有很大差别，要能够针对不同群体的特点确定活动形式。

（五）集体氛围好，组织的凝聚力强

一要有良好的学习氛围。学习是每一个大学生的首要任务，一个先进的团支部应通过支部全体成员的共同努力，使广大团员都能够刻苦学习，能够在一定领域具有很强的钻研精神，勇于与学习上的不良风气作斗争，能够在感兴趣的领域有所专长，积极投身科研或利用专业知识参与社会实践，从而营造良好的学习氛围。二要有和谐的人际关系。一个先进的团支部，在人际关系方面应该是十分融洽和谐的。同学之间互相帮助、互相尊重、互相爱护、互相关心、平等待人、诚实交往、心理相容、和睦相处，能使集体成员充分体验到集体的温暖和力量，形成一种以诚相待的和谐人际关系，让广大团员在和谐上进的氛围中体验集体的强大凝聚力。

延伸阅读 2-7

浙江大学"五四红旗团支部"创建的标准

班子建设

（1）民主选举产生团支部委员会，团支部班子健全，能够集体决策，分工负责，主动与班委会协调工作。

（2）每年召开一次团支部换届选举会议，按期换届，举行团支部委员会的换届选举，民主选举。

（3）定期召开团支部班子的民主生活会、团支部干部会议，且有会议记录或纪要。

（4）团支部制度健全，工作年初有计划，年终有总结，计划详实可行，总结全面。

（5）团支部班子成员综合素质高，工作作风深入，对团支部大学生有感召力和影响力。

（6）团支部做到每月至少开展一次团组织生活，组织生活出勤率高，且组织生活有记载且内容详细完整。

（7）团支部班子成员之间工作相互配合，有较强的团队合作精神。

制度执行

1. 团的日常工作

（1）坚持在团员中进行共青团意识主题教育。

（2）严格执行团费收缴规定，按时向院级团委交纳团费并全部交齐。

（3）新生报到和毕业生离校时，及时做好组织关系的转接，并认真做好一年一度的团籍注册工作。

（4）认真按时完成上级布置的任务，《团支部工作手册》填写及时、规范。

（5）定期向上级团组织汇报支部情况，遇突发情况及时向上级汇报。

2.团建工作

（1）按照上级工作部署，认真做好团支部的团员教育评议活动。

（2）严格执行团籍管理规定，按时做好团籍管理工作。

（3）按照团员发展工作程序，做好新团员发展工作。

（4）按照团委推优工作实施细则的要求，认真做好团内的推优工作，并且无差错，工作成效显著。

主题活动

1.思想教育

（1）能出色完成上级团组织统一安排的重点活动，并且组织有特色的主题教育活动。

（2）能形成本支部的品牌的思想教育主题活动。

（3）能经常教育团员端正政治态度，提高政治修养，动员广大团员积极向党组织靠拢，支部内申请入党的团员多，形成了积极进取、奋发向上的良好风气。

（4）针对社会重大热点、难点问题开展主题活动，进行有效的学习、讨论。

（5）团支部成员能够经常地开展批评和自我批评。

（6）能够有针对性地教育引导团员青年明确学习目的，端正学习态度，遵守学校的各项纪律。

2.理论学习

（1）利用"党章学习小组"等各种形式，开展学党章、学马列、学邓小平理论和"三个代表"重要思想、学科学发展观及学时事政治活动，每个短学期至少一次，并能结合团组织生活会，展开讨论交流。

（2）定期组织团支部成员学习关于提高自身素质的课程，使团支部整体素质良好、组织观念强，能严格遵守学校的各项规章制度，在学习工作中能良好地发挥模范带头作用。

基层团支部生活

1.团日活动

（1）每月按照上级团组织制定的当月主题，认真组织本支部团员开展主题团日活动。

（2）团支部成员能够积极参与团日活动，出勤率高。

（3）团日活动完成质量高，形式多样，内容丰富，对团支部成员起到很好的指导作用。

2. 社会实践及志愿服务

(1)支部有一批热心参与公益活动的青年志愿者,能积极参加学校及上级部门组织的各类志愿者活动,同时支部定期开展青年志愿者活动。

(2)按照院级团委关于社会实践活动的安排意见,结合专业特点,动员和组织广大支部成员积极参与以"三下乡"为主题内容的社会实践,支部成员参加活动的比例高、收获大、效果好、成绩突出。

3. 学风建设

(1)团支部通过多种形式积极促进班风学风建设,团支部具有争先创优、比学赶帮超的浓厚学习氛围。

(2)团支部内学习风气浓厚,考试无违纪和舞弊现象。

(3)团员青年学习积极性高,团支部内形成了良好学风和生动活泼、竞争的学习环境。班级学习成绩在可比范围内居上游。

(4)积极组织支部成员参加"挑战杯"全国大学生课外学术科技作品竞赛、"蒲公英"学生创业计划竞赛、"浙江省新苗人才计划"、SRTP等学生科研活动,并取得了较好的成绩。

(5)积极开展或参加各种读书、演讲、知识讲座、学习竞赛等学习教育活动,并取得了较好的成绩。

4. 校园文化活动

(1)积极组织本支部同学参加科技文化节、社团文化节、体育嘉年华等校园文化活动,且成绩突出。

(2)结合专业特色积极开展创新活动,且在校园中引起强烈反响。

(3)支部成员积极参与各级学生组织,并认真工作,成绩优秀。

5. 素质拓展

(1)支部成员熟悉"大学生素质拓展计划",支部成员参加"大学生素质拓展计划"各类活动的比例高、收获大、效果好,获得第二课堂积分多。

(2)支部素质拓展认证与考核工作规范,支部内建有完善的素质拓展考核小组,每学期的素质拓展认证工作及时、准确。

6. 青工团支部开展的特色活动

(1)积极参加各种专业技能的学习培训活动,支部成员整体业务水平在可比范围内居上游。

(2)围绕学校及各部门、各单位工作重心,创新性地开展各项工作,工作实绩受到上级肯定。

(3)积极参加各级"青年文明号"的申报和创建活动,并通过"青年文明号"创建工作有效提升支部成员的专业技能及服务水平。

活动阵地

(1)重视团的宣传阵地建设,能利用好网络、板报等各种形式展示支部形象、教育团员青年。

(2)能较好地利用各类社会资源开展团支部工作,取得了一定成效。

(3)其他阵地建设成绩突出。

其他

(1)支部曾荣获各级各类"十佳团支部"、"先进班级"等荣誉称号的在争创及评选中予以优先考虑。

(2)支部成员有严重违纪行为受到学校处分的不得参与争创及评选。

二、活力团支部建设的原则和方法

目前,在各级团组织的精心引导下,在学校、社会其他部门的大力支持配合下,活力团支部建设取得了很大成效。然而,目前高校活力团支部建设还存在一些问题和不足,主要表现在:组织设置和运行机制还不能完全适应青年大学生群体的发展变化和目前高校实施学分制以及多校区办学的新形势;少数团支部内在活力不足,有的甚至处于瘫痪状态;有的团干部联系青年不够,服务意识和创新意识不强;团的组织生活流于形式,缺乏吸引力;团员身份意识弱化,先进性意识不强。寻根究底,造成这种局面的一个很重要的原因就是活力团支部建设方法陈旧,使得团的许多好的设想和目标,在团支部这个关键环节上出了梗塞,使基层团支部应有的活力没有表现出来。为此,要搞好基层团支部建设,增强基层团支部的活力,就很有必要在活力团支部建设中进行积极的方法研究,从而确保活力团支部建设事业蓬勃发展。

(一)活力团支部建设的原则

创新性是核心。当前决定活力团支部建设事业健康发展的根本,在于活力团支部建设方法的选择,而活力团支部建设方法选择和设计的核心是创新。因此,我们应该大胆突破原有的方法和思想上的禁锢,在活力团支部建设方法上不断创新,设计形式多样、参与性强、容易被广大青年团员所接受的体制模式。部分高校团委实施活力团支部发展基金,这是一项非常具有创新性的举措。该项举措突破了以前团日活动只重精神奖励,而忽视物质激励的局面,自实施以来,效果显著。总的说来,活力团支部建设方法的选择应该紧扣时代主题,结合新时代广大青年团员的特点,与时俱进,不断创新,从而探索出广大青年喜闻乐见的活力团支部建设方法。

　　系统性是前提。活力团支部建设是一项系统化的工程,它牵涉到学校的方方面面,它需要校团委的政策引导,需要院系团委老师的悉心指导,需要班级团干部的认真组织,需要支部成员的积极参与,更需要其他行政部门的大力支持。这就要求我们设计活力团支部建设方法的时候要统筹考虑到校团委、学院分团委、班级团支部、学校其他行政部门之间方方面面的关系,从而设计选择出一个系统化、一体化的活力团支部建设方法,从而更好地为活力团支部建设事业服务,最终服务广大青年。

　　实效性是关键。活力团支部建设方法的实施关键是取得实效,这就要求我们不能使活力团支部建设的方法流于形式,因此要做到了以下几点:在理论学习方面,紧紧围绕时代主题,采用各种青年喜闻乐见的形式,借助网络等媒体,做好团的理论宣传教育工作,切实使广大青年团员的理论学习达到入心的效果;在实践活动方面,我们使广大青年团员在搞好校内特色团日活动的同时让他们能够走出校门更好地体验社会,诸如组织他们下乡、进工厂、入社区、参观革命圣地等活动,切实让广大青年团员从实践中深入学习,达到活化理论、使理论与实践融为一体的效果,真正做到服务广大青年、提高广大青年,达到建设充满活力的团支部的目的。

　　规范化是保障。活力团支部建设方法在追求创新,注重实效,讲求系统化动态发展的同时,也要确保各种方法在操作层面上的规范化运作,诸如要形成切实可行的特色团日活动评比制度。只有规范化的机制方法,才能够更好地搞好活力团支部建设工作。

　　(二)活力团支部建设的具体方法

　　面对高校基层团支部建设的现状及其未来发展趋势,遵循活力团支部在新的历史时期要充分发挥基层团支部的作用,使之真正成为培养和造就"四有"新人的重要基地就必须采取新的对策,进一步完善高校团支部的工作。

　　1.一个标准:建立活力团支部标准,明确活力团支部建设方向

　　没有标准,就失去了努力的方向;没有比较,就失去了前进的动力。因此,我们应该在明确先进团支部建设的标准的基础上,对基层组织活力的含义进行具体的解析,使标准起一个导向作用。

　　基层组织的活力可以分解为以下六个方面:

　　(1)组织自身有生长力。组织建制健全,能够不断增加新力量或向党组织输出优秀力量,对于出现的问题和错误有能力解决和改正。

　　(2)组织具有管理能力。内部管理有序,树立民主、公开、公平、公正、健康的组织氛围,组织生活有规律。

　　(3)组织具有服务能力。能够使团员不断在思想、政治、学习等多方面

取得进步和发展。

（4）组织具有创新力。能够不断发现新问题，提出新观点，找出新办法，具有解决问题的力量和实践能力。

（5）组织活动有感染力。活动有新意，有吸引力，参与度高。

（6）组织具有交互力。团内团外信息沟通渠道顺畅，信息传递速度快（包括上传下达和平行传播），信息量大，内容丰富，噪音少，信息反馈快。

2. 两种制度：完善制度建设，努力为活力团支部建设提供制度保障

（1）建立团干部培养制度，加强团支部领导班子建设

团支部书记具有相应的政治理论水平和组织协调能力，既熟悉团的工作，又懂得本工作的业务知识，具有开拓务实、创新精神，能够得到广大学生的拥护。支部委员会一班人整体素质高，能够坚决贯彻执行上级组织的决议，团结协作，乐于奉献，联系群众，当好表率。这是提高团支部工作水平、搞好活力团支部建设的重要保证。因此，我们要不断提高团干部素质，建立团干部培养制度，加强团支部领导班子建设。

首先，把好基层团干部选拔标准。在推选基层团支部的干部时，应注意将热心团的工作、思想作风纯正、专业学习好、有一定组织工作能力、群众威望高的同学推选到团的岗位上，并进行合理的分工。分工应注意掌握工作需要与个人特点相结合的原则，让团干部分别在自己适合的岗位上充分发挥自己的长处，克服自己的不足。同时，针对学生团干部流动性大、工作周期短这一特点，应定期或不定期地对团干部进行培训和工作指导。在学期开始，就应通过培训让团干部明确基层团组织和团干部的工作任务及工作重点，分清工作职责，处理好分工与协作的关系。

其次，建立团干部理论学习培养制度。提高团干部的理论修养和思想政治素质是一项长期而重要的任务，也是活力团支部建设的关键。可以建立团支书、支委例会制度，在例会上，集中学习政治理论和党的路线方针政策，学习团的基本知识，讨论时事热点问题，互相学习各自的成功经验，共同解决支部活力建设所面对的问题，达到相互学习、共同进步的目的。

再次，不断探索团支部的评价考核体系。完善《团支部工作目标管理考核指标》，还可以建立《团支部委员工作制度》、《团支部定期述职和考核管理机制》、《班团干部量化考核评优指标体系》，进一步开拓、规范、把握共青团工作阵地。建立团员评优的考核机制，增强团员意识，强化团干部的工作作风，树立一批先进典型，带动广大团员青年积极争先创优。建立团组织生活运转机制，规范其各个环节，调动全体团员的积极性和主动性，增强支部凝聚力。总之，期望通过评比、表彰、交流等方式，形成上下互动、互相学习的良好工作

局面,创建一批具有示范性的基层团支部,带动高校基层团组织建设。

最后,加强团干部党性锻炼。支部团干部的健康成长,不仅需要加强学习,注重实践锻炼,还要自觉增强党性锻炼,牢固树立共产主义的世界观和人生观。要求支部团干部自重、自省、自警、自励,在改造客观世界的同时,努力改造自己的主观世界,不断提高自己的精神境界。要求团干部自觉地接受党、团组织和青年的监督,刻苦学习,勤奋工作,勇于创造,自觉奉献,不断提高自身的素质,为活力团支部建设事业做出更大的贡献。

(2)完善团员管理制度,增强团员意识

基层团支部中,团员占了绝大部分,要想建设一个充满活力的团支部除了要有强有力的领导班子,更需要广大团员的积极参与。团章中规定,共青团是先进青年的群众组织,也就是说,共青团员是青年中的优秀分子。但是,由于目前高校中绝大多数学生都是团员,因为周围的同学都是团员,感觉到团员就是那么回事,许多同学只有在交团费时才想起来自己还是个团员,其他时候都淡忘了。这种现状使不少团员有一种消极的平衡感,缺乏应有的荣誉感和责任感,政治上进心不强,组织观念淡薄,团员意识渐渐淡化。针对这种现状,我们应该不断完善团员管理制度,培养广大团员的团员意识,为活力团支部建设提供保障。

第一,督促团员自觉参加组织生活,完成团组织交给的任务,按规定交纳团费,接受团组织的教育和培训,根据团员工作、学习和生活的实际,对团员进行监督、审查和鉴定,特别是加强对团员干部的监督。团员干部无论职位高低,都要以普通团员的身份参加团的组织生活,自觉接受团组织和团员的监督。深入开展团员活动,明确活动的目标和责任,健全检查、考核制度。

第二,努力探索和建立与学生团员相适用的团员管理制度,强化大学生团员意识。例如,可以制定《支部理论学习制度》、《支部宣传工作制度》、《支部党章学习小组制度》。首先,要让团员认识到共青团光荣称号与社会责任的统一,多开展深入社会的团日活动。比如,"三下乡"社会实践活动、扶贫活动、深入革命老区活动、青年志愿者等系列活动。把团员的自身体验和社会责任结合起来。其次,做好评优和推优工作,激励和引导团员青年。充分利用广播、电视、报纸、共青团之窗、网络等宣传阵地,把团的知识、团的活动、好人好事、先进典型的事迹及时报道出来,让广大青年团员随时随地都能看到团的信息、听到团的声音,使他们自觉地去关心团的信息,自觉地加入到团的建设中,真正感受到自己作为团员的存在,在不知不觉中提高团员意识。高校"推优"工作的成效,直接影响着大学生团员的进取心和思想动力。在这个过程中,要充分民主、公开、公正。只有这样,团员才能真正发挥自己的民主权利,增强主人翁责任感。

3.三项机制:坚持机制创新,着力构建活力团支部建设长效机制

(1)定期开展主题教育活动,激发团支部的活力

团支部开展主题教育活动涉及的范围可以是社会实践、学术科技和文艺体育多个方面。主旨明确、层次鲜明、时代感强的主题教育活动既宣传落实了党团方针政策、教育引导了青年成长成才,又充分调动了团员青年的积极性、主动性和创造性,为团支部的建设积蓄了后备力量,使得活动的品质不断提升,活动阵地不断拓展,团组织建设不断加强,团支部的活力也会与日俱增。在活动的开展上,要做好活动前期的各项准备工作,如正确地选择活动主题,明确活动的目的、依据和要求,精心设计实施方案,确定活动的具体时间、地点和人员安排以及可能发生的意外事件。同时,也要做好活动后期的总结工作,让更多的同学参与到活动总结中去,大家一起讨论活动的得失,以便更加全面了解活动的开展情况。

在主题教育活动要素的把握上,团支部一要加强对党团基本知识的学习和掌握,开展形式新、效果好的主题教育活动,并确保活动实施方案落到实处,帮助大学生团员树立正确的世界观、人生观和价值观,在实践中增强对自身团员身份的认知。二要尊重团员青年积极的兴趣爱好和合理的利益诉求。应在工作中重视对网络技术的运用,积极利用网络开辟新的工作空间,如运用网站、开通博客进行宣传和引导。三要强化团员的主体意识,加强团员的自我管理。应集思广益,将相对比较枯燥、冗长的理论知识通过丰富多样的教育形式灌输给大学生团员,同时让他们在这一过程中感受到自己迫切需要用理论知识来武装自己,进而主动地去学习和实践这些理论知识。

如何结合青年学生的需求进行主题团日活动的设计和实施将在下文中详细阐述。

(2)建立创新的激励机制,增强团支部活力

要激发团支部的活力,就要从机制创新方面下功夫。在活力团支部建设中,传统的激励机制,如推优机制和五四特色团支部评比等制度,团支部或者优秀团员所获的奖励大多集中在精神层面。然而,随着社会的发展,受市场经济的冲击,广大青年的思想发生了很大的变化,单纯的精神激励已经无法调动他们的积极性。因此,在活力团支部建设过程中,我们要把激励机制从单纯的精神激励向精神物质激励双重激励并重的方向发展,这样才能够最大限度地调动广大青年团员参与活力团支部建设的热情,从而搞好活力团支部建设事业。

（3）建立严格的监督机制，强化团支部活力

监督是确保活力团支部建设事业的关键一环，没有其他支部成员的监督，没有党内各个党员同志之间的相互监督，我们就无法巩固我们先进性教育活动取得的成果。建立有效监督机制的具体做法有：建立先进团支部、优秀团员橱窗，向全院同学展示先进团支部、优秀团员的情况；公开活力团支部标准、优秀团员标准，接受广大团员的监督；团务工作公开化、透明化，加强团支部活动的宣传工作，并及时反馈。在团支书例会上，每个团支书要按照准备好的材料进行支部活力分析，逐个评议，认真开展批评与自我批评，并且要接受其他团支书在学习、生活、工作中对自己团支部以及本人的监督，虚心接受其他团支书对自己提出的建议，及时采取措施、及时改正，从而强化团支部活力。

活力团支部建设是一项长期的事业，只有与实际工作结合，拓宽高校间经验交流的渠道，不断探寻活力团支部建设的有效方法，研究出一套行之有效的方法，才能搞好活力团支部建设事业，为广大青年团员的成长成才服务。

延伸阅读 2-8

高校基层团支部活力评价体系通用模板

高校基层团支部活力评价体系通用模板如表 2-2 所示。

表 2-2　高校基层团支部活力评价体系通用模板

指标项	约束力	子指标		约束力	分　值					
					5	4	3	2	1	0
1.自身生长力	基准	1.1 组织建制健全	1.1.1 有明确负责人	基准						
			1.1.2 组织机构健全	基准						
			1.1.3 团干部以身作则	基准						
			1.1.4 按期按质完成工作	基准						
			1.1.5 按期改选	基准						
			1.1.6 有章程	基准						
			1.1.7 有学期工作计划	基准						
			1.1.8 有学期工作总结	基准						
		1.2 定期开展推优工作		基准						

指标项	约束力	子指标		约束力	分值					
					5	4	3	2	1	0
2. 创新能力	可选	2.1 特色活动		可选						
		2.2 论文发表		可选						
		2.3 发明获奖		可选						
		2.4 有虚拟支部		可选						
3. 管理能力	基准	3.1 团干管理	定期团干工作例会	基准						
		3.2 团证管理	按期注册、签转团证	基准						
		3.3 团费管理	按期交纳团费	基准						
		3.4 资料管理	档案管理有章程	基准						
			档案管理有人负责	基准						
			档案齐全	基准						
		3.5 团员管理	定期团员例会	基准						
			组织转移	基准						
			团员参加活动记录	基准						
			奖惩有记录	基准						
		3.6 活动管理	项目计划	基准						
			过程记录	可选						
			项目总结	基准						
4. 服务能力	基准	4.1 定期开展马、毛、邓、"三个代表"教育		基准						
		4.2 定期开展爱国主义、集体主义教育		基准						
		4.3 定期开展党、团理论教育		基准						
		4.4 定期开展团干培训		基准						
		4.5 开展职业规划教育		基准						
		4.6 开展专题教育		基准						
		4.7 开展文娱活动		基准						
		4.8 解决团员实际困难		基准						

续表

指标项	约束力	子指标	约束力	分 值					
				5	4	3	2	1	0
5.凝聚力、吸引力、活动效力	基准	5.1 新入团人占本单位非团员总数比例	基准						
		5.2 参加团干例会人数比例	基准						
		5.3 参加团员例会人数比例	基准						
		5.4 推优人数、比例	基准						
		5.5 获得国家级表彰	可选						
		5.6 获得省部级表彰	可选						
		5.7 获得市级表彰	可选						
		5.8 获得校级表彰	可选						
6.交互能力	可选	6.1 有主页或博客	可选						
		6.2 主页或博客更新	可选						
		6.3 主页或博客有互动栏目	可选						
		6.4 反馈迅速	可选						
		6.5 有信息增值服务	可选						
		6.6 有专用虚拟社区	可选						
		6.7 有其他信息沟通渠道	可选						

测一测你所在的团支部活力如何呢？

三、主题团日活动的设计和参与

主题团日活动是由团组织领导策划和组织实施的、以广大团员青年为主体的、围绕着一定的主题展开的旨在提高团组织凝聚力和影响力、提升团员青年能力和素养的活动。一个完整的团日活动涵盖活动的策划、组织实施、活动反馈、评价等方面,应该蕴含鲜明的时代含义和教育意义。可以说,高校团日活动是发挥团的战斗力,带领青年学生在活动中受教育、长才干、做贡献的重要途径,是提高大学生综合素质的重要形式,是加强青年学生理想信念教育的重要载体。但在新形势下,这一思想政治教育工作的传统阵地却逐渐走入困境,需要在深入调研的基础上,把握青年学生的需求,探索新的实施途径与方法,从而将加强和改进大学生思想政治教育工作落到实处。

（一）高校主题团日活动现状分析

对青年学生的访谈和调研显示，当前高校团日活动存在很多问题，其优势和作用并没有得到充分发挥，主要表现在：

（1）内容传统化。团日活动的内容形成了相对固定的模式，如文件学习会、专题讲座等，与学生现实需求脱节。

（2）活动形式化。大多数团日活动少调查、多应付，以完成任务为先，客观上时常呈现出被动应付的状态。不少团日活动环节衔接不上，过程松散，体系不完整。

（3）内涵娱乐化。一些活动内涵轻思想教育、重娱乐氛围，加入过多的娱乐因素，轻松之余并没有达到预期的教育效果，反而呈现泛娱乐化甚至"恶俗"倾向。

（4）效果渐弱化。没有慎重考虑学生现有的道德认知水平和遵循活动传授给学生新颖的符合自身境遇的思想来唤起他们的自我意识。很多团日活动无法走进学生的内心世界，因而从思想政治教育工作来看团日活动的影响和效果自然日渐式微。

上述种种问题使团日活动在开展中出现了"二八"现象，难以吸引广大青年真正主动地参与到主题团日活动中来，形成了主题团日活动"精英化"、广大青年"边缘化"的局面。根据时代特色积极创新团日活动的方式、内容和机制，提升团日活动的层次、品味与质量，增强团的各项工作和活动的辐射广度和影响力度，显得尤为重要。

（二）基于青年需求的主题团日活动的设计与实施

实践经验表明，必须要在构建情感认同、增强主体体验性和激发主动参与性三个方面进行积极探索，力争使这一阵地重新焕发生机。与传统的主题团日活动相比，在活动设计上要实现内容上有创意、形式上有更新、载体上有创新，应打破既往固定的模式，使其"面目可亲"；在活动目标上要实现增强支部凝聚力、支部归属感，应建设活力团支部，切实提升青年学生思想政治教育的效果。从基层工作实例①出发，基于青年学生的需求，对主题团日活动的设计与实施方法给出如下建议，以推动高校主题团日活动的创新和发展：

1.与娱乐综艺节目推崇的形式结合，形成多环节设计，增强整体性

在针对主题团日活动形式和内容的调研中，87.2％的学生"希望团日活

---

① 下文中涉及的实例资料均来源于浙江大学 2011 年、2012 年优秀主题团日活动资料汇编。

动的开展以娱乐形式体现",可见在形式上增加趣味性是不可回避的需求。某毕业班团支部在毕业季开展了"寻情记——名师课堂重温与毕业寄语"活动,其环节设计为:①重温课堂:选定此次"寻情"任务对象——8位学院名师及其所授课业。课程尽可能合理分布在大一、大二、大三学习中,而且本支部大部分同学上过。和老师沟通后,支部同学和学弟学妹们一起上一堂课,录制老师们的授课风采。②"通关"答题:该节课即将结束的时候,恳请老师向"寻情小队"提出有关本课程的问题,如果规定时间内答不上来,则集体向学弟学妹们"致歉"。③课后邀请老师为班级、团支部书写寄语。最后赠送礼物并与老师合影留念。整个活动设计完整,借鉴了娱乐综艺节目中的"通关"形式,既做到了趣味性,又有效提升了同学们的爱校荣校情感。

2. 在传统内容中增加歌曲、影视等元素,贴近学生生活,增强吸引力

知识竞赛、主题研讨等是团日活动的传统手段,但增加了新鲜元素后,吸引力就大大增强。众多团支部在党史知识竞赛中加入影视分析题、红色歌曲分析题,大家普遍表现出较高的积极性。还有支部在校史、党史、团史知识竞赛中增加了以校园风景和党史、校史上的著名人物为元素的拼图游戏和"连连看"游戏,集趣味性和知识性为一体,大大激发了同学们的参与热情。某团总支举行的"心系祖国,关注两会"研讨学习会,在正式内容开始前播放了制作精美的视频,对一年的民生热点问题进行了回顾,形成视觉冲击,提升了同学们的兴趣。

3. 与青年流行元素、时尚元素、新兴媒介相结合,增强互动性

"流行"、"时尚"一直以来是青年群体的标签,他们总是与潮流最靠近。在某支部毕业季主题团日活动中,团支委们大胆模仿大学生中流行的游戏"三国杀",结合支部成员特点和大学四年生活精心制作了支部成员"三国杀"作为活动道具,同学们认为很有新意。还有支部积极利用新媒体,组织开展了"对党说句知心话,红色微博送祝福"活动。同学们注册登录新浪微博,访问和关注红色主题微博"红色微博—盛世祈愿",各支部或个人通过"@红色微博—盛世祈愿"功能,紧扣红色主题,为建党90周年送上美好祝福,同时对其他微博可予以评论和转发。留言表达的是广大青年学子对党90年光辉历史的回顾和对党生日的祝福,也不乏同学们对当前社会热点问题的思考以及对党和国家未来发展的期待。在互动中,活动的教育效果明显增强。

4. 与特定群体爱好相结合,增强亲和力

某学院男生居多,有优良的体育文化传统,屡屡在学校各大赛事中夺冠,且所处的校区紧邻杭州西湖景区,同学们酷爱户外运动,因此很多支部

都在室外开展了主题团日活动。有团支部以"情系母校，定格青春"为主题，开展了"校园文化寻踪，知我党情校情"文化寻踪活动。将全体支部同学分成四组在校园内七个特征点上完成包括校史校情知识问答、团体协作游戏在内的任务，达到了三个目标：了解国情党情，知我校情校史；寻觅母校文化，定格青春瞬间；携手游校区，增进支部友谊。同学们纷纷在支部人人网主页留言评论："给力的团日活动，感谢支委们的付出，各种欢乐！"其他主题鲜明、内容丰富的校内趣味定向越野等活动也得到了同学们的积极响应。

5.与青年职业生涯规划相结合，及时引导，提升其核心竞争力

随着学生主体性的增强，很多同学从入学之初便已经开始积极思考自己未来的走向，这就要求主题团日活动必须紧紧围绕提高大学生的核心竞争力开展。调研显示，85.3%的学生希望主题团日活动与职业生涯规划和发展相关。因此，很多团支部在主题团日活动中除了开展学长交流会等传统活动外，还推出了新的形式。如某团支部在成员们完成自己生涯规划书的基础上开展了"竞拍梦想"活动，必须是自身发展思路明晰的同学才能在最短的时间内拍得自己的梦想。还有团支部设计了"时空胶囊"活动，将支部成员们对人生的规划封入特制的"胶囊"，约定时间一起打开，为支部成员的发展注入信心与动力。这些主题团日活动都对青年学生的成长发展起了及时引导的作用。

6.人员组织采用项目制，提高效率，增强参与度

在开展爱校荣校主题教育时，有团支部开展了校史、团史精美电子书制作与宣讲活动，以寝室为单位制作并宣讲，全体支部成员都参与了进来。还有团支部开展了"体验求是文化，探寻浙大源宗"活动，以小组制分赴几大校区进行，最后又集体参观校史馆，增强了活动效果。在毕业季主题教育活动中，一个系的几个团支部一起设计并实施了"特别的爱给特别的你——毕业生特别行动"（包括"我和贫困孩子心连心"、"我向学弟学妹赠书物"、"我给学院发展提建议"、"我为学院未来送祝福"四个子活动），采用支部项目制，每个支部承办一个活动，在竞争与比较中，大家各显其能，保证了活动组织的效率，活动的参与度也得到了提高。

(三)主题团日活动成功开展的支撑和推广手段

1.加强宏观指导，明确主题

实践经验表明，主题团日活动取得成功的前提条件是牢牢把握思想教育导向，明确主题，既要体现主流价值观的先进性，还要体现与时俱进的时代性。各支部的团日活动均应围绕大主题积极扩展、充实。院级团委通过

对基层团支部实施宏观调控,既给予团日活动自由发挥的空间,又能在一定程度上提升团日活动的质量,实现双赢。在对主题团日活动进行设计时,应结合时代特色切实摸清学生的实际想法,在强调其教育意义的基础上,兼顾青年学生的兴趣,让其在活动中受到教育,锤炼品质,得到成长,从而进一步提升共青团在青年学生中的感召力和影响力。

2. 引入竞争机制,提升质量

团日活动是先有主题,后有内容,活动在策划到实施的过程中如果缺乏应有的指导与评估,缺乏规范化的竞争,各团支部各自行动,虽百花齐放,但指向不一,势必影响活动的质量。我们将竞争机制引入团日活动,以形成激励手段,事实证明这是提升团日活动质量,打造精品团日活动的有效途径。具体方法是:①通过招标的形式对团日活动进行选择,采用立项和征集团日设计方案等方式来组织开展;②推动团日活动和团日资金管理的项目化,对优秀的团日设计进行资助和奖励,确保团日项目资金审批程序的公开、公正、公平;③学院团委严格把关各项评优活动,将先进团支部、优秀团员与优秀团干部的评比与团日活动开展情况及活动效果紧密联系,有效激发基层团干的主动性。

3. 拓宽展示平台,扩大影响

随着人们信息化程度越来越高,团日活动网络展示的途径也要进一步多样化。在我们的实践探索中,众多的支部通过人人网支部主页、支部博客等平台全方位展示自己的活动。在展示文件中加入音频、视频,并进一步对活动的过程、活动的花絮进行了展示,同时接受支部成员及其他人群的评论,起到了很好的宣传效果。所以,可以通过文字、图片、声音、视频、Flash作品、创建网上团日活动博客等方法,发挥网络媒体的优势,多媒体互动表达宣传理念,建立团日活动网上展示平台,以达到最佳效果,吸引更多的资源进入活动中。

4. 建立数据库,共享资源

要以资源共享为依托,建立团日活动数据库,将优秀团日活动素材整理成库,收集入库的活动方案由学生自我策划。入库的团日活动必须是在实践中切实提升了学生的参与热情,调动了其积极性,并得到多数学生的认可与推崇。其他支部在策划团日活动之前,均可以通过数据库搜寻适合本支部实际情况的活动方案,在具体执行过程中不断改进与创新。同时,卓有成效的创新性团日活动方案,组织者可以将其加以整理,申请入库,以达到资源共享的信息交流效果。

第四节　高校基层团组织建设的创新

一、高校基层团组织建设创新概论

发展在于创新,创新的希望在于青年,创新是推动社会发展前进的强大动力。在高校共青团工作中,随着高等教育体制改革的深入,共青团的内外部环境发生了很大变化,高校共青团建设面临许多新情况、新问题。这就要求基层团组织必须适应这些变化和要求,通过创新来加强组织建设,创建更为合理有效的工作机制和管理模式,提高高校基层团组织建设的整体水平,切实为青年成长成才提供服务。建立基层团组织工作的创新体系,是指工作思路、工作方式、工作手段、工作效果都要适应新形势的变化,在改革中求生存,在创新中求发展,并形成一套新的工作体系。

(一)工作思路的创新

良好的工作思路是搞好共青团工作的基础。思路清晰能促使共青团工作有一个明确的方向,并能整合共青团工作的整个资源,使共青团工作的目标得以实现。因此,对每一项团的活动和每一个时期的共青团工作,我们都必须结合各种实际情况,创新工作思路,使团的各项工作任务按照这一思路顺利得以实现。创新工作思路必须按照贯彻党的基本路线的要求在服务大局的前提下开始进行,要正确处理好"三服务"的关系,既要考虑党政所需、社会所急,更要考虑青年所求。此外,必须在服务大局和服务社会中实现服务青年的成长成才。事实证明,创新工作思路,是团的工作迎接挑战、克服困难、不断实现新突破、取得新胜利的前提和保障。

(二)工作内容的创新

工作内容和工作主题是共青团工作实现工作职能、产生重大社会影响的根本。工作内容是基层团组织建设工作的核心,对工作内容的创新是团支部工作的重要一环。创新工作内容就是要在知识不断更新、科技日新月异的新时代,使团的活动和工作主题更加适应时代发展与社会进步,更好地适应青年的需要。我们要努力做到在青年思想教育方向上更加符合知识经济时代青年的思想观念、价值取向多元化和信息化以及青年成长成才需求的特点;在建功立业方面要围绕科技进步、科技创新开展活动,注重培养青年的科技素质和创新精神,造就高素质的青年人才。任何一项工作,其内容的制定,即使不考虑创新也必须至少具有主题性、可行性和系统性等特点。

当然,对内容的创新在这些基础上可以从竞争性、鲜活性、层次性和时代性等方面着手。

(三)工作手段的创新

从某种意义上来说,工作方式、载体和形式可以丰富内容,更好地突出工作内容。多年来,团组织形成了具有自身特色的工作方式,在社会上产生了影响,受到了欢迎,需要发扬光大。创新工作方式必须充分认识新形势下广大青年的价值观念、伦理操守、文化心态、行为模式等发生的深刻变化,及其对共青团组织的思想认识、管理制度、工作机制等提出的现实挑战。我们的工作方式要通过创新更加开放、灵活、新颖,主要是要改变传统、单一的工作方式,注意整合社会资源和社会力量,运用科技,在新的知识领域里设计团工作的新构架。要更多地依靠现代科学技术手段,服务和引导青年学习新知识,掌握新技能,不断提高青年迎接时代挑战的能力。

(四)工作机制的创新

社会主义市场经济的深入发展、经济全球化和我国对外开放的不断深入、共青团事业的自身发展,要求共青团组织必须加强机制建设。工作机制的创新,主要是建立科学的社会化运行机制,重点在工作网络、阵地建设、队伍建设等方面创新,使团组织在新形势下能够延伸工作手臂,拓宽工作领域,增强工作依托,扩大工作阵地,壮大工作队伍。社会化的青年工作运行机制的建立,将为在服务大局与服务青年的有机结合中加强团的建设提供一种工作依托,从而更有效地吸引青年,凝聚青年,教育青年,为社会主义现代化建设服务。

基层团组织建设的创新是一个系统工作,也是一个宏大的话题。限于篇幅,本节从工作手段和工作机制角度选取网络团建和社团活动团支部建设两个基层团组织建设的创新典型进行介绍。

二、构建高校基层团组织网络团建机制

(一)网络给高校基层团组织工作带来的机遇和挑战

近年来,信息网络技术正以惊人的速度深刻地影响着社会进程。高校基层团组织也受到了网络化的深远影响。一方面,网络给高校基层团组织带来良好的发展机遇,另一方面,网络自身的多元性、即时性、交互性、虚拟性等特点也给共青团工作带来了新的挑战,主要表现在:

1.减弱了基层团组织的组织功能

信息革命改变了团员的学习、生活方式,团员青年对现实生活中的人际

交往需求趋于淡薄。信息技术搭建了许多新的交流平台，如 Email、论坛、博客、微博、微信等，团员更喜欢通过这些新的平台参与学习和交流，虚拟的交往方式弱化了现实交往的意识和需求。大学生团员以虚拟化的网民自居，很大程度上模糊了团支部的概念，对现实生活中的团组织缺乏归属感，基层团组织的组织功能面临挑战。

2. 冲击了基层团组织的教育权威

在传统的教育过程中，基层团组织具有传达政策、发布信息的功能，在团员心中具有一定的权威性。网络突破了时空的限制，增强了团员获取信息的主动性；在网上，团员可以在"个人小事"和"国家大事"中获得同样的、平等的发言权。这些使团员的主体地位在网络中得到强化。相反，共青团组织在现实生活中的主体地位得不到充分发挥，基层团组织的权威受到挑战。

3. 增加了基层团组织工作的复杂性

在网络文化的影响下，团员青年的思想意识发生了深刻变化。在人生观方面，"个性"主义膨胀；在世界观方面，技术主义倾向愈加浓厚；在价值观和道德观方面，表现为价值主体自我化、价值导向多元化、道德意识弱化、责任感淡化。同时，西方敌对势力凭借其经济、科技优势，利用信息网络不断进行价值观念的渗透、政治思想的宣扬、宗教理念的传播。在这些思想观念潜移默化的影响下，团员青年的政治取向、价值观念发生了变化，降低了对最高价值信念和终极人生目标的追求。这些现象增加了基层团组织工作的复杂性。

4. 改变了基层团组织工作的形式和内容

随着网络的发展，团员青年的思想观念、价值理念、思维模式、行为习惯均发生了显著变化。他们关注的问题、思维的特点、发展的需要都成为基层团组织必须关注的内容。同时，网络的普及和学分制的全面实施，使广大团员处于一种比较松散的联系状态，如果基层团组织的工作方式、方法选择不当，就不能有效地吸引和团结团员，无法收到良好的教育效果。

(二)网络团建创新对于高校基层团组织建设的重要意义

网络化给高校共青团工作带来了许多新的挑战，探索网络时代高校基层团组织创新建设，对于共青团事业的发展和加强高校思想政治教育具有十分重要的意义。

1. 时代发展的客观要求

信息网络的发展是一场深刻的技术变革，它用精密的电子元件和严密的电脑程序为人们构建了一个强大的"经济基础"。而属于"上层建筑"的共青团的发展,必须适应作为经济基础的信息网络的发展。同时,信息网络的发展也是一场深刻的社会变革,它改变了人类的生活方式、思维习惯。社会的信息网络化导致了高校的信息网络化,高校的教学、管理、科研、校园文化等工作无不与信息网络紧密地结合在一起。必须不断创新基层团组织建设,才能有效应对前所未有的复杂环境和艰巨挑战。

2. 宣扬主流思想的需要

在传统的思想教育体系中,学生所接受的思想教育主要来源于学校,基层共青团组织在学生的意识形态的形成过程中发挥了重要作用。而在网络时代,信息网络的发展严重削弱了思想教育的效果,各种社会思潮在网络空间中的交流交锋表现得尤为突出,青年人的思想观念受到了来自网络亚文化的强大冲击。丰富多彩的虚拟生活吸引了团员过多的注意力,数量巨大的网络信息削弱了思想政治教育的声音,因此,必须创新基层团组织的建设,增强思想政治教育的主导地位。

3. 团组织自身发展的需要

网络技术推动了现代社会的不断进步,也推动了高校的网络化建设,高校共青团组织应充分发挥高校的信息优势,共享信息网络化的成果。网络时代,团员青年思想动态和成长状况更具复杂性和多变性,必须通过网络手段直接反馈团员思想动态和成长状况,增强反馈信息的时效性和便捷性,提高共青团的工作效率。网络提供了形式多样、内容丰富的巨量信息资源,必须整合利用网络信息,丰富共青团的教育资源。网络不断改变团员的活动内容和范围,必须创新高校基层团组织建设,才能拓展共青团工作的空间。

(三)高校基层团组织网络团建机制的创新对策

高校共青团组织必须积极面对网络时代的各种挑战,采取有力措施,不断创新基层团组织建设,才能在网络化迅猛发展的大潮中把握思想政治教育的主动权。

1. 更新思想教育理念

在传统思想教育的基础上,基层团组织要积极引入网络元素开展思想政治教育。要结合网络时代团员思想个性化、多元化的特点,创新基层团组织工作的形式、内容和方法。在内容上,通过开展丰富多彩的网络文化活动,不断增强基层团组织工作的时代感和针对性,赢得广大团员青年的认同和积极参与;在形式上,应把支部生活、主题团日、民主生活会等传统教育形式与主题论坛、微博等团员青年喜闻乐见的新形式相结合,给共青团的各项工作赋予时代色彩。同时,要把基层团组织干部积极引导与团员广泛参与相结合,充分发挥团员的自我教育功能,自觉抵制拜金主义、自利主义等网络文化的负面影响。

2.优化基层团组织的网络人力资源

优化基层团组织的网络人力资源是创造基层团组织建设的重要保障。网络化给高校基层团干部的思想政治素质、知识结构、信息技术水平等带来了严峻的挑战。首先,要培养一批专职团干部。他们不仅要掌握思想政治工作的方法和规律,还要全面了解网络体系构架和工作原理,掌握基本的网络技术。其次,要抓好"青年马克思主义者培养工程",大力培养团学干部。大力开展理论学习,充分利用党校、团校,开设有针对性的专门理论课程,举办辅导讲座、理论研讨会、工作交流会等,引导学生骨干研读马克思主义经典著作,对社会思潮、社会热点问题正确分析解读,有计划、有步骤地造就培养一批思想素质过硬、工作积极热情、具有开拓创新精神的学生团干部,把他们锻炼成团工作的得力助手。最后,要努力培养活跃于共青团网站、QQ群、微博等平台的校园"意见领袖"。他们的存在就是为了充分发挥网络的交互积极作用,充当网络监督者和舆论引导者的角色,通过自己的言论来强化主流舆论,推动网络共青团组织借助网络平台发展壮大,在高校青年学生中发挥积极的作用。

3.开拓基层团组织的网络舆论阵地

开拓基层团组织的网络舆论阵地是创新基层团组织建设的有效手段。信息网络导向直接影响着团员青年的世界观和价值观。对高校基层团组织而言,它既是一个全新的工作领域,又是一个十分有效的思想教育阵地。因此,建设一批基层团组织的网站、博客、"官方"微博等,打造主流的红色舆论阵地,引导团员青年在网络空间高举马克思主义的大旗,是高校基层团组织义不容辞的责任。必须建设好一批外观设计新颖,内容紧贴时事和学生生活,团员青年喜闻乐见的红色舆论阵地,提供多种网络资源,把教育、管理和服务功能有机结合,学生受到先进文化潜移默化的感染和熏陶,收到润物无声的效果,以加强对青年大学生的教育和引导。

现阶段,微博是比较普遍运用的阵地和平台。可以通过创建共青团官方微博搭建与学生心灵沟通的平台,主动发现并提出学生关心以及感兴趣的话题,广泛开展微博讨论,聚焦校园热点新闻,控制舆论导向,营造良好的校园网络文化氛围。

首先,利用微博工具为各院(系)团组织特别是团支部提供一个展示支部建设、组织支部活动、促进彼此交流的空间和平台,创建团支部微博,由专人负责发布团支部实时信息,既增强每一个团支部对学生的吸引力和凝聚力,也通过全校团支部微博集群形成整体的规模效应和影响力。

其次,利用微博强大的互动性功能和信息传播的便捷性特点,构建基层团组织与广大普通学生之间扁平化、多层级、快捷、多样、精准的交流沟通渠道和机制,及时了解学生思想动态,有效开展正面思想引领,更好地履行团的思想引导职责。

最后,利用微博平台建构学校、院(系)、团支部统一的三级团组织网络化、矩阵式组织体系和信息化工作机制,促进日常工作信息交流和重点活动组织动员,进一步提高高校共青团的整体工作效率。

开通团支部微博首先可以有利于班级之间信息交流,各级团组织之间可通过"私信"或邮件形式实现工作信息有选择、精准相互传递;其次,信息搜索快速准确,通过快速搜索栏,输入关键词就可以查找到相应团组织微博和团学工作信息;再次,展示工作便捷,各级高校团组织可以为自己的品牌活动设置专栏,上级团组织微博可以设立所属团组织精彩内容展示;最后,彰显特色服务,高校可以通过微博平台为学生提供学习、就业、娱乐等具体资讯服务,方便、快捷、高效。

4.打造基层团工作的信息化平台

打造基层团工作的信息化平台是高校基层团工作的重要内容。高校要建立和完善团务管理信息系统,打造基层团工作的信息化平台,提高团组织的工作效率和整体战斗力。开发基于信息化的团务管理信息系统,应根据共青团工作的基本职能,划分团的组织工作、青年志愿者工作、学生课外科技创新工作、社会实践工作、校园文化工作等若干模块,通过信息系统,基层团组织能够迅速掌握关于团员思想动态及成长状况、干部培养情况等方面的信息。

三、探索社团活动团支部建设

学生社团是丰富高校校园生活的重要载体,是高校进行第二课堂教育的有效平台。随着社团不断发展壮大,利用社团对大学生进行思想政治教育、团员民主教育和意识培养,已经渐渐成了高校育人工作的延伸手段。社团文化是高校校园文化不可或缺的重要组成部分,营造一个"百花齐放、百家争鸣"的社团文化环境氛围,对锻炼社团干部综合素质、提升社团文化品位有着重要的意义。正是因为这样,一直以来,几乎所有高校都在不断地探索学生社团的发展之路,探求承载社团文化的方向和阵地,而在社团建立团支部,就是一个有建设意义的思路。在新形势下,加强高校社团团支部建设,是高校团组织必须面临的一个重要的话题。

(一)设立社团活动团支部的必要性

1. 团支部进社团有利于社团的健康可持续发展

社团固有的一些特征在一定程度上影响着社团自身的健康可持续发展,需要有一个稳定的、系统的组织对其加以统一领导。而团支部进社团工作的开展在一定程度上可以有效化解这些问题。团支部进社团可以克服社团的松散性和不稳定性,加强社团的凝聚力。

"高校学生社团是学生基于个人兴趣爱好而自愿结合、自发组织起来的,以学生自我管理、自我教育、自我服务为主的群众团体。"可见,学生社团的产生和发展具有自发性和自由性的特征。这既是社团吸引广大学生参与的优势所在,却也制约着其自身的发展,导致社团组织过于松散,在发展中常常出现"虎头蛇尾,一届期满,人员散尽"的局面。将团组织引入社团,既能凝聚团员,也能凝聚其他社员,它将组织建设的理念、实务、制度等优势作用于社团组织,并做到届届传递,具备可传承性的特点,可以"提升群体成员之间相互吸引并愿意留在组织中的程度",使社员在原有感情基础上强化了组织纪律观念,减少了社员的流动性,增强了社团的凝聚力与稳定性。

团支部进社团可以解决社团的情感性特征带来的随意性,推进社团工作的规范化、科学化。社团是一些为了共同兴趣爱好而聚合到一起的人们所组成的团体。基于同样或相似兴趣爱好而彼此间形成的一种情感是维系成员间的纽带,也是社团日常管理的重要工具。情感性作为社团成立之初聚合人员的工具有着积极的意义,但随着时间的推移,当社团发展到一定规模,情感性则会影响和干预社团的规范化管理,也不利于社团决策的科学化。团支部进社团不仅是将团组织建设的相关事务引入社团,更重要的是将团组织一整套的科学管理方法和制度建设经验引入社团,以此加强对社团工作的监督与引导,克服社团情感性特征所带来的"随意性"、"一言堂"或"多个帮派"现象,真正做到规范管理、科学决策。

团支部进社团能够丰富社团的活动内容,提升社团活动的质量和层次。社团的常规活动多是一些专业性或兴趣型的小活动,活动的参加对象有限,且由于资金场地等条件限制,活动的质量也会受到制约,影响面狭窄。团支部进社团一方面可以将共青团的特色活动诸如主题团日活动、团课教育等引入社团活动,或者将社团的活动与团的活动进行有效结合,从而丰富社团活动的主题与内容;另一方面,团支部进社团扩大了组织联结,有助于协调解决社团活动经常遇到的资金、场地等方面的困难,甚至可以吸纳社团参与承办团的一些大型活动,从而提高社团活动的质量和层次。

2.团支部进社团有利于高校思想政治工作的有效开展

在促进社团健康可持续发展的同时,团支部进社团工作也有利于高校思想政治工作的有效开展,从而加快推动社会主义核心价值体系在大学校园的构建。随着社会的发展变化,人们思想价值观念的多元化取向越来越明显,当前高校思政工作面临着严峻挑战,团支部进社团工作正是基于这样一个现实背景下的应对之举。

团支部进社团有利于高校思政工作阵地的拓展和守护。当前高校在逐步实行完全学分制,班级的稳定性打破,班级的概念不断淡化,班级团支部的作用相比过去已有所下降;与此同时,社团因具有自愿性、灵活性、开放性的特点,吸引了众多学生参与,其对学生成长发展的影响日渐扩大。随着社团在大学校园里的蓬勃发展和社员数量在大学生中比例的逐渐加大,社团已成为高校思政工作的新阵地,而且可以说是"必争之地"。团支部进社团,延伸了党团组织的手臂,扩大了思政工作的覆盖面,是高校适应新形势、新挑战,争抓思政工作重要阵地的必然之举,也是高校思政工作守护阵地的必要之举。

团支部进社团有利于高校思政工作的有效渗透。随着社会的发展和各方形势的变化,传统思政工作开展的难度越来越大。在学生社团建立团支部,主要目的在于将思想政治教育工作融入社团活动中去,可以将思政工作的教育精髓内赋予社团丰富多彩的活动,通过学生喜闻乐见的活动来达到思政教育的目的,真正实现"寓教于乐",充分发挥"第二课堂"在高校思政工作中的作用。在当前全社会开展社会主义核心价值观教育的形势下,团支部进社团有利于将社会主义核心价值观教育以社团活动的形式授之于广大学生。

团支部进社团有利于高校思政工作的与时俱进和以人为本。传统高校思政工作多是"自上而下"地设定课题、制定内容,然后进行宣讲。这种"灌输式"的教育方式,既不符合教育规律,亦为学生所抵触。科学合理的教育方式应当注重受教育者的主体性,了解受教育者的需求,在此基础上,制定相应的教育计划,做到"因材施教"。而团支部成为思政工作者和社团的桥梁,进一步增强了育人工作的有效性。团支部进社团,强化了团组织对社团的领导,拉近了思政工作者与广大学生的距离,使得教育者有更多机会深入认识当前大学生的主体需求和学习特点,从而相应地设置思政教育的内容和方式方法,真正做到与时俱进和以人为本。

(二)当前高校社团活动团支部建设过程中存在的问题

自从"团支部进网络、进公寓、进社团"工作提出并开展以来,全国不少高校已经开展了在社团中建立团支部的行动,其中不乏可圈可点的做法和先例,但总的来看,目前高校团支部进社团工作的开展还存在不如人意的地方,主要表现为以下几个方面。

1.流于形式,只建不管,忽视社团的需求和反应

当前一些高校的团支部进社团工作没有充分了解广大社团与社员对这一工作的需求和期望,不够重视广大社团与社员对这一工作开展后的看法与反应,机械地表现为文件通知—召开大会—选举团支部委员,到此即完成了团支部进社团工作。这种做法流于形式,只建不管,结果造成学生不接受、不理解、团支部名存实亡、原有社团干部与团支部干部产生矛盾等诸多问题,使得团支部进社团以增强社团活力的初衷无法实现。

2.缺乏试点,一拥而上,工作机制不够完善

作为一项新事物、一个新举措,团支部进社团工作必定要经过试点,通过试点发现问题,从而不断总结成功经验,修正和完善工作机制,真正发挥其作用。而一些高校在开展团支部进社团工作中缺少必要的前期调研,更多表现为一拥而上、一纸发文的情况,在很短的时间内就在所有的社团中建立了团支部,以致工作开展后出现了一系列问题,且因缺少相应的工作机制而措手不及。

3.单兵作战,缺乏联动,参与面不够广泛

当前,主抓团支部进社团工作的主要是高校团委,但要做好这项工作,还需要诸如学工部、教务处、院系等有关各方的通力合作,需要多方探讨和协调。然而,目前有相当比例高校的团支部进社团工作基本上都是团委在孤军作战,社团团支部的管理、社团团干部的考核与激励、社团团支部活动的开展等由于缺乏其他相应部门的参与显得困难重重。

4.关系混乱,有名无实,实际作用不够明显

团支部进社团之后,如何理清与社团之间的关系,如何开展工作,这是许多高校团支部进社团工作需要及时处理好的问题。然而,现在普遍存在的问题是社团团支部与社团关系较混乱,分工不清,最终导致社团团支部建立后无所作为,不知道开展哪些活动或者活动开展不顺利等,没有起到应有的实际作用。

(三)社团活动团支部的定位、职能与工作机制

传统的班级团支部模式有其最大的优点即稳定性强。目前,班团建设仍是基层团建的主体,也是团委工作的重点。以学生社团为依托建立团组织是团建工作的一个新尝试。因其与传统的班级团支部有区别,所以把它

称之为"活动团支部"。

1. 建立学生社团活动团支部的基本思路和目的

活动团支部建设的基本思路是"多种模式,多重覆盖",即突破过去依托班级建团的单一模式,依托生活园区、学生社团等建团;突破过去只建有注册团支部的静态模式,建设动态的活动团支部,以适应高校改革的新变化和学生的新特点,从而实现对学生的多层面覆盖。在学生社团建立工作团支部的目的在于将思想政治教育工作融入社团活动中去,延伸共青团工作的手臂,扩大共青团工作的覆盖面。一方面能够提高团员的思想政治素养,另一方面也能增强团组织对团员青年的吸引力和亲和力。

2. 社团活动团支部建立的基本形式

参加建团试点的社团一般为活动机制稳定、有一定影响力的社团。一个社团为一个团支部,社团联合会为团总支,直接隶属于校团委。应遵循《中国共产主义青年团章程》,采用差额选举的方式选举产生活动团支部委员会。原则上,学生组织负责人不担任团支部书记,但成员人数较少的学生组织可由负责人兼任。社团内团员同时隶属于其所在班级团支部与所属社团团支部。社团团支部是班级团支部的延伸和补充,一般情况下不需承担班级团支部的一些义务(如交纳团费等),同时社团工作团支部还不具有一些权力(如推荐优秀团员入党等)。

3. 立足团的性质,定位社团活动团支部的职能

作为一个团支部,社团活动团支部与其他支部一样具有以下职能:一是思想教育职能,社团团支部要定期进行理论学习和研讨,始终把培养提高学生的思想政治素养摆在突出的位置;二是实践育人职能,鼓励学生走进社会、接触社会、了解社会,在社会的大背景下培养和锻炼各方面的能力;三是创新和服务社会的职能,鼓励社团建立学习型的团队,相互学习、积极探索、勇于创新,在社团的各类活动中增强服务他人、服务集体、服务社会的意识。

4. 建立社团活动团支部的工作机制

社团活动团支部的工作机制建设是其巩固发展的基础和保障,探索建立完善活动团支部工作的有效机制,有利于活动团支部更好地发挥职能,确保学生社团的活动更加繁荣,社团的建设更加规范,社团的发展更加健康迅速。应建立以下机制:①建立活动机制。通过组织丰富多彩、健康有益的活动,增强团支部的亲和力和凝聚力,提高广大青年学生参加学生社团的主动性、积极性。②建立表彰激励机制。通过组织评选表彰"十佳学生社团"、"优秀工作团支部先进个人"和"优秀社团工作团支部活动方案"等活动,培

养社团团员对社团的归属感、光荣感。激励和动员广大社团成员自觉参与到学生社团的建设中来。③建立监督机制。基于学生社团自身民间性、松散性的特点，首先，学校团委要加强对日常社团活动开展的引导、服务与监督，及时为社团活动提供指导和帮助。其次，要求各院系团总支和校团委组织部监督社团工作团支部的创建工作，及时提出意见，把团内各种管理考核机制延伸进社团，使学生社团工作团支部的创建活动政策到位、参与有据、措施得力、责任到人。

（四）社团活动团支部建设中应注意的问题

1.分清角色，合理定位，发挥团支部应有功能

在逐步推进团支部进社团工作的过程中，必须正确处理好社团团支部与社团自身的关系。一般来说，两者关系应当借鉴班级团支部与班级之间的关系，在团务和社团自治中分清角色。社团自我管理的工作应交给社团本身负责，团支部更多应在开展党团活动、组织社团政治理论学习、推进社团文化建设、加强思想教育等方面发挥功能，从不同的方面发挥各自的作用，双管而下，开创共青团组织建设的新局面。同时，必须抓紧抓好团支部的自身建设，着力培养一支优秀社团团干队伍，这也是发挥团支部应有作用、促进团支部进社团工作健康持续发展的关键和重要保证。

2.多方参与，形成合力，加强管理与考核制度建设

团支部进社团是一项系统工程，需要高校团委牵头负责，但也离不开学工部、教务处、院系等有关各方的参与和支持。在社团中建立团支部并开展活动，涉及学生的活动考评、学生干部任免以及考核激励等多个方面，这就需要相应部门修订或出台一些制度，如"综合测评加分制度"、"学生干部考核制度"、"团员团干奖励制度"等等，逐步建立健全表彰激励机制，充分调动社团团支部学生干部的积极性。只有多方联动，强化相应制度保障，才能保证工作目标的实现。

3.循序渐进，讲求实效，抓好支部自身建设

团支部进社团工作是一项新尝试，高校学生社团又情况各异。因此，社团建团必须从实际出发，把握"建团与团建并举"原则。在工作中，应立足于学生社团的实际，确立工作目标和进度，坚持"循序渐进、示范推动、分类指导、稳步发展"，坚持成熟一个、组建一个、巩固一个。在具体开展建立学生社团工作团支部的同时，必须抓紧抓好工作团支部的自身建设，把工作团支部建设成为培养学生兴趣爱好、扩大求知领域、陶冶思想情操、展示才华智慧的广阔舞台，增强社团活动团支部的生命力。

延伸阅读 2-9

浙江大学活动团支部建设

浙江大学团委结合学校共青团工作的实际情况不断创新团的组织建设,对学生组织临时团支部进一步深化和完善,提出了活动团支部的建设。经学校(或相关校级单位)批准成立的学生组织,成立时间在一年及其以上,组织队伍相对稳定,具有一套科学的管理制度,服从校团委及所在指导部门的指导,经常组织开展各种健康积极向上的活动,可以申请建立活动团支部。活动团支部是对以行政区划的学院(系)班级团组织建制(行政团支部)的有效补充,对团员实行"一种身份,多重服务",团员的团籍管理、注册登记、团费收缴等日常组织工作仍归所在行政团支部管辖。活动团支部可申请参加团支部的各项评比、评优和竞赛活动,支部内团员由活动团支部上报也可参加优秀团员、团干的各项评选,支部也可进行相关推优工作。

本讲附录

思考与讨论:团支书沈同学该怎么做?

沈同学是大一的学生,开学初通过自荐和竞选,光荣地担任团支部书记,之前他从未担任过团支书一职,他感到责任的重大,下决心要把团支部建设好。但是在他上任不久,就遇到了两个问题,让他烦恼不已:①根据上级团组织的统一安排,每位团员需定期交纳团费,支部中的大部分团员积极配合,按时交纳,但是极个别团员以太麻烦或者没带零钱为理由,拒不交纳团费。②团支部中有位团员小张,是保送生,高中表现优异,但是进入大学后,放松了对自己的要求,沉迷于网络游戏,学习状态一落千丈,日夜颠倒,经常旷课,作业也不交。而且在他的"大力宣传"下,团支部中其他同学也逐渐开始沉迷网络游戏,眼看离考试还有一个月的时间,他们丝毫没有转变的迹象,大有"星星之火,可以燎原"的势头。如果你是团支书沈同学,你该怎么做?

参考文献

[1] 陆士桢.共青团干部培训教材——怎样当好团干部.北京:北京燕山出版社,2009.

[2] 共青团中央组织部.共青团支部工作手册.北京:中国青年出版社,2003.

[3] 李洪波.新时期高校共青团工作理论与实践.镇江:江苏大学出版社,2009.

[4] 刘晓彬,王敏.高校共青团事业发展的思考与实践.成都:西南财经大学出版社,2008.

[5] 王革.理想·信念·追求——新时期共青团建设的理论与实践.西安:西北农林科技大学出版社,2007.

[6] 穆宪.团支部书记工作问答.北京:中国青年出版社,2005.

[7] 陶海燕.浅谈对加强学校团的思想政治教育工作的认识.中国水运,2007(12).

[8] 赵剑民.试论新形势下高校共青团的组织定位与组织发展.中国青年政治学院学报,2008(4).

[9] 张映文.论高校共青团组织在大学生思想政治教育工作中的定位.中国青年研究,2006(4).

[10] 陈兰英.新时期高校共青团组织在大学生成长成才功能上的研究.教育教学论坛,2012(11).

[11] 高晶.我国高校共青团组织在大学生创业教育中的作用研究.群文天下,2012(5).

[12] 任旭洪.用党建引领和谐校园文化.北京教育(高教),2012(2).

[13] 朱鸿涛.浅议校园文化建设的德育功能.教育教学论坛,2012(4).

[14] 中共中央组织部,共青团中央.印发《关于加强新形势下基层党建带团建工作的意见》的通知(组通字〔2010〕76号).2010-12-25.

[15] 张怡红.高校基层党组织"党建带团建"工作研究.科技信息,2012(22).

[16] 梁广寒.高校基层团组织活力的评价体系研究.中山大学学报论丛,2007(12).

[17] 何希,张雪银.活力团支部建设中的方法研究.网络财富,2009(1).

[18] 汪治国.浅谈高校主题团日活动的创新和发展.教育教学论坛,2011(26).

[19] 胡丹.高校和谐校园文化中团日活动创新与发展研究.吉林教育,2010(6).

[20] 李凯.网络时代高校基层团组织建设的创新探索.中小企业管理与科技,2012(19).

[21] 唐伟.学生社团建立工作团支部的实践与思考.中国青年研究,2005(9).

[22] 陆卫斌,吴磊.浅谈高校团支部进社团工作的必要性及开展思路.浙江外国语学院学报,2011(3).

第三讲　团的思想引领与宣传信息工作

　　做好大学生思想引领工作,巩固党执政的青年群众基础,是高校共青团组织的根本职责和神圣使命。青年是整个社会最活跃的群体,青年群众工作是党的群众工作的重要组成部分。大学生是青年中的优秀群体,是我国社会主义现代化建设的预备队和生力军。当前,大学生的思想观念、价值取向和利益诉求发生了很大变化,需要高校共青团的团干部们认清形势、把握规律,积极适应形势的发展变化,准确把握当代大学生的总体思想状况与特点,认真研究大学生思想引领工作面临的时代课题,积极探索做好高校共青团宣传信息工作的方法路径,不断提高高校共青团思想引领工作和宣传信息工作的科学性和有效性。

第一节　高校共青团思想引领与宣传信息工作概述

　　做好青年的思想引领工作,是党对共青团的一贯要求,也是共青团工作的两大战略要求之一。高校共青团直接对接面广人多的青年学子,做好青年学子思想引领工作更是不在话下。作为做好思想引领工作重要方式、手段、途径之一的高校共青团宣传信息工作,面对新的历史时期,在统一思想、提高认识、振奋精神、凝聚力量、舆论导向、文化营造等方面发挥着重大的作用。

一、高校共青团做好思想引领的重要意义

（一）　完成共青团根本任务的需要

　　做好青年思想引导工作是共青团的根本任务。共青团必须不断探索党的政治和组织行为在青年中实现的路径、党的意识形态在青年中的传播路径,最终将党的理论精神转化为广大青年的实际行动。

　　1. 共青团的政治属性要求

　　党章第 49 条规定:"中国共产主义青年团是中国共产党领导的先进青年

的群众组织,是广大青年在实践中学习共产主义的学校,是中国共产党的助手和后备军。"党章规定的这一政治关系和政治属性,决定了共青团组织是思想性、政治性很强的组织,引导青年则是共青团组织思想性、政治性的集中体现。

开展青年思想引导工作是由共青团的基本属性决定的。"中国共产主义青年团是中国共产党领导的先进青年的群众组织",这说明共青团组织的基本属性是群众性和先进性的统一。先进性是共青团鲜明的政治属性,说明它不仅是一个社会群众组织,而且是在党的直接领导下的进步青年组织。所以,我们必须清醒地认识到,引导团员青年始终与党保持高度一致,始终保持在思想上、行动上、组织上的先进性是共青团政治属性的根本体现。这一属性要求共青团组织必须坚持思想引导,用先进思想、理论引领广大团员青年。

开展青年思想引导工作是由共青团组织的组织使命决定的。"中国共产主义青年团是广大青年在实践中学习共产主义的学校",这表明了共青团组织在履行教育引导青年的职责中,需要把握教育方向、教育内容和教育途径。青年在这所"学校"中学习的目标是成为坚定的青年马克思主义者,学习的内容是共产主义的理想和信念,学习的途径是开展各类理论教育和实践活动。因此,对青年开展共产主义思想的教育和引导,就是要将党对青年的意识形态要求通过共青团组织得以实现,引导广大青年始终坚持崇高的理想信念,坚定跟党走中国特色社会主义道路的决心。开展青年思想引导工作是由共青团与中国共产党的特殊关系决定的。从共青团的产生来看,它是在中国共产党领导下成立起来的组织,"是中国共产党的助手和后备军"。要发挥好助手的作用,就必须引导团员青年始终不渝地坚持党的领导,拥护党的纲领和路线,把党的指示和要求变成共青团的行动,努力完成各个时期党交付的任务,为实现党的奋斗目标发挥共青团组织的积极作用。要发挥好后备军的作用,就必须长期坚持思想引导,造就"政治坚定、素质过硬"的社会主义事业合格建设者和可靠接班人,不断为党组织输送新鲜血液,使党的事业薪火相传、代代不息。

2.共青团的政治使命要求

青年是祖国的希望、民族的未来,赢得了青年也就赢得了未来。共青团要以高度的政治责任感,抓好新形势下的青年思想引导工作,坚持不懈地引导广大青年跟党走中国特色社会主义道路,不断巩固和扩大党执政的青年群众基础,这关系到党的事业的兴衰成败。

做好青年思想引导工作是党对共青团组织的一贯要求。党中央历来高度重视引导青年的工作。邓小平同志说过:"党是搞什么的?工会是搞什么的?共青团是搞什么的?还不都是做政治工作的!"江泽民同志在建团80周年的讲话中指出:"共青团要进一步发挥好党的助手和后备军的作用,引导青年支持改革,促进发展,维护稳定。"这些谆谆教诲,是党中央对共青团的信任,也是对新形势下的共青团工作提出的新要求。

做好思想引导工作是党赋予共青团组织的光荣任务。新时期,胡锦涛同志对共青团组织提出了"两个全体青年"和"四项基本职能"的要求。"组织青年、引导青年、服务青年和维护青年"的四项基本职能,既有逻辑前提又紧密联系,其中,组织青年是重要任务也是重要前提,与服务青年、维护青少年合法权益之间相互促进,而引导青年是根本任务。2013年5月4日,习近平同志在同各界优秀青年代表座谈时的讲话中指出,为实现中华民族伟大复兴的中国梦而奋斗,是中国青年运动的时代主题。共青团要在广大青少年中深入开展"我的中国梦"主题教育实践活动,为每个青少年播种梦想、点燃梦想,让更多青少年敢于有梦、勇于追梦、勤于圆梦,让每个青少年都为实现中国梦增添强大青春能量。

(二)迎接共青团全新挑战的需要

高校的主要任务是培养中国特色社会主义事业的合格建设者和可靠接班人。高校共青团作为党联系大学生的纽带和桥梁,就是要按照学校党委和上级团组织的要求,用中国特色社会主义理论体系武装大学生头脑,引导大学生树立正确的价值取向和生活观念,促进大学生全面发展,切实履行好培养社会主义事业建设者和接班人的光荣政治任务。

1. 工作环境和条件变化带来新挑战

市场经济外部性因素影响高校共青团的育人环境。随着社会主义市场经济体制改革的深入,当前高校共青团工作的内外环境发生了明显变化。特别是随着全球化的不断深化,国内经济社会的加速转型,市场经济体制的运行规则以及市场中的个体行为模式对大学生的价值判断和人格养成产生很大的影响。由于较少受到物质匮乏的制约,社会秩序不再过多依靠短缺经济下的权威原则和计划手段来维系,而是需要通过协商和情感信任来维系和运行。大学生更倾向于追求物质化的生活,更多地关注自身的发展和自我价值的实现,使得高校共青团如何开展大学生的思想引导,找到发挥高校共青团组织功能、实现引导大学生政治目标的路径等问题显得尤为突出。

虚拟网络空间使高校育人环境愈来愈复杂。随着网络技术的发展,大学生在接受海量信息的过程中更加注重独立思考与选择,思想也更为早熟和多元化,传统说教式的思想引导权威遭遇严重挑战。在虚拟网络空间中,传统教育媒介的垄断性被改变,学生个体可以通过网络发表见解,使自己成为创造性的传播主体,传统思想引导的阵地遭遇挑战。虚拟网络空间是学生人际交往的重要平台,但长期沉溺网络会造成大学生社会参与度的减少,许多"宅男"、"宅女"表现出了孤独、抑郁的症状,同学间相互关心不够、对集体活动持观望态度,传统的聚集方式发生明显变化。因此,如何应对虚拟网络空间中大学生的特征来开展针对性的思想引导工作,是新时期高校共青团的重要课题。

2.工作对象和方式变化带来新挑战

大学生曾经一度被称为"天之骄子",受到社会的广泛关注和高度评价。在传统教育模式中,他们是被动的接受者,接受固定的教学课程、明确的工作分配和统一的价值评价。因此,对他们的教育引导侧重于理性知识的灌输。但是,在开放的教育环境下,当代大学生已不仅仅是一名知识结构较完整、综合素质较全面的学生,更是一名独立自主、注重公民意识、彰显个性特点的社会人。他们在思想认识、道德选择、价值取向等方面的独立性、多样性、多变性、差异性日益增强,不仅需要理性的知识教导,更需要感性的个体满足,这使得高校共青团要面对一个更加全面的工作对象来开展工作。

工作对象的显著变化使得传统的工作方式即灌输式地进行思想政治教育已经不适应当代大学生的需要,党团"大道理"怎样才能深入大学生内心和思想深处是一个新的课题。与生硬刻板的说教相比,直观的、时尚的、客观的事实和事物更加容易被大学生所接受和认同,他们更加愿意在实际体验中获得对社会的认知。这就要求高校共青团必须在充分了解和满足大学生多样化需求的基础之上,设计形式多样的引导载体和路径,运用学生喜闻乐见的接受方式,将党团"大道理"转化为大学生易接受、易消化的"小故事",使思想引导工作贴近大学生的日常生活、学习和工作,成为让大学生真正从心底愿意被引导的基础所在,从而达到"润物细无声"的效果。

(三)学校共青团跨越发展的需要

1.高等教育改革发展大趋势的要求

《国家中长期教育改革和发展规划纲要(2010—2020年)》提出了高等教育改革目标:高校要致力于提高人才培养质量、提升科学研究水平、增强社会服务能力、优化结构办出特色。

在素质教育上,高校共青团更加重视学生发展的全面性;在能力培养上,更加突出创新性与实践性。例如,浙江大学共青团根据高等教育的发展目标,始终将培养"政治坚定、素质全面、敢于创新、勇于实践"的优秀大学生作为育人工作的中心任务,积极构建思想育人、文化育人、实践育人、科创育人的"四位一体"育人工作体系,着力引导大学生把爱国主义和社会主义结合起来,把民族精神和时代精神结合起来,把个人成就和社会责任结合起来,将理想信念教育和意识形态教育贯穿于大学生志愿服务、社会实践、科技创新、素质拓展等各项活动中,引导大学生不断提高能力素质。

2.建设一流共青团组织的要求

在中国建设一流大学,必然要有一流的共青团组织。在做好思想引导工作的过程中,只有不断加强自身建设,努力培养一流的团员青年、打造一流的团干部队伍、构建一流的工作体系,才能团结、教育和引导广大团员青年为学校的发展提供思想保证和组织保障。

一流的共青团组织要有一流的团员青年。胡锦涛总书记在同中国农业大学师生代表座谈时,对大学生提出了"把爱国主义作为始终高扬的光辉旗帜,把勤奋学习作为人生进步的重要阶梯,把深入实践作为成长成才的必由之路,把奉献社会作为不懈追求的优良品德"的殷切希望。在 2010 年 5 月 3 日给中国农业大学师生的回信中,胡锦涛总书记又勉励青年和青年学生在推进社会主义现代化的奋斗实践中书写美好人生。浙江大学共青团组织要按照党中央对大学生成长成才的期望,引导大学生积极投身改革开放和社会主义现代化建设,引导他们夯实专业知识基础、优化知识结构、拓宽学习思路、提高科研能力、培养实践精神,使他们勇于担当、甘于奉献,把奉献社会作为人生不懈追求的优良品德,推动自身的全面健康发展。

一流的共青团组织要有一流的团干部队伍。"思想路线确定后,干部是决定因素。"要建设一流的共青团组织,离不开一流的共青团干部队伍。团干部队伍是开展大学生思想引导工作的核心力量。要充分发挥青年领袖的作用,增强引导青年的说服力和影响力,确保思想引导工作取得实效,就必须有一支思想先进、政治坚定、素质全面的干部队伍。浙江大学通过对团干部进行分层次、分阶段、持续性的教育培训,不断增强团干部的政治意识、大局意识和责任意识,提高团干部的政治素养和思想理论水平,在引导大学生中,首先引导自己,在发展自我中,起到示范带头作用。

一流的共青团组织要有一流的工作体系。例如,浙江大学在新一轮的教育教学研讨中,提出了"以人为本、整合培养、求是创新、追求卓越"的教育新理念,进一步深化了"培养具有国际视野的创新人才和未来领导者"的人才培养目标。共青团组织要围绕学校这一中心工作,就必须坚持"思想引导、服务成才"的宗旨,努力构建一流的思想政治教育工作体系、学生创新创业工作体系、校园文体活动工作体系、社会实践工作体系等,引导大学生在共青团育人工作体系中发挥才干、贡献智慧、获得成长,从而使共青团的工作体系融入学校工作大局,发挥积极的育人作用。

二、高校共青团宣传信息工作

宣传信息工作是党的事业的重要组成部分,是高校工作的重要内容。宣传信息工作关系到学校工作的全局,是做好学校各项工作的根本保证,有效的宣传信息工作能保证高校坚持社会主义办学方向,坚持社会主义核心价值体系,是鼓励和动员群众的有力武器,是引导舆论进步的重要阵地;有效的宣传信息工作能够化解矛盾、理顺情绪、凝聚人心,为学校的改革发展和各项工作提供一个和谐稳定的环境。宣传信息工作对高校共青团而言尤为重要,共青团是先进青年的群众组织,是党的助手和后备军,要做到"党有好战、团有行动"。没有有效的宣传信息工作,共青团很难在学生群体中树立形象、统一思想、凝聚力量、鼓舞斗志去完成光荣又艰巨的任务。组织青年、引导青年、服务青年、维护青年权益是共青团的四项基本职能,没有有效的宣传信息工作,高校共青团就很难全面组织青年、正确引导青年、有效服务青年和切实维护青年权益。

(一)宣传信息工作的重要功能

1.传播功能

宣传信息工作归根结底是把高校共青团工作的整体情况、活动开展、事情动态等信息有效地传递给广大团员青年,通过信息的广泛传播,让团干部们和广大团员知晓学校共青团的工作开展情况和各方动态,对组织产生认同感和归属感;同时有利于学校共青团把握基层团组织的工作情况,准确把握和引导学生的思想动态,根据院系信息员上报的信息,开展正面的积极引导工作,维护校园安全稳定,为推进社会主义和谐校园建设发挥重要的积极作用。

2.引导功能

宣传信息工作中的一些正面报道、典型人物报道、先进事迹报道等都在向广大团员青年弘扬主旋律、传播正能量,潜移默化地营造共青团的光辉形象和优秀团干志存高远、艰苦奋斗的良好形象,吸引更多的优秀学生加入到团学组织中,进一步增强团的凝聚力。良好的宣传信息工作能够让广大团员青年进一步提高觉悟,明确立场,坚定理想信念,愿意成为后备力量,紧紧围绕在共产党的周围。良好的宣传信息工作能够为共青团和党的工作打下扎实的群众基础。

3. 育人功能

共青团宣传信息工作是高校思想政治教育工作、德育工作中的重要环节和重要载体之一。传统的课堂思想政治教育是一种单向的信息传输，教育者在固定的时间空间里有限地向受教育者传递理念，受教育者一直处于被动的接收地位，受教育者的弱势地位可能导致传输理念的不被接收甚至是反作用。因为形式单一、教育方式较为呆板，团组织的宣传思想教育以其灵活、自主的特性能够得到学生们的认可。共青团宣传信息工作能够将教育内容较为活泼、生动地传递给团员青年，在一定程度上加强了对学生的思想政治引导和教育工作，为广大学生营造出一个良好的学习、生活、成长成才的环境。

4. 文化功能

校园文化生活是青年学子高校生活中不可或缺的重要内容之一，丰富了青年学子的学习生活，同时能够提升青年学子的文化素养和品位。高校共青团会经常举办质量高、立意好的校园文化活动，但毕竟每场活动受众面有限，影响人数不广。宣传信息工作通过组织、策划、传播一些积极向上、备受青睐的校园文化活动信息，相应地策划制作一些文化专题，调动青年学生参与校园文化活动的积极性和主动性，营造良好的校园文化氛围，陶冶青年学子的情操。

(二)宣传信息工作的基本原则

1. 传播真实

宣传信息工作是一个对外传播工作，所传播的动态信息内容一定要源于真实的事件，所传播的优秀典型和先进事实也一定要源于真实，不要弄虚作假和夸大事实，现在信息技术的发展使得人们能够迅速明辨信息的真假。一旦传播了假信息，将会对高校共青团工作带来巨大的损失，广大青年学子对共青团组织所持有的基本信任度将受到衰减，高校共青团工作将难以凝聚、组织青年学子，将难以完成自身所担负的重大使命和责任。宣传信息工作不可以有人为因素的刻意造假，但是如果是消息来源的信息源提供的假消息，导致我们宣传信息工作出错的话，需要在发现错误之后第一时间做出反馈和应对，只要及时向广大青年说明事件的缘由，得到青年学子的理解便可。

2. 体现深度

高校共青团宣传信息工作究其根本是为了实现党赋予共青团光荣使命

和艰巨任务而开展的相关工作,宣传信息工作需担负起众多功能,需发挥更多的作用,不能蜻蜓点水地停留在表面工作,应该将体现深度作为基本追求,注重在合适时机或者重大时刻丰富宣传信息的内涵,让广大读者能够受到宣传信息背后蕴含的深刻内涵所感染,让广大读者能够从宣传信息中学习到一定的知识,懂得一定的理论,坚定"跟党走"的理论自信、道路自信和制度自信,坚定实现"中国梦"的理想信念。

3. 找准角度

宣传信息工作还是时代的传声筒,是历史的见证,只有从社会变革的角度来审视现实社会中的一些亮点和新闻点,才能透过现象看本质,才能把握住事情发展的内在关联和逻辑关系,才能揭示事情的发展方向。高校共青团宣传信息工作要适应社会的变革和形势的发展,善于找准宣传报道的角度,主动参与、积极配合、正确定位,牢牢把握宣传信息工作的立足点和出发点。找准宣传报道的角度,不仅能够吸引青年学子的关注,还能够不断积累自身的信度,成为广大青年首选的信息来源渠道,紧紧将广大青年学子凝聚在共青团的周围。

4. 拓展广度

共青团的宣传信息工作要着眼大局,围绕中心工作,紧紧抓住青年学子成长成才的这条主线,拓展宣传信息工作的受众覆盖面,进行全方位、大范围和开放性的宣传工作。扩展广度是宣传信息工作的基础,如果覆盖面不广,宣传信息就成了自娱自乐的工作,影响和凝聚的永远是那一小撮人,无法有效解决共青团工作面临的两大战略难题。拓展广度要求宣传信息工作一定要善于运用新老媒体的特性,运用不同的传播工具,针对不同的宣传群体,追求最大的宣传覆盖面和最优的宣传效果。

5. 散发热度

共青团的宣传信息工作还是希望能够在一定程度上引领人、感染人,除了一些客观的事件、活动报道,共青团宣传信息工作还需多关注优秀典型人物的塑造和宣传,弘扬主旋律、传播正能量。现在的网络开放空间,虽然方便了信息的传递和人与人之间的交流,但很多时候负面的信息更容易得到青年的关注,也容易在青年群体中造成负面的情绪。共青团的宣传信息工作应采用青年学子喜欢的语言和传播方式,宣传传播正面消息,树立正面的形象,让广大团员青年对国家和社会充满希望,将富有激情的共青团事业传递给一代又一代的有志青年,让共青团的形象像火一般散发热度,温暖人、感染人和激励人。

三、思想引领与宣传信息工作的关系

(一)思想引领与宣传信息工作

中国青年运动的时代主题是朝着实现中华民族伟大复兴的中国梦而奋勇前进。共青团工作要把握住根本性问题,把培养中国特色社会主义事业建设者和接班人作为根本任务,把巩固和扩大党执政的青年群众基础作为政治责任,把围绕中心、服务大局作为工作主线。

要培养中国特色社会主义事业建设者和接班人,做好对青年学子的思想引领责任重大和意义深远。思想引领是共青团工作的两大战略任务之一,正确的思想引领是旗帜、是标杆,是共青团各项具体工作开展和落实的大方向;共青团的各项具体工作的开展是思想引领的落脚点,是思想引领行之有效、言之有物的重要过程。思想引领是共青团各项工作开展的目的之一,它以学生的成长成才作为重要目标,将学生培养为中国特色社会主义事业的接班人和建设者作为首要追求。

归纳而言,思想引领是宣传信息工作开展的目的之一,指导着宣传信息工作开展的方向,是宣传信息工作的旗帜和标杆。宣传信息工作在开展时,都需要进行自我审视,检验每项具体工作的开展是不是为了思想引领和服务成长。

(二)思想引领的基本方法

下面两节内容将详细介绍宣传信息工作,要做好团的思想引领,除了宣传信息工作之外,还有很多其他行之有效的方法。

1.仪式教育

仪式教育即通过组织、吸引大学生参与一定规模的、有特定程序的、有明确目标的集体活动,以达到创造秩序、处理差异、达成共识、情感强化等目的的教育方式。仪式之所以能发挥教育作用,是因为仪式所塑造或者唤起的情感体验能够长期凝结在群体和个体的内心深处,能让参加者反复回味和再体验,并作为一种源动力固定下来。将仪式作为团组织活动开展的重要途径,旨在将德育说教转化为团员的亲身体验,在潜移默化中使团员受到教育。仪式的主要方式有:

(1)庄严仪式。庄严仪式主要指一些重要历史时刻、重大活动期间举行的仪式,如入党入团仪式、开学典礼、团内表彰、毕业典礼、军训誓师等。这些仪式受众面广,参与程度高,意义重大,受到组织单位的高度重视。一般须经周密的策划并有具体的行动方案或者活动流程,仪式前期要经过彩排。

（2）纪念仪式。纪念仪式主要指在一些重要事件纪念日、重要任务诞辰期间举行的仪式，如浙江大学举行的校庆院庆仪式、竺可桢校长诞辰纪念仪式、文军长征纪念活动、于子三烈士纪念仪式等。这些仪式旨在唤起团员对重大事件的回忆以及对这些事件所带来的重要意义的肯定，从而让团员的心灵受到洗礼，感恩过去、珍惜现在，促使其以高昂的姿态、顽强的精神投入到今后的工作、学习和生活中。

（3）主题仪式。主题仪式是指围绕一特定主题举行的仪式，如团日活动、结合时事或者当下热门话题开展的仪式等。这些仪式旨在使参加者通过仪式得以强化某种意识、关注某项事件、认可某种观点。这些仪式可以根据主题灵活多变，易发起、易组织，参与范围可大可小，可根据需要确定的主题随时发起。因其主题明确、目标明确，能够与参与人员最快达成共识、形成共鸣，达到最直接的教育目的。

（4）日常仪式。日常仪式是指校园日常生活中与大学生生活、工作、学习相关的一些小型仪式，如考试承诺仪式、学术守信仪式、生日聚会等。这些仪式的发起规模最小，其设计、组织、实施不必特别严格，思想性和影响力要求不高，旨在通过灵活简短的仪式，强化大学生的集体意识、公民意识和道德意识，唤起大学生对一些平常易被忽略的环节的思考，减轻浮躁气息，规范自身言行，培养良好习惯。

2. 文化熏陶

文化熏陶用于大学生的思想引导工作，可以丰富学生课余文化生活，让学生在投身学术、潜心科研的同时，不断拓宽自己的兴趣爱好和知识领域，更多地接触各种文化艺术形式，进而提高审美素养，塑造健全人格，培养高尚情操，净化纯洁心灵。文化熏陶可以包含：

（1）高雅文化。通过采用外部引进或者内部组织高雅文化的方式，将高雅文化的影响在校园中发挥出来。如浙江大学积极开展"高雅艺术进校园"活动，从交响乐到话剧，从合唱团到戏曲，积极为学生打造视听盛宴，吸引学生去了解文化，提升自身素养。除了外部引进，还可以内部组织。通过凝练自身文化，可以发掘人才，营造校园的高雅文化氛围，为有特长的学生打造一个舞台。

（2）大众文化。大众文化是指一社团、一地区、一国家中新近涌现的，被大众所信奉、接受的文化。校园中的大众文化是指学生们普遍认可的、易形成共鸣的，自己可以参与讨论、评价、创造和传播的文化，如社团文化、体育文化和网络文化等。

（3）特有文化。特有文化是指学校、院系因历史原因、专业特色而形成的专有、排他的文化。这些文化因其独立性强、辨识性高，有一定的历史传承，易形成感官冲击与强化，使相关群体可以产生无比的骄傲感和自豪感。如西迁、毅行就是浙大特有的文化。

3. 榜样示范

榜样具有示范作用，它会吸引他人对其进行模仿；榜样具有激励作用，它会有力地推动人的成长。现代社会中，个性张扬、价值取向多元、信息获取通畅，人们无时无刻不在关注着别人的行为方式，榜样的内容和形式也更加多元。因此，高校在大学生的榜样示范方面要做好认真筛选、正面引导和主动树立典型的工作，对合乎社会主义核心价值体系、有利于大学生成长成才的榜样要大力宣传，号召学习，而对不利于大学生成长成才的人和事，不能只是一味地无视和回避，而应树立相对应的典型，破除掩饰，揭露本质。如树立公立榜样、平民榜样。

4. 面对面交流

面对面交流是人与人沟通最有效的途径之一，也是大学生思想引领工作最常用的方法。面对面交流可以充分利用沟通的直接性和正面性，通过言语和情感的互动交流来引导和感召大学生群体。面对面的交流有多种模式，如大家熟悉的个别谈心、专题讲座等传统的交流模式，也有结合行动体验和互助行为的拓展交流模式。无论是哪种面对面交流模式，都充分发挥了个体的主观能动作用，彼此在语言交流和个体行为交流中传递着最具感召力的思想和感染力的情感。其主要方式有：一对一个体交流（谈心交流、结对互助等）、个体对群体交流（理论性讲座、体验式团辅等）、群体对群体交流等等。

5. 社会观察引导

切身经历和直接感受对大学生思想意识的形成起着重要的作用，但这种经历和感受对于年轻的大学生毕竟是有限。因而在认真开展社会实践活动的基础上，应积极引导大学生开展社会观察活动。大学生通过社会观察，可以更大范围、更多途径了解这个世界。因而在这个过程中，高校则需要当好大学生观察社会的引路人，尤其是面对纷繁复杂的媒体时代，如何保持对社会现象的敏锐触觉，如何辨析错综复杂的社会问题，如何在辨析中学会表达自己的观点，从而逐步形成正确的世界观、人生观、价值观、政治态度和行为方式。可以开展的观察活动有社会现象观察（资料调研、访谈调研和问卷调研等）、热点话题评论（热点汇编、口头评述和借助网络评述等），以及争议问题辨析。比如开展现场辩论或者是虚拟辩论等等方式。

6. 社会实践体验

"实践是思想认识的源泉和归宿。"团的思想引导离不开社会实践环节，只有在现实社会中实践体验，学生学到的理论知识才能落到实处，才能产生与世界、国家、民众同呼吸、共命运的真切情感，才能深刻理解坚定跟党走中国特色社会主义道理的意义，才能不断增强自我的服务意识、责任意识。高校可以从大学生成长特性出发，分阶段、分步骤，紧密结合不同阶段学生的实际情况，循序渐进地培养学生体验社会、服务社会的实践意识和实践能力。在实践体验方面我们可以开展的活动有：

（1）青年志愿服务。团组织要认真做好青年志愿工作的引导和组织，强化大学生的服务意识，积极开辟大学生的服务途径。开展各种志愿活动，如基地化志愿者服务、项目化志愿者服务和专业化志愿者服务。

（2）"三下乡"服务。中国是农业大国，在高校中开展暑期"三下乡"社会实践服务活动，目的在于通过组织大学生以"文化下乡、科技下乡、卫生下乡"的形式，引导大学生走进农村，在农村的广袤土地上亲身体验农民生活的苦与乐，了解真正的农村现状，产生一种特殊情感，从而为促进农村经济文化建设、改善农村社会风气做出贡献。

（3）挂职锻炼。挂职锻炼是指专门选派高年级本科生或者研究生到基层政府组织机构或者企事业单位等地方担任某一职务，并开展一定期限的实践活动。挂职锻炼要求大学生融入角色，并承担起责任。

7. 社会化技能培养

大学生思想引导工作和团组织主题教育工作需要落实到大学生关注的个人成长问题上，通过对大学生个人社会适应能力、社会从业能力、就业发展能力等方面的指导，让他们体会到思想的统一、明确、坚定，方法的正确、适当、巧妙，对个人成长具有非常重要和前瞻的意义。高校要积极从学生个体成长角度切入，吸引大学生围绕在团组织周围，借助社会化意识、技能和实战能力培养，引导大学生树立崇高的理想和培养良好的社会责任意识。如开展创业创新培训、专业技能培训、学生科研活动、职业素养培训等活动，进行社会化场景模拟，提升学生能力。

8. 游戏渗透

游戏有娱乐功能，符合大学生朝气蓬勃、追求幸福和快乐的要求，是大学生喜闻乐见、热心参与的活动形式；游戏同时还具有促进能力提高和规则养成的功能，将思想意识融入游戏环节，寓教于乐，可以起到良好的教育、思想引导的作用。通过游戏的方式加强思想意识渗透，可以在较短时间内聚集一大批教育和引导对象,以其最容易接受的方式加强思想教育和意识强化。最常用的方式有:心理短剧编排与演出、素质拓展活动的开展、定向越野与知识竞赛等。

第二节　高校共青团宣传信息工作面临的挑战和机遇

新时期下,高校共青团宣传信息工作面临着新的挑战和机遇,同时宣传信息工作在开展的过程中也产生了一些问题和不足。如何改进这些问题和不足之处,如何抓住机遇、应对挑战,成为高校共青团宣传信息工作的重点。

一、宣传信息工作存在的问题

(一)宣传信息工作意识不到位

在高校共青团系统中,负责分管宣传信息工作的都不是团委书记或者团委副书记,而是直接交由挂职团干部或学生骨干来负责,没有充分认识到宣传信息工作在共青团整体工作中的重要性和必要性。多数宣传信息工作都是为了完成上级组织布置的工作任务,除了规定动作之外,从没有自选动作或者自己主动策划的工作。宣传信息工作不像其他共青团工作,有很显性的成果,能够激励工作责任人的工作热情和激情,负责宣传信息工作的人时间一长便产生了工作疲劳感和工作惰性。

(二)宣传信息工作效果不明显

宣传信息工作往往就事论事,只突出活动的新闻时效性,不注重宣传的导向作用,没有在宣传的深度和广度上进行整合,只关注活动报道的数量,忘了把关报道的质量和宣传效果。导向不明确、质量不上乘的宣传报道,不能给广大团员青年留下深刻印象,也没有在真正意义上起到"寓教于宣"的作用。如共青团开展团内评奖评优的活动,有好多优秀的团员、团干部们涌现出来,如果只是做一个评奖表彰活动的消息报道,影响面不广也不深,需要宣传工作者在团内表彰中找到合适宣传报道的优秀典型,抓取特色,挖掘内涵,升华报道的高度,提升宣传的影响度。

案例 3-1

陆智辉：辉哥带你做志愿者

【人物名片】 陆智辉，浙江大学农业与生物技术学院作物所 2012 级硕士研究生。2014 年浙江省优秀共产党员。浙江大学第三届十佳大学生，浙江大学第十三届研究生支教团团长，曾任浙江大学校团委书记助理（挂职）、青年志愿者指导中心主任（兼）、浙江大学学生会副主席。

"我们擦身而过，却走上相同的路，风浪再大也挡不住真心付出。我们是青年志愿者，无悔这旅途。放飞青春，一起点燃爱的温度。"浙江大学研究生支教团团歌《风雨无阻》，也是陆智辉一直用到现在的手机铃声。

那是一段找不回的青春，22 岁，陆智辉在四川凉山彝族自治州昭觉县度过了终生难忘的一年。"海拔近 3000 米，水土不服，食物辛辣，住宿条件差……"种种的困难在陆智辉现在看来都是小事一桩，比起这一年里所收获的，付出的这点艰苦根本就算不上什么。

《做老师真的会上瘾》，来到昭觉后，这是陆智辉在博客"陆智辉在支教"里发的第一篇文章。这个老师当得很快乐，同时他也被孩子们单纯的梦想感动着。

"昭觉的孩子不仅仅在物质条件上是匮乏的，更关键的是信念上的缺失。""倔强和梦想"，是他给一个爱心孤儿班上的一堂主题班会课。"虽然你们不是命运的宠儿，虽然现实很残酷，但你们仍然可以拼尽全力去和命运抗争，也可以骄傲地说出自己的梦想。"给孩子们一颗倔强的心，这是作为一个支教老师最重要的责任。

"做志愿者，并不仅仅是自己去做了就可以，还需要更多的思考。"昭觉那一年，面对无数的爱心捐赠，他看到了公益背后的问题："孩子的需求和社会提供的很难对等，往往社会人士只是凭借自己的一腔热情去献了爱心，但是他们所捐赠的书籍等并不一定会给孩子带去多少益处。这也是现在公益事业突出的问题之一。"

带着思考，带着热情，陆智辉返校后担任浙大青年志愿者指导中心主任，决心"要让更多的人加入到志愿者的行列"。

"志愿者，大学生活新风尚。"这是陆智辉的信念。提倡志愿组织科学化规范化、志愿活动项目化品牌化、志愿管理制度化常态化，通过分类引导，提倡充分发挥大学生志愿者的专业优势，达到助人自助的效果。一年间，浙大注册志愿者人数新增 4933 人，志愿服务总时数较上学年增加 66886.5 小时，做志愿者已经逐渐成为浙大校园生活的一种新风尚。

白岩松有一句话："因为有信仰，再加上务实科学的方法，你就可能成为真正的理想主义者，把自己从事的工作不仅仅当成是养家糊口的饭碗，去追求更多，你才可能真正地做好。"志愿者，是一种信仰。

陆智辉把志愿者工作分成三个层次："第一层次，助人，让他人得到帮助；其次，自助，实现自我价值，让双方得到满足；最终，信仰，通过公益行为，让更多的人加入志愿者的行列，把公益发展成一种社会文化内涵。"任重而道远。

【笔者心语】　如果说陆智辉对做公益的最高目标是带动更多的人一起来做志愿者，那笔者想必是一个非常成功的案例。大三时偶然的相识，了解到了一段关于西部志愿者的感人故事，让我也选择了到西部去用一年不长的时间，做这样一件终生难忘的事。不得不说是我与辉哥一段奇缘，也是我与志愿者的一段奇缘。

做公益也许是偶然，爱上公益则是必然。相信会有越来越多的青年在像陆智辉这样的领航者的带动下加入到志愿者的队伍中来。

（来源："浙江大学团委"官方微信"浙青年"专栏报道，2014 年 6 月 4 日）

（三）宣传信息工作队伍不专业

高校共青团宣传信息工作的主要承担者是负责具体工作的学生团干部，这样的宣传信息工作队伍对宣传工作的认识不深、宣传意识欠缺、理论功底较浅，不能将理论真正融入实际、指导实际，在文章的写作上往往就事论事，没有提高和指导；综合组织能力不足，文字功底较为薄弱，语言表达能力需要进一步加强；缺乏宣传信息工作的专业和系统的培训，没有专业化的技能，不懂运用不同的信息传播渠道进行更好的宣传和传播；整支队伍的专业化程度不高，也势必导致宣传信息工作达不到预期效果，发挥不了重要的功能。同时，不专业的宣传信息队伍容易犯错，比如在新闻报道中写错了相关信息或漏写了关键信息，犯错的原因往往源于不专业的校对和思维惯性。容易出错的工作状态导致宣传信息队伍在工作上打马虎眼，在必须要完成的工作之外不愿再多做一分一毫。

二、宣传信息工作面临的挑战

在社会因素变得纷繁复杂的情况下，在社会意识形态多元化的现状下，高校共青团组织既要在大学生中弘扬主旋律，又要尊重差异，包容多样性，最大限度地达成共识，宣传信息工作的难度可想而知。如何充分发挥团的思想引领作用，巩固高校共青团阵地，使得社会主义核心价值体系更加深刻地融入当代大学生思想之中？如何有效地采用方式方法，在尊重学生个人追求的基础上，充分发挥宣传信息工作的重要作用？在时代高速发展的今天，全面审视和分析高校共青团宣传信息工作所面临的挑战和变化，是今后做好宣传信息工作的重要基础。目前，高校共青团宣传信息工作面临如下几大挑战。

(一)西方宣传信息的不断渗透

伴随着经济全球化的进一步发展，世界范围内各种思想文化交流、交融、交锋更加频繁，思想文化领域里的斗争是没有硝烟的战场，情况依然深刻复杂。西方发达国家已经把意识形态作为实现其国家利益的重要手段，并把它渗透到方方面面。

近几年来，西方宣传信息中夹杂意识形态的渗透方式发生了新的变化：一是在全球范围内宣扬"淡化意识形态"，企图让我们淡化共产主义远大理想和中国特色社会主义共同理想，淡化马克思主义在意识形态领域的指导地位。二是利用我们党内少数党员的腐败行为和我国经济社会发展中存在的问题，添枝加叶，对中国共产党的领导和中国的社会主义制度加以丑化，企图使大众对共产党失去信任，对社会主义失去信心。三是鼓吹"马克思主义过时了"、"马克思主义无用了"、"社会主义失败了"、"社会主义的历史终结了"等，企图搞乱人们的思想。四是强化西方意识形态的霸权地位，企图利用西方的"精神和文化价值观"影响和动摇社会主义国家人民的信念，从而逐渐侵蚀社会主义的基础。五是散布所谓"中国崩溃论"、"中国威胁论"、"黄祸论"等论调"妖魔化"中国，攻击中国的爱国主义为"狭隘民族主义"，视中国的社会主义为"极权主义"，企图搞乱中国发展的外部环境，削弱中国在国际上的影响力。六是利用经济手段进行文化"植入"。西方国家通过与我国经济交往挟带意识形态"私货"，把"人权"、"人道主义"同经济活动挂钩，利用一切手段大力宣扬西方资产阶级的一套世界观、人生观、价值观，以近似强制的方式加强文化渗透和文化输出，以达到"以接触促演变"的目的。七是通过广播、电视、电影、报纸、杂志、信息网络等媒体输出文化产品，公开或隐蔽地推销其社会政治理论、价值观念、意识形态和生活方式。

青年群体更是西方意识形态渗透的重点对象，有些学子因为长期接受西方的意识传播，丧失甄别、辨伪的能力，非马克思主义的意识形态也有所滋长，享乐主义、拜金主义、极端个人主义已经出现，世界观、人生观、价值观发生扭曲，是非混淆、善恶颠倒、荣辱不分的现象还时有发生。部分青年学子已被"洗脑"，极力散布"淡化意识形态"，鼓吹"意识形态多元化"和"指导思想多元化"等论调,让马克思主义的指导地位、社会主义核心价值观受到负面因素的挑战。这样的现状加大了做好宣传信息工作的难度。

(二)信息传播的渠道和手段变化

随着科学技术的发展,青年群体接收信息的渠道已经发生了巨大的变化,网络等新媒体成为青年群体信息接收方式的主流。以往单一的传教性的信息传递,在现在的社会中不再有可预见性的效果。团干部在做宣传信息工作时,需要紧跟技术发展的步伐,积极采用青年群体喜闻乐见的信息接收方式,开展相应的工作。宣传信息工作所借助的载体平台变化了,内容和表达方式都需要随着改变,用青年群体的话语体系进行沟通交流,才能有预期的好效果。面对其他负面思想和思潮的挑战,赢得青年学生的注意力,传播主流思想和主流信息,是关系到共青团宣传信息工作是否真正富有生命力和实际效果的关键,宣传信息工作的每一次改变和调整都需要跟随变化而变化,没有永远的一劳永逸和一成不变。

另外,信息传播的甄别难度加大。网络媒体等技术的发展使得青年群体接收的信息变得多数量、高密度,青年学子的耳边充斥着各种各样的信息,同时主流的信息传播在青年群体中不断弱化。青年群体需要从海量的、碎片化的信息中甄别事情的前因后果。由于青年学子缺乏社会阅历,辩证认识能力有限,对事件的判断会越发变得主观,进而偏激。如何让正确的信息传递给青年群体,如何让青年群体从海量的信息中选择我们传播的正确信息,做到有效传达,都是高校共青团宣传信息工作需要进一步探讨和研究的。

(三)青年群体思想意识变得复杂

我们所处的时代是一个变革的时代,世界和中国社会都正在经历着一场深刻的变革。经济的全球化、社会的快速发展以及网络信息技术的产生,都在客观上影响着广大团员青年观察社会现象、认知思想理论的方式和立场。现在的团员青年思想意识状况比之从前更为多变和复杂,做好共青团的宣传思想工作,需要了解青年学子在新时代背景下的思想意识现状,从实际入手,做好有效的引领工作。广大团员青年思想意识表现中的突出三点,如下所述。

1.自我意识不断加强

随着对外界事物的不断认识、获取信息的手段的不断增加和生活经验的不断积累,团员青年开始更加关注自己,迫切要求认识自己和发展自己,做事的自主性增强,能够独立自主去完成任务,并自我独立思考。同时,团员青年不断自我诘问："这件事情,我的看法是怎样的?""大家是怎样做的,那我该如何做?"等等,很多时候不再人云亦云,反思意识不断增强,自我意识大大提高。但是,团员青年毕竟生活阅历有限,实践能力不足,综合整合的能力不强,缺乏坚定的理想信念的指引,就会表现出自尊心和自卑感并存、自我接受和自我贬抑并存的现象,自我矛盾加深,从而造成某些行为的偏差。要做好宣传信息工作,不能简单地报道消息、简单地灌输理论,应该结合青年自主性要求增强的情况,从实践、过程中引导团员青年,让团员青年通过自我的判断、自我的思考形成自身坚定的理想信念,这样的宣传信息工作才能真正直达内心并具有持久力。

2.价值信仰多元化

当代青年学子在共产主义主流信仰和共同信念上存在普遍弱化的现象;青年学子信仰选择变得多元化,政治信仰、宗教信仰、科学信仰甚至是生活信仰等重叠和交叉,这些不同层次的信仰又因为青年学子缺乏历史责任感而显得功利和世俗。要做好宣传信息工作,达到思想引领的目的,需要在多元化、多层次的价值信仰中,确立主流价值观和共产主义信仰的领导地位,引导团员青年学习先进的理论知识,在思想上充分武装自己。

3.政治意识表达方式的两极分化

青年的政治意识表达方式的两极分化主要表现在两方面:一方面,日常政治生活中的意识淡化明显,青年学生的关注点逐渐从政治生活转移到经济利益上来,对宏观政治性话题的兴趣下降,对自身政治权利的认知下降;另一方面,对焦点事件的政治意识表达比较极端,青年学生在焦点事件中的政治意识集中化、极端化表达同样比较常见,这已成为青年政治意识表达变化的主要表征。在关注时事政治问题的青年学子中,存在实用主义、表面主义、形式主义的倾向。这些青年学子在内心深处并不是真正关心时事政治,或许只是为了融入群体才去关注。可以让青年参与行使政治权利时,有的青年却从来不主动行使,等到结果出来了,反而用负面的话语进行抨击,号称自己从未有过政治权利。做好宣传信息工作,需要深刻认识到青年学子政治意识两极分化的深层次原因,用辩论、交谈等恰当的方法进行引导,引发青年学子的自我深思,剔除片面、偏激的因素,让学子学会深层次、全方位、立体化地思考问题。

三、宣传信息工作面临的机遇

经济社会变革对共青团宣传信息工作带来深刻影响,团的工作对象、工作环境、外部条件、组织形式都发生了很大变化,我们面对的是新青年、新组织、新媒体、新挑战、新特点、新问题。这就要求我们善于把共青团宣传信息工作放在变革的时代坐标中,深刻理解当前共青团工作遇到的问题,努力把握转型期青年和共青团工作的特点和规律,找准着力点和突破口,增强共青团工作的主动性、创造性,紧紧把握住变革时代中赋予宣传信息工作的新机遇。

(一)国家领导对宣传信息工作的高度重视

习近平主席非常重视宣传思想工作,他在 2013 年的"全国宣传思想工作会议"上发表的重要讲话中说道:宣传思想工作就是要巩固马克思主义在意识形态领域的指导地位,巩固全党全国人民团结奋斗的共同思想基础。"明者因时而变,知者随事而制。"宣传思想工作创新,重点要抓好理念创新、手段创新、基层工作创新,努力以思想认识的新飞跃打开工作新局面,积极探索有利于破解工作难题的新举措、新办法,把创新的重心放在基层一线。宣传思想部门承担着十分重要的职责,必须守土有责、守土负责、守土尽责。宣传思想部门工作要强起来,首先是领导干部要强起来,班子要强起来。各级宣传部门领导同志要加强学习、加强实践,真正成为让人信服的行家里手。

习近平主席 2013 年在同团中央新一届领导班子成员集体谈话时也强调,团的工作要把握住广大青年的脉搏。要提高团的吸引力和凝聚力,关键是要高举理想信念的旗帜。共青团要做好青年思想引导工作、增强吸引力和凝聚力,必须站在理想信念这个制高点上。只有思想上、精神上的吸引力和凝聚力,才是内在的、强大的、持久的。共青团要努力帮助广大青年树立远大理想,坚定走中国特色社会主义道路的人生信念,用科学的理论武装青年,用历史的眼光启示青年,用伟大的目标感召青年,用光明的未来激励青年,使他们不断增强道路自信、理论自信、制度自信,不断增进对党的信赖、信念、信心。

习近平主席高度重视宣传思想工作,对我们做好共青团思想引领和宣传信息工作提出了高要求,同时也给予我们做好工作强有力的支持。基层共青团干部们也从思想和意识上更加注重宣传信息工作,对自身的工作提出了新要求和新标准。国家领导的重视直接带动了这项工作的开展,其效果是显著的。可以说,现在到了做好宣传信息工作的春天。

延伸阅读 3-1

习近平:意识形态工作是党的一项极端重要的工作

新华网北京 8 月 20 日电(记者徐京跃华春雨) 全国宣传思想工作会议 19 日至 20 日在北京召开。中共中央总书记、国家主席、中央军委主席习近平出席会议并发表重要讲话。他强调,宣传思想工作一定要把围绕中心、服务大局作为基本职责,胸怀大局、把握大势、着眼大事,找准工作切入点和着力点,做到因势而谋、应势而动、顺势而为。

中共中央政治局常委、中央书记处书记刘云山出席会议并讲话。

习近平在讲话中强调,经济建设是党的中心工作,意识形态工作是党的一项极端重要的工作。党的十一届三中全会以来,我们党始终坚持以经济建设为中心,集中精力把经济建设搞上去、把人民生活搞上去。只要国内外大势没有发生根本变化,坚持以经济建设为中心就不能也不应该改变。这是坚持党的基本路线 100 年不动摇的根本要求,也是解决当代中国一切问题的根本要求。同时,只有物质文明建设和精神文明建设都搞好,国家物质力量和精神力量都增强,全国各族人民物质生活和精神生活都改善,中国特色社会主义事业才能顺利向前推进。

习近平指出,宣传思想工作就是要巩固马克思主义在意识形态领域的指导地位,巩固全党全国人民团结奋斗的共同思想基础。党员、干部要坚定马克思主义、共产主义信仰,脚踏实地为实现党在现阶段的基本纲领而不懈努力,扎扎实实做好每一项工作,取得"接力赛"中我们这一棒的优异成绩。领导干部特别是高级干部要把系统掌握马克思主义基本理论作为看家本领,老老实实、原原本本学习马克思列宁主义、毛泽东思想特别是邓小平理论、"三个代表"重要思想、科学发展观。党校、干部学院、社会科学院、高校、理论学习中心组等都要把马克思主义作为必修课,成为马克思主义学习、研究、宣传的重要阵地。新干部、年轻干部尤其要抓好理论学习,通过坚持不懈学习,学会运用马克思主义立场、观点、方法观察和解决问题,坚定理想信念。

习近平指出,要深入开展中国特色社会主义宣传教育,把全国各族人民团结和凝聚在中国特色社会主义伟大旗帜之下。要加强社会主义核心价值体系建设,积极培育和践行社会主义核心价值观,全面提高公民道德素质,培育知荣辱、讲正气、作奉献、促和谐的良好风尚。

习近平强调，党性和人民性从来都是一致的、统一的。坚持党性，核心就是坚持正确政治方向，站稳政治立场，坚定宣传党的理论和路线方针政策，坚定宣传中央重大工作部署，坚定宣传中央关于形势的重大分析判断，坚决同党中央保持高度一致，坚决维护中央权威。所有宣传思想部门和单位，所有宣传思想战线上的党员、干部都要旗帜鲜明坚持党性原则。坚持人民性，就是要把实现好、维护好、发展好最广大人民根本利益作为出发点和落脚点，坚持以民为本、以人为本。要树立以人民为中心的工作导向，把服务群众同教育引导群众结合起来，把满足需求同提高素养结合起来，多宣传报道人民群众的伟大奋斗和火热生活，多宣传报道人民群众中涌现出来的先进典型和感人事迹，丰富人民精神世界，增强人民精神力量，满足人民精神需求。

习近平指出，坚持团结稳定鼓劲、正面宣传为主，是宣传思想工作必须遵循的重要方针。我们正在进行具有许多新的历史特点的伟大斗争，面临的挑战和困难前所未有，必须坚持巩固壮大主流思想舆论，弘扬主旋律，传播正能量，激发全社会团结奋进的强大力量。关键是要提高质量和水平，把握好时、度、效，增强吸引力和感染力，让群众爱听爱看、产生共鸣，充分发挥正面宣传鼓舞人、激励人的作用。在事关大是大非和政治原则问题上，必须增强主动性、掌握主动权、打好主动仗，帮助干部群众划清是非界限、澄清模糊认识。

习近平强调，在长期实践中，我们党的宣传思想工作积累了十分丰富的经验。这些经验来之不易、弥足珍贵，是做好今后工作的重要遵循，一定要认真总结、长期坚持，并在实践中不断丰富和发展。"明者因时而变，知者随事而制。"宣传思想工作创新，重点要抓好理念创新、手段创新、基层工作创新，努力以思想认识新飞跃打开工作新局面，积极探索有利于破解工作难题的新举措新办法，把创新的重心放在基层一线。要继续推进文化体制改革，推动文化事业全面繁荣和文化产业快速发展、建设社会主义文化强国。

习近平指出，在全面对外开放的条件下做宣传思想工作，一项重要任务是引导人们更加全面客观地认识当代中国、看待外部世界。宣传阐释中国特色，要讲清楚每个国家和民族的历史传统、文化积淀、基本国情不同，其发展道路必然有着自己的特色；讲清楚中华文化积淀着中华民族最深沉的精神追求，是中华民族生生不息、发展壮大的丰厚滋养；讲清楚中华优秀传统文化是中华民族的突出优势，是我们最深厚的文化软实力；讲清楚中国特色社会主义植根于中华文化沃土、反映中国人民意愿、适应中国和时代发展进步要求，有着深厚历史渊源和广泛现实基础。中华民族创造了源远流长的中华文化，中华民族也一定能够创造出中华文化新的辉煌。独特的文化传统，独特的历史命运，独特的基本国情，注定了我们必然要走适合自己特点的发展道路。对我国传统文化，对国外的东西，要坚持古为今用、洋为中用，去粗取精、去伪存真，经过科学的扬弃后使之为我所用。

习近平强调，对世界形势发展变化，对世界上出现的新事物新情况，对各国出现的新思想新观点新知识，我们要加强宣传报道，以利于积极借鉴人类文明创造的有益成果。要精心做好对外宣传工作，创新对外宣传方式，着力打造融通中外的新概念新范畴新表述，讲好中国故事，传播好中国声音。

习近平指出，宣传思想部门承担着十分重要的职责，必须守土有责、守土负责、守土尽责。宣传思想部门工作要强起来，首先是领导干部要强起来，班子要强起来。各级宣传部门领导同志要加强学习、加强实践，真正成为让人信服的行家里手。

习近平强调，做好宣传思想工作必须全党动手。各级党委要负起政治责任和领导责任，加强对宣传思想领域重大问题的分析研判和重大战略性任务的统筹指导，不断提高领导宣传思想工作能力和水平。要树立大宣传的工作理念，动员各条战线各个部门一起来做，把宣传思想工作同各个领域的行政管理、行业管理、社会管理更加紧密地结合起来。

刘云山在讲话中指出，习近平总书记重要讲话站在党和国家全局高度，深刻阐述了事关宣传思想工作长远发展的一系列重大理论问题和现实问题，进一步明确了今后工作的方向目标、重点任务和基本遵循。要深入学习领会、全面贯彻落实，切实把思想和行动统一到讲话精神上来。

刘云山说，做好新形势下宣传思想文化工作，要深入贯彻党的十八大精神和习近平总书记一系列重要讲话，围绕坚持中国道路、弘扬中国精神、凝聚中国力量，充分发挥思想引领、舆论推动、精神激励和文化支撑作用，引导广大干部群众为实现"两个一百年"奋斗目标和中华民族伟大复兴的中国梦而奋斗。要着眼坚定理想信念，深入开展中国特色社会主义和中国梦的宣传教育，引导人们增强道路自信、理论自信、制度自信；切实履行好围绕中心、服务大局的基本职责，牢牢把握正确舆论导向，把体现党的主张与反映人民心声统一起来，凝聚促进改革发展、维护社会稳定的正能量；深入推进社会主义核心价值体系建设，不断培植我们的精神家园，增强全民族的凝聚力向心力；继续深化文化体制改革，加快文化发展步伐，着力培育文化优势，壮大文化力量，提升国家文化软实力。各级党委要切实加强对宣传思想文化工作的领导，以强烈责任感和担当精神把党管宣传、党管意识形态的要求落到实处。宣传思想文化战线要以改革创新的精神推进工作，增强主动性、掌握话语权，注重抓基层、打基础，着力转作风、正学风、改文风，建设一支高素质的宣传思想文化队伍，努力开创宣传思想文化工作新局面。

中共中央政治局委员、中央宣传部部长刘奇葆在总结讲话中表示，要深入开展中国特色社会主义和中国梦宣传教育，加强意识形态的引导和管理，巩固发展健康向上的主流舆论，培育和践行社会主义核心价值观，积极稳妥推进文化改革发展，推动文化走出去、提高文化软实力，不断巩固马克思主义在意识形态领域的指导地位，巩固全党全国人民团结奋斗的共同思想基础。宣传思想文化战线要有守有为、敢于担当、改革创新、虚功实做、建强队伍，以奋发有为的精神状态开创工作新局面。

部分在京中共中央政治局委员、书记处书记出席会议。

这次会议回顾总结了党的十七大以来的宣传思想文化工作，研究部署在新的历史起点上努力开创宣传思想文化工作新局面。中央宣传思想工作领导小组成员，各省区市、新疆生产建设兵团以及副省级城市党委宣传部部长，中央和国家机关有关部委、有关人民团体分管宣传工作的负责同志，中央宣传文化系统各单位主要负责同志，总政治部宣传部、武警部队政治部主要负责同志等参加会议。

（来源：新华网，http://news. xinhuanet. com/politics/2013-08/20/c＿117021464. htm，2013 年 8 月 20 日）

（二）借助多渠道、全方位、全覆盖的宣传平台

计算机的运用与互联网的发展，给高校共青团宣传信息工作带来挑战的同时也带来了新的发展机遇。只要懂得运用多媒体手段，采用新媒体语言，将新手段为我所用，宣传信息工作就能够达到之前传统的工作方式所达不到的良好效果。效果一是借助多渠道的传播方式，宣传信息工作可以利用不同的媒体宣传平台，采用不同的方式进行宣传。传统的单一渠道，相同的信息不能进行多番的宣传，否则容易产生负面效果，但是采用不同的宣传渠道，宣传信息工作可以进行密集、集中宣传，只要运用合理的宣传方式和亲民的话语体系，其传播效果远远高于传统的宣传方式。效果二是宣传信息工作不用再被时间、空间限制，受众可以在信息终端接收到相关的宣传信息，不用担心物理时间、空间等种种原因阻隔了宣传的直接送到。效果三是采用多媒体宣传平台，不用担心宣传信息工作有死角，青年学子大多至少会使用一个媒介进行信息的接收，运用多媒体平台，生产青年学子喜闻乐见的宣传内容，就基本能够做到宣传工作的全覆盖。如果宣传信息工作能够摸

清各种传播媒介的特性,组织策划优秀的宣传内容,青年学子还会主动成为中间的信息传播者,对共青团的宣传信息进行二次或多次的传播,其宣传效果是不断累积并向纵深处发展的。共青团宣传信息工作通过多媒体宣传平台,及时掌握大学生思想动向,开通了一条沟通、交流与互动的新渠道;不仅拓宽了沟通的方式,更将有效教育范围延长至校外生活,极大地扩展了思想引领工作的覆盖面。这些都是高校共青团宣传信息工作的新机遇。

同一事件新媒体平台宣传案例,如图 3-1 所示。

#总书记北大讲话#浙大竺老校长曾曰:"大学尤在乎养成公忠坚毅,能担当大任,主持风尚,转移国运的领导人才。"青年学子们,请大家自省吾身,我们离一流人才还有多远,离靠谱青年还有多远?

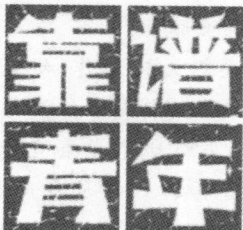

(a)

#总书记北大讲话#古有每日三省吾身,今有每日四省吾身:习大大说:"①要勤学,下得苦功夫,求得真学问。②要修德,加强道德修养,注重道德实践。③要明辨,善于明辨是非,善于决断选择。④要笃实,扎扎实实干事,踏踏实实做人。"你做到了吗?

(b)

#总书记北大讲话#【浙江大学人文学院团委书记 郑英蓓】《营造校园先进文化,带动青年学子践行社会主义核心价值观》:希望通过每位共青团工作者的努力,为青年学子们放飞青春梦想、实现人生出彩搭建舞台,真正做到总书记所评价的"可爱、可信、可贵、可为"。

(c)

#总书记北大讲话#【浙江大学生命科学学院青年教师、浙江大学青年岗位能手 毛旭明】《秉承青年精神，在科研岗位上践行中国梦》：生命赋予我们无价的青春，正如早上八九点钟的太阳，喷薄欲出的光和热必将照亮美丽梦想。

（d）

#总书记北大讲话#【浙江大学竺可桢学院学生、浙江大学十佳大学生、浙江大学竺可桢奖学金获得者 王轶伦】《从自身做起，树立核心价值观》：相信在全国各族青年的不懈奋斗之下，一定能够实现中国梦的伟大实践，为建设社会主义现代化国家增砖添瓦！

（e）

#总书记北大讲话#【浙江大学公共管理学院学生、浙江大学学生中国特色社会主义理论体系研究会会长 吴昊】：扣好第一颗扣子就是告诉我们：青年时期就应树立起正确的价值观，并根据这一价值观的引导走出一条正确的人生道路。 《学习领会习近平…

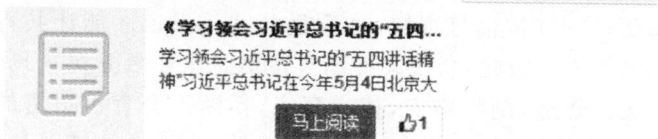

《学习领会习近平总书记的"五四…
学习领会习近平总书记的"五四讲话精神"习近平总书记在今年5月4日北京大
马上阅读 👍1

（f）

#总书记北大讲话# 将社会主义核心价值观内化为促进学生成长成才的动力！这是浙江大学团委全体同仁对自我的要求，也是对自我的鞭策！

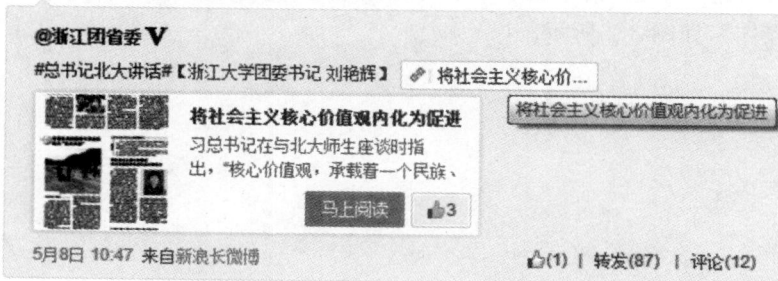

@浙江团省委 V
#总书记北大讲话#【浙江大学团委书记 刘艳辉】 将社会主义核心价…
将社会主义核心价值观内化为促进
习总书记在与北大师生座谈时指出，"核心价值观，承载着一个民族、
马上阅读 👍3
5月8日 10:47 来自新浪长微博　　👍(1) ｜ 转发(87) ｜ 评论(12)

（g）

#总书记北大讲话# 儒学《中庸》提到人追求修养最高境界是至德。至德到现代或许就是社会主义核心价值观。习总书记要求青年勤学、修德、明辨、笃实，这与传统文化要求青年"博学之，审问之，慎思之，明辨之，笃行之"一脉相承。 # 总书记北大讲话

(h)

图 3-1 同一事件新媒体平台宣传案例

资料来源："浙江大学团委"新浪官方微博，http://weibo.com/u/2710454911。

第三节 做好高校共青团宣传信息工作的重要方法

一、宣传信息工作需把握好的基本关系

高校共青团工作有自身的特点，高校共青团宣传信息工作也有自己的规律，做好高校共青团宣传信息工作需要把握好以下基本关系。

（一）坚持数量与质量的统一

高校共青团宣传信息工作首先需要保证一定的数量，时不时进行相关的宣传和报道，才会给青年学子产生一定的印象。但是光有数量是不够的，必须保证产生高质量的宣传信息报道，高质量的宣传报道才能让共青团思想引领达到预期的效果。因此，高校共青团宣传信息工作要立足大局，把握中心，突出重点，关注焦点，剖析难点，捕捉亮点，不断提升宣传报道的层次和质量，注重学习和调研，重视反映倾向性、普遍性、全面性的情况和问题，结合共青团工作的全局深入思考。

优秀案例：现在学生经常"翻墙"到国外的中文媒体收听所谓的一线消息。针对这一问题，清华大学团委专门策划了图文并茂的宣传信息"'墙'外中文媒体"，如图 3-2 所示。

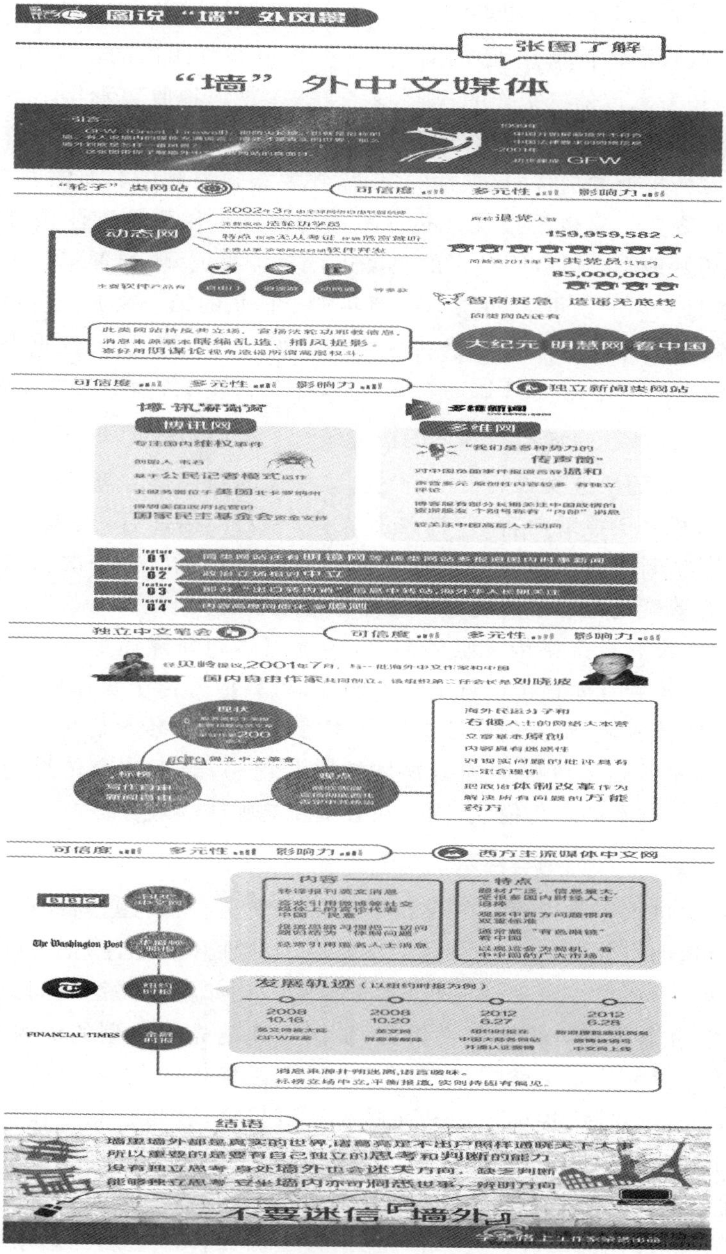

图 3-2　清华大学团委策划的"墙"外中文媒体宣传信息

资料来源："清华大学微博协会"新浪官方微博，http://weibo.com/weiboxiehui。

(二)坚持全面与重点的统一

高校共青团宣传信息工作不能只宣传报道共青团内的新闻和信息,还需要努力拓宽宣传信息工作的视野,多层次、多渠道地收集青年学生关心的相关信息,既要报送团务信息,还要加强国家和社会重要新闻事件信息的通报,既要宣传报道倾向性、焦点性的信息,还要报道发现的具有潜在性、苗头性的信息,既要报喜也要报忧。共青团宣传信息工作要特别注重宣传报道立场,要巧妙地学会以客观公正的角度进行宣传报道,增加青年学子对共青团宣传信息工作的认可度,尽量成为青年学子消息的第一来源或者最具信任度的来源。宣传信息工作要强化加大宣传的观念,在抓住阶段性重点工作的同时,注重全局工作,着眼于团的发展趋势、着眼于团的各项事业的协调发展。

(三)坚持传统媒体与新媒体的协调统一

信息技术的快速发展,产生了一代又一代的新媒体。新媒体是一个相对的概念,相对于报纸而言,广播是新媒体;相对广播而言,电视是新媒体。现在的社会,新媒体多数指的是互联网和移动客户端。每一次新媒体的产生,都不容置疑地抢占了传统媒体的部分受众资源,但是每一次新媒体的产生和更新都没有直接将传统媒体淘汰,传统媒体和新媒体都有自身稳固的受众群。高校共青团宣传信息工作不能守旧,只抱着传统媒体形式不放,不愿涉足新媒体领域,也不能在注重新媒体后,完全放弃传统媒体。好的宣传信息工作,是做到传统媒体和新媒体的协调统一,既不放弃传统的宣传模式,也愿意尝试新的宣传模式,同时在尝试新老媒体的融合统一。

(四)坚持长效机制与应急机制的统一

宣传信息工作要快速及时反映单位的新情况、新问题、新经验,时刻注重宣传报道的实效性。宣传信息工作要有主动性和预见性,把工作想在前头、做在前头,还要注重把握时机,善于借势。比如把握关键时间点开展相关的报道,在学雷锋日报道见义勇为、爱岗敬业的先进典型的优秀事迹等,这些先进事迹并不是突然在学雷锋日的时间段发生的,需要宣传信息工作提前谋划、提前策划、提前组织相关稿件。可以说,宣传信息工作是一项常规性的工作,也是一项综合性、长期性的工作,需要持之以恒,需要建立长效机制,才能保证工作的质量和效率。另外,高校共青团宣传信息工作还需要建立舆情应对的应急机制。网络舆情引导是新媒体产生后的新事物,高校共青团经常与青年学生群体打交道,工作过程中难免会出现摩擦、产生误会的时候,这些看似不经意的小事很可能因为网络舆情迅速将小矛盾扩大,将高校共青团组织推向舆论的风口浪尖上。面对这样的舆情突发情况,高校共青团宣传信息工作需制定有指导性、操作性的应急机制，在第一时间对网络舆情进行合适的处理和反馈。

二、做好宣传信息工作的基本途径

（一）要始终坚持旗帜鲜明、立场坚定不动摇

高校共青团宣传信息工作是一项思想工作，这就代表它是一个组织和集体的意识形态的反映，归根结底是一项在普遍事实的基础上带有明确立场的舆论引导工作。宣传信息工作的工作途径是信息，作用对象是人的思想。宣传信息工作如果有没有坚定的立场、正确的方向，就如同军队没有鲜明的旗帜在进行引导。高校共青团宣传信息工作要团结和凝聚一大批优秀青年，以理想信念教育为核心，以爱国主义教育为重点，以基本道德教育为基础，引导广大团员青年梳理正确的世界观、人生观、价值观，树立实现中华民族伟大复兴的远大理想，坚定永远跟党走中国特色社会主义道路的信念。高校共青团宣传信息工作是高校思想政治教育的良好补充，只有始终坚持旗帜鲜明、立场坚定、方向正确不动摇，才能为学校各项事业的蓬勃发展奠定稳定的学生思想基础。

（二）要不断加强和提升队伍的理论学习与素养

"问渠哪得清如许，为有源头活水来。"任何实践工作的发展进步都需要理论知识、理论创新为先导，对于具有鲜明思想政治教育特点的高校共青团宣传信息工作来说更是如此。要做好高校共青团宣传信息工作，从业队伍必须具有深厚的理论功底和素养，有正确的理论知识指导日常的工作，同时能够运用理论知识来支撑工作中思想政治教育所需。因此，理论学习是高校共青团宣传信息工作从业人员与党保持一致、保持自身先进性的重要途径，也是保证宣传信息工作站得高、看得远、落得实的根基。宣传信息工作的从业人员要不断学习、不断求知，在实践中总结经验，在理论中寻求方法，主动坚持学习社会媒体好的宣传报道，提升自身的知识水平和能力，以良好的知识储备和理论素养支撑工作的需要，把工作做得更好、更科学、更有效。宣传信息工作是一项长期而艰巨的任务，只有从业人员真正做到"真情、真想、真干"，才能确保宣传信息工作宜之有理、宜之有物、宜之有情。

（三）要服务于青年学子成长成才的需要

高校共青团宣传信息工作要围绕思想引领与成长服务两大战略任务展开。正确的思想引领是旗帜，是标杆，是成长服务的大方向；成长服务是思想引领的落脚点，是使思想引领行之有效、言之有物的重要过程；思想引领

要把青年学子的成长成才作为重要目标,只有学生成长成才,思想引领工作才有现实意义。宣传信息工作要服务于思想引领和成长成才,必须以青年学子自身发展的需求为导向,以贴合青年学子的话语体系和方式方法开展相关工作。如果宣传信息工作只是一味地在做自我宣传,不顾及青年学子的需求和兴趣,那么这样的宣传信息工作只能是无效的自娱自乐。服务于青年学子的需要,首先要了解青年学子的真正需求是什么,所以开展实地的调查、深入的访谈、仔细的观察等调研方法就很有必要。其实要抓住青年学子的需求,并不是很难,平时开展宣传信息工作的学生团干部们就代表了一部分青年学子的需求,只要给予一定的指导,这些学生宣传信息骨干们就能很出色地完成任务,做好需求服务工作。青年学子的需求是多种多样的,有学业上的指导需求,有业余生活的需求,有开阔视野的需求,有吃喝玩乐的需求,有创业就业信息的需求等,如果宣传信息工作能够满足青年学子非常关心的这些需求,并加以正确的引导,就能将青年学子牢牢凝聚在团组织的周围。

案例 3-2

舌尖上的紫金港
——你不可不吃的十大堕落街小吃新鲜出炉!

吃货朋友们垂涎已久的《舌尖上的中国2》开播在即,这部有着浓重的民间和乡土中国视角的纪录片,一定曾给你留下深刻的印象。这部片子播出以后,"舌尖文化"一时红火,出现了"舌尖上的清华"、"舌尖上的北大"等一系列网友自发创作的节目。小编觉得咱们浙大的饮食文化也是值得好好品味一番的,经过前段时间同学们的热情推荐,我们整理出了堕落街十大最热门小吃,快来瞧一瞧吧!

一、鸡蛋灌饼

酥脆的面皮,包裹着香浓柔滑的蛋液,色泽金黄,咸香可口。满满一口,丰富的口感在舌尖层层溢出,简直停不下来!这种河南地区的风味小吃,没想到在浙江大学受到了不少同学的一致喜爱和推荐,没尝过的赶紧去试试吧!

二、杂粮煎饼

杂粮煎饼起源于煎饼果子。煎饼果子是天津的特色美食,这种美食和山东的煎饼是分不开的。如今的杂粮煎饼经过层层改良和加工,口味已经变得非常丰富,但"馃篦儿"脆脆的口感还是让人垂涎三尺。

三、重庆酸辣粉

酸辣粉的特点是麻、辣、鲜、香、酸且油而不腻,小编最爱酸辣粉配啤酒,一口热辣的粉,一口冰爽的啤酒,简直棒极了!"老板,花生米多点撒!"

四、手抓饼

经典台湾美食手抓饼,经过多次更新换代,如今已衍生出多种口味,配料也越来越丰富。唯一不变的是千层百叠、金黄酥脆的面饼,那种特殊的口感真是回味无穷!

五、章鱼小丸子

章鱼小丸子,又名章鱼烧,起源于日本,是堕落街上深受女孩子们喜爱的小吃。因其小巧可爱的模样,和 Q 弹爽口的口感,受到不少人的推崇。

六、老鸭粉丝汤

堕落街望月公寓里的老鸭粉丝汤,可是远近闻名的排队美食。不仅味道鲜美,而且营养丰富。这道小吃历史悠久,《本草纲目》中就有记载鸭肉的食疗作用,而煲汤是鸭肉最好的烹饪方法,喜欢的同学一定不要错过!

七、西安肉夹馍

肉夹馍肉夹馍,明明是馍夹肉为啥叫肉夹馍呢?哈哈,其实肉夹馍是古汉语"肉夹于馍"的简称,这可是有名的陕西美食。软糯鲜香的腊汁肉,包裹在喷香的白吉馍中,两种食物的口感完美交融,大口地咀嚼带来前所未有的满足感!

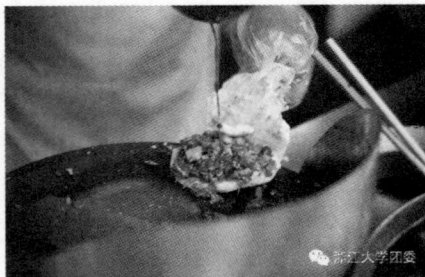

八、烤鸭

虽然堕落街的烤鸭不及北京全聚德的正宗,但别有一番风味!小编觉得,堕落街的烤鸭味道鲜美,而且不油腻,最主要的是价格亲民,绝对值得一试哦!

九、嵊州汤炒年糕

嵊州小吃,小编觉得和沙县小吃有的一拼哦!堕落街上绝无仅有的一家嵊州小吃店,生意也是非常的好。这里的特色汤炒年糕向来是热门小吃之一,也是小编的最爱。这种年糕的做法的确很独特,味道就更不用说了,图片就已经很诱人啦!

十、淮南牛肉汤

淮南地处淮河南岸,盛养牛羊,当地古沟一带又是回民居住地,对牛肉酷爱。淮南牛肉汤的由来:清乾隆年间,淮南人翰林大学士张政深研百草,擅长美食,曾任宫廷御膳高官,深得皇上厚爱。告老还乡,回到山清水秀的淮河岸边,将清宫秘方流传后人。因此淮南牛肉汤以它特有的风味名盛淮河两岸,传遍大江南北。推荐淮南牛肉汤的同学还特别提到,此汤配大饼,绝妙!

不知大家看完有何感受,小编发完此文,只觉得胃开始骚动了,不如咱们堕落街走起?

如果你还有心爱的堕落街美食没有上榜,欢迎继续与我们分享,舌尖上的紫金港,等你来发现!

(来源:"浙江大学团委"官方微信,2014 年 4 月 11 日)

(四)要掌握宣传信息工作的基本技能

1.不同体裁新闻信息的稿件采写

新闻是指对新近发生事实的报道。采写一篇合格的新闻报道,必须有完整的新闻五要素,即发生新闻的主角(who)、发生的事情(what)、发生的时间(when)、发生的地点(where)、发生的原因(why)。新闻的基本结构包括新闻标题、新闻导语、新闻主题、新闻背景等。常用的新闻体裁是消息、通讯、评论,下面就常用的新闻体裁进行介绍。

(1)消息报道。

消息报道是新闻报道中最常用的一种新闻报道体裁,也是最具有时效性的新闻报道,以迅速简洁报道新近发生事件、反映事物发展过程中的新动态为基本特征。高校共青团消息报道最多的就是共青团所开展的活动、座谈会等新闻。新闻要写得好,主要功夫还是在平时,平时读得多、写得多,自然笔下就有一番功夫。

案例 3-3

团中央第一书记秦宜智来浙江大学调研并座谈

2014 年 5 月 20 日上午,共青团中央书记处第一书记秦宜智一行来到浙江大学调研,考察浙江大学网络舆情导控平台并参加浙江高校共青团网络思想引导工作座谈会。浙大校长林建华、共青团浙江省委书记周艳、浙大党委副书记严建华及浙大相关部处领导等陪同调研。

秦宜智书记与林建华校长就浙大的发展进行了深入交流。随后,秦宜智书记专门来到浙大党委宣传部参观学校网络舆情导控平台,听取党委宣传部部长应飚汇报学校舆情引导工作和学生微讯社的运行情况。

在图书馆四楼会议室,秦宜智出席了浙江高校共青团网络思想引导工作座谈会,与在场的师生就网络思想引导工作进行了探讨。

座谈会上,严建华副书记代表浙大热烈欢迎秦宜智书记一行来浙大调研并指导共青团工作。他说,浙江大学长期以来秉承"求是创新"的校训,围绕建设世界一流大学的目标，实施"六高强校"战略，实现了跨越式的发展。学校党委高度重视共青团工作，从组织体系、干部队伍、工作机制、保障措施等方面为共青团工作创造良好的环境，为共青团在引导青年思想方面取得长效发展打下坚实基础。同时，他也表示学校党委将进一步重视支持学校共青团的各项工作，通过共青团组织进一步增强党在青年中的凝聚力、向心力，为实现中国梦、浙大梦、青年学生的个人梦贡献力量。

座谈会上，浙江部分高校代表分别汇报了本校共青团系统开展网络思想引导工作的情况。浙江大学团委书记刘艳辉从浙江大学共青团如何运用新媒体弘扬主旋律、传播正能量，如何积极应对和处理重大舆情事件及今后努力方向三个方面进行汇报。她说，做好网络青年思想引导工作，需要在正能量积累方面做加法，负面网络舆情方面做减法，队伍培养方面做乘法，同时对如何加强网络信息员的培训、培养提出了意见建议。

浙江大学学生网络信息研究会会长、硕士研究生徐晓峰，浙江大学医学院团委书记陈超以及省内其他高校师生代表分别进行了发言。徐晓峰同学结合自己亲身参与的"浙江大学学生新媒体使用情况"调研讲述了现代大学生新媒体使用特点，并就如何利用新媒体做好网络舆情引导工作谈了切身体会，表明了要引领学生网络信息员成为可爱、可信、可贵、可为青年的决心。陈超老师则从自己曾撰写的微语录出发，汇报了基层团干部如何运用网络媒体来传播和倡导正能量的工作，明确了团干部和基层团组织的努力方向。

听完大家的发言，秦宜智书记做了重要讲话。他从习近平总书记北大五四重要讲话精神出发，指出青少年的"担当"在不同历史时期具有不同内涵，这种"担当"在新时期可以表现为广大学生为实现国家富强、民族复兴、人民幸福而爱岗敬业、创新创业；同时也表现为敢于向社会中存在的假恶丑现象做抗争。他说，青年学子是最大的网络使用群体，但网络上充斥着的暴力偏激等负面信息不容忽视。学校党委、高校共青团要成为指挥部，做好网络思想引导工作，弘扬主旋律，传播正能量；同时要注重加强网络队伍建设，让网络宣传员队伍成长为生力军，增强这支队伍的光荣感和责任感，不断提升自身能力，不畏艰辛迎难而上，正确并及时引导青年学生的网络思想。

在讲话中，秦宜智书记强调了高校共青团要深入了解当代青年思想，"既要键对键，又要面对面、心贴心"，不能局限于网络这个抽象环境，还应立足现实与同学们加强沟通。他希望广大同学能够成为文明理性的新网民，在网络上也能用"勤学、修德、明辨、笃实"来严格要求自己；希望各高校共青团再接再厉，在建设新媒体平台、阵地、队伍上有所开拓，不断提高网络思想引导工作水平。

会后,秦宜智书记还与浙江大学的同学们一起在食堂用餐,了解同学们的日常生活起居、学习工作等情况。

团中央办公厅主任鲁亚、团中央宣传部副部长陈章乐、团中央办公厅赵光、团浙江省委副书记朱斌等陪同调研。

(来源:求是青年网,http://www. youth. zju. edu. cn/redir. php? catalog_id=323&object_id=114177,2014 年 5 月 20 日)

案例 3-4

激昂青春志　共筑中国梦
——浙江大学纪念五四运动 95 周年暨团支部风采大赛决赛举行

"我们是五月的花海,用青春照亮时代。我们是初升的太阳,用生命点燃未来。"歌声在浙大玉泉校区永谦活动中心响起,时间来到 2014 年的 5 月,那激昂高亢的呼声穿越了 95 载的时光,依旧回响在耳畔。

浙江大学纪念五四运动 95 周年暨"践行核心价值观　青春共筑中国梦"团支部风采大赛决赛于 4 月 30 日晚在浙江大学玉泉校区永谦活动中心举行。校党委副书记严建华、浙江团省委学校部部长陈继胜以及学校各个单位的师生代表参与本次活动,一起唱响青春的歌声。

"青年兴则国家兴,青年强则国家强。历史和现实都告诉我们,青年一代有理想、有担当,国家就有前途,民族就有希望。"严建华老师回顾了共青团成立 95 年以来的风风雨雨,对我校的共青团组织建设和传承发展给予了高度的肯定。他结合自己高中担任团支书的经历,鼓励浙大青年学子坚定理想、努力学习、投身实践,"要以执著的信念、优良的品德、丰富的知识、过硬的本领,勇敢地担负起历史赋予的重任"。

过去的一年,浙江大学共青团高度重视青年学子的发展,以助推青年学子成长成才为己任,带领青年学子脚踏实地、开拓进取,肩负起时代赋予的重任,努力在实现中华民族伟大复兴的中国梦生动实践中放飞青春梦想。开展了一系列薪火团干研修计划、青春五丝带志愿服务、青春使命中国梦社会实践等主题教育活动,以思想引领为青春"筑梦",以服务成长为青春"创梦",以组织提升为青春"强梦"。

在全校各级团组织和全体共青团员的共同努力下,我校共青团工作收获了骄人的成绩,获得了全国和省级等多个奖项。严建华等学校相关部门老师为获奖代表颁奖。

　　歌舞青春，梦想飞扬。十个来自全校各个院系的团支部代表登台参与本次团支部风采大赛决赛。法学1104团支部几位成员围坐在台上，仿佛乘坐着时光机，每个人都将自己在支部铭记的美好时刻娓娓道来，带着台下的观众一同见证他们支部成长的经历与美好；光电系光学工程所博士生团支部结合了"开讲啦"的节目形式，与现场观众一同回忆了奋发向上、团结共进的支部点滴；电子信息工程1003团支部以舞台剧形式喊出了支部成员的共同心声，在最好的岁月遇见你；工信1304团支部则借失联客机事件，精心安排了一个十年之后的相聚，以幽默风趣的方式回顾了支部生活；民族1302支部的"浙里雪莲"们，穿上美丽的传统藏族服饰，用极具民族特色的藏族舞蹈舞出了支部风采，一句"扎西德勒"表达了他们的良好祝愿；食品1101团支部联合紫金港餐饮中心团支部描绘了他们的青春梦想——为了食品安全而奋斗终生；船舶1301团支部的特色光影开场迅速吸引了观众，将活动推向了高潮；人文1301团支部古色古香的琴棋书画表演给人留下了深刻印象；光学研究生团支部通过对百年校史的回首，展望中国梦与个人梦等。

　　决赛现场让观众感受最深的不是比赛的竞争激烈，而是每个团支部所展现出的绚丽梦想和高昂姿态。最终，口腔基础预防1001团支部的医学生们用责任、严谨描绘"白衣天使"的梦想，打动了在场评委和观众们，获得本次团支部风采大赛一等奖。

　　博士生、硕士生、本科生，或是工科生、文科生、体育生，浙大青年学子用丰富多彩的形式展现了一幅幅生动的支部生活画卷，用独特的视角描绘支部生活，告诉大家"浙大青年学子是如何在生活中践行青春梦想"。

　　据悉，本次团支部风采大赛是校团委"践行核心价值观　青春共筑中国梦"团员主题教育活动中的核心展示部分，主题教育活动自3月开展以来，各个学院积极发动基层团支部参与比赛，各院级团委通过公开评选择优推荐1～2个团支部参加校区选拔赛，展示优秀的团队进入校级决赛。

　　（来源：求是青年网，http://www.youth.zju.edu.cn/redir.php?catalog_id=323&object_id=112889，2014年5月4日）

　　（2）通讯稿件。

　　通讯是指运用多种表现手法，比较深入、详细、生动形象地报道现实生活中具有新闻价值的人物、事件、经验或问题的报道体裁。通讯稿件中最常用的就是人物通讯、工作通讯。人物通讯以报道人物为主，着重刻画人物的精神面貌，通过描写、记录人物的若干活动和事迹来反映人物的精神世界。工作通讯主要是反映工作中的一些情况，来指导工作的开展，要么是反映工作中存在的问题，要么就是总结好的经验用来借鉴。通讯稿件有这么几个特点:重——题材比较重要、重大;综——报道内容和报道手法都具有综合性;详——内容详尽、详实;深——思想深、内涵深、分析深、开拓深;强——现实针对性强。因此,通讯稿件的采写常常需要宣传信息工作人员对新闻人物或单位、部门进行专题访问。

消息稿与通讯稿的对比:时效上——消息易碎,通讯耐压;内容上——消息简略,通讯详尽;篇幅上——消息简短,通讯较长;对象上——消息记事,通讯写人;手法上——消息单一,通讯综合;结构上——消息简单,通讯灵活。

案例 3-5

邹楚杭:计算机学院走出来的才女学霸

【人物名片】 邹楚杭,计算机科学与技术 2010 级学生,辅修竺可桢学院工程教育高级班。2014 年度浙江大学心平奖教金评委会本科生代表,第四届浙江大学"十佳大学生"。获国家奖学金、优秀学生一等奖学金、校级三好学生、宝钢优秀学生特等奖学金(全国排名第 2)等 8 项,大一进入 CAD&CG 国家重点实验室,发表 EI 论文 1 篇(第一作者)。获美国大学生数学建模竞赛一等奖。参加 UCLA-CSST 暑期科研项目,师从计算机视觉领域杰出人物、IEEE 院士 Alan L. Yuille 教授。曾任校党委宣传部浙大校报学生记者团副团长、浙大新闻社副社长,采访共计 12 位杰出校友、老师及 6 个团队,并一一撰写专访稿。在教育部、省级、校级新闻媒体累计投稿 30 余篇。

【记者手记】 我们常常困惑于为什么有些人能够把一切兼顾得如此出色,我想那是因为这些优秀者总怀有一颗更加纯粹无杂的心。他们眼里有着前方发光的梦想,指引他们踏实前行。就在我见到邹楚杭学姐的这个上午,一周以来阴郁的天空刚刚放晴。蓝田门口的糕点店里只有我们两个顾客。她坐在我的对面,淡定从容,周遭那些喧嚣的浮躁也沉淀了下来,而关于她那多彩的大学故事也随着我们的访谈徐徐展开。

一日无二晨,时间不重临

"我的电脑桌面上有两个列表,一个是最近的待办事项,另一个则是今天必须要完成的部分,"邹楚杭如是说道。"拖延症"是如今困扰许多同学学习生活的一大"顽疾",身为一名资深学霸,邹楚杭对时间的安排有独到心得。每天,邹楚杭都按照自己的这两张表有条理地完成每件事情。能把当天的事情做完却不拖延,本身就需要很强的自制力,而邹楚杭也有自己的自制秘诀:"想拖延的时候,我会第一时间去提醒自己拖延的后果。你想,今天这件事情我拖延了,势必影响到其他事的完成,这样恶性循环,任务堆积起来呈指数增长,所要付出的成本远会比当初更大,如此得不偿失,还不如把每件事情按时完成来得更好。"

"今日事今日毕",这让邹楚杭无论是面对学业、科研还是生活都能有条不紊地做好每件事。大三春夏学期临近期末之时,她在实验室的研究工作也正巧要结题,学业、科研两者都需兼顾。那段时间,在玉泉校区上课的她一有空就赶去紫金港的实验室,经常忙到晚上 12 点才回到寝室休息。其中的辛苦只有她能体会,但随之获得的成就感让一切变得值得。她不仅将学业成绩保持在原先的较高水平,还以第一作者身份顺利发表了一篇 EI 论文。在学业、科研上的优异表现,令她获得了该年度的宝钢优秀学生特等奖学金,位列全国 50 名获奖本科生和研究生中第 2 名。

别看邹楚杭平日里总有着如此紧密有序的时间安排,"劳逸结合"也是她缓解学习压力的重要秘方。作为一名跆拳道黑带选手,她会腾出时间进行训练;假日里,她常与朋友一起运动,或去周边旅游,调整节奏并重拾状态。在邹楚杭看来,适量的运动和旅行带来的身心放松,能让她以更好的状态投入专注而持久的学习中,尽可能高效、踏实地做好每一件事。

他人怀宝剑,我有笔如刀

虽是一名典型的工科女生,自小酷爱读书的邹楚杭却对新闻写作有着浓厚的兴趣。作为党委宣传部浙大校报的学生记者,她曾采访诸多校内知名的教授与业界牛人校友,如校医学院郑树森院士、前本科生院陈劲院长、现本科生院陆国栋院长、前中国移动通信集团董事长王建宙先生、现中国普天副总裁陶雄强先生等等,并一一为他们撰写专访稿,文笔精妙,广受好评。她为高等教学名师奖获得者、信息学部主任刘旭教授撰写的专访稿被报送至教育部,用于宣传和表彰刘旭教授作为光电子学教学改革带头人的卓越贡献。

"我喜欢写作,我更希望能通过写作向大家传播我们浙大人的正能量。"凭借这支刚劲有力的笔,邹楚杭为自己的青春书写下了绚烂的故事。在担任浙大校报学生记者团副团长和校新闻社副社长期间,她勤奋工作,将自己的采访感悟和体会与大家共分享,力求打造一篇篇精致的新闻稿件;在计算机学院老师和辅导员的支持与帮助下,她还牵头组建了学院新闻网络中心,以中心首位主任的身份,带领团队成员完成优秀班主任采访这一大型活动。因各方面表现优异,邹楚杭连续三年获校级三好学生,连续两年被评为浙江大学优秀学生干部,并被推选为校第十九届团代会代表。

机会总是在不经意间眷顾有准备的人,也正是因为写作,邹楚杭与科研结下了不解之缘。大一时她选修了汤谷平教授的"化学与人类文明"课程。

汤老师在偶然间看到她在校报上撰写的文章,这名工科女生在语言文字组织能力上的特长令他眼前一亮。汤教授毅然将她推荐到 CAD&CG 国家重点实验室学习。在经过两轮严格的面试之后,邹楚杭抓住了这个难得的机会,得以近距离了解学术前沿,发现自己的兴趣所在。

持一份真诚,行万里疆土

对于科研,邹楚杭一直怀有一份热诚:"在接触科研的过程中,我逐渐发现,自己是真的喜欢科研,希望能在这条道路上踏实前行,有所成果。"

大三暑假期间,邹楚杭远赴美国加州大学洛杉矶分校参与暑期科研实习。她的导师 Alan L. Yuille 教授是计算机视觉领域的杰出人物,也是著名科学家霍金的博士生。"有一次 Alan 跟我们讲述他在霍金那里学习的故事,最令他钦佩的就是霍金对待学术的认真与严谨。这也影响了 Alan,他在指导我的过程中一直强调要细致做好每一个环节,严谨表述自己的成果。"怀着这份对学术的真挚,邹楚杭在暑期科研中表现卓著,得到导师给予的A+考评。

2012 年,邹楚杭有幸被选中成为美国计算机协会知识发现与数据挖掘特殊兴趣组(ACM SIGKDD,国际数据挖掘界顶级的会议)会议志愿者。作为 98 名志愿者中为数不多的在校本科生之一,她目睹了学者们精彩的科研成果分享与激烈的学术讨论。这次经历也让她深刻认识到,做科研不仅需要在实验室里扎实苦干,还需要通过人与人之间的交流来激发思维的火花。"我想这是大学里参与学习和科研最为独特的地方,我们需要主动地去获取知识,主动地与人沟通,才能迸发出创新的想法,并促使我们去完成它,做好它。"因此,无论是在实验室还是在课堂上,她都显得十分活跃。在学校谭建荣院士的"计算机图形学"课程上,她就以组长身份带领组员开展二维图形裁剪的研究工作,共同提出了一种基于窗口局部特征的编码技术。

一颗向往着远方梦想的心,能激励我们主动去发现知识与真理本身,而不是被动地接受灌输。一种容纳百川的气魄,能让我们直面困苦,去拥抱每一个汹涌的浪头。邹楚杭就是这样一位跟从自己的兴趣,坚持不懈追逐梦想的人。如今大四的她,已经成功被全美计算机排名前五的学校博士全奖录取。对她而言,这是对大学四年的最好总结,更是梦想的新开端。未来,她将继续她热爱的科研工作,向属于她的前方奋力而行。

(来源:"浙江大学团委"官方微信,2014 年 6 月 25 日)

案例 3-6

浙江大学共青团系统多措并举掀起学习宣传
贯彻习近平总书记五四重要讲话精神热潮

今年的五四青年节，习近平总书记在北京大学发表重要讲话，深刻论述了社会主义核心价值观的战略意义、深刻内涵、历史渊源、实践要求，指出了当代青年树立和培育社会主义核心价值观的时代责任和努力方向。习总书记的讲话为当代青年在实现中国梦进程中健康成长、建功立业提供了行动指南，是共青团推动新形势下青年群众工作不断向前发展的思想武器。

浙江大学共青团以高度的责任感和使命感，将学习宣传贯彻习近平总书记重要讲话精神作为当前和今后一段时期的首要政治任务，采用多措并举的方式，在广大团员青年中迅速掀起学习贯彻习近平总书记重要讲话精神的热潮，带动和帮助广大青年学生朝着"勤学、修德、明辨、笃实"的方向不懈努力，为实现中华民族伟大复兴的中国梦而奋斗。

一是采取多渠道、多形式的立体化宣传方式，原原本本地学习重要讲话精神。一方面，浙江大学共青团通过浙江大学团委、院系基层团组织、学生组织的官方网站、微博、微信以及 CC98 校内论坛、人人网等众多新媒体平台，第一时间宣传习总书记重要讲话精神并积极覆盖到全校团员青年。另一方面，浙江大学共青团不断创新传播内容，抓取重要讲话要点，采用不同宣传亮点（如"青年要自觉践行社会主义核心价值观"、"人生的口子从一开始就要扣好"、"习大大版大学排名"）进行报道，既增强学习宣传的吸引力，也有利于青年学子易于理解讲话精神的重要内涵。另外，浙江大学共青团还积极组织校内百名学生骨干参与团中央、团省委在新媒体平台上发起的"总书记北大讲话"、"我为核心价值观代言"话题讨论活动，通过骨干学生的自我传播，带动身边更多的青年学子参与到话题互动中。

二是采取分众化、对象化的有组织学习方式，深入系统地学习重要讲话精神。浙江大学团委快速响应团中央号召，下发《共青团浙江大学委员会关于组织引导广大团员青年认真学习宣传贯彻习近平总书记在北京大学师生座谈会上重要讲话的通知》，要求校内各级团组织高度重视、迅速行动，把组织引导广大团员青年和团干部学习宣传贯彻习近平总书记重要讲话精神摆在突出位置，切实抓紧抓好。5 月 8 日下午，浙江大学共青团系统举行了学习习近平总书记五四重要讲话精神座谈会，校院两级团干部代表、青年教师代表和学生代表深入系统学习了习近平五四讲话和系列回信精神，并结合自身实际分享了各自的学习心得和体会。另外，浙江大学学生中国特色社会主义理论体系研究会、青年马克思主义者培养学院、学生会、研究生会、博士生会等学生组织以及各党支部、团支部也都将通过举办"书海拾贝"研讨会、青年读书角学习会、"每期一读"等形式学习讲话精神。

三是采取多角度、多途径的引领性分享方式，组织示范地学习重要讲话精神。同伴教育的力量是强大的，浙江大学共青团组织学生骨干力量在网络新媒体上发表个人学习领会、心得感悟，带动周围学生一起参与关于价值观、人生观、责任感、使命感的思索。"我们青年一代应当保持时代紧迫感，紧抓与祖国共成长的机会，用五四精神校正人生坐标，坚定人生选择，创造属于我们青年的未来。"农学院本科生孔去愚在微信中抒发道："作为一名大学生要做到笃实，扎扎实实干事。只有积极投身于社会实践、深入基层社区，才能真正了解国情民意，也才能真正增长才干。现在，我更加坚定了理想信念，明确了前进方向，用自己的实际行动去落实总书记的深情嘱托。"公管学院研究生史龙鳞说道："能源的青年们更需脚踏实地，为节能减排，新能源开发尽一份心，献一份力"，"习总书记一直关心当代青年的学习、生活、发展，我想，我们能做的就是努力学习文化知识，提高自身素养，为中国梦而充实自我"……青年学子们纷纷通过多种途径发表自身感悟。

四是采取多内容、多举措的全方位践行方式，联系实际地学习重要讲话精神。在下一步的工作中，浙江大学将进一步把社会主义核心价值观教育融入共青团工作和建设的全过程，有规划、有布局地开展践行工作。以座谈、讨论、征文、融入课堂教学、核心词征集等方式广泛动员青年学子围绕价值观进行讨论；发动基层团支部举行各类围绕"践行核心价值观"主题团日活动；开展社会实践教育活动，积极引导青春之花绽放在祖国最需要的地方；建立特色品牌志愿服务活动，推进志愿服务常态化。通过这些举措，进一步引导青年学子将社会主义核心价值观作为基本遵循，使青年学子成为践行社会主义核心价值观的主力军。

（来源：求是青年网，http://www. youth. zju. edu. cn/redir. php? catalog _ id ＝ 323&object_id＝113266,2014 年 5 月 8 日）

（3）评论稿件。

评论稿件是写作者对新近发生的新闻事件、社会热点问题所发表的言论文章，以传播意见性的信息为主要目的和手段。评论稿件一定要有针对性，需要靠独特的见解来吸引读者，评论具有引导作用、监督作用、表态作用、深化作用等。评论稿件是写作者对事件认识与意见表达的文本，具有一定的倾向性，共青团的相关评论稿件多以正面引导、鼓舞士气、提倡理性思考为主。

案例 3-7

要处理的仅仅是垃圾？

制造垃圾，是一个人每天都在做的事。就数据来看，杭州市区垃圾年增长率在 10% 上下，2013 年杭州市区生活垃圾处理量达 308 万吨、日均 8456 吨。天子岭垃圾填埋场设计规模 2671 吨/日，今年最高日填埋量已达 5408 吨，超出设计能力 1 倍以上；若仍无新增垃圾末端处置能力，预计只能再用 5 年。

新建垃圾处理厂迫在眉睫，刻不容缓。这个事实摆在眼前，问题只是在于垃圾处理厂要建在哪里？

谁都知道垃圾必须要处理，但是谁都不愿意在自己的家门口有一个垃圾处理厂，这是此次发生冲突的主要矛盾所在。对政府信息公开的不满意、对企业处理技术的不信任，砸警车、起暴乱，这绝对不是解决矛盾的方法。百姓需要更多一些理性的思考和科学的思维，聆听政府的工作报告，用更理智的方法提出自己的建议，发出老百姓的声音不能靠拳头。

但是，这样的冲突给百姓政府双方的关系带来转机。杭州市委常委、常务副市长徐立毅表示："全程确保群众知情权，一定要把这个项目做成能求取最大公约数的项目。"余杭区方面称，该项目在没有履行完法定程序和征得大家理解支持的情况下，一定不开工。

这样的承诺，是老百姓希望听到的，如果政府能更早地将信息公开，争取百姓的支持和认同，让老百姓参与到这件与所有人都息息相关的事中来，就不会有这么多暴乱。理解，需要的是沟通而非暴力。

"垃圾是放错地方的资源。"这像是在为垃圾处理找借口。但是，这句话也是有条件的。垃圾就是垃圾，垃圾不一定能变成资源，怎样用尽可能低的成本让可以利用的垃圾转化为资源，我们能做的就是"垃圾分类"。

日本在《循环型社会形成推进基本法》中规定了垃圾处理的顺序：减量（即减少垃圾产出）→再用→回收→热利用（即焚烧）→安全处置。只要垃圾在其中一个程序上消失了，那么其循环即刻终止。那么，我们要做的就是垃圾的回收和循环利用。

近年来，由垃圾产生的问题也逐渐凸显，青年大学生也用行动发起回应。节能减排大赛、垃圾分类宣传活动、垃圾处理调研，小到身体力行垃圾分类，或是用科技改变未来，用行动影响周围的人，依靠理论知识的支撑，用实践行动践行美丽中国梦。

2012 年，天子岭公园，垃圾堆山巅，占地 260 平方米的茶园上，种有 500

株茶树,茶树根之下1.5米就是垃圾所在。也有垃圾填埋场改成生态公园的案例。随着科技的进步,在垃圾处理的方法上也会有更科学、环保、经济的手段。

垃圾需要时间寻找更好的处理方式,百姓需要时间去了解相关的知识,政府需要时间深入基层去沟通。只要你产生垃圾,就有义务去为垃圾的制造承担责任。

(来源:"浙江大学团委"官方微信,2014年5月12日)

(4)信息简报。

信息简报就是高校共青团宣传信息工作相关人员有组织、有目的、有计划地对舆情、动态、工作开展、理论思考和研究等方面的信息进行收集、整理,并将形成的信息文稿报送给有关部门和上级部门。信息简报工作将视角对准基层群体的舆情、思想动态、工作状态等,是共青团工作的先导、正确决策的保障、推进工作的载体、反馈成果的渠道,渗透在团各项工作中,贯穿于每项工作的全过程。

常用的信息简报编写有这么几种类型:动态信息类、思想动态类、突发事件类、经验信息类、调研信息类等。共青团信息简报的编写可以聚焦在这么几个方面:共青团在育人、创新创业教育、社会实践、成长服务、思想引领等方面出台的重要举措,共青团所开展的重要活动(主题团日活动、主题社会实践),上级领导对共青团工作进行的考察和调研,共青团工作所取得的重要成果,青年师生对热点事件的看法和思想动态等。

信息简报工作的常见问题:一是信息简报的选材上,多以动态性信息为主,经验性、调研类信息少,且偏重活动开展及日常工作,能够反映共青团工作特色的信息少;二是内容上,注重报道活动的参加人员及活动场面,而对于活动的意义、成果及背景性资料则阐述甚少,不具备新闻价值,文字表述上也存在表述不清、名称不规范、用词不确切、语句不通等明显错误;三是信息报送不够及时,尤其是涉稳信息需要第一时间报送至上级领导,确保信息的准确、及时,以便学校能及时处理应对。做好信息工作必须要加强对信息的研判,善于抓住热点、要点、重点;要加强素材整理,注重信息表述的内在逻辑和亮点;要加强文字提炼,简报重在言简意赅,要做亮标题,写好主题句,让人一目了然。

案例 3-8

浙江大学全面推进学生志愿服务工作内涵式发展

志愿服务科学化规范化。一是将志愿服务纳入学校精神文明建设规划。学校成立青年志愿者指导中心，把志愿服务作为推进精神文明建设的战略任务和有力抓手，形成了以学生思想政治教育为基础、以志愿服务活动为手段、以学生成长成才为目标的志愿工作模式。二是注重志愿服务理念引领。将参与志愿服务活动作为新生始业教育的重要内容；每年组织挂职服务团进行"三下乡"社会实践活动；结合大学生村官计划，举办基层就业优秀青年志愿者报告会，引导学生走进西部、走进社区、走进农村。三是塑造志愿服务文化内涵。结合求是创新校训，打造"志愿者—大学生活新风尚"的独特志愿文化。

志愿服务项目化品牌化。一是开展"青春银丝带"活动，推动敬老助老服务平台建设。依托各院系，联合各附属医院，通过定期的社区义诊、生活陪伴和节日慰问等形式，结对离退休教职工。二是开展"青春黄丝带"活动，推动支西支贫平台建设，学校招募支教团志愿者16批共计163人，西部计划志愿者共计40余人，大学生村官500余人，近3年累计为帮扶地募集现金240余万元及价值600余万元的物资。支教团同学还在当地开展"求是强师"工程，选拔当地基层教师赴东部学习，自2006年启动以来，惠及7批110余位教师，为当地教育教学以及经济社会发展做出贡献。三是开展"青春红丝带"活动，推动关爱儿童平台建设。结合在杭农民工子弟教育需求，组建"心语桥"、"建工讲师团"等志愿服务队，深入农民工子弟学校开展学习辅导。5年来，累计帮扶学校10余所，授课时达2000余小时。四是开展"青春青丝带"活动，推动智力服务平台建设。结合杭州周边县市需求，打造高校智库。五是开展"青春绿丝带"活动，推动节能环保服务平台建设。结合国家环保政策及杭州"休闲之都"定位，每年前往全市各社区开展低碳知识宣讲30余场；选派志愿者参加"大学生志愿者千乡万村环保科普行动"。

志愿服务制度化常态化。一是依托制度建设，形成志愿服务规范化发展。将志愿服务要求写进《学生手册》；结合"3·5学雷锋日"和"12·5国际志愿者日"，将每年3月和12月定为"志愿服务文化月"；出台《志愿者协议书》《志愿者组织管理条例》等。二是依托基地，形成志愿服务长效化发展。学校建立志愿者服务站118个、志愿者服务基地104个、志愿服务队以及专业助残服务队233个、"一对一"长期结对578对，形成了由校、院、班三级和志愿服务类社团组成的完整、高效的青年志愿者体系。三是依托学科，形成志愿服务专业化发展。学校发挥多学科，开展专业化志愿服务，如工科院系进行博物馆、科技馆志愿讲解，教育学院进行关爱儿童、志愿讲师等活动。注重整合专业志愿，定期开展如"浙江大学志愿者求是社区服务"等汇聚医学院义诊、电气学院电器维修、法学院普法用法宣讲等进社区志愿服务活动。四是依托重大活动,形成志愿服务内涵式发展。结合参加国内、省内重大活动如北京奥运会、上海世博会、全国残运会的志愿活动经验,探索形成了"选派—培训—服务—总结"的系统化大型活动志愿服务体系。

(来源:教育部门网站,http://www.moe.gov.cn/publicfiles/business/htmlfiles/moe/s192/201403/165304.html,2014 年 3 月 10 日)

三、新媒体与团的宣传信息工作

随着网络化数字时代的到来,以个人博客、微博、微信为形式的新媒体的出现,对全社会的信息传播途径带来了一定的冲击,无疑也给大学生思想引领工作带来新的机遇与挑战。当前,大学生的社会生活方式呈现多样化、个性化和断点化特征,大学生的思维方式更加活跃、利益诉求更加具体、组织形式更加复杂,如何抓住大学生的这些特点变化,利用新媒体手段更加有效地开展大学生思想引领工作,增加学校共青团组织对大学生的吸引力和影响力,是学校共青团工作的一个重要命题。

(一)新媒体的含义及特征

1. 新媒体的含义

新媒体是一个相对而非绝对的概念,每个技术时代都拥有体现各自时代特色的"新媒体"。相对于 2003 年以前的第一代互联网传播模式 Web 1.0 而言,第二代互联网的新型传播业务不断涌现,成为越来越多的网民创作、展示和交流的平台。

在一些国外研究学者和媒介看来,"新媒体"和广播、电视、电影等传统媒体的概念已经发生了很大差别。他们认为,所谓新媒体已经不再可能是任何一种特殊意义上的媒体形式,它在实质意义上已经演变成为一组数字信息,一种实现了"所有人对所有人传播"的信息流,或者说是一种融合了人际传播和大众传播特点的信息呈现方式。

对于新媒体的界定,学者们众说纷纭,至今没有定论。综合而言,我们认同的观点是:新媒体是相对于传统媒体而言,建立在数字技术基础上,通过计算机网络、无线通信网、卫星等介质,利用计算机、手机、数字电视等终端,为人们提供信息和服务的传播形态。

2. 新媒体的特征

一是即时性。与传统媒体需要较长的制作周期并定期发行或播出不同,通过互联网、数字广播电视、手机等新媒体接收和发布信息不再受时间和空间的限制,并且在一瞬间就可以达到全球的范围。特别是手机新媒体,超越了地域、时间和电脑终端设备等的限制,可以随时随地处在接收信息或发布信息的状态。

二是交互性。传统媒体的传播者和接受者定位非常明确,但新媒体使传播者和接受者之间的界限模糊,接受者在接收信息的同时,具备了与传播者交互信息的功能,甚至也转变成为传播者。在新媒体中,大众不仅享有绝对的主控权,既可以决定接收媒体的时间、内容、主题,而且可以随时反馈自我的态度或决定,也可以随时把自己的所见所闻、所思所想作为信息输入网络中,传送给其他信息接收者。

三是个性化。传统媒体都是一般意义上的大众传播,不可能为个体单独制作、出版和播放,而新媒体适应了受众需求的多样化和受众市场的细分化,能够针对特定用户群的需要提供个性化的信息服务,用户也由此可以根据自己的喜好、需要进行信息的选择和定制。

四是隐蔽性。以网络为基础的网站、博客、微博、BBS 等信息传播途径本身比较开放,人们可以利用"网名"等手段隐蔽自己的真实身份,从而以"虚拟"身份进行信息的编辑发送,以致信息来源具有极大的隐匿性和无从考证性。

(二)新媒体对大学生思想引领工作的挑战和机遇

Web 2.0 的出现以及随之而来的媒体革命,在传统媒体领域形成巨大的挑战,呈现出共享媒体挑战"一对多"、个人媒体挑战"媒体权威"、即时新闻挑战"隔夜新闻"等诸多变革。就大学生思想引领工作而言,也同样存在机遇和挑战,需要从正反两面来看。

(1)在思想意识上,信息传播呈现多元化特征,但大学生判断力还有待提高,独立思考的能力没有形成,往往容易被左右。

新媒体信息传播内容丰富、覆盖面广、受众面多,但也加大了大学生对海量信息的选择难度,尤其在网络匿名的背景下,大学生对网上的信息难以追查其真实来源和可靠程度,这就容易为各种不法分子和敌对势力所利用,各种宣传、竞选、结社、集会甚至抗议等活动都可以上网。在此情况下,教育者很难在网上对大学生进行信息选择的指导,大学生往往也处在瞬息万变的、令人眼花缭乱的信息海洋中而显得不知所措,从而对身心处于发展与成熟关键期的大学生已有的价值观念进行强烈冲击,甚至受到误导,产生思想混乱,形成不健康的人生观和价值观。

(2)在交流方式上,场域的交互性克服了以往面对面的束缚,但社交虚拟化程度的提高,使大学生无法从现实人际交往中建立自信,实际上人际交往能力反而降低。

新媒体为大学生提供了更为广阔的交际领域和展示自我的舞台,借助于 BBS、QQ、博客、手机短信等新媒体,大学生在人际交往中更加轻松和便捷。就互联网而言,由于交流双方多以匿名的方式进行,减少了来自其他个体或社会因素的搅扰,有利于保护个人隐私和言论自由,也有助于更好地交流思想传递情感。因此互联网成为大学生表达自己思想观点和倾吐心声的理想选择,容易获得为人处世的成就感和满足感,建立现实生活中可能没有找到的自信。但同时,对新媒体的依赖减少了大学生与他人面对面交流的时间,有些大学生热衷于虚拟交往而疏远了现实中的人际交往,造成了人际交往障碍。一方面,他们在网上是交流高手,能够运用各种浪漫和幽默的方式与许多人打交道;另一方面,他们在现实生活中却沉默寡言,甚至害怕与他人进行感情的交流。这种情况容易导致大学生人际关系淡漠,使他们感到孤独、苦闷、焦虑、压抑。

(3)在聚集模式上,网络盛行打破了原先组织化在时间和空间上的壁垒,但也无法避免信息不对称的情况。

以前的高校思想政治教育工作者开展工作往往受到时空的诸多限制,而如今许多工作只需要在网络上发个电子邮件,在 QQ 群进行即时交流,在手机上发个短信就可以解决。这不仅使得大学生的思想引领工作打破了时间上的限制而更加广阔地拓展了时间的范围,也不再受地理空间的限制。但与此同时,由于教育者和被教育者不再是"面对面"而是"背对背"的交流,容易出现信息失真、信息反馈不及时等信息不对称的现象,如信息接收者受自身理解能力和水平的限制,对信息内涵的理解发生偏差,可能会把一些无关紧要的信息吸收和传播,把真正有价值的信息抛在一边;或者教育者不能够清楚地了解受教育者对于思想政治教育信息的接收情况,难以及时调整信息传播的速度、强度和深度。

(三)新媒体环境下做好大学生思想引领工作的基本思路

新媒体的存在和发展让信息全球化,让世界更加呈现地球村的近距离姿态,但对于"数字化生存"的最先体验者之一的大学生,又处于世界观、人生观、价值观的塑造时期,新媒体带来的"信息爆炸"影响更需要善加诱导。

1.运用新媒体技术,丰富共青团对青年吸引和凝聚的方式和方法

丰富高校网络思想政治工作的内容最基本的要求就是开展网上思想引领与教育,加强网上形势与政策的教育,宣传党的路线、方针和政策,将思想政治课堂延伸到网上,打造教育教学的网上平台。

一是要加强新媒体背景下共青团对青年吸引和凝聚的基本设施建设。高校应积极投资建设网络硬件,各院系和共青团干部也要打造以特色网页

为主体的网络软件,当好思想政治教育的"主人翁",只有这样,新媒体背景下共青团对青年吸引和凝聚工作才能不断扩大覆盖面。

二是要加强新媒体背景下共青团对青年吸引和凝聚的信息资源建设。建立政治理论信息资料库,将马克思主义中国化的理论成果引入网络,并占领主要阵地。建设一批富有高校特色的青年教育网站。如政治理论学习网站、网上党校、校园 BBS、QQ、微博、Wiki 自主学习系统等,为新媒体背景下共青团对青年吸引和凝聚工作的深入开展提供更加便利的条件和技术支持。

三是建立完善的网络系统。努力营造新媒体背景下共青团工作的信息环境氛围,增强校园网对大学生的吸引力。调动教师利用网络进行教学的积极性,加强学生与教师的联系与交流;将网络应用到学校管理中,通过网络发布学校的形势政策、管理条例和服务信息,建立建议和意见反馈机制,准确掌握学生的思想动态。

2.加强新媒体载体建设,建立集约化的思想引领与教育信息平台

遵循以"学生为本"的工作理念,形成以"六大平台"为主要模块的大学生网络思想引领与教育信息载体。构建学生思想引领与教育工作体系和长效机制,增强新媒体背景下共青团对青年吸引和凝聚的效果。

一是建立有效的网络思想引领与教育平台。为了充分发挥"思想政治理论课"和"形势政策课"的主渠道和主阵地作用,要以思想政治理论课教学网站为依托,开设"思想政治课"、"形势政策课"多媒体教学课件,思想政治理论学术论坛,经典著作选读,专题资料库,网上影院,网上沟通交流及答疑系统等栏目。通过形式多样的教学软件,把严肃抽象的理论教育内容变成生动有趣的教学活动,实现教学目的。

二是建立虚拟的网络党团建设平台。通过网上"虚拟社区",创建专门的红色网站,开展网络主题教育活动、网上互动党课、网上政治理论学习的组织模式;开展网上团的建设,建设网上团支部,进行网上评优工作,组织网上主题日等。如开展网上青年志愿者活动,举办网上科技文化月、艺术节等活动,以增加活动的思想性、趣味性、开拓性,提高活动的参与率、扩大辐射面,培养学生的创新精神。

三是建立人性化、规范化的网络管理育人平台。高校学生工作应在重视健全各种规章制度的同时,建立科学的管理育人服务平台。为此,以学工部、团委、公寓中心网站为依托,建立学生综合管理系统。该平台主要包括学生管理信息发布、评奖评优、综合素质测评、学习成绩和课程管理、日常教学质量管理、学生学籍管理等。

四是建立高品位的网络素质教育平台。网络的开放性、交互性使其成为开展素质教育的最佳途径。要运用网络开设各具特色、风格迥异的人文社科、自然科学类专题讲座、学生第二课堂、社会实践活动、职业资格认证、科技创新创业等教育的内容,推动素质教育的蓬勃开展。

五是建立高效有序的就业服务和就业指导网络平台。在完善网上毕业生管理系统、为毕业生和用人单位双向沟通提供信息平台的基础上,要坚持以就业为龙头,加大就业咨询、指导力度。运用 Web 2.0 网络环境完善大学生就业指导课程体系,加强对大学生就业实践教育,帮助学生树立正确的择业观和就业观,为大学生就业发挥积极的引导作用。

六是建立以人为本的心理健康教育网络平台。网络的虚拟性、互动性为开展心理咨询工作提供了得天独厚的空间。学校可以组织心理咨询专任教师,积极建设心理健康专题网站,开设咨询热线、心理行为训练、学生网上心理测验调查、学生心理档案、心理健康咨询热线等栏目。形成以学生自我调试为主的自主调节与学校干预下的外部调节共同作用的发展系统。

延伸阅读 3-2

浙江大学开展新媒体工作的实践探索

浙江大学团委在探索应用新媒体做好青年学生的思想引领与教育工作上很早就迈开了脚步,很多新媒体元素已经遍布校园,渗透到学生的日常学习生活中,将共青团工作从传统的传播模式向互播模式推进,打造新媒体的阵地和载体。

坚持力量整合,建设新媒体的应用平台

浙江大学主动将共青团的新媒体建设工作,纳入到学校整体信息化建设框架中,赢得学校各部门的支持和参与。结合学校统一门户 myzju 的建设,浙大团委设计了构架基于 myzju 应用的网络团支部,将育人工作架构完整地移植到学校公共平台上,突出用户的参与性和互动性,实现学生在校事务的一键式导入,使学生事务与共青团育人工作有机结合。联合校图书信息中心推出"新青年在线"(www.zdxqn.zju.edu.cn)校园文化传播网站,将线下的文化活动、文化资源进行移植,实现校内数据库资源、校园品牌文化资源和学生原创资源的有机结合,形成校内文化学术资源的分享与共享。联合青年时报斥资近百万推出"青年通"多媒体信息平台,在紫金港校区布点 40 余个,为师生提供学习、生活、活动等各种资讯,实现用户线下活动参与和网络活动申报的有机结合。联合中国移动推出"校园创意杂志",利用彩信推送的方式,免费向学生发送校园实用生活信息、创新创业活动、经典名著导读等内容,实现传统传播渠道与手机终端的有机结合。

坚持思想植入,开发多元文化产品

在 2010 年团中央开展分类引导青年试点工作后,浙江大学团委在原有宣传队伍基础上,着手组建新媒体的工作队伍——浙大·新青年传媒。该组织突破传统的传播模式,坚持从"小众覆盖"入手,吸引青年学生的主动参与,以"思想植入"的方式倡导积极向上的校园文化,帮助青年学生形成客观、理性的社会认知。先后开发《浙大·悦读》读本、《悦声悦影》画报、"浙大N点系列"评论、《我们的杂质》和《花 YOUNG 年华》电子期刊、"团干开讲"动漫节目、《大鹏当支书》漫画口袋书等品牌文化产品,注册启用基于品牌传播的人人网、新浪微博主页。这些产品的推出和工作的尝试收到了较好的成效,以《悦读》栏目为例,邀请知名教授、青马学员等撰写文章推介图书,共出版《悦读》系列刊物 9 季,推介发表书评 200 余册,直接受众人数超过 6000人,"浙大悦读"人人账号访问量达 16000 人次,许多学生通过《悦读》的书目介绍养成读经典、读名著的良好习惯。

坚持学生主体,引导学生参与新媒体工作

Web 2.0 条件下要使团组织发挥好教育引导作用,离不开学生的主动参与,以大学生自己的方式来传播信息、形成观点,进而使青年学生真正接受教育、认识世界。因此,浙江大学团委在新媒体工作开展中,注重发挥学生的主体作用,有意识地引导学生制作团队主动调查、了解青年学生中的各种现实需求,用学生的视角来观察校园生活中的各种现象,并做出理性的分析和解答。同时,也积极关注学生的反馈情况,通过现场推广活动、网站留言讨论、用户体验等形式,不断调整传播内容,使文化产品更加符合学生的接受思维。比如在"浙大N点系列——力点"栏目中,学生制作团队"用我们的力量解读世界",把社会热点、网络热议、人物焦点、人生哲思等进行分类,先从主流媒体引入事件人物,用中立态度进行评价,然后提出自身观点,引导学生的深入思考。这种做法,既避免了信息来源的不真实性,也克服了传统的灌输惯性,从学生自己的观点来解决学生的疑问,让学生感到更加真实可信,在潜移默化中传达了价值和理念。

参考文献

[1] 刘艳辉,傅方正.引领思想　共话成长:大学生思想引导工作指导手册.杭州:浙江大学出版社,2010.

[2] 胡旺阳,姜洁.新时期高校共青团宣传工作的思考.理论界,2005(5):134.

[3] 黄阿火.浅谈高校共青团信息工作.陕西青年职业学院学报,2009(4).

[4] 费佳,李健希.新形势下对高校共青团宣传思想工作的思考.中国科教创新导刊,2011(17).

[5] 罗琳.新时期高校共青团宣传工作策略的分析.青少年研究,2008(1):498-499.

[6] 王斌艳.高校共青团宣传工作现状思考.浙江青年专修学院学报,2008(1):44-46.

[7] 刘勇."微时代"大学生思想引领的调查与思考.黑河学刊,2013(7):103-104.

[8] 张小艳.网络时代做好共青团思想政治工作的思考.衡阳通讯,2010(11):52-54.

第四讲　团的文体活动与品牌文化建设

　　促进大学生的全面发展,重要的途径之一就是要大力建设优秀、先进的校园文化,校园文化活动是校园文化最重要的载体和实现形式。如今高校校园中各式各样的文化活动开展得如火如荼,但是其活动的吸引力、教育性、参与度和影响力却参差不齐。如何打造有特色、有底蕴和有积累的优秀校园文化品牌,不仅是广大师生的共同期待,更是高校创新校园文化建设、提升学生文化素养、实现文化育人功能的内在需要。

第一节　团的文体活动的开展

　　团的活动是共青团工作的基本形式和重要抓手,是共青团组织生命力的重要体现。团的活动以其丰富多彩的形式、寓教于乐的特点带领团员青年在活动中受教育、长才干、做贡献,促进团员青年个人成长成才。

　　文体活动作为团的活动中最富有激情与活力、为团员青年所喜闻乐见的活动形式,能够把团员青年吸引和凝聚在团组织周围,通过文娱活动提升大学生文化品位、审美情趣、人文素养,通过体育活动培养大学生良好习惯、合作意识、进取精神,营造积极、健康、向上的文化环境,服务于共青团育人的根本目的。

　　开展文体活动,因其形式广泛、门槛较低、操作容易,而成为共青团活动中最常见的活动形式。也正因为此,校园里开展的许多文体活动缺乏精心的策划、新鲜的创意、有序的组织和现实的意义,呈现出质量参差不齐,部分文体活动吸引力和参与度亟待提升的局面。

　　开展好的文体活动,需要以思想引领为出发点,以团员需求为根本,以创新为推动力,选择合理的方法与途径,使校园文体活动兼具高雅性与广泛性、竞争性与群体性、教育性与娱乐性,活跃校园氛围,繁荣校园文化。

一、团的文体活动开展的原则

团的文体活动的开展，为团员青年提供了一个展示才华的舞台和一个实现自我价值的途径，也为青年学生提供了一个增长才干的机会，有利于团组织团结青年、凝聚青年。为更好达到这一目的，文体活动的开展过程中应充分发挥团的思想引领职能，充分考虑当代青年学生的特点，主题鲜明、亮点突出、推陈出新。

（一）开展团的文体活动应注重思想性与艺术性的统一

高校共青团开展各项活动以育人为根本，通过活动引导青年自我发现、自我提升，努力提高青年的思想道德水平和综合素质。在开展文体活动的过程中，应围绕当代青年的使命和党中央对当代青年提出的要求，开展生动活泼、健康向上的文体活动。一要坚持"三个代表"重要思想，中国共产党始终代表中国最先进文化的前进方向，青年团员作为中国共产党的后备军、先进文化的生力军，应在团的文体活动中感受到先进文化的力量。二要掌握校园文化的主动权，杜绝文体活动中可能出现的娱乐至上、拜金主义等负面因素，使团员青年在文体活动中陶冶情操、健康体魄，而非将社会中娱乐圈、体育圈中骄奢淫逸、权钱交易等思想渗透到校园文体活动中。三要与时俱进，将校园文体活动与时代主题相结合，引发团员青年的关注与共鸣。

延伸阅读 4-1

西迁精神激荡我心
——浙江大学"文军长征颂"师生诗歌朗诵会后记

5月21日晚，浙江大学建校113周年庆祝晚会暨"文军长征颂"师生朗诵会在紫金港校区剧场华丽上演。半个月过去了，关于晚会的议论与思考，却掀起了校园文化建设新的浪潮。师生们每每谈起，仍觉回味无穷，有人甚至称其为浙大版的"复兴之路"。

"文军长征颂"不仅是一台晚会，更是一首荡气回肠的音乐史诗。序章"抚今追昔"首先向人们展示了新世纪新时代求是学子不忘历史先贤，由此揭开70年来的沧桑记忆：从"流亡大学"演绎出穿越硝烟炮火那份血浓于水的师生情，到"求是精神"浓缩竺可桢教育思想这一丰碑的深邃与厚重，再到"东方剑桥"印证黔北岁月的拨云见日、辉煌成就，以及一所大学与一座小县城的70年情缘，及至尾章抒发"薪火相传"的豪情壮志，道出了勇立时代潮头的浙大人回望西迁，为民族复兴而奋斗的历史情怀。晚会以西迁线路转移、文军心路变化、竺可桢教育思想升华为三条主线，以师生原创的诗歌朗诵、舞台情景剧、歌舞表演等形式，向人们展示了这所大学从被迫西迁到求是校训的诞生、竺可桢教育思想的实践与浙大办学的辉煌成就，两个多小时的晚会凝聚了300多名演职人员近6个月台前幕后的辛勤付出。

幕后，在汗水中洗练诗篇

"……为学子安危你不惧蹈海踏浪，您的身躯应是细瘦单薄的模样，挺进在行进队伍前面的校长，背影却像巍巍高山充满力量。白色恐怖将爱国师生囚禁牢房，半百老人以艰难步履营救探望，您的双脚紫红开裂布满冻疮，因为踏过烈日寒霜，因为走过僻壤炎凉……"一行行诗，真情流露，娓娓道来的是竺老校长那宛若犹在的音容笑貌；一词一句，字字珠玑，吐露的是浙大学子跨越时空却依旧真切的怀念与追忆。浙江大学传媒与国际文化学院09级硕士生、竺可桢奖学金的获得者林群，以她自己创作并亲自上台朗诵的《竺校长的画像》一诗，向"东方剑桥"的缔造者竺可桢老校长致以了最高的敬意。

"从我接到校团委向我约稿的第一刻起，就在反复思考以哪种角度才能多面而立体地刻画出备受爱戴的竺老校长的形象，"林群谈道，"在查阅相关资料的过程中，我逐渐发现原来竺老校长是这样一位可敬、可亲、可爱的人。他爱护学生，为了营救被困被囚的浙大学子不辞辛劳、奔走呼号，在寒冬腊月里，双脚被冻得红紫开裂；他勤俭节约，以至于他的儿子在被问到最喜欢吃什么的时候，会不假思索地说'除了死人的肉我都爱吃'这令人心酸的言语；然而，他又是淡泊名利的，所关心的只有民族的存亡、浙大的传承与师生的安危，却从来不为自己多想几分。"

"写诗稿很辛苦，但却值得。"这样一位老校长，带给林群的是一种前所未有的震撼与感动。她觉得自己是幸运的，能有机会用笔来描绘这样一个伟大的人格；可又怕再丰富的言语也难以书写出竺老校长高尚品质的万分之一。思来想去，林群决定用诗来为竺老校长"画"一幅画像，几经删改，才酝酿出了《竺校长的画像》这样动人的诗篇。

这样的故事还有很多，参加朗诵的凤进老师是经济学院的专业教师，平时教学科研很忙，但他得知学校要举办"文军长征颂"的师生朗诵会后，毅然倾注了大量时间参与彩排，他认为"专业教师不仅要做好科研、教学，如果能在学校育人过程中尽一份力，是一件非常有意义的事。"为了筹办这次师生朗诵会，还有党委宣传部的李曙白老师受邀向组创人员讲述西迁浙大的故事，被组创人员的用心筹备所动，李老师接受了《羊倌教授》的约稿；组创人员在拜访了 82 岁的雷道炎老师后，经过深入交谈，雷老师主动提出在朋友中发出号召，请西迁前后的浙大毕业生参与晚会；校史专家杨达寿老师不仅参与晚会，还为晚会提供了大量史料；陈安莉、颜鹂、王玲玲、李智巧、刘旭锦、刘维超、陈富明以及爱乐合唱团的师生们更是为晚会精心准备、默默付出……正如浙一医院退休教师陆健所说的那样："能为传承这所大学的精神做一点力所能及的事情，是我们每一位教师最开心、最幸福的事。"

台前，在投入中收获感动

"谁说书生报国无门？知识之力，点石成金，我们把那不为人知的珍矿勘察，筑起了防洪大堤，培育成'罗登义果'、'湄红'、'翠芽'，带来新文明、新风尚。'真正到了贵州，你才知道一所大学究竟可以带给一座县城乃至一个省多大的变化'，犹如封闭的深潭里激起文明进步的浪花，犹如小小的烛火照耀西部开发的无限光华……"熊农山老师是浙大 52 届农艺系的毕业生，亦是浙大老年合唱团首任团长，在"文军长征颂"中他和浙大 49 届外文系毕业生蔡文宁老师一起朗诵了这一首《烛照湄潭》。舞台上的他如慈祥的父辈娓娓道来，讲述那传奇故事，让台下的观众感动不已。"毕竟 80 多岁了，记忆力不比年轻人了，短短一首诗我每天都要朗诵几遍，有时候临睡前躺在床上了都要默记一遍，这不，到上台了还是带了稿子，怕记不住哎。"电话里的老人，说完有些不好意思地笑了。

已近耄耋之年的老人却仍如此用心地去背记诗词，该是因怎样的一份情浓呢？或许正如老人自己说的，"我们三个老人（还有浙大 51 届化工系毕业生雷道炎），都是在竺可桢当校长时考进浙江大学的，都是亲眼见过竺老校长，听过竺老校长教诲的，我们要传承那个年代老师爱学生、学生爱学校的美好氛围，这样一台晚会，我们怎么会不发自内心地去准备，去朗诵呢？"正如浙大 45 届史地系毕业生、中国工程院陈吉余院士在接受晚会工作人员采访时所说："西迁时，浙大便是我们的家，竺老校长便是我们的家长，那段往事刻骨铭心啊。"

的确，70 多年前那份血浓于水的师生情谊，是伴随老人一生的记忆与财富，同时又是尔辈感悟西迁、缅怀历史的最美绝唱。

"当我们握住这温暖的灯盏，虽然寒冷依旧，但心中满满刻画的只是'勇敢和坚定'。当我们凝视这跃动的火焰，虽然清贫依旧，但心中满满积聚的只是'民族'二字！"一曲《点起费巩灯》划过人们的心间，孟扬深情的朗诵与赵鑫倾情的舞蹈给在场观众留下了深刻的印象。早就听说赵鑫是一位热爱舞蹈的女孩，然而怎么都没想到，为了"文军长征颂"，她和她的搭档往往需排练到凌晨，跌倒了，受伤了，坚持着爬起来继续排练。"为了表达费巩灯燃起的那种柔美火焰，以及深受师生欢迎的气氛，我不断琢磨，努力演绎得更好。尽管辛苦，但这是一种幸福的体验。"关于费巩灯，还有一则有趣的小插曲，为了给舞台表演提供道具，陈旦同学随组创人员拜访了浙大 45 届化工系毕业生谭天恩老师后，根据谭老的描述绘制了费巩灯的图纸，结果老先生一眼断定那不是费巩灯，而是费巩灯发明之前使用的老式煤油灯，并颇有感触地说道："痛苦的记忆总是比较清晰，美好的倒是忘记了。这灯不好使所以我记得清楚，费巩灯太好使了，我都忘记模样了。"如今，一盏谭老先生记忆中的费巩灯已然由组创的学子们制作完成，并作为礼物送给了谭天恩老师。

谢幕，在圆满中品味求是

"七十多年前，一段千里迁校的行程；七十多年前，一部教育救国的历史；七十多年前，一曲薪火相传的绝唱；七十多年前，一座巍峨崛起的大厦。……"一字一句，耳畔回响的是师生们时而低沉时而高昂的深情吟唱，那是流亡大学的凄风苦雨在咆哮，那是烛照湄潭的心心相惜在倾吐过往；一颦一笑，眼前盘旋的是师生们时而轻柔时而激荡的舞姿，那是竺老校长那一句温柔而伤痛的"晚安，侠魂"，那是民主堡垒里点起费巩灯带来的希望与光芒。

这不是当下盛行的所谓的"文化快餐"，而是一场真切可感的讲述历史的艺术盛宴。六个月的心血不是三言两语可以道尽的，作为晚会总导演的团委副书记潘健给我们历数了整台晚会的每一处细节，从组创脉络、素材选取、脚本撰写的繁复斟酌、敲定到演员的挑选、排练，乃至视频、舞美、音乐的反复推敲，"文化需要你从历史中去挖掘、去锤炼、去推敲，文化的表现形式很多，但都是靠最生动的瞬间去让大家记住，所以每一句诗、每一个字我都斟酌过，去努力挖掘诗词里面鲜活的元素，找准诗歌所要体现的那段历史的艰辛，这样才能把浙大西迁精神给演绎出来，在忠于历史的基础上，超越历史。"当问及晚会筹备时的体会，负责视频制作的蒋东颖同学告诉我们，辛苦是一定的，然而"在一遍一遍观看制作好的视频，一次一次听老校友谈起浙大的过往，心中的感动是无法用言语表达的，所有的辛苦也在那一刻烟消云散。"组创团队不放过每一个细节，力争每一处臻于完美，晚会执行导演张栋梁、李拓宇告诉笔者："这六个月，我们之间一次次的相互否定，很痛苦；但我们一直有一个愿望，那就是努力让求是精神能成为浙大学子一生的力量之源，如果我们能做一些事，这是莫大的幸福！"

在采访中，几乎所有人都由衷地感叹，"希望这样的晚会可以多办一些，最好每年都有，让新生进来便能知道浙大有西迁这样的历史，知道求是精神是怎么诞生的。"

　　的确,对师生观众而言,这不仅是一次交流诗词创作与表现的晚会,更是一次与西迁过往、与"求是精神"的美丽邂逅。在艰苦奋斗对于青年一代已成为奢侈品的今天,以师生同台晚会的形式来追忆竺老校长的高尚品质与西迁的不怕困难、科教报国的精神,来感染身边的浙大学子,弘扬健康积极的校园文化无疑是在校师生所喜闻乐见的。这是一场校园文化的盛宴,是百余年积淀下的浙大文脉发出的光芒,越是历经岁月沉淀,其将愈发馥郁芬芳。

　　(来源:《浙江大学报》,2010 年 6 月 11 日)

　　(二)开展团的文体活动应关注青年诉求

　　文体活动在激发学生兴趣、符合学生需求的前提下才能获得团员青年的积极参与,达到培养青年的效果。在文体活动开展时应充分了解团员青年的需求,以人为本,想学生之所想,做学生之所需。一方面,文体活动要以团员学生为主体,在策划、设计文体活动时要充分考虑团员学生的年龄性别特征和心理需求,贴近社会、贴近青年。当代大学生团员个性鲜明、爱好各异,因此文体活动需有针对性,特定的活动针对特定的学生群体,满足特定学生群体的需要,无须追求一项文体活动能够激发所有青年学生的积极性。另一方面,文体活动应兼顾竞争性和群体性。竞赛是文体活动中经常采取的形式,通过竞赛,能够激发学生的斗志,挖掘学生的潜能,在选拔高素质文体人才的同时促进学生的自我发现和自信心提升。但在团的文体活动中,不能仅仅包含竞争性的活动,还应有一些低门槛、受众面广的活动,为学生普及知识、培养兴趣、锻炼身体、陶冶情操服务。例如以普及基本社交礼仪为目的的礼仪培训活动,以愉悦身心、广交益友为目的的交谊舞会,以强身健体、放松心情为目的的趣味运动会等等,具有普适性。

延伸阅读 4-2

浙大学子重走西迁路　校领导骑自行车送行

　　12 日清晨,浙大 15 名学生骑着自行车,从浙大紫金港校园出发,准备用 28 天的时间长途骑行、踏访当年"浙大西迁路",沿途经浙江建德、江西吉安、泰和,广西宜山,贵州遵义、湄潭等地。寻访浙大西迁的历史遗迹,并开展社会调查。

　　68 年前，浙江大学在抗日战火中举校西迁。今年是抗日战争胜利 60 周年，重温当年这段著名的"文军长征"的历史，追寻前辈的办学足迹，成为不少求是学子的心愿。

　　省委常委、浙大党委书记张曦等校领导骑着自行车，为西行学子送行。

　　（来源:《钱江晚报》，2005 年 7 月 13 日）

（三）开展团的文体活动应积极开拓创新

　　校园文体活动形式多样、丰富多彩，要在缤纷繁多的文体活动中脱颖而出，吸引团员学生的积极参与，达到凝聚青年、培养青年的目的，就需要开拓创新，保持文体活动的内在活力和外在吸引力。从文体活动的内在活力着手，即对活动的本身内容、形式进行创新，突破既定的活动形式，或在原有的形式上进行翻新，增加活动本身的趣味性。例如开展团支部趣味运动会，如果原有项目为拔河与跳绳，那么既可以增加袋鼠跳、传球接力等新的趣味项目，也可以对拔河与跳绳进行规则的创新，将跳绳扩展到双人跳、多人跳等多种形式，使活动本身更具有可参与性和趣味性。从文体活动的外在吸引力考虑，则可以对活动的宣传方式、宣传内容进行创新，好的创意能吸引眼球，引人一探究竟。校园活动宣传已经从实体走向网络、从平面走向立体，行为艺术、快闪等艺术形式也已经被运用到活动宣传中，一个鲜明的主题、一条创意的横幅、一场生动的表演，都能给人以深刻印象，激发团员学生参与的兴趣。创新是一个民族进步的灵魂，在团的文体活动开展中，开拓创新同样也是保持其生机活力的必要条件。

延伸阅读 4-3

动科学院举行趣味运动会

　　下午两点，学院趣味运动会在紫金港露天网球场如期开展，各班分别派出了精兵良将，为明媚的五月增添了一份青春的活力。

　　与往年趣味运动会不同的是，今年的比赛项目增加了更多的趣味性，包括了踢毽子、毽球、趣味接力和称西瓜四个部分。比赛过程严谨有序，竞技过程激烈非凡。2010 级动科班在此次比赛中表现特别突出，李志超同学以单踢一分钟 67 个的成绩夺得踢毽子比赛的冠军，毽球与趣味接力比赛的冠军也同样来自 2010 动科班。此外，在称西瓜的比赛中，2010 动医班的马炜同学料事如神，仅以 9 克之差估计出了西瓜的重量，为班级争得荣誉。

比赛结束后,同学们围坐在一起共享可口的西瓜,品味运动后的快乐。

(来源:《浙江大学报》,2013 年 6 月 7 日)

二、团的文体活动开展的途径

一件艺术品要呈现在众人面前,需要有原材料的准备、制作工具的提供、成本费用的支付和艺术家的雕琢。同样,开展团的文体活动,需要有恰当的表现形式、合适的活动载体、成熟的组织方和充足的经费支持,通过这些途径,才能将一项好的文体活动奉献给团员青年。

(一)团的文体活动的开展形式

团的文体活动是文娱活动与体育活动的总称,以提升团员青年文化修养、愉悦身心、加强身体素质为主要目的。文体活动所包含的内容非常广泛,音乐、舞蹈、绘画、语言、运动、竞技等都属于文体活动的范畴,而这些内容又可以采取多种形式加以展现。在团的文体活动的开展中,活动内容和活动目的决定活动形式,活动形式服务于活动内容和活动目的。在文娱活动中,以选拔优秀人才、创先争优为目的,可以举办校园歌手大赛、青年舞蹈大赛、绘画大赛、演讲比赛等竞争性强的活动;以观赏性强、陶冶情操为目的,可以举办校园音乐会、芭蕾舞专场演出、开办画展等高雅艺术活动;以群众参与广泛、愉悦身心为目的,可以举办交谊舞会、合唱、涂鸦活动、模仿秀等普适性强的活动。在体育活动的开展中,也有综合性的大型运动会,选拔优秀人才,提供展示平台;有季节性的运动项目,如春游、登山、游泳、攀岩等,为发展个人爱好的良好方式;有功能性的体育活动,如"每天运动一小时"、"阳光晨跑",以口号带动群众,发动群众积极参与。在开展团的文体活动时,从活动目的出发,针对活动内容,选取恰当的活动形式,是文体活动获得成功的基石。

(二)团的文体活动的载体

不同的文体活动,需要不同的辐射群体和影响范围。独立而单一的活动,难以在规模上形成气候,从而常在影响力上处于劣势。为团的文体活动搭建不同的载体,可以利用规模效应,集点成面,达到不同层次的影响效果。目前团的文体活动载体主要有以下几种。

(1)团日活动。团日活动是最具有共青团特色的活动载体,广大基层团支部都会定期开展团日活动。团日活动规模较小,人员相对集中,形式灵活多样,适用于群众参与率较高、规模较小、专业程度不高的活动形式。在团日活动中开展文体活动时,主题要鲜明,不能融入过多活动形式;门槛要放低,不能进行专业化程度较高的文体活动。团支部趣味运动会、团支部歌咏比赛、团支部故事会等团日活动,为小巧鲜明的文体活动提供了良好的载体,为文体活动的创新提供了好的实践平台。

(2)文艺晚会。文艺晚会是校园文化活动中不可或缺的艺术盛会,集合了音乐、舞蹈、语言、杂技等多种文体内容,能把多个独立的节目集聚成规模效应,增加可看性和影响力。文艺晚会的文娱特征较为明显,且对文艺水平的包容性较强,高校中学校层面、学院层面均可举办文艺晚会,且无论高雅节目还是诙谐搞笑节目,无论专业素质还是业余水平,都能够登上文艺晚会的舞台,成为文艺活动的大集合。

(3)高雅艺术进校园。高雅艺术进校园活动自1997年李岚清同志倡议开展以来,整合国家社会资源,将专业艺术团体请进高等院校,为在校学生提供了接受高雅艺术熏陶的机会,成为校园青年文体活动中的一道风景线。高雅艺术进校园活动将好的文体活动"请进来",拓展学生的视野和艺术修养。

(4)特色文化节。特色文化节是近年来高校中十分流行的文化活动形式,通过整合相似资源、突出特色、打出品牌,形成文化形式的特色效应。例如校园电影文化节,集合优秀主题电影展映、微电影大赛、影评大赛、配音比赛等多项电影相关活动,形成配套系列活动,将分散的文艺活动变成块状活动,便于活动宣传及青年选择,长久之后便形成品牌效应,带动校园文体活动"走出去",产生更广的辐射范围和更大的影响力。

(三)团的文体活动有多层次的组织形式

高校基层团组织是校园文体活动的主要组织者,不同类别的团组织以其不同的定位和职能,在开展文体活动中有其各自的擅长。各团组织在举办文体活动时,抓住自身优势,发挥有效资源,开展适宜的文体活动,形成多方位、多层次的校园文体活动格局。

团支部是开展文体活动的主要阵地。高校团支部大多建立在班级的基础上,同一个团支部的团员青年大多有相似的生活圈和活动范围,同时高校团支部数量巨大,能够覆盖到全校每一个团员,因此团支部是开展团的文体活动的主要阵地。通过团支部门槛低、主题鲜明、可参与性强的文体活动,能够加强团支部成员的凝聚力,活跃团支部生活,为高校大学生的身心健康发展和同窗情谊的建立提供助力。

团学组织是开展文体活动的重要力量。高校校、院两级学生会、团学联是开展校园精品活动的主要力量,在团学组织中,往往人才济济,资源优厚。通过团学组织的组织力量和成员的通力合作,往往能举办出许多规模大、质量高、参与者众多的文体活动,如大型文艺晚会、综合运动会、校园十佳歌手大赛等。出于对文体活动质量高、数量多的需求,许多团学组织还专门组建了文体中心,集中力量开展文体活动,繁荣校园文化。

社团是开展文体活动的专业化团队。学生社团是青年学生通过兴趣、爱好、特长、专业等因素自发形成的学生团体,是发展校园文化多样性、丰富校园生活的重要因素。学生社团专长于某一个特定的方面,集中了高校中有此特长的许多学生,同时邀请专业的教师作为指导,因此在其特长方面往往能举办出特色精品活动,如校园戏剧社、舞蹈团、跆拳道协会等。学生社团为团的文体活动的开展提供了专业化道路。

三、团的文体活动开展的方法

开展团的文体活动,在确定了立意、方向,选择了形式、载体之后,剩下的就是具体操刀办事了。看花容易绣花难,文体活动的开展要达到良好的效果,需要各方面的配合与衔接,可谓麻雀虽小,五脏俱全。掌握开展文体活动的方法,才能使文体活动顺利进行,做到有始有终,取得好的效果。

(一)开展团的文体活动的一般流程

同开展校园活动一样,开展团的文体活动包括了立意、策划、宣传、组织实施、总结反馈五个方面。其中,立意是指确定活动的主题、形式,把握方向,起到提纲挈领的作用。策划是活动进行的指导文件,是活动开始前对活动的详细评估。在策划过程中,要确立活动的目标,根据广泛调查和环境因素拟定活动方案,并对活动方案进行筛选和评估,制定活动预算,预备应急措施,为活动顺利进行做好保障。宣传是文体活动的外在形象,有新意的宣传方式、脍炙人口的宣传口号,都能增强青年学生对活动的认同感,提高活动知名度,吸引更多学生参与其中。组织实施阶段是团的文体活动的主体,一项文体活动怎样呈现在观众眼前,决定了观众对该文体活动的总体评价。文体活动往往参与者、观众聚集,以比赛、表演等形式展现,现场的布置、流程的控制、节目的质量等都是决定文体活动成功与否的关键因素。因此开展文体活动,要对活动进行现场做周密的安排,确保活动安全、顺利进行。在总结反馈阶段,需要对活动进行总结评估,总结优势以继承和发扬,找出缺点以醒示和改进,以使文体活动越办越好。

(二)开展团的文体活动可以运用专业方法

大学校园中青年学生具备较好的专业基础和较强的学习能力,在开展团的文体活动中,将专业理论和方法应用于活动的开展中,能够助力文体活动更好地开展。

(1)调查法。调查法是科学研究最常用的方法之一,它是有目的、有计划、有系统地搜集有关研究对象现实状况或历史状况的材料的方法。在开展文体活动前,对青年学生需求、校园同类活动开展情况等进行调查,可以帮助策划者更准确地选择活动内容和形式。

（2）传播理论。传播理论对大众传播的媒介、途径和受众都有广泛深入的研究,开展文体活动,可以从传播理论的角度选择传播媒介和途径、分析受众需求,使活动起到更好的宣传效果。

（3）危机管理理论。危机管理是为应对各种危机情境所进行的规划决策、动态调整等,在开展文体活动中,难免有时会出现各种危机状况,运用危机管理方法,可以对可能出现的危机状况进行提前预防和善后处理,避免活动中的危机状况产生较大的影响。

除此之外,许多管理学、传媒学等专业方法可以被运用到文体活动的开展中,团员骨干在开展活动的过程中学以致用,使文体活动更加专业,提升活动效果。

（三）开展团的文体活动应有文体骨干队伍

团的学生骨干在开展团的活动中起着非常重要的作用,好的学生骨干队伍既能有全局眼光,在总体上把握活动的方向,又能从学生实际出发,充分考虑到青年学生的实际需求,从学生中来,到学生中去,达到培养青年学生骨干、增强学生综合素质的目的。在文体活动中,选拔一批文体学生骨干,不仅注重文体专业素质建设,同时注重组织领导能力培养,使文体学生骨干成为开展文体活动的中坚力量,围绕青年责任和时代主题,捕捉广大团员青年的需求变化,带动普通青年学生热情参与到团的文体活动中来。

除此之外,在开展文体活动时,可以邀请有一定造诣的老师或专家作为指导。专家的言传身教能够帮助学生快速提升自我艺术修养和文体水平,使学生不仅在文体活动中感受到乐趣,更能感受到艺术、体育的魅力。

第二节　文体活动中的品牌文化建设

一、品牌文化建设的内涵

品牌是一种名称、术语、标记、符号或设计,或是它们的组合运用,其目的是借以辨认某个销售者或某群销售者的产品或服务,并使之同竞争对手的产品和服务区分开来。换句话说,品牌最重要的目标就是实现产品和服务的差异化的识别,从而获得消费者的认可和青睐,并最终形成品牌忠诚度。

在现实生活中,各式各样的品牌围绕在我们周围,伴随着消费者消费水平和选择能力的提升,各大品牌的争夺战也愈演愈烈。如今,当我们在提到"苹果"时,联想到的不仅仅是其 logo 或产品,更是对于其创新、执着和关爱理念的认知和认可。因此,品牌在经长时间的积累后,它将超越其定义中的名称、符号本身,拥有更丰富的内涵,包括品牌形象、品牌识别、品牌个性、品牌资产等,而这些内涵将逐渐构成品牌文化,成为品牌的核心价值。

品牌文化被认为是品牌竞争的核心,是指将某种文化内涵注入品牌之中形成的文化上的品牌差异。其内涵一方面是通过品牌名称、品牌标志、品牌包装等展示出来的文化,另一方面其实质是企业形象、企业经营理念等的总和。因此品牌文化是品牌经过长期经营所逐步形成的丰富的文化内涵,从而赋予品牌鲜明的定位和个性,获得消费者在精神上的高度认同,最终形成品牌信仰。

在校园生活日益丰富、多元的今天,一方面学校鼓励社团组织开发新项目,组织新活动,尽可能为学生提供展示和提升自我的平台;而另一方面由于缺乏科学规划、有效管理,在热闹的表象背后却也隐藏着大量主题不明、质量低下、组织者疲于应付、学生参与兴趣不大的活动,造成人力、物力的浪费。品牌意识的缺乏、品牌文化的薄弱,才使得这些活动只停留在"活动举办"上,而缺少了活动调研、活动思考和活动总结,因此培养不出品牌拥护者,形成不了受师生喜欢的品牌活动。

对于高校而言,由于"高校"这个特定的空间纬度和受众群体,这种特殊的空间和对象限制,让校园文化本身就带有鲜明的特点,也造就了一个特殊的文化形态,因此高校的品牌文化应该是活动本身形成的品牌及其所内化的大学精神。一个好的校园品牌文化应该能够体现大学精神的引领、文化品位的格调、学生发展的需求,这不仅是体现一个高校文化格调和形象的载体,也是高校育人的重要抓手。同样的,能否打造丰富多彩的品牌活动和品牌文化,对于共青团的工作而言,也是凝聚青年学生,增强高校青年对共青团的认同,打造共青团品牌吸引力和忠诚度的重要课题。

二、高校共青团品牌文化建设的需求和特点

品牌文化是消费者对品牌形成的精神认同,其不仅要满足功能需求,而且还要满足情感需求,其文化内涵可以引发消费者的联想和情感共鸣,使产品形象深入人心。品牌文化还可以通过传达文学艺术、道德修养、科技含量、文化价值观等,启发联想,引导愿景,帮助消费者建立成熟的心智模式,

培养其审美品位。

高校共青团是高校文化建设的重要力量,高校共青团组织带领着广大的青年学生树立正确的人生观、价值观和政治理想,通过一系列的校园文化活动,提升广大青年学生的文化素养,锤炼品格、发展能力、提高品位,保障切实提高青年学生的思想政治素质和综合素质水平。共青团的品牌活动不仅能活跃团的工作,增强团组织吸引力、凝聚力和战斗力,提高团组织的知名度与美誉度,它也是一面旗帜,引领广大青年凝聚到团组织周围,开创工作生活的新局面。

正是基于高校共青团工作的性质和特点,也决定了高校共青团的品牌具有特殊的文化形态,因此,要打造一个好的共青团品牌文化,必须要注重其所内含的品牌文化特质。

(一)体现大学精神

大学精神是大学的灵魂,是大学在长期的办学过程中积累、沉淀、整合和提炼出来的优秀传统和文化特质,反映一所学校的育人理念、价值取向和进步方向。大学精神面向历史性,又指向未来,是高校文化的精髓和核心。因此在校园文化品牌建设中,应该以大学精神为指导,具体体现和融入大学精神,通过品牌建设,创新活动载体和活动内容,进一步传播、深化和丰富大学精神的内涵,使之融入每名青年学生的血液和灵魂,成为大学发展和品牌文化建设源源不断的内生动力。

(二)融入团的使命

高校共青团肩负着引领广大青年学生健康成长的使命,培养新时期社会主义接班人是共青团工作的最终目标。因此,共青团的品牌文化需要突出对青年学生的思想引领,贯穿社会主义核心价值观,以"中华民族伟大复兴"的中国梦为主旋律,以爱国主义教育、公民道德教育、文明素质教育为主题,强化"诚信、爱心、感恩、奉献"品质。因此,共青团的品牌文化建设要从团的使命开始思考,充实活动内容,服务学生成长,使之成为凝聚学生、号召学生、带领学生的强有力阵地。

(三)具有时代特质

时代的变迁会给生活带来天翻地覆的变化,会带来科技的创新、思想的变革,自然而然地人们的文化诉求也会随之变化,因此时代的发展对校园文化品牌的创新提出了严峻的挑战。校园活动的品牌文化建设要紧跟时代的脉搏和发展趋势,不断更新活动的组织形式和活动内容,切实跟上学生的新需求、新想法和新潮流,不断丰富和扩充品牌的内涵,以满足同学们日益增长的精神文化需求。

(四)贴近学生需求

需求决定市场,一个人的消费行为最终来源于他的需求导向。同样的,在校园文化活动中,组织者提供的是"活动"这个产品,只有从广大青年的需求出发,才能获得受众群体长时间的支持。现在很多校园活动的参与者不多、兴趣不高,往往就是没有潜心研究同学们的需求,而造成"为了活动而办活动"的盲目。因此,校园品牌文化的建设要以学生兴趣为导向,贴近学生的学习、生活和文化需求,才能引起学生的共鸣,才能真正吸引同学们的关注,建立起对品牌的忠诚度。

(五)服务学生成长

大学的根本就是育人,因此,对于高校共青团来说,高校文化品牌的建设要服务于学生成长,尤其要强调与育人功能的结合。高校共青团要充分调用和整合各方面的资源,与学科建设、发展相结合,依托各自学科的专业优势特色,第一课堂和第二课堂结合、校内和校外有机结合,开展高品位的校园活动,以更好地服务学生成长,提升学生素养,从而实现大学的育人功能和人才培养目标。

(六)坚持传承发展

品牌文化是一个长期经营和沉淀的结果,因此,一个好的品牌不是一蹴而就的,这个积累的过程也是传统、文化和精神的传承过程。同时,在品牌文化形成后,也不能墨守成规,不顺应时代的发展,不顾学生的需求变化。因此校园品牌文化既要坚持自己良好的传统和优势,又要紧跟新知识、新形式,不断地进行内容创新、载体创新和宣传创新,通过对新技术、新手段的运用,永葆品牌的生命力。

三、高校共青团文体活动品牌建设的路径

打造高校共青团文体活动品牌,其实质就是在丰富多元的校园文体活动中,提取、总结、凝练高校共青团文体活动的特色,经过重新地打造和经营,并加以包装、宣传和推广,从而形成贴近需求、寓教于乐、广受欢迎、具有较强的影响力和号召力的文化品牌。一个品牌最持久的含义就是它的价值、文化和个性,正是它们确定了品牌的基础。因此,在打造高校共青团文体活动品牌的过程中,我们要从高校共青团品牌文化的特点出发,紧紧抓住品牌建设的核心和基础,才能逐渐形成品牌文化,保持品牌的持续影响力。

(一)以价值为目标,凸显活动的主题和内容

品牌的核心在于品牌的价值,而品牌的价值最基本的就是体现在活动的主题和内容上,因此,一个好的活动首先必须要有一个好的主题和内容,让绝大多数人对其产生强烈的认同感。对于高校品牌文化而言,提升品牌价值就是要求品牌建设与育人功能相结合,与青年学生的发展成才相结合,与青年学生的素质提升相结合。对于高校文体活动而言,这就要求我们的文体品牌活动与我们所倡导的"德、智、体、美"全面发展相结合,塑造健康、活泼、积极、向上的活动氛围和主旨,让学生在实际参与活动的过程中有所收获,从而建立起对品牌的情感认同。

提高学生对美的认知和鉴赏能力,是高校共青团文体活动的重要主题,围绕这个主题,我们已经有了很多成功的尝试和案例。以浙江大学为例,近年来,高雅艺术进校园、争鸣堂、黑白剧社、文琴艺术团、梵音剧社、竺可桢学院音乐剧等一系列文体活动,都受到了同学们的热捧,而逐渐地这些品牌也形成了各自的品牌文化,并且都具有很强的号召力。因此,在高校共青团文体活动打造中,首先必须要明确的就是活动主题和内容是否真正体现学生对活动的文化和情感诉求,这将决定这个品牌的价值和文化内涵,从而持续地影响品牌的吸引力。

(二)以需求为导向,提升受众的品牌归属感

在活动品牌的创建过程中,要对受众进行精确的定位,并充分了解学生的需求,改变"命令式"的活动任务布置,多倾听学生的想法,并积极发挥学生的主观能动性,增强学生的主体意识,使学生的特长、知识、能力和意志在活动参与中得到充分的发挥,尽可能地让每位同学都有展示自己才华、锻炼自己能力的机会,从而获得同学们的精神认同,提升同学们的品牌归属感和品牌忠诚度。

因此在文体活动品牌建设的过程中,一要充分调研同学们的需求,吸纳同学们的意见,了解同学们的真实想法;二要明确品牌价值,清晰品牌定位,并对品牌文化内涵和目标展开论证,对品牌的活动内容和组织形式进行规划和调整;三要以学生为主,通过活动组织、活动参与、活动评议等形式,锻炼学生的能力、调动学生主观能动性、扩大参与主体范围,从而让更多的人建立起对品牌的归属感。

(三)以创新为纽带,打造文化品牌的新载体

品牌文化的活力来自于源源不断的创新,这其中包括内容创新、形式创新、阵地创新等,高校共青团要紧密关注学生的最新发展动态,时刻把握

时代发展的脉搏和趋势,及时运用新方法、新技术和新思维,创造出良好的文化品牌活动。一个好的品牌文化要满足日益增长的客户需求,就必须不断进行创新,使品牌具有鲜明的时代特点,不断保持品牌文化的先进性。

高校共青团的文体活动,要充分梳理出活动的发展历程和有效载体,不断创新和打造良好的载体和平台,要充分整合现有的资源,对融时代性、丰富性、广泛性、教育性为一体的校园文体活动进行有效整合、科学规划、合理安排,并积极创造条件,引导校园文体活动进行创新,并使之系列化、项目化。积极倡导和鼓励学生自主策划、自主组织、自主参与,为学生充分搭建展示自我才能、实现自我成长的平台,激发学生的创新意识,从而营造有活力、有创新、有文化的校园文体活动品牌。

(四)以个性为抓手,建立品牌形象识别系统

品牌之所以有差异化的存在,最根本的原因就是品牌文化所蕴含的个性和风格。有个性的品牌才是有生命力的品牌,才能让品牌脱颖而出,获得消费者的追捧和青睐。现在的校园文体活动中,表面上趋同化的活动看似热闹,但实质上并无法吸引青年学生的关注,更无法满足其内在的精神文化需求。因此在选择打造品牌项目时,需要调研和把握青年学生的兴趣点,充分考虑不同年级、不断专业、不同背景学生的需求,凸显个性的品牌想象、品牌理念和品牌文化,从而才能在众多校园文体活动中脱颖而出,并建立起广大青年学生对品牌的认可度和忠诚度。

与此同时,一个好的品牌活动还应该在有一定的品牌基础后,逐渐建立起自己品牌的识别系统,通过品牌符号设计、品牌理念宣传、品牌文化展示,不断强化品牌的感官形象设计,形成品牌的风格。高校共青团的文体活动,还有重要的一块工作内容,就是品牌的宣传和包装。这是一个活动最初传递给学生的印象和概念,将很大程度上决定着活动的成败。因此在品牌宣传的过程中,要积极开发和运用新技术、新创意和新潮流,开创品牌宣传的新阵地,以激发同学们的兴趣和参与度。在品牌宣传和推广过程中,要充分运用品牌的符号和标记,树立品牌的形象,从而能使品牌的识别性和延续性更强。

(五)以文化为传承,扩大品牌内涵和影响力

正如我们提到的文化品牌的特点,品牌文化的形成本身就是长时间品牌经营和沉淀的结果。因此在我们打造高校共青团文体活动品牌文化的过程中,也要注重对文化的传承和发展,取其精华去其糟粕,积极融入学校的文化和共青团的文化,突出青年学生对美的创造和表现的需要,不断扩充品牌内涵,增强品牌影响力。

　　高校共青团文体活动是校园文化建设的重要组成部分,也是共青团吸引、凝聚、团结青年的重要抓手,因此文体活动在品牌创立过程中,也要传承学校和共青团的先进文化,并在品牌实践过程中,充分贯彻和融入这些优秀文化。对于文体活动来说,尤其是要强调学生审美能力的提升,注重品牌的美育功能的发挥与张扬,使品牌文化成为青年学生宝贵的精神财富,成为他们大学发展和成长过程中的美丽回忆,从而建立起品牌文化的价值。

延伸阅读 4-4

共青团文体活动品牌文化的建立
——以浙江大学竺可桢学院音乐剧《妈妈咪呀》为例

　　浙江大学竺可桢学院团委自 2011 年 9 月着手筹备,倾力打造浙江大学首出音乐剧《妈妈咪呀》,至今在校内外演出 5 场,观看人数超过 6000 人次,所到之处,均受到青年大学生的热烈追捧,演出的巨大成功也受到校内外专家学者和媒体的一致好评。该项目不仅充分发掘和展示了大学生的艺术风采和艺术修养,更激发了同学们塑造人格美、培养才能美、铸造行为美的素养提升内在需求。该项目后续成立了音乐剧社,创立了自己的文化标识,成为全校师生热捧的文化品牌。

　　该音乐剧整个剧组除了导演吴维东和另一位老师,剩下几十号从演员到幕后工作人员都是学生,充分发挥青年大学生的创造性和艺术才华。整个音乐剧从最初筹备到成功创建校园青春文化品牌过程如表 4-1 所示。

表 4-1　音乐剧筹备过程

时 间	工作过程	工作目标	工作内容
2011.9—2011.12	项目设计	贴近需求明确定位完善规划	1. 项目构想:提出音乐剧项目构想,形成项目初步设计,并调查国内外高校戏剧文化的需求和现状
			2. 项目研讨:召开音乐剧项目研讨会,邀请校内专家、校内剧团学生参与可行性分析和项目讨论会
			3. 项目规划:召开音乐剧项目设计筹备会,完善项目规划和设计,确定排演剧目、演员选拔培训安排和项目进度安排等

续表

时　间	工作过程	工作目标	工作内容
2012.1— 2012.5	项目实施	打造精品 树立品牌	4.团队搭建:成立音乐剧主创团队,确定工作团队构架,制定工作团队岗位需求表;发布通知,完成工作团队的建立和演员的选拔
			5.团队目标:设立团队目标,确定工作愿景,高标准、高水平、高质量地打造浙江大学首出音乐剧,"绽放青春梦想、打造艺术精品"
			6.内部培训:邀请相关专家和同学,按工作职能进行分类培训,对全体成员进行音乐剧和戏剧鉴赏培训;对演员进行声乐、舞蹈和表演培训;对其他部门进行针对性工作培训
			7.工作制度:各工作组定期召开例会,制定工作计划表,完成剧本再创作、音乐制作、舞美设计、道具设计、灯光设计、宣传推广和领票方案
			8.工作验收:每月对排演进度、演出质量、工作成果进行验收和反馈,通过视频、录音进行表演分析和总结,通过大讨论确定高水准的灯光舞美设计,通过创意设计完成宣传和推广方案
2012.5— 2012.9	成果展示	创立标识 形成文化 扩大影响	9.创立标识:规划统一、标准的标识,完成音乐剧 logo、文化衫、门票、海报和喷绘设计,工作人员需着文化衫进行工作和活动
			10.文化设计:贴近时代特点和学生需求,进行宣传推广和文化设计,进行"快闪"宣传、预告片拍摄、抢票活动、纪念门票设计等活动,强化文化印象
			11.剧目演出:完成全剧排演和试演,在校内进行两场公演,吸引省内专家、校内外嘉宾和学生逾 2500 人观赏,受到各界的一致好评
			12.成果展示:邀请校内外媒体进行宣传报道,本次受到了《浙江日报》、《钱江晚报》、《浙江大学校报》、求是潮、浙江影视文化频道等校内外媒体的关注报道,浙江卫视钱江台"大家"栏目还进行了独家专访
			13.扩大影响:善于总结,并利用相关平台扩大活动影响。举办"青春·绽放"——妈妈咪呀演出图片展,受邀参加《妈妈咪呀》中文原版杭州站的新闻发布会,并邀请中文原版主创来校举办《一生难忘的经典——著名音乐剧赏析》讲座

续表

时　间	工作过程	工作目标	工作内容
2012.10— 2013.6	项目提升	传承发展 不断创新	14.成立音乐剧社：成立音乐剧社，在原有工作的基础上固定工作团队，总结工作经验和工作成果，建立剧社的长期发展规划
			15.创新发展：完善剧社架构，规范工作制度，建设专业化培训，并对剧本创造、舞美设计和文化品牌进行提升改造
			16.形成品牌：形成文化品牌，报名参加音乐剧社的同学络绎不绝，校内演出继续受到师生的追捧，同时也收到多家校外高校和单位的演出邀请。2013年《妈妈咪呀》第二版在校内演出两场，校外浙江工商大学演出一场，共有超过3500人观看演出
			17.拓展品牌：不断拓展品牌内涵和品牌价值。2013年剧社举行抗震救灾专场演出，将所有门票收入和募款所得，共计7万余元，定向捐助给"雅安地震"受灾的宝兴县五龙乡小学，并在暑假前往该校进行重建和支教工作

第三节　大学生社团与社团文化建设

随着书院制改革、通识教育理念普及、素质教育工作的不断推进，高校学生社团在学校育人工作、学生成长成才的过程中发挥着日益重要的作用。作为大学生自我管理、自我教育、自我服务的主阵地，学生社团是校园文化的重要组成部分，是培养拥有开阔视野、创新思维、卓越能力的领导人才的重要平台，是大学生价值确立、人格养成、素养提升的重要培育载体。社团文化是社团发展的核心要素，更是影响社团成员成长的重要部分，学生社团固有的平等、开放、创新的精神是其公民意识培养的平台；志同道合、民主自由的社团文化让学生感受不一样的家文化；不同专业、形形色色的同学又为学生提供了一个交际圈；品牌活动的创立、组织、维护又为学生能力提升提供了锻炼的机会。

一、带你逛社团的百花园

（一）社团的特征

大学生社团是"由高校学生依据兴趣、爱好自愿组成，按照章程自主开展活动的学生组织，是学生进行'自我教育'、'自我管理'、'自我服务'的重要阵地"。从定义中可以发现社团组织的两大特性：共同兴趣和自主。正是基于这两大特性，学生社团一直以创新、民主、开放、凝聚的组织特征和文化吸引着青年学生，用开放的、主动的、全方位的方式活跃于大学生学习生活中。

（1）创新。学生社团是青年学生创新萌芽的土壤。学生社团不同于高校内的很多组织，像学生会、团学联等组织有着特定的使命和强大的校方支持，社团需要根据自己的定位，不断创新、丰富社团活动，不断争取社团外部资源的支持。相对恶劣的生存环境一方面导致社团生命周期较短，一般5～10年；同时，也让社团呈现出极强的求存欲望与青春活力。此外，社团相对自由、宽松的环境也为成员创新想法的实践提供了土壤。

（2）民主。学生社团是青年学生张扬个性、民主参政的园地。在社团中，方案的论证、意见的表达、骨干的选举都按照社团章程执行，尊重社团成员的发声，社团就像一个小型的民主社会，参与过程中，不断提升青年学生民主参政、议政的能力。

（3）开放。学生社团因其个性多元的组织文化，具有兼容并包的特征。在对内的成员选择和干部选拔上，不同学科背景的学生都可以参与其中，不同个性的同学也能在社团参与过程中锻炼成长；在对外的合作交流上，校内不同的部门、社会上不同的企业都可以与社团之间建立联系和合作。

（4）凝聚。和班级、团支部等组织不同，学生社团的成员在选择社团时有完全的自主性，而并非像班团组织依靠的是行政划分。吸引他们加入社团的唯一原因是共同的兴趣爱好，基于此，社团同学之间的凝聚力不需后期培养，拥有同一个梦想、同一个组织愿景、同一个社团文化下的组织便具有了天然的强大凝聚力。

（二）社团的分类

近年来，国内高校社团发展的多元化趋势日益明显，不同规模、不同目标、不同组织文化的学生社团纷纷涌现。以浙江大学为例，目前就有133家校级社团和26家院级社团，这个数量每年都在增加。不同类别的社团对于学生的成长成才有不同的作用，学术科技型社团有助于学业提升和专业提高，公益服务型社团可以培育社团成员的公民意识和奉献精神，文艺体育型社团可以培养大学生的兴趣爱好和文化素养。因此，为了更好地管理社团，有针对性地激发不同类别社团的育人功能，学校往往将社团按照其定位及主题分类。如北京大学，就将校内的百余家社团分为政治理论、学术科创、文化艺术、体育健身、公益志愿、实践促进、合作交流、地域文化八类，清华大学则将社团分为体育、人文社科、艺术、科技、公益五类，浙江大学则将社团分为学术科技、实践公益、文化艺术、体育运动、兴趣爱好五类。我们将以浙江大学为例，走近不同类别的学生社团。

学术科技类社团属于自益型组织，组织成员一般期望在社团中获得专业的提升，这类社团一般依托学校某一专业的学术背景，在课堂之外为学生提供学术交流的平台，面向对象一般更多的是社团内部成员。如浙江大学学生中国特色社会主义理论体系研究会，就依托了学校思想政治教育部和公共管理学院的专业支撑，协会内部每周开展的学术讨论以及定期的课题研究和调研就针对社团成员和会员展开。此外，协会的"论证天下"主题名师讲座、"紫金论剑"时事评论大赛、模拟人民代表议案大赛等品牌活动也向全校同学开放。

实践公益类社团属于公益型组织，以服务外部为主要特征，一般以关注社会热点和焦点为主题，以志愿行动、公益服务为活动的主要形式，青年学生加入社团的主要目的是奉献爱心、实践公益的，而不是个体发展性的。如浙江大学学生三农协会（以下简称"三农协会"），是浙江省首个以"深入农村，关注农村，关心农民"为主题的综合性高校学生社团，以关注农村、农民、农业为主题，以支教、义卖、慰问演出、爱心助学、社会实践等各种各样的活动形式走近农民，支持新农村建设。他们不仅激发了当代大学生投身新农村建设的热情，更以自己的一言一行践行着"塑造自我，影响他人，服务社会"的协会宗旨。

文化艺术、体育运动和兴趣爱好类社团都属于趣缘型组织，根据兴趣爱好的受众面及专业化程度不同而划分以上三类：文化艺术类更侧重文化艺术领域相对较专业的兴趣爱好，一般为小众的趣缘型社团，例如浙江大学学生黑白剧社，拥有专业的话剧演员和艺术指导教师，这类社团一般规模较小，但品牌活动和专业水准较高；体育运动类一般为以体育运动健康为主题的社团，一般社团的专业水平较低，由非专业学生自发组成；兴趣爱好类社团更侧重于非专业的文艺类或技能类社团，如浙江大学学生击悦非洲鼓社，就以非洲鼓为纽带，属于学生自主学习、自我发展技能的兴趣爱好型社团。

二、条分缕析解社团

（一）社团文化的凝练

从管理学的角度来说，组织文化是指一个组织在长期的生存和发展中形成的某种有特色的文化积淀，包括该组织的独特的价值观念、管理思想、传统习惯、群体意识和行为规范。

社团文化是社团发展的灵魂,它既是一个社团发展轨迹的体现,也是外界对一个社团的标签;既是社团活动开展的指引,也是社团成员在处事时的依据和习惯。因此,作为社团的领导者,需要思考社团的目标、定位、方向,能初步确定需要打造的社团文化。以下几种方式不妨作为凝练社团文化的途径:

(1)从思考角度来说,可以综合社团定位和日常社团生活两个角度。每个社团的成立都有其独立性,在社团成长过程中所有成员都为了这个社团成立的初衷而努力。所以,长期以来形成的组织文化必然也是和社团定位息息相关的,作为社团的 leader,可以从社团定位出发凝练社团的核心精神。当然,社团文化是社团成员在精神指引下日积月累的一种文化,而不是凭空想象的。因此,在凝练社团文化时,可以通过问卷或观察、访谈的方式,了解社团成员在社团文化熏陶下不自觉的行为,加以提炼后形成独特的社团文化。

(2)从实现方式来说,可以由领导团队决定,也可以采用头脑风暴的方式。社团文化的形成过程是全体成员共同参与的过程,但在没有明确提出社团的独特文化时,成员的行为表现都是无意识的,一般可以由领导团队根据成员的日常行为和价值标准等表现直接提出社团文化,并在之后社团的建设中不断强化这一文化概念。另外,也可以召集部分社团代表、已离开社团的骨干共同头脑风暴,以这种方式提炼的社团文化概念更易于被社团成员接受,在后期的强化过程受到的阻力较少。

(3)从文字凝练方式来说,可以结合时代背景和学生需求。社团文化不是束之高阁、虚无缥缈的幻影,文化的概念最终将有其外在显示,因此,社团文化概念的提出,既可以参考国内外类似社团的文化或核心精神,更需要结合时代的背景、学生的需求。

(二)社团文化的体现

社团文化的三个层次包括:①精神层次(内隐层):这是指社团所奉行的生存哲学、目标追求、价值观念、基本信念和处事原则;②制度层次(中间层):这是社团的规章制度,是社团成员所遵守的行为规范;③器物层次(外显层):这一层次反映了与社团相关的物质层面。结合社团实际,一般而言,社团文化表现在以下几个方面。

1.社团口号

一句铿锵有力的社团口号和一个时尚精致的社团 logo 是社团精神的最好体现。以三农协会为例,"青春里,做一件与国情有关的事"这句口号既体现了三农协会的社团定位,也能引起青年学生的共鸣,并成了影响很多三农协会成员一生的最重要的一句话；同时，三农协会还拥有社团独特的 logo，以水稻为雏形，突出社团的使命，以绿色为主色调，彰显社团成员的公益之心。当然，很多社团除了一句口号外，还会基于社团宗旨、社团目标提出其他的口号式标语，以三农协会为例，除了以上口号，还以"塑造自我、影响他人、服务社会"为宗旨。

2.社团制度

社团制度是社团文化的重要显示部分，它约束着成员的行为，维系着社团组织的正常运转，调节着社团内外的人际关系。①社团基础制度——社团章程，一般包含总则（含社团名称、定位、指导部门）、活动内容及形式、会员（含入会资格及程序、会员权利与义务）、组织机构（含会员大会或会员代表大会的职能、召开条件等）、财务管理、社团负责人（含负责人的条件、职责、产生程序、罢免）、章程的修订程序、终止程序、附则等几个部分。②社团常规制度。一般有档案管理制度、人事考核制度、会议制度等。③社团特色制度。如浙江大学红十字会学生分会的 BG 制度、俱乐部制度、书信制度等（详见案例4-1）。

3.文化产品

精致内涵的会旗、潮流时尚的会衫、活泼可爱的吉祥物、张扬个性的名片都是很多社团常见的文化产品，除此之外，有条件的社团还能拥有自己的办公室，办公室的布置特色也能彰显社团文化，有些社团还拥有自己的宣传物品（帐篷、桌椅），在这些物资上印上社团名称和 logo，也能不断强化社团文化概念。

4.品牌活动

社团品牌活动是影响社团发展的重要因素，社团活动作为社团成员的活动性学习，品牌活动是社团育人功能的发挥主体。开展品牌活动，既要切合社团主题，也要结合学生需求；既要创新活动形式，也要创新宣传模式。不同类型的社团可以通过开展品牌活动彰显社团文化特色，提升社团影响力。

(三)社团文化的传承

在形容社团时，经常会说"铁打的营盘流水的兵"，这也是众多社团在星星之火燎原之时却突然销声匿迹了的原因。社团的建设要将人的因素减到最小，将制度的优势、知识管理的优势发挥到极致，对于社团文化的传承也一样，需要将社团文化的建设和传承写入社团的年度工作计划。具体来说，可以通过以下几个途径较好地实现文化传承。

1.仪式教育

(1)社团历史与文化的导入式教育。在社团成员刚加入社团时,社团通过全体大会或欢迎仪式等场合,邀请社团老人或社团指导老师讲社团历史,聊社团发展,有些社团还有宣誓仪式,通过这些方式,第一时间将社团文化渗透到社团成员的认知中。

(2)社团工作的总结式教育。半年或一年下来,社团一般会召开总结大会,在大会上,既可以对表现突出的社团成员给予仪式的表彰,也可以请优秀社团做工作分享与感悟。

(3)社团情感的表达式教育。社团的组织架构一般呈树状图,每年暑假会有两批社团成员要离开,一批是社团的干事或干部要离开社团,另一批是曾在社团工作的学生骨干要离开校园。这个阶段是社团情感表达、凝聚力提升的有利阶段,社团可以组织欢送会、社团内部毕业典礼等形式,表达对社团的情感。

2.平台交流

社团内部沙龙、读书报告会、情感分享会、TED演讲等形式既是提高社团成员能力的方式,也是成员之间互相交流的平台。在这里,成员间可以对社团工作有针锋相对的辩论,也可以有对个人职业规划、情感收获的分享。

3.知识管理

知识管理不同于材料收集,它是在组织中建构一个量化与质化的知识系统,让组织中的资讯与知识,透过获得、创造、分享、整合、记录、存取、更新、创新等过程,不断地回馈到知识系统内,形成永不间断的累积个人与组织的知识成为组织智慧的循环。从知识管理对象来看,社团要厘清纳入知识管理系统的不仅是活动策划,还应包括各类工作计划、调研报告、新闻影像、会议记录、成员信息、工作总结、活动经验总结等各类社团发展过程中的素材,甚至是会员的投诉建议也应归档整理。从知识管理过程来看,并不是将上述材料简单地放入一个永久的、不用的超大硬盘或网盘中,知识管理的过程应该是动态的,既有存入,也有更新,更有获取。因此,社团要做好知识管理,一要把好知识入库关,所有进入知识系统的材料均是最终确定的材料,而并非摒弃的半成品;二要做好更新关,每年的品牌活动开展后,会有很多新鲜的素材,要及时更新这些素材;三要培训好使用关,知识管理的最终目的是文化的传承和社团未来决策的参考,因此,要对所有成员开展知识管理系统的材料如何获取和使用的培训。

案例 4-1

浙江大学红十字会学生分会的"红人文化"

一、"红人文化"的整体概况

• 协会概况：浙江大学红十字会学生分会（以下简称"红会"）是浙江大学红十字会的分会，目前，协会拥有 200 余名干事，3000 余名会员，协会设理事层和同伴教育等八个部门。多年来，协会通过爱心献血、红五月等品牌活动，在校内外取得了较高的声誉，曾获得浙江省大中学校优秀学生社团等荣誉称号。

• 何为"红人文化"："红人"为"浙江大学红十字会人"的简称。其核心内涵是"善良"二字，红人们以善良为美，以奉献为荣。在社团内部，依托红人概念的核心，协会营造了互帮互助的和谐氛围，不管是工作上，还是生活中。所以说，"红人文化"是指一种工作中默契合作、完美沟通、打开局面，生活里互相鼓励、相互依偎、亲密无间的状态。

二、"红人文化"的制度建设

• 每周一次的交流会——例会制度：人与人之间的关系都是从沟通交流开始的，协会规定每周都要召开一次部门例会。会议的时间固定，地点却是可以灵活多变的，可以在严肃的教室，也可以在浪漫的草坪。例会除了安排每周的工作外，各成员还会分享生活中的趣事。与其说是例会，不如说是一周一次的家庭会议。

• 是惩罚也是分享——BG 制度："BG"一词起源于浙大，实际上就是"请客"的意思。首先，协会规定例会迟到必须 BG，工作出现差错失误必须BG。在这里 BG 制度在某种程度上是一种惩罚和鞭策制度。其次，在以下几种情况下实施自愿 BG 政策：获得奖学金、脱离单身、生日、获奖。BG 不重实质，更重精神，BG 既是惩罚也是分享。

• 学习和生活中的导师和朋友——俱乐部制度："红人文化"关注于每个成员的全面发展，协会建立了社团内部的俱乐部制度。协会规定，满足三人及以上可向理事会申请成立特色俱乐部。俱乐部活动受理事会监督，每月至少举办一次俱乐部活动，并将活动成果向全会分享。俱乐部主题内容多样，活动形式新颖。现已成立的俱乐部有微积分学校俱乐部、足球俱乐部等。

• 一对一的心灵交流——手写书信制度：每次的学期末，协会都要求每个部门的部长要给部门内的每个干事，亲笔手写书信。内容多为交流和鼓励。

三、"红人文化"的平台搭建

- 红人入学典礼:每年的 9 月,当新的成员加入红会时,协会会举办一场别开生面的"红人入学典礼"。各部门将对红会的理解融入创意十足的表演中。

- 红人沙龙:红人入学之后,在工作和生活中,难免出现对红会的一些困惑和不解。为此,协会每月举办一次红人沙龙,在活动中,有对于红会敏感问题的唇枪舌剑,有面对质疑时的深刻思考,也有公益梦想的亲切交流。

- 红人毕业典礼:每年的五月是社团换届的时节,为了将"红人文化"代代相传,协会特意为即将要离开红会的红人们举办一次毕业典礼和年终团辅,回顾他们在红会两年里来工作的点点滴滴,交流在红会生活和工作中遇到的感人瞬间和难忘的人与事,并为他们颁发红人毕业证书。

(浙江大学红十字会学生分会　陈思达供稿)

三、打造社团金名片

(一)品牌活动的建立

1.第一步:品牌活动的产生

(1)重新思考,从社团定位出发。创办社团需要有独特的创意,换而言之就意味着每个社团都有其独特的定位,那么作为社团管理者,不妨从社团的定位出发,重新思考、审读成立社团的初衷。

(2)站在巨人的肩膀上。每一届的社团主席团都可能对品牌活动有自己的想法,听听社团老人们的意见会让你有新的思考和启发,可以复制他们的成功,也能根据此推出创新的想法。

(3)头脑风暴。社团的成员一般还同时参加其他学生组织,或者有出国交流的经历,建议在制定社团年度计划时召开一次干部层以上的头脑风暴,撬动大家的智慧,汇聚组织的力量。

2.第二步:品牌活动的维护

(1)品牌活动的持续性。一般来说,品牌活动都具有一定的持续性,一般都连续三年几乎同一时间组织同样的活动,因此,几届同学的共同努力使社团的品牌活动具有持续性是品牌维护的基础。

(2)品牌活动的影响力。影响力也是品牌活动的重要衡量标准,社团可以通过传统媒体与新媒体相结合的方式,增强品牌活动的影响力。校园广播、校内外报纸、网站、校园电视、校园网络、横幅海报是我们常见的传统媒体平台,社团可以在这些平台通过活动预告、新闻稿、宣传视频等形式加强社团的活动宣传。随着网络和智能手机的普及,社交网络平台、手机短信平台、APP、论坛 BBS 越来越受到青年学生的青睐,社团可以通过建立公共微博/微信账号、向学校部门申请手机短信推送、在论坛中设置专版等新媒体形式进一步维护、提升品牌形象。

(3)品牌活动的再创意。品牌活动的持续性并不意味着活动不需要再创新,事实上,组织方式、活动内容、参与对象、活动范围等品牌活动的各个要素的创新都可以为品牌带来新的生命力。一般而言,社团可以结合时事热点创新活动内容,通过模仿娱乐热点创新活动的形式。

(二)品牌活动的组织要素

社团品牌活动的开展包含三个要素:人员、资金、物资。一个独具创意的品牌活动概念是活动成败的关键,而恰当合理的人员结构和安排则是活动得以顺利进行的有力推手,充足的资金和物资支持则是品牌活动开展的后勤保障。

1.人员

人是活动组织中最重要的因素,一个好的人员调度和安排成了一个品牌活动目标能否顺利完成的关键。人员的管理可以从人员分工和人员激励两方面着手,通过合理的人员安排,既能较好地完成活动目标,也能实现人尽其才、人得其才。

(1)人员分工。分工问题一般可以从两个层面进行思考:一是让适合的人做适合的事,一位社团成员喜欢什么、能做什么是决定分工的关键,要做到这一点,社团管理者需要对自己团队中的每一个成员的才能结构和兴趣偏好有一个比较清楚的认识;二是分工结构的合理性,活动负责人在分工时还需要注意分工的互补性、全面性、科学性,把优秀的同学都分到一个小组中并不一定能将这项工作出色完成。

(2)人员激励。人员的激励是一个社团活动组织过程中的重要环节,因为每一个参与活动组织的社团成员都会在整个过程中付出巨大的努力,所以一旦时间长了,得不到有效激励就会导致成员参与活动组织的意愿和动力下降,这是许多烂尾活动产生的原因。因此,为了长时间保持成员的战斗动力,社团负责人需要适时地对他们进行全方位的激励,激励过程应该贯穿活动组织的全过程。

激励一般可从工作本身的激励、工作成就的激励两个维度着手。工作本身的激励是指通过合理的设计和分工,激发每个成员的工作热情,根据每个成员的个性特征,可以从工作的兴趣和工作给予成员的挑战两个角度来考虑。工作成就的激励是指成员在完成某项工作时自身产生较大的成就感,包括自身对完成这项工作的成就感、同伴的赞许、上级的认可。

除了以上两个维度的激励外,作为社团负责人,还要通过适时的仪式表彰优秀同学,并给这些同学发展机会,包括获得出席重要活动的机会、培训的机会、晋升的机会、委以重任的机会等。

2.资金

社团活动资金的管理应做到开源节流。一方面通过详尽的预算、循环利用的宣传品、免费的场地等方式来有效节约成本;另一方面通过资金申请、外部赞助、项目合作等方式来获得更多的经费支持。

(1)资金申请。一般来说,社团在举办活动时可以向社团指导单位申请经费,有部分学校也有专门为社团设置的社团基金,社团可通过一定的流程申请。需注意的是,社团要提前准备好完备的策划、精确的预算表,并及早与指导部门或学校社团基金管理部门提出申请。

(2)外部赞助。在大学校园里,社团海报是校园的一种文化,形形色色的海报上不仅有社团活动的信息,还有赞助商的小广告,的确,外部赞助已经成为众多社团解决经费问题的主要方式。社团在争取外部资源时需要注意以下几点:一是商业策划和内部策划不同,内部策划的目的是把活动详细具体地告知参与者,而商业赞助的主要目的是说服商家投资社团活动,所以对活动详细内容、人员分工不必写,而重点应描述活动的影响力、商家可获取的利益、经费预算、需要商家提供的支持;二是与赞助方联系中的礼仪及活动结束后的信息反馈和感谢,并注重培养长期合作的意愿。

(3)项目合作。在校园里,很多社团指导单位会突出文化节形式的品牌活动,一般根据某一主题将各类形式、多种内容的活动整合为一个文化节的形式。对社团而言,社团指导单位的专业方向与社团定位本身拥有天然的联系,因此,可以将社团品牌活动纳入指导单位的文化节中,这样不仅有了资金支持,还将享有活动的各项资源。以浙江大学外语协会为例,其指导单位为学校外语学院,该学院每年都推出"国际文化节",社团就向指导单位申请将"英语百科竞赛"活动纳入文化节中。

(三)典型社团品牌活动介绍

不同类别的社团可开展不同形式的品牌活动,下面将根据以上分类逐一介绍:

学术科技类社团的品牌活动有两条主线,活动类可包含学术讲座、学术沙龙、论坛、实践调研,研究类可包括科研发明成果、课题研究、社刊等。实践公益类社团的品牌活动大多以献爱心为主,活动对象一般为贫困地区的儿童、留守儿童、农民工子女、空巢老人、残障人士,活动形式一般为支教、文艺演出、团体辅导、义卖、调研等。文化艺术类社团的品牌活动一般采用文艺晚会、专场演出等形式,且在校园里相对更能形成品牌效应;体育运动类社团的品牌活动则多以比赛形式出现。

案例 4-2

浙江大学学生人力资源管理学会品牌活动介绍

一、社团背景

浙江大学学生人力资源管理学会(HRMA)在学校人力资源管理研究所的指导下于 2009 年 5 月成立,学会致力于构建以浙大学生为主,各类专家学者、企业人士等共同参与的基于人力资源管理的商学交流平台,通过学术培训和实践锻炼等方式,提升广大成员的理论和实务能力。

二、品牌活动

(1)学习型组织建设活动。定期举办内训、读书分享会等内部学习机制,通过优秀学长学姐经验交流会搭建一个共同成长的平台。领导力培训与自我开发项目通过书籍阅读、采访社团骨干精英、合作完成项目以及一系列的培训来提升项目成员的领导力,帮助协会同学进行自我开发。

(2)双轨导师计划。由管院 HR 老师组成的学术导师与职业 HR 经理人组成的成长导师,共同参与"双轨导师计划",通过结对学习、锻炼的方式,以生涯辅导、暑期实习、案例分析、信息交流等形式帮助社团同学发掘兴趣、成长起航。

(3)人资高峰论坛。活动以深入探讨各类学生组织的人力资源定位与职能为核心,为各主要学生组织的人力资源工作者提供一个相互交流、共同提高的互动平台。

(4)模拟面试大赛。帮助所有即将走上求职前线的学生熟悉面试的流程,尽快地适应工作并积极应对人生的挑战。

(5)《HRMA 季刊》。协会每一季度会发行《HRMA 季刊》,这是学会成员分享观点、了解实务的重要平台,季刊的内容整理也得到了协会指导老师的专业点评和指导。

参考文献

［1］关于加强和改进大学生社团工作的意见（中青联发〔2005〕5 号）.

［2］郑立，严欣平. 组织文化理论视角下高校组织文化建设的意义和途径. 教育与职业，2008(30):40.

［3］菲利普·科特勒. 营销管理. 北京:清华大学出版社，2001.

［4］黄蕾，黄焕山. 品牌文化释疑. 商业时代，2007(7):20—21.

［5］Bhat S，Reddy S K. Symbolic and Functional Positioning of Brands. *Journal of Consumer Marketing*，1998，15(1):32-43.

第五讲　大学生社会实践活动的组织与实施

大学生社会实践活动自 20 世纪 80 年代以来已经连续开展了 30 多年，是大学生了解社会、服务社会的重要途径。社会实践一般在暑假和寒假集中开展，是高校共青团工作的重要内容，已逐渐成为每一位大学生的"必修课"。那么，我们应该如何去理解社会实践，怎样动手策划、组织一次社会实践活动呢？本讲将为大家提供组织社会实践所需的基本知识和指导。

第一节　社会实践活动概述

一、什么是社会实践

"纸上得来终觉浅，绝知此事要躬行。"社会实践是青年学生成长成才的必由之路，历来受到党和政府的高度重视。自 20 世纪 80 年代团中央首次号召全国大学生在暑期开展"三下乡"活动以来，社会实践活动已经持续开展了 30 多年。大学生社会实践是广义的社会实践的一部分，但其作为一种特殊的实践活动，具有自身的鲜明特征。到底什么是大学生社会实践？

社会实践是一个发展的概念，它是教育与生产劳动相结合的必然选择，也是马克思主义实践观与大学生素质教育的有机结合。毛泽东同志在《实践论》中指出："认识从实践开始，经过实践得到了理论的认识，还须再回到实践去。认识的能动作用，不但表现于从感性的认识到理性的认识之能动的飞跃，更重要的还须表现于从理性的认识到革命的实践这一个飞跃。"新中国成立之后，邓小平、江泽民、胡锦涛、习近平等党和国家领导同志也从我国当前经济状况和社会发展的要求出发，对社会实践活动进行了进一步的阐述和说明。步入经济社会转型发展的新时期，社会实践作为马克思主义哲学体系的核心和基本内容，其功能和意义正不断被赋予着崭新的时代内涵。

从社会实践活动组织的形式来说，社会实践是指大学生走向社会、深入基层,直接感受社会生活,进行以社会理想和职业理想教育、劳动技能训练、科学素质培养为主要内容的课外教育活动。从社会实践活动的指导思想来说,社会实践是大学生思想政治教育的重要环节,对于促进大学生了解社会、了解国情,增长才干、奉献社会,锻炼毅力、培养品格,增强社会责任感具有不可替代的作用(中共中央国务院《关于进一步加强和改进大学生思想政治教育的意见》)。从社会实践活动的教育内涵来说,社会实践是大学理念的必然要求,是人才培养的必然途径,也是高等教育改革的必然选择。可见,大学生社会实践属于高校思想政治教育范畴,是对大学生进行思想政治教育的重要环节和途径。

综合来说,大学生社会实践活动,就是大学生按照学校培养目标的要求,有计划、有组织地参与社会政治、经济、文化生活的教育活动。它是中国特色社会主义高等教育的重要组成部分,是全面贯彻党的教育方针、推进大学生素质教育的重大措施和不可缺少的环节,是促进教育与科技、经济结合的重要形式和途径。

二、社会实践发展历程

大学生社会实践作为社会实践的特殊形式,其产生和发展有着坚实的历史基础。

早在春秋时期,我国著名思想家、教育家孔子就十分重视实践教育,其"生而知之"和"学而知之"的知行观崇尚扬弃蒙昧,强调道德修养的落实以及知行与行为相统一。《论语》中"学而时习之,不亦说乎"的意思就是告诫人们只有在实践中才能掌握学识,把握事物的真谛,解除思想的困惑。明代著名思想家、教育家朱熹进一步发展了传统知行观,主张知难行易、先知后行,他强调"知行常相须",认为知行关系是相互联系、相互促进的。之后,思想家、教育家王守仁在其基础上首次提出了"知行合一"学说,主张"知行并进"、"身体力行",使传统知行观愈加成熟。

到了近现代,诸多著名思想家、教育家如徐特立、陶行知等根据我国社会发展现状对传统知行观进行了建设性的批判,并以马克思主义哲学体系为基本,对社会实践进行了理论重构。他们注重学以致用的目标和重视实践环节的治学方法,强调"必须尽可能地好好地贯彻用手与用脑、学习与劳动、生产与教育、理论与实际密切结合的原则",倡导让学校教育延伸到社会中去,将整个社会活动都作为教育的范围。这些思想为我国大学生社会实践的萌芽和发展打下了坚实的理论基础。

我国大学生社会实践活动的正式开展已有 30 多年的历史。在共青团中央的领导和指导下,各级团组织依靠社会各方面的力量,充分整合社会资源共同搭建了大学生"受教育、长才干、做贡献"的实践舞台,社会实践已从最开始的"学雷锋 送温暖"活动发展为共青团工作中的重要专项内容。我国大学生社会实践的开展可以分为以下几个阶段。

(一)萌芽并逐步兴起阶段

1977 年恢复高考后,在校大学生数量逐渐增多,如何增强大学生的社会责任感,引导他们认识国情、关注民情,全身心地投入到社会主义现代化建设的伟大实践中去,成为当时大学生思想政治教育的重要内容。1979 年,全国学联在第十九次全国代表大会上明确提出:学生会要通过组织各种社团,开展课余文化、体育活动。1980 年,清华大学喊出了"振兴中华,从我做起,从现在做起"的口号,从开展"学雷锋 送温暖"活动入手,引导学生走出课堂,参加为人民服务的活动。清华大学的倡议在全国大学生中引起了强烈的反响,众多高校纷纷响应,引导学生开展参观革命遗址、组建志愿服务队等活动:

1982 年 2 月,在当年全国第一个"全民文明礼貌月"活动中,北京、上海、辽宁等地的学生纷纷走上街头开展了"人民送我上大学,我献知识为人民"的咨询服务活动;

1983 年 3 月,北京 64 所高校数万名大学生走上街头开展了法律咨询、医疗服务、理发修车等服务活动;

……

这些活动将社会实践的概念引入了大学生群体,就此拉开了新时期大学生社会实践活动的序幕。

(二)走向规范阶段

1983 年 10 月,共青团中央、全国学联决定开展纪念"一二·九"运动 48 周年系列活动,号召大学生开展"社会实践活动周",引导大学生利用假期搞社会调查、勤工助学、挂职锻炼,用知识和智慧为社会服务。此次活动中,团中央、全国学联第一次全面阐述了社会实践活动的意义,并对新时期如何做好大学生社会实践工作提出了具体的意见。这标志着高校社会实践活动开始了正规化发展的道路。

为了及时总结社会实践活动的有效经验,1984 年 5 月,团中央在辽宁召开了全国第一次"大学生社会实践现场观摩经验交流会"。时任共青团中央书记处第一书记的胡锦涛同志提出了"受教育、长才干、做贡献"这一大学生社会实践的指导方针,而这一方针也为今后大学生社会实践的顺利开展打下了坚实的理论基础。在会上,辽宁省总结分享了该省将社会实践活动制度化、构建社会与高校双向联合的相关经验,使众多高校意识到将社会实践作为思想政治教育重要途径的可能性和有效性。

此后,中共中央陆续出台了《中共中央关于教育体制改革的决定》、《中共中央关于改进和加强高等学校思想政治工作的决定》等文件,进一步强调了积极参加社会实践对青年学生的成才作用,将社会实践正式列为高校思想政治教育的重要途径。1987年暑假,国家教委、团中央联合下发了《关于广泛组织高等学校学生参加社会实践活动的意见》,明确强调要组织学生到建设、改革的第一线去,深入群众、了解实际,向工农学习,向实践学习,为社会主义建设服务。至此,社会实践在全国高校普遍开展起来,活动的目的性、组织性、计划性也明显增强了,大学生社会实践活动基本成型。

(三)蓬勃发展阶段

1984年以来,大学生社会实践活动在全国得到了大力推广和普及,社会实践的指导思想和形式也随着我国经济社会的发展而改变。从1993年我国确立社会主义市场经济体制以来,如何适应市场体制,转换实践机制、深化实践内容成了高校社会实践面临的核心问题。

党的十四大召开之后,我国改革开放和现代化建设进入了新的发展阶段。社会实践活动作为大学生接触社会、服务社会的纽带,也主动适应我国发展的实际需求,向服务两个文明建设等方面倾斜。1993年2月,时任团中央书记处书记袁纯清同志指出"社会实践教育与教育的改革与发展相一致,与地方的经济发展相一致,与学生自身成长的渴求相一致"。团中央于同年通过了《在建立社会主义市场经济体制进程中我国青年工作战略发展规划》,提出实施"跨世纪青年文明工程"和"大学生科技文化服务"活动,成为大学生社会实践活动进入深化发展阶段的标志。

在此阶段,国内高校普遍将社会实践常态化、正规化,将其作为大学生思想政治教育以及生产实践教育的重要手段。1994年,团中央、全国学联、国家科委等15家单位联合发起了在暑期开展"万支大中专学生志愿服务队暑期科技文化活动",当年全国共有300多支服务队近6000名学生骨干投入了长时间的服务活动。1996年12月,中央宣传部、国家科委、农业部、文化部等十部委联合下发《关于开展文化科技卫生"三下乡"活动的通知》,1997年在全国正式展开。

1998年以来,各高校和参加实践的大学生都能积极发挥主观能动性,创造性地开展工作,中国青年志愿者扶贫接力计划研究生支教团、农村青年增收成才服务团、大学生"三个代表"实践服务团,以及西部计划志愿者等活动相继推出,成为社会实践活动的代表和重要组成部分。

（四）深化完善阶段

1996 年 6 月，中共中央、国务院颁布了《中共中央、国务院关于深化教育改革全面推进素质教育的决定》，强调："要从实际出发，加强和改进对学生的生产教育和实践教育，使其接触自然，了解社会，培养热爱劳动的习惯和艰苦奋斗的精神。高等学校要加强社会实践，组织学生参加科学研究、技术开发和推广活动以及社会服务活动。利用假期组织志愿者到城乡支工、支农、支医和支教。"这标志着高校社会实践活动进入了深化完善阶段。

为了响应中央的号召，全国上下纷纷组织活动、出台举措，将社会实践做深、做实。2000 年团中央组织了"博士团三下乡"服务队，将高学历人才与农村基层对接，在解决基层实际问题的同时锻炼高层次人才学以致用的能力；2001 年为了贯彻落实"三个代表"重要思想，国内众多高校组建了"三个代表"实践服务团，吸引了几十万大学生报名参与；2002 年，共青团中央、教育部、全国学联下达了《关于实施大学生素质拓展计划的意见》的通知，将大学生社会实践列为"引导和帮助学生完善智能结构，全面成长、成才"的六个方面内容之一，对大学生社会实践活动创新发展起了重要的推动作用。

2002 年，中央文明办、团中央、全国学联决定在全国联合开展大中专学生志愿者科教、文体、法律、卫生"四进社区"社会实践活动，并确定当年的 7 月 15 日至 22 日为"活动周"。2002 年 7 月 18 日，全国大中专学生志愿者"四进社区"社会实践活动启动，全国各主要城市的大中专学生志愿者走进社区，开展了医疗卫生、法律咨询、科普展览及文艺演出等活动。从 2002 年暑假开始，大学生社会实践活动逐渐形成在农村开展"三下乡"活动、在城市开展"四进社区"活动的新格局。

2004 年暑假，时任中共中央政治局常委、国务院总理温家宝致信参加"三下乡"暑期社会实践活动的大中专学生，对其积极参加社会实践活动、服务社会经济发展给予了肯定。温总理在信中指出："看到你们参加 2004 年暑期文化科技卫生'三下乡'社会实践活动的消息，甚感欣慰。你们选择的是一条正确的道路。大学生走出校门，走进农村，在同农民接触中，会进一步了解国情，懂得社会，认清自己对国家和人民的责任；会在社会实践中经受锻炼，增长才干，培养实际工作的能力。这将对你们今后的人生道路产生深远的影响。希望你们把这项光荣而有意义的活动坚持下去。"同年 8 月，中共中央、国务院颁布了《关于进一步加强和改进大学生思想政治教育的意见》，指出"社会实践是大学生思想政治教育的重要环节，对于促进大学生了解社会、了解国情，增长才干，奉献社会，锻炼毅力，培养品格，增强社会责任感具有不可替代的作用"，全面阐述了社会实践对于大学生成长的重要意义；《意见》还强调"高等学校要把社会实践纳入学校教育教学总体规划和教学大纲,规定学时和学分,提供必要经费",从政策层面进一步推进社会实践活动深入开展,引导建立大学生实践成才的长效机制。

随着时代的发展,社会实践的内容和形式更加丰富和全面,层次和水平有了进一步的提高,组织领导上也得到了进一步的加强。在实践过程中,把社会服务与思想教育、能力培养结合起来,将社会实践和国家政策、社会倡导、人民需求紧紧地结合在一起成为大学生社会实践活动的一大特色,收到了巨大的人才效益、社会效益和经济效益,大学生社会实践活动也成了思想政治教育的不可或缺的手段。

三、社会实践的主要形式

根据实践活动的来源、目的和组织方式不同,社会实践可以分为以下几个类别。

(一)思想教育类

思想教育类是通过报告会、座谈会、图片展、文艺演出、宣传板报等形式深入社区、乡村、学校企业,学习、宣讲党和国家革命历史、专项政策和最新政策精神的活动,使学生在实践中加深对政治理论、政策的理解和体会,提升自身思想政治素质的活动。主要包括开展党史、团史宣讲,参观走访革命老区、爱国主义教育基地、博物馆、纪念馆,重温革命时期英雄人物的爱国事迹等。

(二)教学实践类

教学实践是由教学部门主管的教学性社会实践,我国高校各个专业都有明确的实践教学要求,目的是让学生将学校的理论学习和实践结合起来,尽快地利用自己所学知识分析问题、解决问题,融入社会。教学实践纳入教学计划,有明确的学分要求,是大学生为完成学业或课程结业所必须完成的环节。主要包括专业实习、课程见习、教学观摩、重点企业参观走访等。

(三)社会服务类

社会服务类主要是指在课余时间大学生利用自己所学的知识参与到为社会做贡献和为人民服务中去,体现自己的社会价值的实践活动。在服务过程中,大学生是无偿和自愿的,虽然不能从这个过程中直接受益,但能间接地锻炼和培养自身的品质,提高奉献社会的意识,对树立良好的社会风气、促进社会进步和建设和谐社会有重要的意义和作用。主要包括假期社会实践活动、科技文化卫生"三下乡"活动、志愿服务、社区便民服务、挂职锻炼等形式。

(四)社会调查类

社会调查类主要是指学生按照一定的要求和目的,对某种社会现象和问题进行实地走访和调查的活动。主要包括走访参观、调查研究、社会考察等形式。调查是大学生社会实践活动常用的形式和方法,简单有效,容易组织。该类活动对于促进大学生接触社会和了解国情,树立正确的人生观、价值观、世界观有着重要的意义,也有利于大学生掌握科学的方法、储备社会知识和增加阅历。

(五)爱心公益类

爱心公益类是指大学生利用自己所学的知识积极参加有利于社会的公共利益或者是对公众有益的事,是近几年兴起的一类实践活动。积极参与公益实践活动能够唤起大学生的责任意识和服务意识,对于号召大学生承担社会使命,调动受助者积极性来解决社会问题具有很强的教育效果。主要包括公益劳动、环境保护、爱心捐款、公益创业等活动。

四、社会实践的意义

为什么要开展社会实践,青年学生为什么要参加社会实践? 这也许是许多团干和学生第一个想问的问题。对于这一问题,2005 年 2 月中宣部、中央文明办、教育部、共青团中央颁发的《关于进一步加强和改进大学生社会实践的意见》做了精彩的表述:"大学生参加社会实践,了解社会、认识国情,增长才干、奉献社会,锻炼毅力、培养品格,对于加深对邓小平理论和'三个代表'重要思想的理解,深化对党的路线方针政策的认识,坚定在中国共产党领导下,走中国特色社会主义道路,实现中华民族伟大复兴的共同理想和信念,增强历史使命感和社会责任感,具有不可替代的重要作用,对于培养中国特色社会主义事业的合格建设者和可靠接班人具有极其重要的意义。"根据 1984 年团中央确定的"受教育、长才干、做贡献"的社会实践指导方针,大学生参加社会实践至少有三大方面的意义。

(一)增长知识,提升教育质量

我国自古就重视实践在育人、成才方面的重要作用,既有"读万卷书、行万里路"的通俗格言,也有《弟子规》中"不力行、但学文,长浮华,成何人;但力行,不学文,任己见,昧理真"关于教学、实践辩证关系的论述。

课堂教育和实践教育是高等教育的两个重要组成部分,课堂教育是学习知识的主要方式,大学生通过课堂学习掌握系统、规范的理论知识。但光有课堂教学显然是不够的,要真正理解和消化课堂上学到的间接知识、提升对知识的实际操作和运用能力、培养解决实际问题的能力,就必须深入到广泛的实践锻炼中去,而大学生社会实践正是实践教学最有效的方式。大学生社会实践弥补了课堂教育的缺陷,通过参观走访、现场展示、实际操作等形式,可以更加深入地理解课堂知识,增加对知识的亲身体验和感受。实践为大学生提供了深入社会的机会,通过将理论知识和社会实际情况相结合,许多需要综合各类知识才能解决的问题变得不再困难。总而言之,社会实践提高了联系、综合多种理论知识解决实际问题的能力。

(二)增长才干,促进自身社会化

大学生社会实践是高校思想政治工作的重要内容,思想政治工作并不是空泛的说教和枯燥的理论,而是需要和社会实际充分结合起来。2004 年中共中央国务院《关于进一步加强和改进大学生思想政治教育的意见》(中央 16 号文件)明确指出:"坚持政治理论教育与社会实践相结合。既重视课堂教育,又注重引导大学生深入社会、了解社会、服务社会。"可见,社会实践的另一大功能是促进大学生了解社会,增长才干。

受我国传统教育制度的影响,大学生对书本知识掌握较多、较牢固,对于国情、民情之类的社会知识却知之甚少,虽然有强烈的爱国热情和为人民服务的积极性,却经常因为不了解我国社会的历史和现状,不了解国情而陷入幻想和空想。要想提升自身思想政治素质,形成正确的世界观、人生观和价值观,光靠理论学习是远远不够的,还必须通过社会实践。社会实践提供了一个深入实际接触社会、全面了解国情的有效途径,在社会实践中,我们要直接和社会各阶层、各类型的人员打交道,处理各种人际关系和复杂事情,这样我们才能发现自身和社会需求之间的差距,认识到自身的不足,从而客观地评价自己。通过实践,我们还能充分锻炼自己的组织协调能力和社会交际能力,不断改进、吸取新知识,改掉缺点和不足,让自己适应社会发展的需要,促进自己的社会化进程。同样的,通过社会实践,我们才能把自己的主观认识建立在现实之上,才能更好地理解党的方针政策及其现实意义,从而端正人生态度,确立正确的价值取向和奋斗目标,成为社会主义事业合格的建设者和接班人。

(三)奉献社会,参与社会建设

实践活动是双向、互动的,我们在接受知识、增长才干的同时,也为社会提供了服务,用实际行动参与了社会建设。从"受教育、长才干、做贡献"的大学生社会实践宗旨来看,奉献社会、用实际行动服务社会也是大学生社会实践活动的重要目的。

在社会实践活动中，我们通过政策宣传、社会调查、科普活动、义务支教、志愿服务、爱心公益等活动，深入工厂企业、社区、农村等社会基层，向社会宣传、讲解党的理论、路线、方针和政策法规，帮助广大群众理解和执行政策，提高社会成员的思想政治素质、法律意识，推动了全社会科学文化知识的普及。此外，通过科技、文化、医疗"三下乡"活动，我们将科学技术带到农村，通过人才培训、提供致富信息、开展科技咨询等活动，在一定程度上能够解决企业经营、管理、生产、技术上的问题，加快了科学知识的传播速度，极大地推动了先进的科学技术知识在全社会的普及，促进了社会主义和谐社会建设和新农村建设。

当然，社会实践的意义远不止以上三点，值得肯定的是，经过30多年的发展，社会实践已经成为当代大学生了解国情、服务社会、增长才干的重要途径和舞台，也得到了社会的广泛认可和重视。

延伸阅读 5-1

社会实践名词解释

三下乡[1]　即文化、科技、卫生"三下乡"。为了促进农村文化建设，改善农村社会风气，密切党群、干群关系，深入贯彻中国共产党的十四届六中全会精神，大力推进农村精神文明建设，满足广大农民的精神文化生活需求，1996年12月中央宣传部、国家科委、农业部、文化部等十部委联合下发了《关于开展文化科技卫生"三下乡"活动的通知》，并从1997年开始正式实施。文化下乡包括：图书、报刊下乡，送戏下乡，电影、电视下乡，开展群众性文化活动；科技下乡包括：科技人员下乡，科技信息下乡，开展科普活动；卫生下乡包括：医务人员下乡，扶持乡村卫生组织，培训农村卫生人员，参与和推动当地合作医疗事业发展。

四进社区　即科教、文体、法律、卫生"四进社区"。为进一步丰富社区文化生活，宣传普及科学知识，增强居民法律意识，提高居民生活质量，满足人民群众不断增长的精神文化需求，2002年中央文明办、中央综治办、文化部、卫生部、国家体育总局、中国科协、团中央、全国妇联等8部委联合发起。

挂职锻炼　有序地组织在校大学全日制学生、研究生，奔赴各个区、县

---

[1]　来源：中国青年网：全国大中专学生志愿者暑期文化科技卫生"三下乡"社会实践活动官方网站，http://edu.youth.cn/sxx/。

等基层单位,以乡镇长助理、驻村干部、村(社区)支部书记助理和村(社区)主任助理等身份,开展短期挂职工作实践,根据地方基层工作实际和所挂职务实际,积极参与基层单位日常管理、业务实习、科技推广、学习宣传和文化卫生建设等活动。

红色旅游 红色旅游是指以1921年中国共产党建立以后的革命纪念地、纪念物及其所承载的革命精神为吸引物的旅游活动,具有较高的教育意义,被高校团组织用为社会实践的一种形式。其主要形式为:号召大学生到革命纪念地、改革开放前沿和经济社会发展成效显著的地方学习参观,了解革命历史,增长革命斗争知识,学习革命斗争精神,培育新的时代精神,接受革命传统教育。

大学生志愿服务西部计划 从2003年开始,团中央、教育部、财政部、人力资源和社会保障部根据国务院常务会议精神共同组织实施西部计划,按照公开招募、自愿报名、组织选拔、集中派遣的方式,每年招募一定数量的普通高等学校应届毕业生和在读研究生到中西部贫困县的乡镇一级从事为期1～3年的志愿服务工作。志愿者服务期满后,鼓励扎根基层,或者自主择业和流动就业,并在升学、就业方面给予一定政策支持。

第二节　社会实践的设计与策划

一、社会实践的基本过程

一般来说一次完整的社会实践,包括公告、选题、申报立项、人员招募、组织实施、宣传、整理总结、交流评比等几个环节,每一个环节要完成的事项如下:

(1)公告。团中央、学校、院系各级团组织发布通知,确定实践主题和方向,号召广大团员青年参加社会实践。以暑期社会实践为例,一般高校在每年4～5月之间发布通知。

(2)选题。发布通知后,经过前期酝酿,根据各级团组织的指导思想,理清基本思路,筹划实践的雏形,拟定实践的主题,确定实践形式和内容,最终形成实践项目的标题。

(3)申报立项。根据选题,撰写实践项目策划书,填写立项申报书,向各级团组织申请立项,并争取实践经费。立项结果一般有重点资助、一般资助、不资助和不予立项几种类型,不予资助的项目一般为违反有关政策、存在严重的安全隐患等。

（4）人员招募。立项人通过公开或私下的形式招募、选拔团队成员，组建实践队伍，人员招募可以在立项前，也可以在申报立项前进行。一般来说，团队的核心成员在立项前已经基本确定，立项后通常是补充招募。

（5）组织实施。明确人员分工，拟定最终的实践计划，开展前期准备，购买物资、制作宣传品，最终在预定的时间，按照预定计划实施实践项目。

（6）宣传。社会实践的宣传包括前期、中期和后期三个部分，前期主要为立项、招募、造势宣传，中期主要为实时信息和新闻报道，后期主要为成果宣传。

（7）整理总结。实践过程中会形成问卷、资料、照片、视频等各种素材，对这些素材进行加工整理，制作图片集、实践视频、撰写实践报告或调研论文、团队成员撰写实践心得体会，最终形成实践报告。

（8）交流评比。在实践过程中或结束后，各级团组织会通过经验交流会、成果分享会、总结表彰会、图片展、视频展等多种形式开展实践的交流和评比，提炼出优秀的实践项目进行宣传和推广。

二、社会实践的选题

（一）选题的意义

确定选题是指经过思考、斟酌，确定活动所围绕或所要解决的中心问题，明确活动的主题及类型，并将其具体化为实践项目标题的过程。选题是社会实践的第一步，它决定了实践活动的方向、目标、内容、任务，也决定活动的计划和步骤、采取的方法和途径等，直接关系到项目的价值、可行性，因而也是社会实践关键性的一步。

选题的意义不仅在于对实践活动的行动指导作用，更在于引导学生深入领会社会实践对自身价值的提升、培育学生创新实践和运作活动的能力。简而言之，优秀的社会实践选题应做到理论联系实际、课内与课外相结合，充分整合利用资源，促使活动的开展更加高效、有序。

（二）选题的参考

社会实践是指学生通过参与集体社会活动发展个人兴趣并获得个人能力提升的有效途径，而选题正是社会实践顺利开展的前提和基础。一般来说，可以通过以下几个方面的思考来明确实践的方向和具体内容。

（1）所学专业。可以从自己所学专业出发，以专业知识为依托，结合社会热点问题，发挥自身学术特长来设计实践项目。如能源、环境、生物相关专业的学生可以结合十八大提出的生态文明建设设计生态环保类的实践项目,医学类同学可以设计社区医药咨询、送医下乡等项目。

(2)兴趣和特长。除所学专业外,也可以从自身爱好和特长出发,俗话说兴趣是最好的导师,寻找志同道合的同学一起设计与众不同的实践项目,也许能取得意想不到的成效。

(3)活动主题。每年团中央、学校、院系等各级团组织都会公布活动主题,如2014年团中央确定的主题是"为祖国勤学修德,以实践明辨笃实",这些主题往往体现了党中央、学校的政策方向,可以结合这些主题选取题目。

(4)常规活动。此外,也可以选取常规性的活动如支教、社区志愿服务、回乡调研等作为活动主题,虽然这类活动每年都有大量的实践队伍,但把它做好、做出特色也是不容易的。

(5)选题指南。当然,如果实在选不好主题,也可以参考团中央、学校等各级团组织发布的选题指南,从中选取适合自己的项目。

(6)承担任务。除了新设计的实践项目外,一般高校、各院系团组织都会设立有社会实践基地,每年也会开展大型实践活动,可以报名参加或承担这些"既定"的实践任务。

(三)选题的原则

一般来说,选题过程中要遵循现实性、可行性、创新性三个原则,才能使实践项目既有一定的社会价值,又能发挥团队成员的作用,增强成功的把握。

(1)现实性原则。大学生社会实践的内容涵盖了社会各个领域,为避免内容空洞无物,要注意选题的现实意义和实用价值。选题要与社会生活密切相关,能反映社会现象和社会大众关心的问题,同时,选题要有一定的实际应用价值,形成具体成果,能解决某一具体问题或为解决问题提供一定的参考。

(2)可行性原则。选题时要深入分析人、财、物等方面的资源,保证实践项目切实可行。一方面要在科学理论的指导下选择课题,另一方面要量力而行,充分估计到专业知识、实践能力、兴趣爱好、经费等条件。同时,选题要大小适中,确保选题内容和范围适当。

(3)创新性原则。此外,选题还要具有一定的新颖性、独特性和先进性,切忌只凑"热门",这样才能让实践项目脱颖而出。但也要注意,如果从题目到形式都是独创的,这样项目的实施难度可能会很大,往往会降低可行性,因此也可以从传统的选题出发,将旧的题目和形式做出新意,赋予其新的价值。

延伸阅读 5-2

历年社会实践主题

每年,团中央都会发布全国大中专学生志愿者暑期文化科技卫生"三下乡"社会实践活动主题,下面列出了 1997 年到 2013 的活动主题:

1997 年:传播文明圣火,推进扶贫开发

1998 年:在服务农村两个文明建设、服务农民生产生活的实践中深入学习贯彻党的十五大精神,深入学习邓小平理论

1999 年:弘扬"五四"爱国精神,勇担强国富民重任

2000 年:向新世界迈进,在实践中成才

2001 年:播科学圣火,做文明使者

2002 年:同人民紧密结合,为祖国奉献青春

2003 年:实践"三个代表",弘扬民族精神

2004 年:传承"五四"报国志,落实科学发展观

2005 年:服务和谐社会建设,提高思想政治素质

2006 年:践行荣辱观,服务新农村

2007 年:贯彻科学发展观,服务农村促和谐

2008 年:勇担强国使命,共建和谐家园

2009 年:高扬爱国主义旗帜,服务科学发展大业

2010 年:服务三农发展,建设美好家园

2011 年:永远跟党走,青春献祖国

2012 年:青春九十年,报国永争先

2013 年:实践激扬青春志,奋斗成就中国梦

2014 年:为祖国勤学修德,以实践明辨笃实

浙江大学暑期大学生社会实践历年主题(2009—2013 年):

2009 年:实践成才,青春报国

2010 年:践行求是精神,青春报效祖国

2011 年:红色寻访,青春报国

2012 年:青春追寻,实践成才

2013 年:青春·使命·中国梦

2014 年:践行核心价值观·青春共筑中国梦

三、社会实践的内容设计

确定选题之后，就要着手设计实践项目的具体内容。简单地说，社会实践项目的内容设计主要包括形式、任务、前期准备和日程安排等几个部分。

（1）实践形式。根据参加人员的多少，可以有个人实践、小分队和大项目三种形式。个人实践即全程只有一个人单独参加实践，往往是单位实习、挂职锻炼、个人调查等；小分队是三人以上的团队，需要成员之间分工协作，如支教、社区宣传、中等规模的调研等；大项目即确定一个相对较大的主题，许多小分队共同参与的实践项目，往往以院系、专业为单位组织。

（2）实践任务。任务是实践的核心部分，也是实践活动能否顺利进行的关键。在设计内容的时候，必须事先明确要完成哪几件事情、由谁来完成、要达成什么样的目标。设计内容时首先要确定实践的主要任务，即明确哪些任务是主要的、哪些任务是辅助的；其次要根据总目标划分阶段性任务或子任务，并明确其完成的时间；最后还要安排好人员分工。通过以上三个方面的设计，做到参加实践的每一个人都清楚自己在什么时间要完成什么样的事情，通过团队的分工合作完成实践的总目标。

（3）前期准备。前期准备包括储备知识和实践物品。储备知识包括实践地和单位的基本情况，如所在地的地理常识、风土人情、习俗禁忌，对接单位的规模、历史、行业地位等；还包括选题相关知识，如相关专业知识、相关政策等。除了知识之外，实践过程中所需的物品也应该考虑在内，如标志物（横幅、旗帜、文化衫等）、宣传品（展板、传单、问卷等）、器材（相机、摄像机、通信工具、专业器材）等。

（4）日程安排。日程安排包括队伍的筹备、出发、具体实施、总结等各个阶段的事务安排，日程安排要尽量清晰准确，一般任务要具体到日，具体事务要具体到时，集合、乘车时间等重要事务必须具体到分，这样才能保证实践任务按计划完成。

（5）支持与保障。支持与保障包括对开展实践所需支持条件和资源的筹划，主要有对接单位、经费支持、安全保障等。一要筹划好实践地区和意向单位，做好前期调研和联系；二要做好筹款计划，如向有关指导单位申请、争取企事业单位赞助、团员自筹等；三要明确安全保障措施，准备医疗物品清单和方案、拟定保险方案。

四、社会实践策划书撰写

社会实践策划书是社会实践活动开展获得许可、支撑的必要文书，体现了实践团队对活动意义的理解程度以及前期准备的详尽程度。在完成了选题和内容的设计后，要及时着手撰写社会实践策划书（申报书），将选题的目的和意义、具体的内容设计落实到纸面，向学校、院系申报立项。一般来说，策划书即是社会实践立项申请书，因此策划书要遵循一定的格式，详细反映实践项目整体情况，包括基本情况、实践内容、可行性分析和保障措施等。

（一）基本情况

（1）项目的基本信息：包括实践主题、队伍名称、立项人、指导老师、人员组成、实践的时间地点等。

（2）背景与意义：结合相关主题、政策、背景资料，分析项目的现实意义和实用价值。

（3）预期目标：实践项目要达到的效果、形成的成果等。

（二）实践内容

（1）主要内容和形式：包括实践的具体形式、开展的规模、具体的时间地点等。

（2）人员分工：包括团队成员的特长、分工和具体任务等。

（3）日程安排：项目筹备、出发、实践过程、总结等事项的具体安排。

（三）可行性分析和保障措施

（1）前期准备：包括相关知识的学习情况、物资准备情况、与接洽单位的联系情况、实践规划的合理性等。

（2）经费预算：包括经费预算、经费来源和经费使用办法等。

（3）保障措施：对可能出现的安全问题、突发事件的应对预案，以及保险、紧急联络等应对的具体准备情况。

（四）策划申报书格式

社会实践策划申报书的具体格式因组织单位的不同而有所差别，但其基本格式和要求是类似的，以《浙江大学 2013 年暑期大学生社会实践团队立项申报表》为例，如图 5-1 所示。

编号：_____

浙江大学 **2013** 年暑期大学生社会实践团队立项申报表

团队名称	浙江大学_____院系(学园)赴_____省_____(县市)_____ _____(实践地点)暑期社会实践团						
活动起止 时间	2013 年_____月_____日至 2013 年_____月_____日						
实践主题							
团队 指导 老师	姓　　名						
	工作单位						
	职务职称						
	是否随团						
	联系方式	电　　话					
		手　　机					
		E-mail					
团队 领队 (队长)	姓　　名			学　　号			
	院系(学园)			年　　级			
	住　　址			政治面貌			
	联系方式	电　　话					
		手　　机					
		E-mail					
	其　他 联系人		联系 电话		手　机		
	其他方式						

填表说明

1. 此表由参加暑期社会实践的团队领队逐一填写。
2. 本表第一页编号不用填写;团队名称按统一格式填写如:"浙江大学××(所在院系(学园)或社团名称)赴××(实践地点,具体到××省××县市××实践地点)暑期社会实践团";领队的联系方式请尽量详细;实践时间统一用阿拉伯数字填写。
3. 各团队表格填写好后上交院级团委、学生组织或学生社团,经审核后统一汇总上交校团委 zjushsj@zju.edu.cn;不接受个人报名。
4. 填表过程中如有疑问,可与校团委社会实践指导中心联系咨询。

图 5-1 社会实践策划申报书格式示例

第三节　社会实践的实施与管理

一、队伍的组建与管理

(一)组建团队

社会实践团队一般由团队负责人、指导老师、核心成员、普通队员组成，团队的规模可大可小，但一般来说不少于 4 人，不超过 20 人。

团队负责人一般来说是实践项目的立项人，是整个团队的核心，负责整个团队的运作，需要配合学校关于学生暑期社会实践的各项工作。一般来说，团队负责人应当遵纪守法，具有较好的组织领导能力，善于与人沟、处理日常事务。

团队指导教师由团队聘请，负责对所指导的实践团队的选题、组织、实践成果整理完成等方面进行指导，关心学生在社会实践过程中的安全状况。如无特殊情况，各团队均应聘请指导老师，指导老师可以是辅导员、班主任、专业教师等。

核心成员通常担任团队的干部，负责一部分事务。如前文所述，核心成员往往在项目选题、立项之初就已经确定，往往是团队负责人的同学、朋友以及其他有密切联系的学生。

普通队员占了团队的大部分，也是开展实践活动的主力。一个队伍光靠核心成员是不够的，对于规模较大的实践项目来说尤其如此，因而在确定指导教师、找到核心成员之后，往往还需要招募队员。成员招募的途径有很多，根据高校的实际情况，通常有以下几种：班团组织、党支部、寝室、学生社团、学生会、同乡、公开招募等。

在队伍组建和成员招募过程中，应注意几个问题：一是兴趣爱好，团队成员要对实践项目有兴趣，有相对统一的实践意向；二是知识专长，要考虑实际工作所需，合理招募和分配不同专业、不同特长的队员，形成互补优势；三是适当控制人数，成员太少不利于实践的展开，太多则容易流于形式，也会增加不必要的预算。

(二)团队的管理与运作

社会实践团队是一个带有实践任务的临时性团队，实践完成后，团队就不复存在，因而团队管理主要是围绕实践任务而展开的。

(1)统一思想认识。团队组建后，全队要加强联络和沟通，通过多种形式统一思想认识,形成明确的、共同的实践目标,求同存异,以增强整个团队的凝聚力。统一认识过程中可以运用多种沟通方法,可以私下的一对一沟通,也可以通过电子邮件、网络等现代化手段,也可以召开较为正式的工作会议,但无论采用何种形式,都要做到"不带着问题上路"、"不带着情绪上路"。

(2)明确成员分工。一般来说,团队应设立领队、财务、联络、宣传、安全等事务的负责人,团队分工原则上以自愿为主,要综合考虑队员专业背景、地域、经历、特长、性格特点等,做到人尽其才,既要符合实践的实际需要,又要注意每位队员工作量的平衡,团队人数较多的,还可以设立4~7人的工作小组。

(3)建立管理制度。团队内部必须建立一系列的工作制度,以确保实践任务的顺利完成。需要建立的制度有:①安全制度,包括联络、请假、突发事件应对等;②议事制度,包括工作汇报、会议商讨、应变决策等;③财务制度,包括资金、票据、物资等财物的使用、登记。各项管理制度根据团队的实际情况制定,内容可以做适当删减,但应尽量用书面形式制定并发给每一个团队成员。

(4)制定团队纪律。严格来说,纪律属于制度的一部分,因为社会实践通常都是在乡村、社区、企业等校外单位和地方开展,纪律显得尤为重要,如少数民族地区通常有特殊风俗和禁忌、大型企业单位有内部保密制度、生产企业现场禁止拍照摄影等。团队应结合国家法律法规、学校有关管理规定、实践地和单位的习俗和管理规定制定书面的团队纪律,一般形式为行动准则、文明公约等,主要是为了保证成员的安全,塑造团队整体向上的精神风貌,避免不必要的纠纷。

案例 5-1

浙江大学社会实践文明公约

1. 在乘车的过程中,遵守公共秩序,听从领队指挥。

2. 到站后,若实践地派人来接,要表示真诚的感谢;若无人来接,可通过给接收单位打电话等方式妥善解决。

3. 在住宿地,要保持整洁卫生,饮食应听从实践地的安排。如果当地条件有限,应发扬吃苦精神,克服困难,勿向当地提出不合理的要求。如有问题,应保持冷静,尽量寻求协商解决。

4. 尊重他人,尊重当地习俗。

5. 衣着举止大方得体,忌浓妆艳抹,出席正式场合时,衣着不可过于随便。

6.实践过程中要注意勤俭节约，树立环保意识，不随便乱扔垃圾和废品。

7.不接受地方赠品，更不可索要当地特产。

8.临走时，应主动将住处打扫干净，提前向实践地告知动向，并正式表示感谢。

二、实践的前期准备

社会实践的具体过程具有较强的自主性和偶然性。大学生普遍社会经验不足，面对复杂多变的实践环境，实践组织者更应该加强对活动整体的统筹规划，做好充分的前期准备工作。社会实践前期准备主要包括自我调整、团队动员、知识准备、材料准备、联系单位等几个方面。

（一）自我调整

自我调整包括思想调整和身体调整两个方面。出发前要明确实践过程中的自我角色定位，正视实践中出现的困难。社会实践是个复杂的过程，往往没有当初设想的那么顺利，还会出现意想不到的困难。大学生社会阅历相对简单，缺乏磨炼，容易有不切实际的想法，碰到困难容易气馁，产生抵触情绪，因此在出发前，要从"受教育、长才干、做贡献"的宗旨出发，做足充分的思想准备。同时，实践过程中往往还有物资条件差、突发恶劣天气、水土不服等情况发生，因而实践前要有针对性地调整作息时间和饮食习惯、加强身体锻炼，增强身体适应性。

（二）团队动员

在出发的前几天，团队应做一次正式的动员，通常的形式是召开动员大会或出征仪式。通过动员介绍社会实践政策、实践基本情况和预期成果，布置具体实践任务，强调注意事项，检查物品准备情况，发放相关材料，将全体队员的实践积极性调动到最高。

（三）知识准备

社会实践的过程是大学生深入社会、认识国情、提高认识的过程，也是运用知识服务社会的过程，知识的准备情况将直接影响到实践的成效。具体地说，实践团队要做好以下五个方面的准备：

（1）时事政策。要对党中央有关文件精神、专项政策以及当前社会实践的指导思想有较为深的了解。如2013年团中央确定的实践主题是"实践激扬青春志，奋斗成就中国梦"，开展"中国梦"主题实践活动的队伍就必须对

"中国梦"的提出过程和具体内涵有全面的了解。

（2）专业知识。扎实的专业知识是顺利开展实践活动的前提,队伍出发前,要对实践所需的专业知识做系统性的整理和学习,保证实践过程中不出现知识性错误。如开展农村支医活动的团队,对医学常识、农村地区常见的疾病知识要有所掌握;开展支教的团队,对对象学生所学的课程知识要有所梳理。

（3）风土人情。充分了解实践所在地的风土人情能增进队员与当地群众的交流,避免引起纠纷。准备过程中要对实践地区的地理环境、历史文化、经济状况、宗教信仰、民族构成、饮食习惯、禁忌等做充分的了解。风土人情知识可以从三种途径了解到,一是向来自当地的同学询问,二是利用网络查阅当地资料,三是向对接单位请教学习。

（4）社交知识。社会实践不可避免地要与人打交道,也有可能会接触到相关媒体,因而了解必要的社交应对技巧是十分必要的。实践中应重点掌握的礼仪知识因团队的不同而不同,但总体上应遵循"尊重、礼貌、诚信"的原则。

（5）安全知识。安全要始终放在实践工作的首位,主要包括人身安全和财产安全,需要掌握的基本安全知识有交通安全、饮食安全、财务保管、突发事件应对、意外受伤应急处理等。当然还要根据实践的具体特点有针对性地学习安全知识,如暑期实践要重点学习防中暑、防台风、防雷击、防雨知识,寒假实践要重点学习防风、防冻伤、防路面冰冻等知识,到农村地区实践还要学习防毒虫、防动物伤害等知识。

（四）材料准备

需要准备的材料包括实践所需的文本资料、个人物品、团队物资等。

（1）个人物资:证件（身份证、学生证等）、手机、钱、笔记本、必要的生活用品等。

（2）实践器材:照相机、摄像机、录音笔、电脑、专业器材等。

（3）实践资料:团队标识（旗帜、文化衫、横幅等）、实践手册、介绍信、实践计划、调查问卷、访谈提纲、通讯录等。

（4）药品:感冒药、肠胃（止泻）药、晕车药、防治中暑药、驱虫药、跌打损伤药、创可贴、止血绷带、个人特殊药品等。

（5）应急物资:打火机、手电筒、小刀、指南针、绳子等。

（五）联系单位

大多数实践团队都有对接单位,如支教、企业实习等实践队伍必须事先和对方单位取得联系,社会调研等团队也需要获得调查地相关乡镇、企业、社区、村的支持。有明确对接单位的团队,必须在出发之前就做好单位的联系,商定有关事项;没有明确对接单位的团队,可以事先联系,也可以到达实践地后,凭学校出具的社会实践介绍信与有关单位接洽。

社会实践的前期准备的具体事务需要视团队的实际情况而定,通常学校会通过多种形式为实践团队提供相关培训和物资帮助。如浙江大学会为获得校级立项和资助的实践团队提供旗帜、文化衫、药箱等物品,还会统一召开社会实践培训会,开展专项讲座,提供短期保险信息,下发《暑期大学生社会实践活动指导手册》等资料,实践团队可以向所在学校、院系团组织索取。

三、实践中的社交礼仪

大学生在社会实践过程中经常与人打交道,是否掌握和遵循必要的社交礼仪,关乎个人、团队和所在学校的形象,还关乎实践实施的顺利与否,因此实践中一定要掌握相关知识,注意社交礼仪,少添麻烦,多做贡献。社会实践中常见的礼仪要点有以下几个部分。

(一)形象塑造

个人和团队的形象影响到整体精神风貌,是"第一印象"的重要部分。良好的形象一方面能展示良好的精神风貌,另一方面也体现出团队对实践本身和对方单位的重视,也属于交往礼仪的一部分。

(1)队员要注意个人形象和卫生,着装干净、整洁、庄重。

(2)精神风貌要饱满,即使旅途劳累,也不可表现出萎靡不振的样子。

(3)团队形象要有整体设计,最好统一着装,或佩戴统一的标识。长期实践的,也应保持一定的着装风格,不要太过于个性化。

(二)联络沟通

联络沟通包括与对接单位的联络、协商,与调查、服务对象的沟通,向其他社会人士请教、询问等。

(1)尊重对方。多使用尊称,注意尊重长者,恰到好处。

(2)注意倾听。别人说话时,不要插话打断,也不要与其他人小声交谈。

(3)注意措辞。说话要考虑时间、地点、对象,提出问题时,要考虑对方的接受程度。

(4)谦恭有礼。谈及本人或学校时,不要狂妄自大,也不要妄自菲薄,妄加评论。

(5)尊重风俗。不要断然批评当地的气候、饮食、经济、风俗习惯等,在偏远的山区或少数民族居住区时应特别注意。

(三)待人接物

实践中必定会碰到接洽、协商、租用场地等事务,虽然都是普通事务,但也不可过于随意。

(1)注意先后。在交往时要注意长幼有序,尊重对方,不要喧宾夺主,如握手时通常是年长(尊)者先伸手后,另一方及时呼应。

(2)准备介绍信。介绍信一般由学校、院系开具,能够使对方快速地了解自己的实践意图,帮助团队取得实践单位的理解和信任。

(3)准备纪念品。实践团队准备一些具有学校特点的纪念品,在实践结束后,送给接待单位或个人,既可以表达本人或团队的谢意,而且对实践单位或个人而言也是一种肯定和纪念。

(4)注意善后。在实践过程中向对方单位、社区、老乡借用的东西一定要如数归还,如有损坏一定照价赔偿,并表示感谢或歉意。如果在实践过程中有合影,来不及当时赠送的,可事后邮寄。

(5)表达谢意。实践中应选择适当时机,向负责接待的领导和工作人员表示衷心的感谢,并欢迎其到学校做客。实践结束后,要给接待单位打个电话或寄封感谢信再次表示感谢,让对方感受到自己真诚的谢意。

延伸阅读 5-3

实践中的餐桌礼仪

社会实践的对接单位或个人为了表示对实践队伍的欢迎,通常会宴请同学。对此,同学们首先要表示感谢,然后视实际情况确定是欣然接受还是婉言谢绝。在赴宴时要注意:

(1)着装整洁大方,能体现大学生精神风貌。

(2)就座时要谦让,让主人或长者坐主位。

(3)餐桌上不要大声喧哗、打闹。

(4)主人敬酒时依酒量而行,不扫兴、不逞能,避免酒后失态。

(5)要适当向主人敬酒表示谢意,碰杯时自己的酒杯不要高于主人的酒杯。

延伸阅读 5-4

实践中的会议礼仪

在社会实践过程中，我们经常参加座谈会、茶话会、培训会等，这几种场合均为轻松自如的环境，所以我们的表现必须坦率开朗、受人欢迎。以下是所要注意的几个方面：

（1）准时入场，进出有序，切忌迟到。

（2）衣着整洁。尽量穿团队统一服装，不要穿看上去夸张的服装和令人分心的装束。

（3）座次有序。一般会议组织者引导大家按序入座；如果无人引导，则待主人和重要人物坐好后，在靠近他们的两边座位上坐下，动作要轻。

（4）会议开始前应该主动将手机关闭或者调整为静音震动状态。

（5）举止大方。坐姿自然，文雅大方，保持较好的精神状态，不要趴着、倚靠、打哈欠、胡乱涂画、低头睡觉、接打电话、来回走动，更不要私下小声说话或交头接耳。会中尽量不离开会场；如果必须离开，要轻手轻脚，尽量不影响发言者和其他人；如果长时间离开或提前退场，应与会议组织者打招呼，说明理由，征得同意后再离开。

（6）注意聆听。开会时应认真听讲，可以准备纸笔记录下与自己相关的内容或要求。

（7）积极参加讨论。会中若有讨论，最好不要保持沉默。想发言时要讲究顺序和秩序，不能争抢发言；应先在心里有个准备，用手或目光向主持人示意或直接提出要求。

（8）言谈得体。发言应简明、清楚、有条理，实事求是。吐字清晰，语调、声音大小恰当。反驳别人时不要打断对方，应等待对方讲完再阐述自己的见解，别人反驳自己时要虚心听取，不要急于争辩。与他人有分歧，应以理服人，态度平和，听从主持人的指挥，不能只顾自己。

（9）礼貌应答。如果有人提问，应礼貌作答，对不能回答的问题，应机智而礼貌地说明理由，对提问人的批评和意见应认真听取，即使提问者的批评是错误的，也不应失态。

（10）每位发言人发言结束时，应该鼓掌以示对他人讲话的肯定和支持。

延伸阅读 5-5

实践中的参观礼仪

（1）着装整洁。如果参观场所对参观者的服装、发式有明确规定时，应该主动按照要求着装，以免发生危险。

（2）保持安静。参观过程中，时刻保持安静，自觉将手机处于关闭或震动状态，不能闲聊，更不能一边参观一边吃东西。

（3）集中精力。参观时把全部注意力集中到参观项目，不要舍本逐末、主次不分、不务正业。

（4）做好记录。参观的时候，要看好、听好、记好。不能走马观花，更不能中途退出。在规定允许的前提下，参观者应该尽自己的一切可能，以笔记、绘画、录音、拍照、摄像等各种形式，为自己的参观做好记录。

（5）虚心请教。当介绍人讲解时，应耐心听取，不要轻率插话。遇到不懂的可以请教，万一讲解员的答复不能使自己满意，也应向介绍人表示感谢，不可流露出不满意的神情，或一声不吭地走开。

（6）队伍有序。在参观过程中，每个成员均要紧跟讲解员有序参观，避免掉队。

（7）服从组织。个人要服从集体，听从指挥，不允许随意自行其是，不允许中途擅自离队。外出要请假，归队要准时，尽量不要在集体参观时个人独自行动。

（8）文明礼貌。不要高谈阔论、随地吐痰、乱扔垃圾、乱刻乱画。

（9）爱护设施。请勿动手随便触摸；未经允许不得动手操作演示。

（10）遵守规定。自觉遵守参观场所的规定。凡标明"谢绝入内"的场所，不要擅自闯入；凡不准拍照的设施物品，不要私自拍照、摄像。

四、安全防范与权益保障

安全是大学生社会实践的第一原则，开展社会实践时有两个方面必须特别注意，一是要注意自身安全，二是要维护自身权益。实践过程中，必然会遇到各种安全问题。为确保人身与财产的安全，防止意外事故的发生，在社会实践过程中一定要提高安全意识，预防各种安全隐患，更需要懂得一些安全常识，确保出行安全。同时，社会实践活动要与社会各阶层的人打交道，大学生也常常因涉世未深、社会经验不足，容易上当受骗或被人利用，碰到权益受损时,同学们应自觉地学法、用法,依法行使权利,合理维护权益。

(一)安全保障工作的基本措施

(1)确立"安全第一"原则。将"安全第一"作为实践的第一原则。实践的日程安排、人员管理等都要服从这一原则。实践中要时刻保持安全意识,不做出任何形式的不安全举动,如果遇到特殊情况、意外事件及不可抗力因素导致原实践方案具有安全隐患时,应及时调整实践计划,情况严重时应立刻终止实践。

(2)开展安全教育和学习。学校和院系团组织一般来说会下发有关社会实践安全的资料,或集中开展安全培训,对安全工作提出要求,参加社会实践的团队和个人要认真学习这些资料和工作要求,保证所有参加实践的同学都了解相关知识和要求。

(3)编制安全预案。当然安全知识和技能有很多,要实践队员全面、系统地掌握不太现实。因此要结合本团队特点,有重点、有针对性地编制安全预案,以书面形式发放给每一个团队成员。

(4)购买保险。购买社会实践短期意外保险是安全的辅助措施,如不幸发生意外,能给予同学一定的经济补偿(见表 5-1),近年来逐渐成为各高校组织社会实践的基本要求。社会实践保险一般为商业机构提供,团队需根据需求购买。

表 5-1　某保险公司提供的暑期实践短期意外保险方案

保险责任	保　障
意外身故保障(万元)	12
意外伤残保障(万元)	12
意外烧烫伤(万元)	12
意外医疗保障(万元)	2
保费(元/人/月)	10

(5)保持信息充分畅通。社会实践组织部门应建立信息沟通机制,掌握全体团队的即时信息,实践团队应及时向管理、指导部门报送本团队实践开展的具体进展和有关信息,个人应随时与团队保持通畅的联络。信息的充分和畅通能减少许多安全隐患,真的发生意外时也能及时介入和处理,将损失降到最小。

(二)社会实践安全注意事项举例

1. 交通安全

(1)乘坐列车或者到长途汽车站内乘坐具有营运资格的汽车,不乘坐黑车。站内的长途汽车一般都是直达目的地,既快捷又安全。

(2)横过道路或通过车流量较大的路段、路口及上下坡时应注意交通安全;雨雪天气、夜间等照明不良的情况下应特别注意。

(3)在马路上行走,应遵循置右原则,红灯时不能穿越马路;设有人行道的路段应在人行道内行走;不要在道路上嬉戏或进行其他有碍交通秩序的活动。在通过路口或横过道路时应走人行横道线,无人行横道时,应首先观察道路两边,避让过往车辆,确认安全后再行通过。

(4)骑自行车应在道路右侧靠边慢行,转弯时应减速观察,并伸手示意;禁止骑车冲坡、带人,停放自行车时应在规定地点有序停放,不得占道;经过路口、横过道路、下坡、人流量大的地段应下车推行。

2. 财产安全

(1)和陌生人接触要提高警惕,不参与陌生人的争吵、娱乐游戏等。

(2)注意防范诈骗案件,识别犯罪团伙假装游客、乞丐或警察设陷阱行骗或抢劫。不向陌生人泄漏自己的身份证号码和家庭联系方式。请家人、朋友不要轻易相信陌生人传达的消息,如有任何消息应及时向公安等有关部门联系,切勿向陌生人或者陌生账号转账汇款。

(3)加强钱物保管。文件、钱包不要同时放在一起,分开存放;贵重背包做到包不离身,且置于胸前;贵重钱物不要放在易被刀子划开的塑料袋中;不要在旅馆等住处存放现金。

(4)注意贵重物品的保管和存放;队员之间互相熟悉彼此所携带的行李,便于互相照看;上下交通工具、更换住宿地点时注意清点物品,避免遗失;乘坐列车时记住车厢、座位、铺位号,乘坐汽车等交通工具时注意记录车号,便于出现问题时查找和联系。

(5)夜间乘坐交通工具,贵重物品注意贴身存放,睡眠过程中不要将贵重物品放在行李架上,减少被盗窃的可能。

(6)出行时注意防范扒窃和双抢案件,钱包、手机等物品不要放在双肩背包里或者挂在胸前;如无必要,不佩戴首饰,尤其是贵重首饰。

(7)注意防范银行卡犯罪,妥善保管证件,有效证件和银行卡不要放在一处;不携带大量现金,并且尽量不要集中一处存放;使用 ATM 机应注意周围是否有可疑人员,注意 ATM 机上是否有可疑的附加设备;ATM 机吞卡时应持回单,及时和 ATM 所在银行联系或者向发卡行挂失;任何情况下,不将卡号和密码以及身份证号码告诉陌生人。

3.卫生安全

(1)应注意避免在高温、高湿、阳光直射等不利环境下长时间活动,合理饮食,充足饮水,尽量减少中暑等情况的发生。

(2)合理安排作息,避免过度劳累,保证睡眠时间。

(3)注意饮食卫生,尽量少食用生冷食品,尽量不要饮用生水,如无绝对必要,不食用和饮用野外采集的食物和水源,外出就餐注意选择具有一定卫生条件的场所。

(4)加强个人卫生,勤洗手,防止肠道传染病。打喷嚏、咳嗽后要洗手,洗后用清洁的毛巾或纸巾擦干净。

(5)根据当地情况准备合适的个人衣物及个人卫生用具并妥善保管,减少由于高温、高湿、蚊虫叮咬等原因引起的各种疾病。

(6)在车、船上要节制饮食。由于没有运动条件,食物的消化过程延长、速度减慢,如果不节制饮食,必然增加胃肠的负担,引起肠胃不适。

(7)了解当地传染病和寄生虫疫情,针对实践地的情况预先咨询医疗机构和医务人员,做好防疫准备,必要时提前注射疫苗;了解当地危险动物(蛇、有毒昆虫等)的活动情况,并做好相应准备。

(8)在紫外线强烈地区,例如高原地带,注意采取防晒措施,避免出现晒伤情况。

(9)实践过程中推荐穿长裤、袜子和运动鞋,减少被划伤和蚊虫叮咬的可能性。

(10)建议指导老师和学生学习一些常见病的处理,携带出行常用药箱,如有可能应当有一到两名参加过有一定急救常识或经验的人员随队。

(11)出行时的常见病主要是感冒、咳嗽、腹泻等消化道疾病、呼吸道疾病,适当备一些药。如果自己用药,一定要有充足的把握,不能滥用药物。

(12)出现伤病人员时,如果没有在医院接受治疗,务必安排身体状况良好的人员陪同,不得让伤病人员单独停留在住宿地点或者活动地点。

4.其他安全事项

(1)注意实践地点的天气、水文和地质情况,了解当地的洪涝灾害和地质灾害高危地区,不要在存在灾害隐患的地点长时间活动,出门须预备雨伞等日常用具。

(2)野外活动避免在危险地带活动,严禁参加野外登山、探险活动;严禁实践过程中在河流、湖泊、池塘中游泳;雷雨天气不要在高处、树下、避雷设施附近,不要接打手机;严禁在野外用火,尤其是森林、草原等高火险地区。

(3)注意实践地点的治安状况,减少在案件多发地区和多发时间的活动;禁止酗酒、赌博;不参与、不围观打架斗殴行为,避免和他人发生冲突;避免卷入各种群体性事件,防止被人利用和胁迫。遇到治安案件和犯罪案件时及时寻求警方的协助。

(4)遵守实践地点和单位的保密要求,自觉保守国家秘密和商业秘密。

(5)接受媒体采访要慎重,接受采访时准确判断媒体的来历是否正规,采访中的言行要同党和政府保持一致,展现大学生的良好精神风貌。

第四节 社会实践的素材与成果

宣传和推广工作是社会实践的另一个重要环节。通过对活动实况的记录以及后期的凝练升华,学生从实践中获得的体会与价值将大大提升。此外,做好宣传推广工作对扩大实践影响、推动实践理论进一步深化也起着至关重要的作用。这其中,实践素材的优劣直接关系着宣传工作的成功与否。

实践素材即实践准备和实施过程中产生的、与实践密切相关的资料,包括计划书、问卷、图书资料、图片、视频、录音、访谈记录、票据等。素材经过团队的编辑与整理才能转变成实践成果。团队的实践成果有调研报告、实践记录(包括文字记录、新闻稿、图片、视频等)、研究论文等,个人实践成果则有实践笔记、心得体会等。学校、院系等组织单位将内部所有实践团队的素材进行整理,还能形成社会实践成果集(如图片集、视频集、论文集等)。下面,将分别对这几种素材进行介绍。

一、通讯稿

通讯和新闻稿是运用叙述、描写、抒情、议论等多种手法,具体、生动、形象地反映新闻事件或典型人物的一种新闻报道形式。社会实践通讯主要是指事件通讯。

通讯稿要逻辑合理,结构清晰,可合理使用小标题。通讯必须主题明确,要对素材进行有效筛选,最大限度地反映实践活动的亮点和意义。通讯的写作方法可以灵活多样,除叙述外,可以描写、议论,也可以穿插人物对话、自叙和自己的体会、感受,既可以用第三人称的报道形式,也可以写成第一人称的访问记、印象记或书信体、日记体等,为了增强表现力,可以在通讯稿中选配活动照片。

当然，每个学校和组织的信息上报要求是不一样的，除了通讯稿之外，还有最近非常热门的微博等，实践团队要根据管理指导单位的要求编写信息。

如《浙江大学 2013 年暑期大学生社会实践新闻与信息报送要求》规定：上报信息包括新闻信息、工作简讯、媒体报道和总结材料等四部分。

（1）新闻信息。每支团队至少上报 3 个小故事，每个小故事附以无压缩处理照片 2 张。可从团队自身体验、实践对象和个人榜样模范等角度切入记叙任务或事件，要求以小见大、故事性强、生动感人。以"【新闻信息】队伍名称＋实践时间地点＋实践活动主题"命名。照片单独附件，进行报送。

（2）工作简讯。主要包括学院（系、学园、学生组织）及校级团队在社会实践开展过程中的有关工作信息，如社会实践活动开展情况、进展情况等。各学院（系、学园、学生组织）及校级团队信息员进行信息初选，并填写《社会实践工作信息上报汇总表》，及时上报校团委。

（3）媒体报道。实践中各学院（系、学园、学生组织）及校级团队的新闻信息如被校内外报纸、电视、网络等媒体报道，请及时反馈，包括报道的媒体级别、报道的媒体名称、具体时间、报道的具体文字及图片内容。

（4）总结材料。社会实践结束后，上报学院（系、学园、学生组织）的总结材料，可分为调研报告、实践感悟、人物访谈等类别；同时，个人须上交介绍函复印件（含 800 字总结）至学院（系、学园、学生组织），由学院（系、学园、学生组织）统一上交校团委。

延伸阅读 5-6

"大凉山地区帮扶失学儿童实践活动"通讯稿

在半个多月的帮扶失学儿童的实践中，刘老师亦师亦友，更像父亲，给我们实践的指导，也给我们生活的帮助，我们都亲切地称他"老刘"。

老刘与我们一起走访儿童，用相机记录着他们的改变，他告诉我们，"相比那些爬满茧子的小手、淌着泪水的脸颊，我更想遇见不为生活所折服的一张张笑脸！"

他一边为我们的实践活动进行指导，一边更像父亲一样照顾着我们的生活。大凉山的山区夜凉如水，出乎意料的寒冷。结对孩子家里没有多余的被子，队员们搭起帐篷，盖上自带的毯子便睡下了。温度一点点下降，大家都蜷缩着以获取多一丝温暖。睡不着的我打开房门，只见老刘正小心翼翼地将自己的睡袋和外套盖在冻得发抖的孩子们身上,看着孩子们熟睡,又轻轻地起身离开。当第二天问起此事时,老刘只是笑笑,说:"年纪大了睡不着,起床看看!"

7月19日晚9点,夜幕早已降临,走访了几名儿童之后,我们拖着疲惫的身躯回到住处,一言不发。刘老师取下背上沉重的相机,看着我们一脸笑意,说:"今天我下厨,大家谁给我打个下手?"一瞬间添火厨、锅盖厨、看菜厨、水厨、灯厨、照厨都汇齐了,大家却只是眼巴巴地看着刘老师熟练地在大锅里翻炒着番茄炒蛋,眼中有期待,也有感动,在这个偏远的小山区,我们都是少有离家的孩子,这样一份简单的晚饭却让我们感受到家的温暖。

我们以真心换孩子的笑脸,而老刘也用自身的力量感染着我们,温暖着我们。

二、活动照片

随着技术的进步,相机不再是奢侈品,手机、平板电脑等数码设备也可以拍摄照片和视频,照片和视频渐渐成为记录实践活动的主流形式。和视频相比,照片既能够形象地阐明事实,给人以强烈的视觉印象,同时又有着容量小、易于采集编辑等优点,因此当前社会实践活动的多媒体素材仍然以照片为主。

(一)活动照片拍摄策略

(1)熟悉设备,专人负责。拍照需要一定技术和经验,拍照最好由专人负责。拍照人应当事先熟悉设备,设定好日期、存储格式等基本的技术参数。为保证照片质量,相机应满足一定的参数要求,尽量不要使用500万像素以下的相机,也不要只用手机拍照。

(2)事先踩点,全程参与。社会实践是现场活动,主要参加者是人,因此拍照的主要任务就是拍人。由于实践活动带有一定的正式性,参加者会变得相对严肃,往往是活动正式开始前或结束后比较自然。为了拍摄到表情轻松、神态自然的照片,拍摄人应当事先熟悉实践场地,做好拍摄预案,同时尽量最后离开现场,参与实践的全过程,这样才能抓取精彩瞬间。

(3)做好规划,善于抓拍。拍摄现场活动无法事先摆拍,也不能事后重演,还经常会有领导等重要人物参加,因此拍照受到的限制会比较多,比如会议室经常光线不足但不能使用闪光灯、室外活动人员多而杂无法突出拍摄对象等。拍摄者需要事先全面熟悉实践活动过程,做好拍摄规划,形成自己的拍摄思路,活动过程中要善于运用技术和经验抓取画面,对重要的人物、场景要拍摄尽可能多的照片,以备后期筛选。

(4)眼观六路,耳听八方。拍摄者同时也是活动的观察者,活动过程中眼睛要一刻不停地扫描每一个人可能出现的举动,同时竖起耳朵倾听发言内容,让自己融入活动中去。拍摄者只有做到"眼观六路,耳听八方",才能对活动的进程和将要发生的事有一定的预见性,才能抓取到稍纵即逝的精彩瞬间。

(5)注重真实,适当加工。图片是实践的直观反映和显示,因而真实性和形象性是照片拍摄的基本原则,要让图片客观地反映社会实践的真实情况。拍摄方式应以抓拍为主,团队合影、展示等也可以有适当的采用摆拍,但不宜过多。当然,照片的拍摄不一定都能恰到好处,为了增强宣传效果,后期也可以用电脑软件对照片进行适当的裁剪和光影处理,但不能作假。

(二)拍摄的内容

现场活动素材丰富多彩,拍摄者可以自由发挥。一般来说,实践活动需要拍摄的内容有以下几个方面:

(1)空镜头。所谓空镜头即实践相关物品、场地等的静态照片,包括标识、实践用的设备、资料、纪念品、场地布置、欢迎标志等,一般采用摆拍或在无人时拍摄。

(2)活动开场。社会实践活动一般都有简短的开场,开场中有活动介绍、嘉宾发言、仪式表演等场景,场景是实践开始的标志和见证,拍摄者应当及时用特写镜头抓拍。

(3)领导和嘉宾发言。主持人、领导、嘉宾、有关代表等与实践有关的所有重要人物均记录下来,多用特写镜头拍摄。人物特写的照片需要根据表情抓拍,要拍正面抬头照,不要拍低头、眯眼、挠头等照片,同时要注意人物与背景的协调,不能只露出一个脑袋,麦克风等不能挡脸,人像上不能有投影灯光,头部背景不能出现分割线条等。

(4)实践场景。场景画面是照片的主体,但因为实践活动是不可再现的动态过程,因此这类照片也是最难拍好的。实践场景包括人物的聚集(来宾签到、学生入场等),欢迎、寒暄的场景,互动镜头,服务过程,整体画面等,要根据人物的场合、表情等及时抓拍。拍摄中除了特写外,可以适当用运动模式辅助拍摄。场景照片中应有实践的标识物,包括旗帜、横幅、展板或穿着实践文化衫的队员等,要注意画面的生动性。

(5)合影。合影应当包含领导嘉宾、全体队员、旗帜横幅以及实践地的标志性元素。在照片的构图上,实践团队及旗帜应当至少占据图像二分之一的画面,保证所有团队成员面部清晰可辨,旗帜上文字全部可见。合影对人数和室内外光线环境和场地的要求很高,后期制作也很麻烦,一定要事先做好人数预测、位置安排、场地布置等准备和应对措施,保证照片的质量。

(6)花絮。实践活动不是单调严肃的,而是丰富多彩、充满欢乐的,过程中除了严肃的会议、调研外,成员间的讨论、嬉戏、讨论、休憩等场景,都可以作为照片的内容,使实践显得更加真实、生动。

三、调研报告

调研报告是根据某一特定目的,运用辩证唯物论的观点,对某一事务或某一问题进行深入、细致、周密的调查研究和综合分析后,将这些调查和分析的结果系统地、如实地整理成书面文字的一种文体。调研报告是论证系统,逻辑严密,具有强烈的说服力,具有真实性、针对性、典型性、系统性等特点,是科学决策的可靠资料。

(一)调研报告的类型

从内容性质分,调查报告有以下五种:

(1)专题调查型。侧重对某个问题进行较深入调查后形成的报告,这类报告一般可在标题上反映出来。它能反映具体的实际问题,并根据调查的结果提出处理意见,或者对策或建议,如《关于外来务工人员子女教育问题的调研报告》。

(2)学术理论型。以学术研究为目的而撰写的报告,基本分为收集整理资料、提出问题、报告结论几部分,大多发表在学术刊物上,如《科技创新在推进农业转型升级中的成效研究及实证分析》。

(3)政策建议型。一般是由于实际工作需要而写的调查报告,其主要内容是通过分析调查所获得的材料为制定政策、处理问题等提出相关的专业建议,如《关于青少年爱国主义教育基地建设的若干思考》。

(4)历史研究型。根据需要以历史情况为对象进行调查而形成的调查报告,通过研究某一事物或问题的历史资料还原历史真相,如《院史寻踪——浙大外语学院 1897 年至 1952 年院史研究报告》。

(5)现状调查型。以正在发生、发展的一些现实生活为对象进行调查后所形成的调查报告,反映某些事物和问题的客观现实情况,为其他认识活动提供依据或参考,如《关于杭州市公共自行车使用情况及现存问题调研报告》。

当然,也有的调研报告具有以上多种类型的特点。

(二)调查报告的一般结构

一般来说,调查报告应包括标题、导语、正文、结尾和落款几个组成部分。

1. 标题

标题有单标题和双标题之分。单标题又分公文式标题和文章式标题两种，双标题即一个正题、一个副题。

2. 导语

简要说明调查目的，介绍调查的对象和调查内容，包括调查时间、地点、对象、范围、调查要点及所要解答的问题，以及调查研究的方法。

3. 正文

该部分必须准确阐明全部有关论据，包括问题的提出、引出结论、论证的全部过程、分析研究问题的方法等。

（1）引言。为什么进行调查，怎样进行调查，调查的结论如何。

（2）论述。论述部分的重点是通过调查了解到的事实，分析说明被调查对象的发生、发展和变化过程，调查的结果及存在的问题，提出具体的意见和建议。论述部分的主要内容可分为基本情况和分析两部分。基本情况部分要真实地反映客观事实，对调查资料和背景资料作客观的介绍说明。分析部分是调查报告的主要部分，要对资料进行质和量的分析，通过分析，了解情况，说明问题和解决问题。

4. 结尾

结尾即调查报告的结束语，一般有三种形式：①概括全文，综合说明调查报告的主要观点，深化文章的主题；②形成结论，在对真实资料进行深入细致的科学分析的基础上，得出报告结论；③提出看法和建议，通过分析，形成对事物的看法，在此基础上，提出建议或可行性方案。

5. 落款

调查报告的落款要写明调查者所在单位信息、个人信息、完稿时间等，可以署在标题下方，也可以署在报告末尾。

6. 附件

附件即对正文报告的补充或更详尽的说明，包括数据汇总表及原始资料、背景材料和必要的工作技术报告，如把调查问卷作为报告的附件。

（三）调研报告撰写程序

（1）确定主题。确定主题要注意三个问题，主题要与调查主题、标题相协调；根据调查和分析的结果，可以对主题作适当修正；主题要集中，切忌大而空泛。

（2）取舍材料。首先，要选取与主题有关的材料，舍弃无关材料，使主题集中、鲜明、突出。其次,要经过鉴别,精选材料,不仅使每一材料都能有用,而且能以一当十。

（3）拟定提纲。报告的提纲有两种,一种是观点式提纲,即将调查观点按逻辑关系一一地列写出来。另一种是条目式提纲,即按层次、意义表达上的章、节、目,逐一地写成提纲。也可以是兼容以上两者的混合式提纲。拟定提纲后,应请指导老师审阅,并在一定范围内讨论、修改。

（4）起草报告。根据确定的主题和提纲以及选取的素材,有条不紊地撰写报告,写作时要从实际需要出发选用语言、标点符号和表达方法,注意灵活地划分段落。

（5）修改报告。报告起草完毕后,要对报告的主题、材料、结构、语言文字和标点符号进行检查,并加以增、删、改、调,才可最终定稿。

延伸阅读 5-7

中国梦　民族情　红船行
—— 青年马克思主义者(学生骨干)培养学院社会实践团队

2013 年 7 月,全国少数民族大学生骨干社会实践和社会观察活动开展得如火如荼,浙江大学青年马克思主义者培养学院代表浙江大学参加了此次社会实践活动。在半个月的时间里,浙大青马学员从党情教育和民族交流两个方向,通过理论学习、实地考察和人物访谈等一系列活动,收获切身的体验和理性的思考,同时与不同民族的队员还结下了深厚的友谊。

青春宣誓起航,信仰承载梦想

1921 年南湖上的一只小船见证了中国共产党的诞生,红船精神也伴随共产党的发展不断丰富创新。2005 年,时任浙江省委书记习近平将"红船精神"的内涵概括为:"开天辟地、敢为人先的首创精神,坚定理想、百折不挠的奋斗精神,立党为公、忠诚为民的奉献精神。"在红船精神的引导下,浙江人民和全国各族人民开拓发展,走在时代发展的前列。

看展览,听党课,学党章,观影片,访红船,重温入党誓词。实践在嘉兴,队员们得到红船精神的传承和思想的升华。站在烟雨楼,队员们感受先辈们以"拯救民族危亡"为己任的雄浑气魄;与红船合影,队员们将红船精神的坚强与不屈留在心间。

南湖红船不只是一大会址,更是民族精神和中国共产党精神的载体,它展示了一个民族不屈的过去和注定辉煌的未来。

解读创新实践，感受浙商文化

在"红船精神"影响下形成的浙商文化是浙江具有鲜明特色的标志。勤劳勇敢的浙江人民凭借独特的创业实践创造了浙商文化。自强不息、坚忍不拔、勇于创新、讲求实效的浙商精神是新时期大学生创新创业的精神支柱。

在浙江大学国家大学科技园区，队员们参观了大学生创业企业，与创业者进行了近距离的交流。在园内队员有幸倾听浙江大学党委学工部副部长林伟连老师的创业创新专题讲座，了解浙江省青年学生创新创业的具体情况。在此基础上，队员通过资料查找和社会调研，对大学生创业的现状进行了分析总结，尤其针对高新技术产业园在大学生创业中发挥的重要作用进行深入探讨，形成调研报告，希望通过自己的努力，提高大学生高新技术创业的积极性。

唱响民族欢歌，团结共促未来

此次实践活动，聚集了来自全国88所民族高校200多名学生骨干。各民族优秀大学生聚集在一起，共同参与实践活动，交流感情，分享经验。

在联欢晚会上，各民族队员用民族传统方式表达团聚的喜悦之情，展现实践的丰富收获，展现民族团结精神指导下各民族文化的繁荣发展；在关于社会发展的讨论中，队员们展示家乡发展的现状，交流城市发展给人民生活带来的变化，展现西部大开发给各族人民带来的可喜变化。

五十六个民族五十六朵花，每个民族都有各自独特的传统和习俗，每个民族又都有一样的爱国情怀。在多日的交流中，大家相互尊重、互帮互助，结下深厚情谊。

一枝独秀不是春，百花齐放春满园。在红船精神的引导下，在民族团结旗帜的指引下，各民族大学生汇聚在一起，学习红色经典，体会时代发展，感受文化盛宴。红色精神引领思想，民族团结凝聚力量！

四、实践总结

社会实践总结是对整个实践过程进行的总检查、总评价、总分析。只有在实践过程中及时总结、深入总结，才能将感性认识上升为科学的理性认识，将对社会现实的零星感悟深化为自身的内在思想认知。实践总结作为社会实践活动的最后一个环节，是活动成果的集中体现，也是今后实践活动开展和提高的重要支撑。

广义地说，社会实践总结包括个人和团队活动总结、院系等组织单位总结、内部交流、评比和表彰等环节，它反映了一个组织实践活动的全貌，也是实践成果的全面展现；狭义的总结即个人和团队的活动总结。

　　不同组织、指导单位对实践总结的要求和标准是不一样的,但总的来说,总结材料可以分为书面材料和电子材料两个部分。书面材料包括工作总结、调研报告、媒体报道材料、实践记录、个人感言、活动成效等,电子材料包括文案电子稿、活动照片、视频素材、书面材料的电子版等。表 5-2 是总结材料的整理要点,在进行总结工作时可以以此为参考。

表 5-2　总结材料整理要点

材　料	整理要点
封面	封面不是必备材料,有些指导单位也会提供格式的总结表格。各团队可以根据实际情况制作,封面上要注明队伍名称、主题等基本信息,也可以适当配图,但务必简洁明了
卷首语	卷首语即前言,主要目的是突出实践的特色和成效,可以是叙述实践目的和意义,对实践主题的剖析、实践内容的简要概括、实践成果的提炼,也可以是对实践活动的感想和体会
目录	详细罗列总结的材料,目录要清晰完整、便于查找
基本情况表	反映活动参加人员、开展状况、社会反响、活动成效、新闻报道等信息的统计表,以数据为主,编制和填写时要特别注意数据和信息的真实性
工作总结	工作总结是对实践活动的回顾、分析与评价,是对整个实践活动的具体内容和取得成果的综合评述。总结要突出社会实践活动过程,但切忌记流水账,要内容真实、叙述详实、文字简洁,字数控制在 2000～3000 左右
简报、简讯	活动期间向组织、指导单位上报的所有简报、新闻稿、微博等
调研报告	调研报告是对某一问题的调查和分析报告,撰写要求见上文。并不是每个实践团队都有调研报告
实践记录	实践记录包括每一天活动的内容所做的记录,也可以是队员的实践日记等,要简明扼要、内容真实
媒体报道	社会实践的组织、指导单位都会鼓励联系媒体报道实践活动,媒体包括电视、广播、报纸、杂志、网络等,获得媒体报道的,应当将报道信息详细报告 1.电视、广播报道:包括电视台名称、播出栏目名称、播出时间和节目录像、录音等 2.报纸和杂志报道:包括报纸杂志名称、刊登时间、刊登版面,以及相关复印件 3.网络报道:包括网址、报道时间、该报道所属的地址链接以及网络报道的打印稿和电子版
电子材料	包括照片、视频、录音、电子文档等。电子材料要求用通用格式,多媒体材料务必清晰,在保证质量的情况下适当控制容量
交流、分享会	还可以采用社会实践经验交流会、成果分享会等现场方式,增强宣传效果
其他材料	包括先进申报材料、实践中签署的协议文本等材料

第五节　社会调查研究方法概要

一、什么是社会调查

大学生社会实践中的社会调查是指大学生按照一定的要求和目的,对某种社会现象和问题进行实地走访、调查、分析研究的活动。社会调查一般包括四个要素:明确的调查目的,具有社会意义的调查对象,科学的调查方法和实际的调查效果。由于篇幅的原因,本节只对社会实践中常用的方法作简要的介绍,具体应用需参阅相关专业资料。

(一)社会调查的分类

社会调查根据调查内容和功能,可分为解决理论性或政策性的问题而进行研究性调查和为解决当前实际工作中的问题而进行工作性调查;根据调查规模和分析单位,可分为宏观调查和微观调查;根据分析方法,可分为定性调查和定量调查两类。一般来说,社会实践中的社会调查多为微观的工作性调查,也有少部分宏观的研究性调查。

(二)调查方式和方法

常用的调查方式有:①普遍调查:对调查对象的每个部分、每个分子毫无遗漏地逐个调查,如全国人口普查。②典型调查:选择一个或若干个具代表性的单位做全面、系统、周密的调查。③个案调查:对社会的某个个人、某个人群,或某个事件、某个单位所做的调查。

常用的调查方法有:①文献法:通过书面材料、统计数据等文献对研究对象进行间接调查。②观察法:现场观察,凭借感觉的印象收集数据资料。③访谈法:通过交谈获得资料。④问卷法:合理设计问卷,采用开放式、封闭式或混合式问卷收集信息。

(三)社会调查的程序

社会调查的程序可以归纳为选题、设计、准备、实施、分析、总结六个部分。

(1)选题。根据社会实践指导政策以及自己的兴趣和学识,选定一个值得研究的问题,如某地大学生村官工作推进情况。接着紧扣主题,提出不同层次的问题,并确定系统的调查项目,每个项目又包含了若干小问题,选题时应当采用必要的查阅文献资料、咨询相关老师等方法。

（2）设计。根据选题确定调查范围、对象和方法，并拟定详细的调查提纲，设计好调查指标，形成最终的调研方案。提纲要系统、完整，对相关项目和问题加以精选和取舍，指标要从各方面完整地揭示调查对象的本质特征，保证纵向和横向的可比性。

（3）准备。调查设计好后，要请有关专家对调查人员进行必要的培训，包括调查态度和调查技能的培训。此外，还应该注意筹备必要的资金和物质条件，做好与被调查单位的接洽工作，并争取有关单位的支持，保证调查工作的顺利开展。

（4）实施。这一阶段的任务是根据设计好的调研方案，到有关单位和地区实施调查，如发放问卷、实地走访等，收集调研所需的有关资料，实施过程要严谨、细致，保证数据和资料的准确、详实。

（5）分析。对收集到的材料进行审核，选取有用的材料，剔除无用或不合格的材料，对有用的材料进行加工整理后，运用适当的方法和工具对材料进行统计和分析，形成调查结论。

（6）总结。根据分析结果，撰写调研报告（调研报告的写法见本讲第四节）。

（四）社会调查的态度

社会调查是一项复杂而繁琐的工作，会碰到许多意想不到的困难，因此在调查过程中，同学们应当本着求益、求是、求教的态度开展工作。求益即以促进社会进步，解决社会问题，增进人民幸福为目的；求是即尊重客观事实，不唯上、不唯书、只唯实；求教即眼睛向下，虚心向人民群众请教和学习。

二、定性研究与定量研究

根据分析理论和方法的不同，社会调查研究方法可以分为定性研究和定量研究两种，社会实践中常用的定性研究方法有文献法、观察法、访谈法，定量研究方法有抽样调查。定性研究和定量研究有着不同的理论和方法体系，有不同的应用领域，两者之间也有密切的联系，实践过程中应当根据实际情况合理地运用调查研究方法。

（一）基本概念

定性研究是指研究者运用历史回顾、文献分析、访问、观察、参与经验等方法获得教育研究的资料，通过发掘问题、理解事件现象、分析人类的行为与观点、回答提问等非量化的手段对其进行分析、获得研究结论的方法。它主要是一种价值判断，建立在历史学、逻辑学、现象学和建构主义理论等人文主义的方法论基础上，主要观点是：社会现象不像自然现象那样受因果关系的支配,社会现象与自然现象有着本质的不同。

定量研究是指研究者事先建立假设并确定具有因果关系的各种变量,然后使用某些经过检测的工具对这些变量进行测量和分析,从而验证预订假设的研究方法。定量研究的结果通常是由大量的数据来表示,研究者通过对数据的比较和分析对研究的问题做出有效的解释。和定性研究不同,定量研究是一种事实判断,建立在实证主义的方法论基础上,其主要观点是:社会现象是独立存在的客观现实,不以人的主观意志为转移,在评价过程中,主体与客体是相互孤立的实体,事物内部和事物之间必定存在内在的逻辑因果关系,定量的评价就是要找到、确定和验证这些数量关系。

(二)定性研究和定量研究的简要对比

(1)理论基础不同。如前文所述,定性研究以逻辑学、历史学等人文主义理论和方法为基础,而定量研究是以概率论、社会统计学等自然科学理论和方法为基础。

(2)研究方法不同。定性研究大多是采用参与观察和深度访谈而获得第一手资料,具体的方法主要有参与观察、行动研究、历史研究法、人种志方法。定量研究主要用观察、实验、调查、统计等方法研究教育现象以求得到客观事实。通常采用数据的形式,通过演绎的方法来预见理论,然后通过收集资料和证据来评估或验证在研究之前预想的模型、假设或理论。

(3)研究目的不同。定性研究比较注重参与者的观点,关注不同的人如何理解各自生活的意义,以揭示各种教育情境的内部动力和定量研究所忽视或舍弃了的人类经验中那些特性层面。定量研究则注重通过对社会事实的测量,从中发现教育规律,旨在确定它们之间的关系以及解释变化的原因,以指导教育实践。

定性研究与定量研究的对比关系如表 5-3 所示。

表 5-3　定性研究与定量研究的简要对比表

比较内容	定性研究	定量研究
主要概念	意义、常识、情境定义、日常生活、了解、过程、实际的研究目的、社会建构	变量、操作定义、信度、效度、假设、统计显著性、复制验证
有关理论	逻辑学、历史学、解释学、现象学、人种学、批判理论	结构功能论、实在论、行为主义、系统理论、概率统计学
研究目的	深入理解社会现象	确定相关关系和因果关系
研究性质	描述性研究	量化研究
研究资料	叙述的、个人文件、田野记录、照片、个人言语、正式文件和其他资料	量化的,可量化的编码、计数、测量、操作型变量,统计的

续表

比较内容	定性研究	定量研究
研究样本	小量的,不做代表性抽样、理论抽样、滚雪球抽样	大量的,分成抽样、精确的、随机抽样、控制外在变量
研究条件	自然情境	实验室条件
研究方法	注重归纳分析,观察、概览各种文献、参与观察、开放性的访谈	注重演绎,实验、调查、结构化的访问与观察、资料以分组方式提问
研究过程	模式、主题、概念、分析的归纳、比较法,注重研究过程	演绎的,资料搜集完成后进行分析、统计,注重测量
研究工具	研究者本身、录音、摄影摄像	测量汇编、问卷、索引、计算机、量表
与研究对象的关系	密切接触、互相影响,研究者通过与研究对象的交往互动,通过移情作用来获取资料信息	定量研究中研究者与研究对象相互独立,彼此分离

（三）研究方法的取舍

应该说,定性研究和定量研究都具有各自的局限性。定性研究对研究者的要求过高,其研究过程具有较大的主观性,容易受到研究者与被研究者的角色、经验、情感等等影响,定性研究还存在经历时间较长、资金投入大等缺陷。同样的,定量研究也有许多局限性,社会现象是多层次的、复杂的,很难做到客观、精确测量,研究者的主观性也容易影响研究的设计和实施,同时,研究所得的数据资料也不能完全揭示社会现象内在的交互关系。

在社会调查领域,定量研究和定性研究单独使用都无法解释或回答所有的问题,不同的研究方法之间也不是对立的,而是互为补充的、互相支持的,定性研究为定量研究提供框架,定量研究又为进一步的定性研究创造条件。在初始的调查阶段,既要注意搜集反映现象质的材料,又要注意搜集反映现象量的材料,在进一步研究阶段则更应把对事物的定性分析和定量分析有机地结合起来,而在撰写调查报告之时,要做到有观点、有数据、有分析、有对策。

任何偏重于定性分析或偏重于定量分析的社会调查研究都是不完整的,对事物的认识应达到定性准确、定量精确,两者并重、完美结合才是社会调查研究工作的理想境界。因此我们在具体的实践过程中,应当根据实际需求有重点地运用研究方法。

三、定性研究方法

(一)文献研究法

文献研究法主要指搜集、鉴别、整理文献,并通过对文献的研究形成对事实的科学认识的方法。它是一种古老而又富有生命力的科学研究方法,具有历史性、间接性和无反应性三个显著特点。在社会调查研究中,文献法是最基础和用途最广泛的搜集资料的方法,具有特殊的地位。在采用其他方法的调查工作中,往往也需要用到文献研究法。

1. 文献法的基本步骤

文献法的基本步骤包括文献搜集、文献摘录、文献分析三个环节:

(1)文献搜集。搜集文献的渠道主要有个人、机构和互联网三种。在方法主要有人工检索、计算机检索、参考文献检索三种。在实际运用中,应该针对文献的不同来源和出版、收藏情况,采取不同的方法。

(2)文献摘录。通过检索发现文献后,下一步就是摘取与调查课题有关的信息,其主要步骤是:浏览、筛选、精读、记录。

(3)文献分析。文献分析分定性分析和定量分析。定性分析是通过对文献内容的分析,揭示文献所反映事物的性质、本质特征及其发展规律;定量分析也叫内容分析,是对各种文献的内容进行客观的、系统的和定量的描述。在实际应用中,两种方法应相互结合、相互补充。

2. 文献法的优缺点

(1)文献法的优点主要有:①客观性:文献法是间接的、非介入性调查,调查对象不会因调查者的影响而发生变化,也不会因调查对象不配合而对收集资料产生影响。②省时、省钱、效率高:不需要大量研究人员,不需要特殊设备,可以用比较少的人力、经费和时间,获得更多的信息。③超越时空限制:可以对古今中外文献进行调查,具有广阔的时间、空间跨度,适用于时间跨度大的纵贯剖析或趋势分析。④便捷、自由:文献调查受外界制约较少,只要找到了必要文献就可以随时随地进行研究;即使出现了错误,还可通过再次研究进行弥补。

(2)文献法的缺点有:①质量参差不齐:许多文献的价值难以判断,质量难以把握。②零散不完整:对于一项专门的调查研究来说,既有的文献往往不够系统、完全。③文献稀缺:由于历史和现实条件的限制,有些文献资料很难获得。④杂乱无章:许多文献资料缺乏标准化的形式,难于编录和分析。

(二)观察法

观察法,也叫实地观察法,是指研究者用自己的感官和辅助工具去直接观察被研究对象,从而获得资料的一种方法。它的主要作用就在于收集到真实可靠的资料,并通过对资料的科学分析得出正确的结论。观察一般利用眼睛、耳朵等感觉器官去感知观察对象,也可以借助照相机、录音机、显微录像机等仪器和手段。观察法通常用于在实地调查中收集社会初级信息或原始资料,经常结合其他调查方法共同使用。

观察法有很多种类型:根据观察程序,可分为结构式观察和非结构式观察;根据观察场所,可分为实验室观察和实地观察;根据观察者的角色,可分为非参与观察和参与观察;根据观察对象,可分为直接观察和间接观察;根据参与程度,可以分为完全参与观察和不完全参与观察。在实际的观察过程中,各种观察类型是互相联系、兼容和交叉的。在运用观察法时,应遵循以下基本原则:客观性原则、全方位原则、求真务本原则、法律和道德伦理原则。

1.观察法的实施阶段

观察法的实施包括三个阶段:①准备阶段:制定观察计划和进行必要的物质准备。②实施、记录阶段:根据预定方案到指定场所开展观察活动,并做好观察记录,观察记录分当场记录和事后记录,一般以当场记录为主,事后记录作为辅助。③整理分析:运用科学方法对观察所得进行整理、分析。

2.观察法的优缺点

(1)观察法的主要优点有:①它能通过观察直接获得资料,不需其他中间环节。因此,观察的资料比较真实。②在自然状态下的观察,能获得生动的资料。③观察具有及时性的优点,它能捕捉到正在发生的现象。④观察能搜集到一些无法言表的材料。

(2)观察法的主要缺点有:①受时间的限制。某些事件的发生是有一定时间限制的,过了这段时间就不会再发生。②受观察对象限制。如研究青少年犯罪问题,有些秘密团伙一般是不会让别人观察的。③受观察者本身限制。一方面,人的感官都有生理限制,超出这个限度就很难直接观察;另一方面,观察结果也会受到主观意识的影响。④观察者只能观察外表现象和某些物质结构,不能直接观察到事物的本质和人们的思想意识。⑤观察法不适应于大面积调查。

(三)访谈法

访谈法是由访谈者根据调查研究所确定的要求与目的,按照访谈提纲或问卷,通过访员和受访人面对面地交谈,系统而有计划地收集资料的一种调查方法。除了面对面访谈,还可以电话访谈、网上访谈等。

访谈法按照操作方式和内容可以分为结构式访谈和非结构式访谈。结构式访谈又称为标准化访谈、问卷访谈,是按照统一设计的、有一定结构的问卷所进行的访谈。非结构式访谈又称为非标准化访谈、深度访谈、自由访谈,是一种无控制或半控制的访谈,包括重点访谈、深度访谈和客观陈述式访谈等类型。

按照访谈对象的人数可以分为个别访谈和集体访谈。个别访谈是指对访谈对象进行单独访谈,是访谈法最基本和最常用的类型。目前最常用的是直接调查类型的个别访谈。个别访谈的实施一般包括访谈准备、接触访谈对象、正式访谈、结束访谈四个环节,各环节都有具体的工作内容和操作方法。集体访谈也叫会议调查法,就是调查者邀请若干被调查者,通过集体座谈方式或集体回答问题方式搜集资料的调查方法,它实际上是个别访谈的一种扩展形式。最常用的是面对面的口头式集体访谈。集体访谈的实施程序一般分为三个阶段,即前期准备阶段、具体实施阶段和后期总结阶段,其具体实施方式和操作方法与个别访谈大体相同,只是对访谈过程的控制方面有较高要求。

访谈法的主要形式主要是面对面沟通,因此它简单易行,具有较好的灵活性和适应性,使用面广,适用于调查问题深入、调查对象差别较大、调查样本较小、调查场所不易接近等场合。同时,访谈法也有实施成本高、随意性强、主观影响大、记录不精确、结果分析难度大等局限性。

四、定量研究方法——问卷法

定量分析有很多种方法,这里只介绍社会实践中最常用的方法:问卷调查法。

(一)问卷法的基本概念

问卷法是社会调查研究中最常用的收集资料的方法之一。问卷是一份精心设计的用以测量人们的特征、行为和态度问题的表格,调查者运用问卷向被选取的调查对象了解情况或征询意见的调查方法就称为问卷法。问卷调查标准化、书面化、效率高,特别适用于规模较大的抽样调查和资料的定量分析,也是大学生社会实践中常用的调查方法。

问卷的答题方式可分为自填和代填两类,主要为自填式问卷。但在社会实践中,由于地域、条件、调查对象文化程度等的限制,也经常需要采用代填式问卷(包括当面代填、电话问卷等)。

(二)问卷法的优缺点

1. 问卷法的优点

(1)突破时空限制，可以在较大的范围内，对大量调查对象同时进行调查。

(2)操作简便、实施便捷，节约人力、时间和经费，自填式问卷尤其如此。

(3)便于定量研究，问卷得到的数据通常是数量化的，便于科学的统计分析和量化研究。

(4)不易受干扰，问卷通常是匿名的，被调查者可以自由地表达意见，可以排除人际交往多种因素的干扰。

2. 问卷法的缺点

(1)设计要求高，问卷设计者需要有一定的专业水平，一旦设计发生问题，便无法补救。

(2)信息单一，问卷获得的都是书面化的单一信息，缺乏对社会现象生动、具体的描述。

(3)缺乏弹性，问卷中的问题和答案都是固定的，没有伸缩的余地，对复杂多变的实际问题缺乏弹性。

(4)难以纠错，由于是匿名的间接调查，结果完全依赖受访者所提供的答案，很难事后对答案进行核对，难以纠正因误解等原因导致的错误回答。

(5)另外，还存在难以对文化程度较低者实施等问题。

(三)问卷设计步骤

(1)摸底和探索。根据调查目的与有关假设，收集资料，熟悉和了解基本的情况，以对各种问题的提法和可能的回答有初步的认识。

(2)确定基本形式。充分考虑调查范围、对象、实施条件、分析方法等各方面因素，研究、确定问卷的框架和基本形式。

(3)拟定初稿。根据问卷基本形式，列出问卷题目和选项，在征求意见的基础上修订成问卷初稿。

(4)问卷试测。将问卷的初稿制作若干份(一般为30～50份)，抽取一个小样本开展测试性调查，认真检查和分析调查的结果，从中发现问题和缺陷。

(5)修订、定稿。根据测试情况，对问卷进行修改，并最终定稿。

(四)问卷的结构

问卷一般应包括封面信、指导语、问题及答案、编码。

1.封面信

封面信即致被调查者的短信,简要说明问卷调查者的组织和个人身份,调查的目的与意义,对被调查者回答问题的要求,以及匿名、保密等有关保证。既不要过于繁琐,也不要过于简略。

2.指导语

通俗、简明地阐述被调查者如何正确填答问卷,也用于和被调查者拉近关系、消除顾虑等。

3.问题及答案

这部分是问卷的主体。问题可分为开放型、封闭型和混合型三种类型。

(1)开放型问题是指对问题的回答不提供任何具体答案,而由被调查者自由填写,如"您对解决××问题有什么建议?"这类问题灵活性大、适应性强,适合调查情况复杂、无法事先预测的问题,但由于主观性强,标准不统一,在调查量较大时,难以整理分析。

(2)封闭型问题是指将问题的主要答案,甚至一切可能的答案列出,调查者只能从中选取一种或几种答案的问题。此类问题标准化程度高,回答省时,有利于大规模统计分析,但也存在答案缺乏弹性、难以适应复杂问题、被调查者敷衍了事等缺点。封闭式问题可以有许多类型,现就社会实践中最常用的几种类型简要举例如下。

· 填空式。不提供备选答案,请被调查者在问题后面的横线上或括号内填写答案,一般用于基本信息的采集,或开放式问题。

例:您的年龄是:_____周岁

· 判断/是否式。给定相互排斥的两个答案,供调查者选择。

例:您有股票账户吗　　　　　　　　　　　　　　　　　　(　　)

A.有　　　　　　　　　　　　B.没有

· 选择式。将问题的几种可能答案统统列出,让答卷者选择一个或几个答案。

例:您目前最大的压力来自于　　　　　　　　　　　　　　(　　)

A.父母　　　　　　　　　　　B.学业

C.就业前景　　　　　　　　　D.男女交往

E.其他

· 顺序式。列出若干答案,请被调查者按照给定标准排序。

例:请您将以下获取校园活动的消息途径,按照有效程度从高到低排序

　　　　　　　　　　　　　　　　　　　　　　　　　　　(　　)

A. 校园网   B. 校园广播

C. 海报   D. 院系公告栏

- 等级式。列出不同等级的答案,由被调查者选择或评判。除等级外,选项还可以设计成用于评分的数字。

例:您对所在社区的医疗卫生服务条件满意吗   ( )

A. 很满意   B. 比较满意

C. 一般   D. 不满意

E. 很不满意

(3)此外,还有以上几种类型的混合型问题,如在给定选项之外留一空格供被调查者填写其余答案的半封闭半开放型问题。

(4)不管是何种类型的问题,在问题和答案的设计中,应当注意以下问题:①用语简单明了,尽量简短,尽量不使用专业术语和抽象概念,让被调查者快速、清楚地了解问题本意,不要超过被调查者的知识、能力范围。②选项明确,避免定义不清或多重含义,单选题各选项之间应相互排斥,各选项之和应该是答案的全集。③保持中立,问题和答案不能带有倾向性或暗示性。④注意提问方式,不以否定的形式提问,对敏感问题采用间接、委婉的形式提问,不让被调查者有被拷问或参加考试的感觉。⑤问题的排列要有一定的逻辑次序,层次分明。⑥不能出现语病或错别字。

简而言之,良好的问卷设计应该是目的明确、表述准确、语言通俗、理解清楚、避免主观情绪、角度合适的。

4. 编码

所谓编码,就是对每一份问卷和问卷中的每一个问题、每一个答案编定一个唯一的代码,并以此为依据对问卷进行数据处理。此外,还包括问卷的名称、编号、问卷发放及回收日期、调查员姓名、审核员姓名、被调查者住址等信息。编码工作可以在问卷设计之时进行,也可以放在回收之后。

(五)问卷分析

问卷的整理和分析工作是问卷调查的最后部分,也是最重要的部分,包括问卷整理与核对、编码与数据录入、数据分析与推论几个部分。

(1)问卷整理与核对。首先要对回收的问卷进行整理和审核,对答题不全、不如实回答、敷衍了事的问卷予以剔除,并对有效问卷进行编号。

(2)编码与数据录入。编码工作已在前文做了简要介绍,完成编码后,将问卷数据有序地输入计算机中,Access、Excel、WPS 等办公软件都可以用来输入数据,常用的统计分析软件 SPSS 则可以直接读取 Excel、txt 等格式的文件。

（3）数据分析与推论。Excel、Eviews、SPSS、SAS 等软件均可以用于统计分析，其中 Excel 一般用于简单的统计分析，Eviews 常用于经济、金融类数据分析，SPSS 则是最常用的社会学统计分析软件，也是世界上最早的统计分析软件，具体用法读者可以参考相关专业书籍。一般社会实践类的问卷分析中，大量使用的是简单变量的描述性统计、方差分析、假设检验、回归分析、相关性分析等较为初级的分析，或者圆饼图、条形图、直方图等简单统计图表的制作，读者即使不掌握 SPSS 等专业分析工具，也可以用 Excel、WPS 等办公软件完成有关工作。

第六讲　青年志愿者与青年志愿服务活动

　　志愿服务有着悠久的历史和深厚的内涵,在当代社会,志愿服务和志愿精神随处可见,极大地促进了社会的进步。青年志愿者作为志愿服务的重要力量,在其中发挥着无可替代的重要作用。本讲从志愿精神的内涵、志愿精神和社会主义核心价值体系、我国志愿服务的发展历程、青年志愿服务和共青团事业发展以及青年志愿服务和团员团干的成长等方面展开论述,以期让广大团员青年和团干进一步加深对青年志愿服务的认识,并在志愿服务过程中获得成长与进步,共同为"中国梦"而努力。

第一节　志愿精神及价值体系

一、志愿精神的内涵

　　志愿精神是一种利他主义和慈善主义的精神,指的是"个人或团体,依其自由意志与兴趣,本着协助他人改善社会的宗旨,不求私利与报酬的社会理念"。联合国前秘书长科菲·安南在"2001国际志愿者年"启动仪式上的讲话中指出:"志愿精神的核心是服务、团结的理想和共同使这个世界变得更加美好的信念。"丁元竹在《中国志愿服务研究》一书的前言中对志愿精神的内涵做了阐述,他认为,志愿精神是一种看不见的和谐,是一种软实力,是一种社会责任,是一种生活品质。

　　2001年1月,江泽民同志就曾对杰出青年志愿者的来信做了重要批示,他说:"青年志愿者行动,是当代社会主义中国一项十分高尚的事业,体现了中华民族助人为乐和扶贫济困的传统美德,是大有希望的事业,有利于在全社会树立奉献、友爱、互助、进步的时代新风。"中国青年志愿者协会将志愿精神概括为:奉献、友爱、互助、进步。

　　"奉献"——原指恭敬地交付、呈献,即不求回报地付出。奉献精神是高尚的,是志愿服务精神的精髓。志愿者在不计报酬、不求名利、不要特权的情况下参与推动人类发展、促进社会的活动,这些都体现着高尚的奉献精神。

延伸阅读 6-1

白求恩的故事

1938 年,白求恩大夫放弃优越的物质条件,不远万里从加拿大来到中国,为八路军提供医疗救治服务,帮助创办了军区卫生学校,亲自编写各种教材并讲课。1939 年秋,他在抢救伤员时因不幸感染病毒而牺牲。白求恩大夫将自己的生命奉献给了中国,这种国际主义精神也是奉献精神的重要体现。

"友爱"——志愿服务精神提倡志愿者欣赏他人、与人为善、有爱无碍、平等尊重,这便是友爱精神。志愿者之爱跨越了国界、职业和贫富差距,是没有文化差异、没有民族之分、没有收入高低的平等之爱,它让社会充满阳光般的温暖。如无国界医生,他们不分种族、政治及宗教信仰,为受天灾、人祸及战火影响的受害者提供人道援助,他们奉献的是超国界之爱。

延伸阅读 6-2

无国界医生组织

1999 年 10 月 5 日,无国界医生组织因"一直坚持使灾难受害者享有获得迅速而有效的专业援助的权利"而获得当年的诺贝尔和平奖。

无国界医生于 1971 年 12 月 20 日在巴黎成立,最初的成员皆为深信世界人类都有获得医疗权利的法国医生和记者。目前成员已遍及全世界,每年有 2000 多位志愿人员在约 60 个国家中服务,是全球最大的独立医疗救援组织,所有志愿工作者的共同目标是协助那些受战火及自然灾害蹂躏的灾民脱离困境。该组织在全球各地设有 19 个办事处,5 个主要的行动中心都位于欧洲,分别是巴黎、布鲁塞尔、阿姆斯特丹、巴塞罗那和日内瓦。行动中心负责管理和监察全球 80 多个地方的援助项目,中心的人员亦会留意各地发生的天灾人祸,并在最短时间内动员紧急支持人员及物资协助救灾。所有的志愿工作者都遵从"无国界医生组织"宪章,他们贡献出自己的专业知识,平等地对待不同种族及宗教背景的人士。他们主要针对以下四种情况开展医疗协助:针对战争和内乱地区的民众进行紧急医疗帮助;针对难民和流亡的群众进行医疗安置和协助;天然或人为灾难的紧急医疗支持;长期对偏远地区做医疗协助。

"互助"——志愿服务包含着深刻的互助精神,它提倡"互相帮助、助人自助"。志愿者凭借自己的双手、头脑、知识、爱心开展各种志愿服务活动,帮助那些处于困难和危机中的人们。志愿服务者以"互助"精神唤醒了许多人内心的仁爱和慈善,使他们付出所余,持之以恒地真心奉献。"助人自助"帮助人们走出困境,自强自立,重返生活舞台。受助者获得生活的能力后,也会投入到关心他人、帮助他人、为社会做贡献的志愿活动中,这些志愿活动都涵盖着深刻的"互助"精神。

延伸阅读 6-3

电影《心的方向》

美国电影《心的方向》又名《关于施密特》,讲述了一个老人,人老了,退休了,老伴去世了,女儿出嫁了,整个人精神失落,找不到生活的方向和活着的意义,甚至想到了自杀。当他回到只剩一个人的大房子时,收到了他救助过的一名非洲孤儿的来信,小孩的信只是一幅稚嫩的儿童画,在蓝天白云下,一双大手牵着一双小手。这位老人潸然泪下,继而发出幸福开怀的大笑,他重拾了生活的信念。影片深刻地诠释了"助人自助"的道理,做善事帮助的不仅是别人,同时也是在帮助自己。影片中老人每个月 21 美元的捐款,得到的却是生命的方向。

"进步"——进步精神是志愿服务精神的重要组成部分,志愿者通过参与志愿服务,使自己的能力得到提高,同时促进了社会的进步。在志愿活动中无处不体现着"进步"的精神,正是这一精神使人们甘心付出,追求社会和谐之境的实现。

延伸阅读 6-4

"感动中国"人物徐本禹

徐本禹,2004 年央视"感动中国"十大人物,他出生于山东聊城的一个贫穷的农村家庭,1999年成为华中农业大学的一名学生,在考取本校研究生之后,毅然选择保留研究生学籍,前往贵州省大方县大水乡大石村支教两年。每月他从自己微薄的生活补助中,抽取一半资助当地孩子上学,他的感人事迹得到传播后,社会各界纷纷伸出援手,使当地教育条件迅速得到改善,小学迁出山洞,搬进了新校舍,在校学生也由原来的不足100人增加到250多人。他常说:"别人说是我感动了很多人,其实是很多人感动了我"。在关注社会、奉献社会的过程中,徐本禹不仅使当地教育环境得到改善,也获得了自身的成长和进步。

二、志愿精神与社会主义核心价值观体系

每个社会都会有自己的核心价值观,中国社会主义核心价值观可用24个字概括,就是"富强、民主、文明、和谐,自由、平等、公正、法治,爱国、敬业、诚信、友善",分别从国家、社会、公民三个层面提出了反映现阶段全国人民"最大公约数"的社会主义核心价值观,为培育核心价值观奠定了基础。中国社会主义核心价值观体系与中国志愿精神有着深层次理念上的互动关系。

(一)志愿精神体现了社会主义核心价值观的精神追求

志愿精神是"一种以关爱、互助为思想内核的价值取向,体现了和谐社会的核心价值观,是促进社会和谐的精神力量。"中国自古以来代代传承的优良传统是今天倡导的志愿精神同社会主义核心价值观所能产生并发展的"肥沃土壤",也是现代精神文明发展的源泉所在。因此,中国志愿精神和社会主义核心价值观是同宗同源的,与我国所倡导的社会主义核心价值观这种有优秀底蕴的主流意识观念有诸多契合点,相得益彰,共同满足了人民群众的需求,服务于和谐社会的建构。

志愿精神体现了社会主义核心价值观的精神追求具体体现在:①都是崇高精神的体现与升华,志愿精神的崇高情操反映在它的利他主义行为和奉献社会的责任感,直接或间接地促进了社会的进步;②都是建立在我国优良传统文化的基础上,中国传统文化观念和民族精神中已经具备了"奉献、友爱、互助、进步"这些志愿精神的核心要素;③志愿精神是以人为本、关怀大众的精神,与时代和人民大众的现实需求相吻合,同时还是对自我的完善和认同。

(二)志愿精神和社会主义核心价值观相互促进,共同提高

弘扬志愿精神加快了我国确立社会主义核心价值观的步伐。中国志愿

服务和志愿精神的发展,自下而上地反映出社会主义核心价值观体系的建设进程。我国的志愿活动都是以爱国主义的民族精神为动力、以奉献青春建设繁荣富强的祖国为共同理想,在建设有中国特色社会主义进程中形成的具有中国特色与活力的志愿精神,激励了越来越多的人自觉地参与到志愿行动中来,从一个侧面体现了社会公民对当今中国的高度认同,也体现了当代中国人的爱国、进步的国家观,是社会主义核心价值观内容中两个重要层面的直接反映。

社会主义核心价值观体系建设促使中国志愿服务和志愿精神得到了升华。一方面,社会主义核心价值体系的构建提升了我国公民的精神境界和思想觉悟,有越来越多的人自觉投入到志愿活动中,带动了志愿精神的广泛传播;另一方面,社会主义核心价值观体系建设营造的和谐、文明、友善的社会氛围,为人们参与志愿服务提供了良好的外部环境。

(三)发扬志愿精神是确立社会主义核心价值观的重要方式

2008年9月4日,时任中共中央政治局委员、书记处书记、中宣部部长刘云山在"迎奥运讲文明树新风"志愿服务行动座谈会上指出:"以弘扬志愿精神为核心,能够把服务他人、服务社会与实现个人价值有机结合起来,引导人们在做好事、献爱心的过程中陶冶情操、提升境界,有利于倡导爱国、敬业、诚信、友善等基本道德规范,提高公民思想道德素质,把建设社会主义核心价值体系的任务落到实处。志愿服务形式多种多样、方式灵活便捷,适应了社会结构、社会组织形式、社会利益格局发生深刻变化的新特点,能够满足不同层次人们关爱他人、服务社会、展示特长的愿望,有利于充分发挥群众的主体作用,激发群众的参与热情,为精神文明创建活动注入新的生机与活力。"由此可见,志愿精神不仅在思想上确立了社会主义核心价值观的重要意义,而且也在实践中为确立社会主义核心价值观发挥着自身重要的作用。

首先,志愿精神的整合功能,为社会主义核心价值观的确立提供了更广泛的群众基础。志愿精神和志愿行动能够起到将不同社会群体的社会成员加以凝聚和团结的作用,是在全社会确立社会主义核心价值观的一个重要途径。其次,志愿精神的人文教育功能,为社会主义核心价值观的确立提供了具体的精神支持。中国志愿服务和志愿精神的兴起,无疑是对中国人文精神的弘扬,它提醒人们要时刻认识到树立和维护属于中华民族的巨大精神价值的重要性。最后,志愿精神的示范功能,为社会主义核心价值观的确立提供了动力支持。榜样的力量是无穷的,发挥先进志愿精神的示范功能,发挥精神楷模的榜样作用,是调动社会成员主动性和积极性的重要方式之一。如 2005 年感动中国人物和 100 位新中国成立以来感动中国人物之一的丛飞,他无私奉献的精神感动了整个中国,越来越多的人受到他高尚情操的感染,自觉参与到志愿活动中,使整个社会树立起良好的精神风尚和高尚的价值观念。

三、团干及团员的志愿服务意识养成

(一)重温中华民族传统美德和传统文化

中华民族几千年的发展历程中,积淀了质朴而又丰厚的民族美德。孔子的"仁者爱人"、孟子的"老吾老以及人之老,幼吾幼以及人之幼"等耳熟能详的传统文化观念和民族精神中,已经蕴含了志愿精神"奉献、友爱、互助、进步"的核心要素。这种中国传统慈善救助最朴素的模式,由家庭之间和邻里之间的相互帮衬照顾开始,形成中国特有的以村庄、邻里、家族为单位的自助式生活安全保障制度,以便克服个体在生产生活中遭遇的困难。这种互济互助的传统,积淀了深厚的文化心理和社会基础,也从意识形态上植入了当代所提倡的"志愿精神"。广大团员青年作为一位炎黄子孙,作为中华民族的一分子,毫无疑问都继承了乐善好施、助人为乐的民族的传统美德。我们要做的,就是把这种传统美德和意识形态同个人的成长发展相结合,同当前的社会发展相结合,同当前的国家建设相结合,将志愿服务精神内化为个人素养。

(二)时时不忘雷锋精神

"学习雷锋好榜样"不仅仅只是一句伴随着广大团员青年成长的歌词,里面更是承载着丰富的精神内涵,需要我们去细细品味和体会。

首先,学习雷锋活动是中国青年志愿者的最早萌芽,在全国上下形成了"人人学雷锋,行行学雷锋"的热潮;由此形成并广泛宣传的雷锋精神,则是现代志愿精神在中国广泛传播的基石。

其次,雷锋精神很好地诠释了个人利益和集体利益的关系。雷锋精神强调集体主义和奉献精神,但是雷锋精神并不否定个人正当利益,集体主义是在尊重个人正当利益的基础上,在社会成员中形成关心、参与社会公共事务的公民精神。"我认为个人和集体的关系,正像细胞和人的整个身体的关系一样。当人的身体受到损害的时候,身上的细胞就不可避免也要受到损害。同样的,我们每个人的幸福也依赖于祖国的繁荣,如果损害了祖国的利益,我们每个人就得不到幸福!"雷锋日记里的这段话简明而又生动地解释了个人利益和集体利益的关系。

最后,雷锋精神的可贵之处在于平凡和坚持。"如果你是一滴水,你是否滋润了一寸土地？如果你是一线阳光，你是否照亮了一份黑暗？如果你是一颗粮食，你是否哺育了有用的生命？如果你是一颗螺丝钉，你是否永远坚守着你的岗位？如果你要告诉我们什么思想，你是否在日夜宣扬那最美丽的理想？你既然活着，你又是否为未来的人类生活付出你的劳动，使世界一天天变得更美丽？"由此可见，雷锋精神提倡的是自愿自觉、积极快乐地做常人都能做的事，并且能够不停地自我鼓励、乐于坚持，体现的是平凡中见伟大。而我们要做的，就是要开启自身内心"善的能力"，并保持和提高这种能力。

（三）和青年志愿服务亲密接触

"读万卷书不如行万里路"，培养志愿服务意识同样需要"理论与实践相结合"。高校中完善规范的青年志愿服务组织体系为在校学生提供了大量的志愿服务机会，服务的内容涵盖了社会生活的方方面面，如爱心支教、"科技、文化、卫生三下乡"活动、保护母亲河行动、绿色环保行动、大型活动志愿服务等。选择自己感兴趣、能发挥特长、又有充足的时间精力去完成的志愿服务活动，认真参与其中，体验志愿服务，体会志愿精神。志愿服务不是单方面的付出和利他，志愿者在为他人提供服务和帮助的同时，也在收获无形的回报，可能是个人组织协调能力的提升，可能是交流沟通能力的增强，可能是因为助人而带来的内心愉悦和充实……所以，志愿服务是一个"赠人玫瑰，手有余香"的过程，只有在实际的行动中才能更加深刻地体悟志愿精神。

第二节 认识青年志愿服务

一、志愿服务的发展历史

（一）国外志愿服务的形成和发展

志愿服务最早起源于西方发达国家，其形成和发展大致经历了三个阶段：①萌芽阶段，起源于19世纪初西方国家宗教性的慈善服务；②扩展阶段，19世纪末及20世纪初，欧美等国先后通过了一系列有关社会福利方面的法律法规，出台了一些社会福利的方案，除了要有大批具有职业献身精神的社会工作者去实施之外，也需要动员和征募大量的志愿人员投身于有关服务工作之中；③规范阶段，第二次世界大战以后，西方国家的志愿服务工作不仅进一步规范化，而且扩大成为一种由政府或私人社团所举办的广泛性的社会服务工作。

（二）中国志愿服务的发展

我国的志愿服务相比西方起步较晚，但也同样经历了萌芽期、发展期和规范期三个阶段。

我国志愿服务的萌芽期始于20世纪60年代中期，最具特色和代表性的是"学雷锋运动"，这也是后来"中国青年志愿者行动"的雏形。在我国志愿服务的萌芽阶段，不仅有国内的志愿服务，同时也开展了大量的国际志愿服务，如对亚洲、非洲等发展中国家的国际援助，包括派遣大量的志愿人员到国外参与相应的项目。这一阶段我国的志愿服务虽然已经具备了一定的志愿服务内涵，但还没真正提出志愿服务这一概念。

20世纪80年代后期，我国志愿服务进入发展期，志愿服务活动和志愿者队伍开始在各地出现。这一时期，随着我国的改革开放，联合国志愿人员组织以及国外的其他组织陆续派遣了志愿者到我国开展多领域的志愿服务。他们不仅在各自的领域发挥了重要作用，同时也带来了先进的志愿服务理念。我国最早的志愿服务是在民政系统组织的社区服务基础上发展起来的。1993年年底，团中央发起实施中国青年志愿者行动。1994年12月5日，由共青团中央等单位发起的中国青年志愿者协会在北京成立。自此，我国青年志愿者有了自己的组织机构，在国内、国际大型社会活动中、在社会公益事业中发挥了重要作用。这一阶段，志愿服务队伍不断壮大，志愿服务内容不断丰富，志愿服务的组织建设也日益完善，为我国志愿服务事业注入了新鲜的血液，掀开了我国的志愿服务事业的新篇章。

1999年9月3日，我国第一个志愿服务的地方性立法《广东省青年志愿服务条例》的颁布标志着我国的志愿服务进入了规范阶段。随后，山东、福建等省份以及宁波、杭州等地也相继出台了相关的地方性法规。这个阶段，志愿服务的领域扩展到了社会生活的方方面面，志愿服务活动的范围也出现了多层次化，既有国际性的、全国性的，也有地方性的、基层性的。志愿服务的内部建设更为完善，外部环境更为友好。

（三）共青团领导下的青年志愿服务的发展

我国青年志愿者及其志愿服务的发展是一种典型的"自上而下发起并推广"的志愿服务模式，1993年12月，共青团第十三届二中全会审议通过了《在建立社会主义市场经济体制进程中青年工作战略发展规划》，明确新时期青年工作的重点是实施"跨世纪青年文明工程"和"跨世纪青年人才工程"。1994年年初，2万多名铁路青年在共青团中央的统一领导和部署下，组成860多个志愿服务队，在京广铁路运行沿线展开了"青年志愿者学习雷锋迎春运志愿活动"，首次亮出了"青年志愿者"的旗帜，标志了中国青年志愿服务事业的正式启动。中国青年志愿服务的发展大致可以分为五个阶段：

一是启动造势阶段。该阶段从 1993 年年底开始到 1994 年年底，以大型活动为主，包括"铁路青年志愿者行动"，中国青年志愿服务行动利用 3 月 5 日学雷锋日开展的"见义勇为活动"、"为英雄服务活动"等，将志愿服务理念进行了广泛的传播，吸引了广大青年。

二是组织建设阶段。该阶段从 1994 年年底开始到 1998 年，以志愿者组织网络的建立为主要任务。1994 年 12 月，在团中央组织下成立了中国青年志愿者协会。1998 年，青年志愿者行动指导中心成立，以规划、协调和指导全国的青年志愿服务活动为主要工作，后来又逐步建立起各级青年志愿者协会，志愿服务活动的组织管理网络逐步形成。1995 年，青年志愿服务活动开始深入基层，建立起青年志愿者社区服务站，还建立了一大批服务基地、服务广场。

三是项目建设阶段。该阶段从 1998 年到 2001 年年初，以探索符合青年志愿服务特点的项目为主要任务，实施了如青年志愿者扶贫接力计划、深入社区发展计划、保护母亲河计划等一大批重点项目。

四是队伍建设阶段。该阶段从 2001 年到 2003 年，以实施志愿者注册制度为主要任务。团中央在 2001 年 3 月开始实行志愿者注册制度，许多青年志愿者积极参加报名注册，甚至也包括许多中老年人在内。实施注册制度不但加强了队伍建设，同时还带动和促进了各项志愿服务活动建设的整体发展。

五是深入发展阶段。从 2003 年 6 月开始，以一批有影响力的活动广泛开展，如大学生志愿服务西部计划、北京奥运志愿服务、汶川抗震救灾志愿服务活动等为代表。志愿者服务的理念开始深入人心，在这个阶段，一些地方的志愿者立法工作也开始提上日程，广东、江苏、山东等地区的志愿者立法工作逐步完成。

延伸阅读 6-5

国际志愿者日

1985 年，第 40 届联合国代表大会确定从 1986 年起把每年的 12 月 5 日规定为国际志愿者日（International Volunteer Day，IVD）。它是联合国法定的"国际志愿者日（国际志愿人员日）"，中国的香港、台湾地区和东南亚等地称作"国际义工日"。如今已有 100 多个国家在这一天集中开展志愿服务活动,国际志愿者日作为国际志愿服务活动的重要标志已经深入人心。"国际志愿者日"活动的成功开展为"国际志愿者年"的确定奠定了基础。

2000 年,团中央将每年的 3 月 5 日"学雷锋日"定为"中国青年志愿者日"。

二、青年志愿服务的类型

自从团中央 1993 年年底发起实施中国青年志愿者行动后,全国各级团组织都积极开展各具特色和成效的志愿服务活动,为我国志愿服务事业注入了新鲜的血液,掀开了我国志愿服务事业的新篇章。

(一)国家层面的农村扶贫类志愿服务项目

中国大中专专学生志愿者暑期文化科技卫生"三下乡"活动。该项活动由中宣部、教育部、共青团中央和全国学联共同举办,四部委于 1997 年首次联合发文,开展活动,是对 1994 年以来开展的中国大中专学生志愿者扫盲与科技文化服务行动的进一步深化,是暑期大中专学生社会实践活动的拓展和深化。每年有近百万名大中专学生志愿者深入农村基层和贫困地区,发挥自身的知识智力优势,开展内容丰富、形式多样的扫盲和文化、科技、卫生服务,推广农村实用技术,倡导健康文明的生活方式,促进农村的经济社会发展。

青年志愿者扶贫接力计划。该计划从 1996 年 9 月开始试点,1998 年开始在全国范围内实施,是共青团组织在扶贫开发领域长期实施的一项重点工作,是贯彻落实科教兴国战略和国家"八七"扶贫攻坚计划的具体措施。该计划采取公开招募、自愿报名、定期轮换、长期坚持的接力机制,动员和组织青年以志愿服务的方式到中西部贫困地区开展为期半年至一年的基础教育、医疗卫生、农业科技推广、乡镇企业发展等方面的服务。

大学生志愿服务西部计划。该计划又称"西部计划",是由共青团中央、教育部根据国务院常务会议、《国务院办公厅关于做好 2003 年普通高等学校毕业生就业工作通知》和 2003 年全国高校毕业生就业工作电视电话会议精神的要求而实施的,财政部、人事部(现人力资源和社会保障部)给予相关政策、资金支持。从 2003 年开始,按照公开招募、自愿报名、组织选拔、集中派遣的方式,每年招募一定数量的普通高等学校应届毕业生到西部贫困县的乡镇从事为期 1～3 年的教育、卫生、农技、扶贫以及青年中心建设和管理方面的志愿服务工作。十年来累计有 16 万名高校毕业生志愿到西部基层一线服务锻炼,有 1.6 万人服务期满留当地工作,目前在岗 1.7 万人。西部计划大学生在基层岗位创新创优,用青春点亮贫困地区,是当代大学生的青春梦和祖国的振兴梦的完美结合。

延伸阅读 6-6

浙江大学研究生支教团"微暖"计划

自 1999 年以来,浙江大学积极响应团中央、教育部的号召,是首批参加中国青年志愿者扶贫接力计划研究生支教团的高校之一。15 年来,浙江大学已连续选派 15 届 147 名志愿者,分别前往四川昭觉、贵州湄潭(2007 年新增)、云南景东(2013 年新增)开展扶贫支教工作。

2011 年 11 月,第十三届支教团(昭觉分团)成员通过下乡考察,得知山区小孩急需过冬棉衣,又考虑到彝族同胞排斥旧衣服的心理,支教团开始寻求新的引资渠道为孩子购买棉衣等过冬物资。随后,支教团借用新浪微博这一新兴流行的社交网络平台,发出了"微暖"倡议:少逛一次街、少请一次客,省下 1 元、10 元、100 元,积少成多、聚沙成塔,募集爱心款为孩子们购买棉衣、棉裤和棉鞋——聚微之力,情暖昭觉!

2011 年 11 月 7 日,"微暖"活动的第一条倡议微博发出。活动引起了广泛的关注,北京、浙江、山东、广东等地网民纷纷为昭觉献上爱心,一片片暖意从全国各地向大凉山涌来。与此同时,中国移动杭州 12580 客服中心负责人在微博上得知后,帮助支教团在微博上进行爱心接力,最终捐赠了 1210 套全新棉衣;杭州德信地产公司也第一时间发动员工捐款,最后募得 47879.60元"微暖"爱心款;浙大杭州校友会在微博上关注到"微暖"计划后,更是牵线搭桥,校友所在的雅伦格高档成衣公司、浙江紫云日用品有限公司等爱心企业纷纷送来了"爱心"棉衣和棉裤……一时间,微博上上演了一场润物无声而又轰轰烈烈的"微公益"爱心接力!

截至 2011 年 12 月 1 日,"微暖"计划共收到爱心款现金 156237.6 元,新羽绒衣、棉衣、棉裤、鞋子等物资折合人民币 282890 元,共计 439127.6 元。支教团为昭觉县 4570 位学生提供了来自"微暖"计划的冬日温暖,将全国各地网民的爱心传递到了孩子们身上,陪伴他们度过一个暖冬!

(二)城市社区建设志愿服务项目

我国城市社区志愿服务最早开始于 1989 年,以天津市成立全国第一个"社区服务志愿者协会"为标志。从 2000 年开始,共青团中央实施"青年志愿者社区发展计划”，以社区群众的需求为导向，以“共建、互助、共享”为主题，以助老、助残、维护治安、法律援助等为重点，积极动员广大青年及其他社会公众以志愿服务方式参与社区建设。此后，团中央通过“一助一”、“多助一”长期结对服务等形式，深化实施志愿者为老年人服务“金晖行动”（2002 年共青团中央和全国老龄工作委员会办公室共同在全国范围内实施）、“社区志愿服务和谐行动”、“百万青年志愿者助残行动”、维护社会治安志愿者“筑城行动”、法律援助志愿者服务计划、禁毒志愿者行动、“爱心助成长”志愿服务计划等社区志愿服务项目，组织广大志愿者在社区全面开展“参与志愿服务，共建和谐社会”社区志愿服务和谐行动等全国性主题活动。

社区志愿服务从产生至今，在提高社区居民的物质和文化生活水平，增进社区福利等方面发挥了积极作用。高校青年志愿者们利用自身的专业技能、兴趣特长，以社区居民喜闻乐见的形式广泛开展各类志愿服务活动，普及环保、节能等科普知识，宣传法律、健康等日常知识，帮助困难人群等，不仅丰富了社区文化生活，提高居民文化素质，同时也营造出了积极向上、健康文明的生活环境。

（三）生态环境保护志愿服务项目

随着社会经济的不断发展，全球面临着大气污染、水污染、噪声污染、土地沙漠化等日益严重的环境问题，直接威胁到人类的生存与健康。近年来，志愿者们也逐渐将目光放到了这个环节，致力于环境保护和生态建设，倡导人与自然和谐相处的绿色理念。如“美丽中国”、“保护母亲河行动”、“大学生志愿者千乡万村环保科普行”、“保护草原联合项目”等生态环境保护类志愿服务项目组织志愿者在重点区域开展植树造林、沙漠治理、水污染整治、清除白色垃圾等环保活动，在全国范围开展环保科普宣传、进行生态环境调研等社会公益活动，为服务资源节约型、环境友好型社会的建设做出了突出贡献。

延伸阅读 6-7

“美丽中国”中美青年联合教育实践项目

“美丽中国”中美青年联合教育实践项目，是由在美国注册的民办非营利组织中国行动教育计划（China Education Initiative）于 2008 年发起的专业型教育志愿项目，旨在联合中美两国的优秀青年以及社会机构的力量为中国教育欠发达地区提供优质教育并为社会各界培养具有高度社会责任感的全球青年代表,由此为解决中国教育不平等问题提供新途径。

"美丽中国"是"美丽世界(Teach For All)"全球网络中的一员。该网络于 2007 年由美丽美国(Teach For America)及美丽英国(Teach First)共同发起,目前包含了分布在 25 个国家的非营利组织,共有 11000 多名项目老师及 30000 多名往届项目老师。

美丽中国的服务工作主要包含两块内容:一是联合中美两国优秀青年力量,深入中国教育资源薄弱地区参与一线教学实践,改善当地教育环境,提升教育质量,逐步弥补因教育资源不均衡带来的城乡教育差距,进而推动整体教育环境朝均衡的轨道发展;二是通过系统的培训和全程引导和支持,深度开掘项目成员的领导潜质,全方位锻造项目成员的职业和综合素质,促进成员间深度跨文化交流和协作,在为中国欠发达地区输送优秀师资力量的同时,培养具有高度社会责任感和实践能力,具有全球视野并适应多元文化的社会精英。

美丽中国项目运营模式主要分为两个方面:①招募中国和美国的优秀大学毕业生,把他们输送到教育资源匮乏地区的学校,成为两年的全职项目教师;②发展一批为解决教育资源不均衡而长期奋斗的未来领袖。与其他支教项目不同之处在于,除了招募、选拔、培训和设置支教地点等支教活动必备环节外,美丽中国行动还提供更广大的工作平台吸收项目老师长期加入,从而保障组织和志愿工作发展的可持续性。

截至 2013 年 7 月,在云南和广东两地政府的支持下,美丽中国已向云南和广东教育资源薄弱地区输送 300 余名项目老师在一线从事教学工作,覆盖 60 余所学校,影响接近 45000 名学生。在教育工作外,项目成员还积极投身于当地社区建设,成立专项基金,推进基础设施建设、环保、文化活动等工作。

(四)大型活动志愿服务项目

组织青年为大型活动提供志愿服务是国际通行的做法,也是近年来我国青年志愿服务的一个重要内容。志愿者积极参与到世界大学生运动会、奥运会、残运会、城运会、世博会、国际论坛等国内外大型活动中。例如,2008 年北京奥运会期间,共有 170 万志愿者参与其中,包括了 10 万赛会志愿者、20 万啦啦队志愿者、40 万城市志愿者和 100 万社会志愿者。他们不仅提供了优质高效的志愿服务,赢得了各方面的高度赞誉,也标示着高校青年志愿服务进入了一个新的阶段。

(五)应急救援志愿服务项目

应急救援志愿服务是专业救援的重要辅助力量,是国家应急救援体系的重要组成部分,也是近些年来青年志愿服务的一个新内容。动员和组织具备较高专业技能的青年志愿者参加各类抢险救援工作,可以最大限度地减轻和消除各类大型灾害和突发事件造成的损失,保护人民群众的生命安全。高校青年志愿者们在 2003 年抗击"非典"的斗争中,开展了为医护人员捐赠安心包、科普宣传、热线咨询等活动;在 2008 年四川汶川特大地震发生后,又紧急行动,全力以赴,投身于抗震救灾第一线,为夺取抗震救灾的胜利做出了一定的贡献。

三、青年志愿服务的组织体系

志愿服务组织有两种类型:一种是依法登记注册、专门从事志愿服务的非营利社会团体法人,如志愿者协会;另一种是组织志愿服务活动的非营利事业单位、社会团体,如学校、共青团组织等,最具代表性的就是团中央倡导和发起的"中国青年志愿者协会",以及各省(自治区、直辖市)、市的志愿者协会。

我国高校志愿服务在共青团的直接领导和指导下,以青年志愿者协会或社团的形式开展志愿服务工作,发展至今已经制定了较为健全的规章制度,形成了比较规范的组织体系。从最初的完全依靠党团组织推动,到目前已经进入自主多元化发展阶段。

高校志愿服务组织根据组织方可以分为:①校级层面的青年志愿服务组织,如青年志愿者指导中心、青年志愿者协会以及校级社团等,这些组织在校级团委的直接领导和指导下开展工作;②院/系层面的青年志愿服务组织,如青年志愿者服务队、院级社团等,这些组织在院/系团委的直接领导和指导下开展工作,同时配合校级组织开展相关工作;③团支部层面的青年志愿服务组织,如青年志愿者服务小分队等,其受院/系团委的指导和管理,结合团支部建设开展相关工作。

四、青年志愿服务的法制化建设

(一)全国性志愿服务法律、法规及政策

国家法规和政策。目前,关于志愿服务领域有两个具有纲领性作用的文件:1996 年 3 月的《中华人民共和国国民经济和社会发展"九五"规划和2010 年远景目标刚要》和 1996 年 10 月的《中共中央关于建设社会主义精神文明若干问题的决定》。前者明确指出,提倡社会志愿者活动和社会互助活动,将开展社会志愿者活动作为建设社会注意精神文明的组成部分提出,后者指出,要充分发挥共青团、少先队团结和引导广大青少年进步的重要作用,深入开展"希望工程"、"青年志愿者"和"手拉手"等活动,发扬互相关心、助人为乐的精神,将青年志愿者活动作为加强青少年思想道德教育、培养传统美德的重要手段。

同时,我国现行的法规体系中,《社会团体登记管理条例》(1989年颁布实施,1998年修订)、《民办非企业单位登记管理暂行条例》(1998年颁布实施)、《基金会管理办法》(1998年颁布实施)和《公益事业捐赠法》(1999年颁布实施)适用于志愿服务组织的设立、管理、发展。

团中央在2006年11月7日颁布了《中国注册志愿者管理办法》。该办法的进步和作用体现在:①体现了志愿者注册和服务的便利化,突出了公众参与的广泛性;②加强了对注册志愿者的管理和服务;③规范了注册志愿者激励和表彰机制,首次在全国试行志愿者星级认证制度,以激励广大青年和社会公众参与志愿服务。

相关部委的法律文件。关于志愿服务相关部委的法律文件大致可以分为社区志愿服务相关法律文件、青年志愿服务相关法律文件和其他相关法律文件三大类。社区志愿服务相关的法律文件有民政部、国家计委、国家体改委等14个部委于1993年8月联合发出的《关于加强发展社区服务业的意见》,民政部和中国社会工作者协会于1994年年底发出的《关于进一步开展社区服务志愿者活动的通知》,进一步明确了社区服务和社区志愿者的地位,推动了城市社区服务工作的开展。尽管民政部直接指导开展社区志愿活动,但是对于志愿者的具体管理尚无系统的如培训、管理和机制等具体的规定。

关于青年志愿服务的相关法律文件较多,基本上为团中央印发。1996年10月14日,团中央集中印发了《关于青年志愿者为大型活动提供志愿服务的暂行规定》、《关于青年志愿者参加抢险救灾的暂行规定》、《关于加强青年志愿者规范管理的暂行规定》和《中国青年志愿者行动评选表彰工作条例(试行)》、《关于建立青年志愿服务站若干问题的意见》五个文件,从服务范围、服务内容、组织工作、招募与管理、表彰与奖励等方面进一步规范青年志愿者行动,同时,也对青年志愿服务站的职能、工作任务、组织和人员构成、场所、服务设施、资金、名称、发展方向等问题作了进一步的规范。2006年10月18日,团中央颁布了《社区志愿服务团队管理办法(试行)》,进一步推进广大青年参与社区志愿服务工作,同时也明确了社区志愿服务团队的职责、成立、工作开展、经费管理和使用等方面的内容。同年11月7日,团中央印发了《中国注册志愿者管理办法》,对志愿者的注册、权利和义务、组织与管理、服务活动、表彰等内容作了具体规定。此外,1997年4月30日,团中央和中

国残联联合印发了《关于进一步深化青年志愿者助残活动的意见》;1998 年 7
月 6 日,团中央和教育部联合印发了《关于实施青年志愿者支教扶贫接力计
划有关政策的意见》。

其他相关法律文件有:2001 年 6 月 29 日全国妇联颁布的《关于发展壮
大"中华巾帼志愿者"队伍的意见》和 2004 年 11 月 2 日中华人民共和国商务
部颁布的《援外青年志愿者选派和管理暂行办法》,分别推动了我国"巾帼志
愿者"和"援外青年志愿者"工作的开展。此外,还有 2012 年 10 月 23 日民政
部印发的《志愿服务记录办法》,推动志愿服务记录制度的建立和志愿服务
的健康有序发展。

(二)地方性志愿服务立法

我国志愿服务在没有国家立法的情况下,地方立法先行一步,为志愿服
务的持续健康发展提供了保障。我国第一部地方性志愿服务条例是 1999 年
9 月 3 日在广东省第九届人大第十一次会议上通过的《广东省青年志愿服务
条例》。随着志愿服务事业的蓬勃发展以及各地志愿服务领域问题的日益
复杂化,我国已有近 20 个省(自治区、直辖市)和近 20 个市先后出台了与志
愿服务相关的地方法律文件,包括广东省、山东省、福建省、河南省、黑龙江
省、吉林省、宁夏回族自治区、湖北省、江苏省、北京市、浙江省、天津市、江西
省、海南省、四川省、上海市、新疆维吾尔自治区、陕西省、湖南省等省(自治
区、直辖市),以及宁波市、杭州市、抚顺市、银川市、成都市、深圳市、南京市、
济南市、青岛市、广州市、淄博市、珠海经济特区、合肥市、唐山市、汕头市、昆
明市、南宁市等市、区。志愿服务立法有利于维护志愿者的合法权益,促进
志愿服务组织的有效管理,提高志愿服务的质量,为志愿服务的健康发展提
供了基础和保障。

(三)志愿者享有的合法权益

依照我国志愿服务的相关法律法规和现行的地方志愿服务立法,志愿
者在志愿服务时享有以下权利:①可以自愿加入或者退出志愿者组织;②根
据自己的意愿和时间、能力等条件选择参与志愿者组织开展的志愿服务活
动,有权拒绝提供超出约定范围、违反法律和违背社会公德的志愿服务;
③获取关于志愿服务活动的全面、真实、准确的信息,同时未经本人同意,志
愿者的个人信息不得公开;④获得从事志愿服务所必需的物质保障和必要
的安全、卫生条件,保护人身健康及财产安全;⑤接受与志愿服务活动相关
的知识教育和服务技能培训;⑥请求志愿者组织帮助解决在志愿服务活动
中遇到的实际困难和问题,如在从事志愿服务活动受到伤害时,得到志愿服
务组织提供的帮助;⑦在特殊困难时,同等条件下有权优先获得志愿者组织

和其他志愿者提供的服务;⑧监督志愿服务活动的开展,对志愿者组织的工作提出建议、意见和批评;⑨可以要求志愿者组织出具志愿服务证明;⑩法律、法规及志愿者组织章程规定的其他权利。

第三节 共青团领导下的青年志愿服务

中国的青年志愿者行动是共青团中央实施的"跨世纪青年文明工程"的一个重要项目,自 1993 年 12 月实施以来,赢得了社会各界的普遍欢迎和广大青年的积极响应,全国成千上万的青年人群都热情地投身于这一行动。"一个致力于创造明天的行动是有希望的行动,一项着眼于未来发展的事业是前途无量的事业",深入思考和研究青年志愿者行动的价值内涵对于更好地推进和完善这项伟大事业具有重要的现实意义。

一、青年志愿服务对团组织建设的作用

青年志愿者行动作为一项社会关注、党政关心、青年能为的社会公益事业,实施二十多年以来,已成为新形势下共青团组织动员和组织广大青年参加社会主义精神文明建设的有效载体,为倡导良好社会风气、健全社会保障体系、促进青年健康成长,推动社会全面进步、构建和谐社会起到了积极的推进作用。

(一)实现团组织对广大团员青年的思想引领

共青团组织的政治使命是由它的政治属性决定的。列宁说过,青年组织"在自己的工作中应把培养本团体成员的完整而彻底的社会主义世界观当作首要任务",作为党的助手和后备军,党赋予了共青团组织光荣任务。青年志愿者服务工作也正是紧紧围绕着党的事业来开展的。

青年志愿服务将青年团员分散的、各自的道德理性和道德热情融入规范化、制度化的社会服务体系之中,有效地昭示了当前社会主义伦理价值坐标。青年志愿者行动将国家利益、集体利益和个人利益三者有机地结合起来,始终围绕着社会主义建设和发展的大局,围绕着党和政府的政策指向,坚持党的领导,维护社会主义政治制度。它的价值定位于为发展社会主义市场经济创造良好社会环境,提供有效的社会保障,消除和转化影响社会稳定与发展的潜在因素。

(二)培养具有服务意识和社会责任意识的当代新青年

青年志愿者行动是社会主义精神的弘扬和体现,适应了社会主义发展

过程中利益不断调整、社会群体之间分化格局凸现、矛盾不断涌现的客观现实。青年志愿服务一方面通过帮困扶贫、抢险救灾、支教扫盲等方式,满足了不同类型的社会群体对社会保障的需求,弥补了社会保障在资金和服务人员数量、质量上的不足,有效地解决了我国社会转型期引发的某些矛盾和问题;另一方面,也在实践过程中让广大团员青年更加深入直接而又全面地了解社会现状,近距离接触社会发展过程中存在的某些矛盾和问题,唤醒并强化团员青年作为社会公民应该具有的社会责任意识和服务奉献意识,形成对第一堂课传授的知识技能教育的有效补充,培养既有扎实的专业知识和技能,又有良好道德素养和品质的新青年。

(三)推动社会文化建设,实现团作为党的助手和后备军的作用

先进文化是促进先进生产力发展和社会全面进步的根本保证。从文化功效的角度看,志愿服务是精神文明的载体和有效形式,是公民道德教育的渠道。作为一种文化现象,志愿服务从一开始就发挥着一般文化的共同职能,"通过一定的物质环境和精神氛围使生活在其中的每个个体都有意或无意地在思想观念、心理素质、行为方式、价值取向等诸方面与现实文化发生认可,从而实现对人的精神、心灵、性格的塑造。"在党的历史上,先进青年总是接受和传播先进社会思潮的先锋,在引导社会进步思潮的发展问题上起到极其重要的作用。

在大力发展社会主义市场经济的今天,广大青年同样是发展先进文化的重要力量。青年志愿者行动致力于帮助有困难的社会成员,推动社会保障体系的建立和完善;致力于消除贫困和落后,消灭公害和环境污染,普及科学文化知识,促进社会协调发展和全面进步;致力于建立互助友爱的人际关系和良好的社会公德,推动社会主义精神文明建设。这种文化现象与社会主义的主流文化是完全一致的,受到党和政府及社会各界的广泛欢迎,得到了广大青年的积极响应,影响和推动了社会主导文化,极大地限制了那些不利于社会进步的反文化,起到了一种样板和示范文化的作用。

二、团组织开展青年志愿服务的机遇和挑战

(一)大学生志愿精神的培育

大学生志愿精神的培育是高校青年志愿服务能持续有效开展的基础,只有大学生具有志愿精神,才会自愿投身到各项青年志愿服务活动中。在大学生志愿精神培育过程中,首先要体现出大学生的主体性和独立人格,要给予志愿者"三自"空间,即自我组织、自我管理、自我发展,并引导高校青年志愿服务良性发展。在促进大学生志愿者养成自觉策划志愿项目、完成志

愿活动习惯的同时,培养大学生独立发现问题、思考问题、解决问题的能力,从而感受志愿服务的价值和意义。

其次,要培养大学生志愿者的责任意识。志愿精神之所以高尚,是因为志愿者具有强烈的社会良心、正义和责任感;也正因为志愿者具有成熟的责任意识,志愿精神所倡导的"奉献、友爱、互助、进步"才能不断延续并得以升华。无论是对于社会现实中需要帮助的人,还是对于社会公共事务中尚存在的矛盾,志愿者都要学会担当帮扶和改善的责任,这也是现代公民的重要品质。

最后,形成志愿服务认同感,提高志愿行动的自觉性和坚定性。在中国,早在明朝时期,思想家王阳明便提出过"知行合一"的概念,道明了在实践中认识事物,运用和掌握知识的道理,尤其是关于道德修养、道德实践方面。志愿者对志愿精神的认同是一种信念,需要通过各种丰富的实践和比较,获得各种经验之后,才能逐步得以确立。因此,引导团员青年参与志愿服务实践过程,通过对社会公共事务的关注、参与、自助,关注社情民生,关心社会发展,关心他人需要,产生情感上的认同和责任上的自觉,推动志愿精神的养成。

(二)青年志愿服务需要有力的保障

青年志愿服务事业需要资金保障。志愿服务是一种志愿奉献的无偿服务,本身并没有获得任何经济收益,但在具体实施过程中,青年志愿者的组织、培训、宣传、奖励等方面都需要一定费用。目前,高校青年志愿服务经费来源比较单一有限,因此,必要的物质保障是高校青年志愿服务活动长效化开展的基础。

团员青年参与志愿服务需要健全的法律和法规保障。我国团组织领导下的青年志愿服务事业从 1993 年至今的二十年里迅速发展,取得了令人瞩目的成绩。有关志愿服务立法问题也得到了社会各界的重视,1999 年广东省人大率先通过了《广东省青年志愿服务条例》,成为我国第一部关于青年志愿服务的地方性法规,随后,山东、杭州、宁波等近 40 个省(自治区、直辖市)、市也相继出台了相关的地方性法规,但是到目前为止还没有一部全国性的法规,无法很好地适应志愿服务事业的持续健康发展。法律保障机制的缺失将导致青年志愿者行动的法律地位不明。青年志愿者的人员构成、权利和义务、行动的范围和形式、青年志愿者组织之间,青年志愿者、青年志愿者组织与服务对象之间的关系等许多问题都缺乏法律上的界定。由于缺乏从中央到地方一整套相应的法律保障,青年志愿者无法对自己进行准确定位,自身的权益更无从维护,从而也影响了高校青年志愿者参与行动的积极性。

志愿服务事业的长期良性发展需要合适的激励机制。从某种意义上说,志愿服务是不可能进行物质激励的,所以精神激励就显得至关重要。但在实际生活中志愿者有时连精神上的满足也很难实现。目前也已经有不少志愿者组织通过颁发志愿者服务证书、授予星级志愿者荣誉称号等方式对志愿者进行激励,但志愿服务作为一项社会化活动,必须有更加健全的机制建设来保障志愿精神在社会中薪火相传,生生不息。

(三)避免志愿服务出现形式化和行政化倾向

首先,高校参与志愿服务的学生人数总量很多,其规范化、长效化、多元化发展对统一管理和协调提出了更高的要求;同时,志愿服务的专业化发展要求提供更加有效的指导、培训,提高志愿者水平,促使志愿服务活动进入自觉阶段而不是停留在自发阶段。其次,随着志愿服务事业的发展和社会对志愿服务要求的提高,对高、精、专的专业性志愿服务需求增加,高校青年志愿服务的开展要充分发挥专业优势,增加高校志愿服务的鲜明特色。最后,要给予志愿服务更大的自主性,充分发挥志愿组织的灵活性和创造性,真正发挥志愿组织的沟通与桥梁作用,避免出现志愿服务行政化趋势。

三、如何打造精品青年志愿服务项目

(一)合理定位青年志愿服务发展方向

目前,高校青年志愿服务的涵盖内容十分广泛,既有对国家级志愿服务品牌项目的参与,如"大学生志愿服务西部计划"、中国大中专学生志愿者暑期文化科技卫生"三下乡"活动等;也有高校共青团组织自己创立的各项品牌志愿服务项目,志愿服务内容包括了医疗卫生服务、法律咨询服务、环境保护、爱心支教、社会服务等。

青年志愿服务项目持续有活力的开展,首先,得益于正确的方向和长远的目标,往往只有将志愿服务和国家战略、社会需求相结合,才能为志愿服务谋划更加广阔的发展空间。比如,青年志愿者扶贫接力计划,保护母亲河中国青年志愿者绿色行动营计划等。其次,志愿服务的内容要结合高校的建设发展目标,形成对高校服务社会职能的有效补充,实现学校声誉提升和志愿服务品牌效应双赢。再则,志愿服务要符合高校青年志愿者的特点,充分发挥实践育人的功能,为志愿者提供良好的个人发展空间,保持志愿者队伍的稳定和逐步发展。

以项目化方式运作志愿者活动,一方面能发挥志愿者的专业优势,激发志愿者的潜能;另一方面,也更容易找到与社会需求的结合点,具有良好的社会效益和社会关注度。高校青年志愿者组织除了要关注传统的弱势群体服务、文明宣传服务之外,还应鼓励志愿者在各种社区开展公益活动服务、环境保护服务,以扩大志愿者服务的范畴。特别是有医学、农业、教育背景的青年志愿者更应该运用本身的才能、经验和专业知识,精心选择项目,主动走向社会,开辟新的服务项目,以志愿者自身特色结合社会需求,促进志愿者事业持续健康发展。

(二)组建专业化发展的志愿者队伍

志愿者是志愿服务开展的主体,志愿服务的专业化发展,首先要建立一支相对稳定的志愿者队伍。青年学生参加志愿者活动的动机非常复杂:有的是为了帮助别人为他人服务,做些对社会有益的事;有的是为了专业研究、接触了解社会、丰富生活、锻炼能力;还有的是为了自我满足、快乐、自由、开心、好奇和休闲等等。不同的动机会导致学生在志愿者行动中产生不同的行为,从而对整个活动产生不同的影响。例如,由于好奇而加入志愿者队伍的学生,就不会对志愿者活动投入多少时间和精力;为了找工作加入志愿者队伍的学生,只想获得一种经历的证明,对活动的形式和投入也不会太重视。只有真正想参加实践、服务社会的学生才是志愿者队伍的骨干。因此,需要通过对人力资源规划和工作分析,根据青年志愿者个人需求,对志愿者进行招募和甄选,使个人条件与组织要求相匹配,更好地发挥优势,满足志愿的归属感,形成具有共同理想、奋斗目标和兴趣爱好的团体。同时,由于高校青年志愿者组织活动在时间、范围、参加人员的方面具有较大的灵活性。因此,对高校青年志愿者队伍的管理应以柔性管理为主,用志愿精神、共同的理想和信念、共同的价值观和文化,将志愿者凝聚在一起。

(三)加强志愿者技能培训,促进志愿服务专业化发展

目前高校青年志愿者活动主要在帮困扶贫、支教扫盲、社区建设、公益服务等方面,而国外的志愿者活动已扩展到社会福利之外的其他领域,如学龄前儿童日托、老人日托、学龄前儿童课余活动、保护妇女、移民难民安置、社会义举、社会正义、民权、社区开发、文化和艺术、卫生和医院等等。相比国外,我国高校志愿服务项目专业化程度较低,学生自身的特点没有得到应有发挥。

高校青年志愿服务项目的品牌化、精品化发展,关键是有一支高素质、专业化的志愿者队伍,故而,加强对志愿者的培训就显得尤为重要。志愿者的培训一般分为三个阶段:岗前培训、集中培训和专业培训阶段,培训形式包括理论讲授、主题教育、经验交流、素质拓展、实践活动等。尤其值得提倡的是将讲座形式的授课和丰富的实践活动相结合,对志愿者进行科学的专

业化培训,提高青年志愿者的社会实践能力服务水平。通过培训,一方面强化志愿者的服务意识、提高服务技能、弘扬志愿者精神,更重要的是使服务理念"内化"于心,"外化"于志愿者工作的实际行动。

（四）完善服务激励机制

马克思说过:"人们为之所奋斗的一切,都同他们的利益有关"。一定的激励方式必定能够带来更意想不到的结果。因而,要激发志愿者的服务热情,满足志愿者的自身发展需要就必须建立完善的激励机制。对大学生的志愿服务激励措施主要有:

志愿组织激励。志愿者组织对于志愿者来说是一个精神家园,志愿服务的付出得到组织的认同是志愿者归属感的重要因素之一,而归属感又直接关系到志愿服务能否长存的关键点。志愿者组织对志愿者的激励主要包含物质和精神激励。物质激励包括用资金、奖品等来满足受激励者的需求,进而调动并发挥其工作的积极性和潜在的创造力。精神激励是指一种内在激励,包括向志愿者提出人文关怀、鼓励其学习和发展、认可他们的工作能力和表现、给他们参与工作决策的机会等;精神激励做得好有助于调动志愿者的积极性和创造性。在志愿服务中,精神激励手段可以包括情感激励法、榜样激励法、奖惩激励法。此外,志愿组织还可以成立反馈激励。

志愿者自我激励。自我激励是将志愿精神内化为志愿者的品格和行为的发展过程,是激发志愿者主动性和创造性的内因,自我满足感越强,就越能激起志愿者的志愿服务意志。因此,志愿组织在设计志愿服务过程中,应该把志愿服务目标与志愿者的需要结合起来,尽量按照岗位需要配备相关的志愿者,这样既能满足社会需要,也能发掘出志愿者的潜在能力,让志愿者在服务的过程中感受因工作顺利带来的愉悦心情和成就感。只有恰到好处的志愿服务安排,才能让志愿者更深切体会到志愿服务不仅可以丰富自己的认识阅历、拓宽视野,也能享受到被人需要的幸福感。

社会激励。社会激励是指在整个社会中不仅要树立认同志愿服务的理念,更应推行志愿服务光荣、志愿者可敬的风尚。在全社会弘扬志愿精神和理念来营造良好的舆论氛围同时也是社会主义精神文明建设的需要。

四、优秀案例展示

"共青团关爱农民工子女志愿服务行动"是共青团中央、中国青年志愿者协会为深入贯彻中央有关精神和中央文明委《关于深入开展志愿服务活动的意见》,在我国改革开放深入发展和工业化、城镇化进程加快,农民工问题已经成为重大的经济和社会问题的背景下,于2010年5月4日起在全国范围内开展,旨在帮助农民工子女健康成长的志愿服务项目。

(一)"共青团关爱农民工子女志愿服务行动"的服务内容

"共青团关爱农民工子女志愿服务行动"主要服务工作内容包括学业辅导、亲情陪伴、感受城市、自护教育、爱心捐赠等五个方面:

(1)学业辅导。组织青年志愿者在课余时间对农民工子女进行学习和功课辅导,举办音乐、美术、文化、体育等活动,帮助他们提高学习成绩和综合素质。在城市依托街道社区活动场所、农民工子弟学校、大中专院校或农民工聚居地等,在农村依托寄宿制中小学校、乡镇活动场地等,结合实际开展"四点半学校"、"七彩课堂"、"爱心小课桌"、"爱心家教"等形式的学业和兴趣辅导。

(2)亲情陪伴。组织青年志愿者陪同留在农村的农民工子女做游戏、聊天交流等,和他们交朋友、做伙伴,倾听他们的诉说、心声和愿望,帮助他们与父母进行电话、视频等沟通,促进他们保持良好的心态、培养健全的人格。

(3)感受城市。组织青年志愿者带领进入城市的农民工子女,利用课余时间就近就便参观城市,参观爱国主义教育基地、博物馆、纪念馆、科技馆,参观高校、企业等,帮助他们充分感受和体验城市生活、了解和融入城市。

(4)自护教育。组织青年志愿者到社区、到乡镇、进学校,为农民工子女讲授安全、自护和健康、卫生等知识,提高他们的安全意识和自护能力,促进他们养成健康的生活习惯。

(5)爱心捐赠。发挥团组织和青年志愿者的杠杆作用,形成"多位一体"的农民工子女帮扶网络,联络协调社会各界支持,开展图书、玩具、文体用品、生活用品、亲情电话卡、教学设备等物资、资金捐助,为农民工子女创造更好的学习、生活条件。

(二)"共青团关爱农民工子女志愿服务行动"的实施方式

"共青团关爱农民工子女志愿服务行动"在工作实施机制上主要具有三个方面特点:

(1)领导协调机制。依托全国共青团机构设置,建立团内各级联动工作机制。全国层面的工作由团中央书记处统一负责,机关各部门共同参与,办公室设在青年志愿者工作部;省、市两级的工作,由省、市两级团委党组负责,各部门参与,办公室设在志愿者专门工作机构或负责志愿者工作的部门;县级团委负责实施工作的具体安排和协调,联合学校、企事业单位等参与支持项目;街道社区和乡镇团组织负责掌握农民工子女情况及需求,对接志愿者开展经常性活动。

(2)长效服务机制。按照"青年志愿者小组(或团队)+农民工子女+接力＝项目"的工作模式,组织青年志愿者小组(或团队)与农民工子女建立结对关系,进行结对服务,并建立接力机制,形成长期有效帮扶,同时,按照项目化运作方式,把志愿者来源、服务内容、服务方式、服务对象、工作目标具体化,确保工作务实推进。

(3)保障支持机制。在志愿者队伍上,重点依托当地大中专院校以及机关、企事业单位等,吸引和联合社会志愿者组织共同参与,建设关爱农民工子女志愿者专门队伍;在阵地依托上,充分利用社区活动中心、青年志愿者服务站、爱国主义教育基地、青少年活动阵地等开展活动,同时不断建立新的关爱农民工子女志愿服务站点;在资金支持上,面向社会多渠道募集资金,推动建立共青团关爱农民工子女专项志愿服务基金。

(三)"共青团关爱农民工子女志愿服务行动"取得的成效

自 2010 年五四青年节启动以来至 2012 年 3 月,"共青团关爱农民工子女志愿服务行动",已经在全国 2786 个县市区旗实施,结对农民工子女较集中的学校 3.2 万所。全国 436000 名志愿者在 17000 多个活动基地,通过学业辅导、感受城市、自护教育、亲情陪伴、爱心捐赠等形式,帮扶了 730 万名农民工子女。

参考文献

[1] 丁元竹,江汛清,谭建光.中国志愿服务研究.北京:北京大学出版社,2007.

[2] 刘鹏.弘扬志愿精神与社会主义核心价值观教育的有效途径研究.北京工业大学硕士学位论文,2010.

[3] 郑朝静.大学生志愿精神培育研究——以福建省为例.福建师范大学博士学位论文,2012.

[4] 许颖.青年志愿者活动中的政府责任——从普陀"城市先锋"看上海青年志愿者管理.华东师范大学硕士学位论文,2008.

[5] 张静.共青团组织下的青年志愿服务发展研究——以西安市为例.西北大学硕士学位论文,2011.

[6] 聂阳阳.中国志愿服务法制化践行与探索.北京:中国政法大学出版社,2010.

[7] 刘家祥,杨娟.青年志愿者行动的价值内涵.安庆师范学院学报,2003(3).

[8] 胡雪峰.高校青年志愿者组织存在的问题及对策探讨.西华大学学报,2009(8).

[9] 林大燕.大学生志愿服务长效机制研究.福建师范大学硕士学位论文,2012.

[10] 共青团浙江大学委员会.传承·发展·跨越——浙江大学共青团工作回顾与展望.杭州:浙江大学出版社,2012.

[11] Eillis S J, K K. *By the People*:*A History of American as Volunteers* (revised Ed). San Francisco:Jossey-Bass Publisher,1990.

[12] 刘云山.大力弘扬志愿精神 广泛开展志愿服务.人民日报,2008-09-09.

[13] 江泽民在杰出青年志愿者的来信上作出重要批示.http://www.people.com.cn/GB/shizheng/8198/28774/28793/1970531.html.2001-1-18.

[14] 核心价值观:三个倡导塑造时代精神气质.人民网,http:cpc.people.com.cn/18/n/2012/1111/c351073-19539342.html.

第七讲　共青团服务大学生创新
创业工作的方法与途径

　　随着我国高等教育的不断发展,毕业生数量逐年增加,就业矛盾日益突出,以创业带动就业成为趋势,创业教育也因此备受关注。为进一步推进"提高自主创新能力,建设创新型国家"的发展战略,共青团应提高自身的服务水平,深化创业教育理念,注重创业师资团队建设,增强创业实践教育环节,坚持理论教育与创业实践相结合的从创业教育到创业实践的具体途径,在新的时代背景下,结合学生和社会的需求,不断寻求共青团服务大学生创新创业教育的实现路径和方法,建立并健全青年创新创业教育体系,以更好地服务于大学生创新创业教育,使大学生在竞争激烈的就业市场中自谋职业、自主创业的同时,为创新型国家建设积聚人才。

第一节　共青团服务大学生创新创业工作
的意义、优势和原则要求

一、共青团服务大学生创新创业工作的意义

　　目前,中国正处于社会转型期,加强社会建设、维护社会和谐稳定意义重大。社会建设需从公民的基本需求出发,对于广大青年而言,就业是其根本诉求。党的十八大报告指出要"推动实现更高质量的就业,鼓励多渠道多形式就行,促进创业带动就业,做好以高校毕业生为重点的青年就业工作"。作为中国共产党的助手和后备军,共青团服务大学生创新创业符合时代要求,有利于缓解大学生就业压力,解决社会民生问题;有利于加强大学生创新能力,提高国家创新创业水平;有利于增强共青团的影响力,促进社会团结。

　　(一)缓解大学生就业压力,解决社会民生问题

　　近年来,由于经济形势趋紧,大学生就业面临严峻的挑战。在此背景

下,大学生自主创业异军突起,受到社会各界的关注,成为解决就业问题的突破口。通过观念的重塑,知识的普及和技能的培训,共青团服务大学生创新创业有利于大学生转变就业观念,提高创业能力,实现更为高远的人生目标。对大学生而言,就业是必须面对的严肃话题,也是实现其人生价值的关键;对社会而言,就业是保障民生的重点工程,切实关系到人民的幸福感。共青团服务大学生创新创业有利于缓解大学生就业压力,使更多的大学生踏上就业的新道路,积极解决社会民生问题。

(二)加强大学生创新能力,提升国家综合实力

创新是一个民族进步的灵魂,是一个国家兴旺发达的不竭动力。国与国之间的竞争本质是综合实力的竞争,当下,综合实力的提高越来越仰赖创新产生的效益。青年是国家的希望,尤其是有知识、有能力的大学生。提高大学生的创新能力对于培养国家需要的人才意义深远。当下,教育不能只局限在传统知识的传播,更应该提高学生的综合素质,尤其是社会所需的创新创业能力。共青团服务大学生创新创业有利于突破传统教育模式,完善大学生知识结构,引导大学生注重自身创业创新能力的培养,丰富大学生创业创新体验,从而培养出新一代的国家精英,增强国家的创新能力,进而提升国家综合实力。

(三)扩大共青团社会影响,维护社会稳定团结

通过服务大学生创新创业,共青团着眼于大学生最关心的就业问题,拉近了共青团和大学生的距离,树立了共青团在大学生中的威信。大学生群体是一个特殊的群体,其就业问题不仅仅是个人问题,更是社会的关注点,大学生就业与否、就业质量的高低直接反映社会对知识的尊重程度,直接关系到社会的和谐稳定。通过服务大学生创新创业,共青团积极解决大学生就业难、就业质量不高的问题,在扩大共青团社会影响力,加强共青团号召力的同时,也维护了社会稳定,保证社会和谐有序发展。

二、共青团服务大学生创新创业工作的优势

共青团历史悠久,在思想引导、信息传递,联系群众等方面经验丰富,宣传优势凸显;共青团组织体系完善,结构严密,深入大学生学习和生活,了解大学生心理,知晓大学生需求,组织优势突出;共青团与社会各界联系密切,能充分调动校内外人力、财力等资源服务大学生创新创业,资源优势明显。

(一)宣传优势

宣传思想文化工作是共青团工作的重要组成部分,也是共青团区别于

其他学生组织的特色部分。基于共青团对社会发展趋势的判断、学生心理的熟悉及工作经验的积累,共青团可以利用多种方式,如校园宣传栏、校园刊物、校园广播、校园论坛,传播大学生创新创业信息,强化大学生创新创业启蒙教育。另外,共青团也可以通过树立典型的方式,号召大学生向创新创业先进学习。

(二)组织优势

共青团组织深入高校各个层面,除了从校团委到分团委再到团支部,学生会、社团联合会及其他各类社团也是共青团组织体系的重要组成部分。广泛的覆盖面、严密的组织结构体系拉近了共青团和学生的距离,有利于共青团充分了解学生需求,更好地履行自身职责;有利于共青团在第一时间将信息传递给学生,使学生能及时了解共青团的工作重点及相关政策,从而结合自身实际有所行动。

(三)资源优势

共青团拥有丰富的社会资源,能为学生提供人力、项目、资金、载体等多方面的扶持。首先,共青团可以整合校内和校外资源,为学生提供创新创业的专业指导,如创业咨询师、企业家导师等;其次,共青团可以联合企业、社团及其他组织,举办创业大赛、精英挑战赛,开展创业模拟试验等,提高学生创新创业能力;再次,共青团可以通过企业赞助、风险投资等途径,为学生创新创业项目提供资金支持,强化学生的抗风险能力;最后,共青团在校内外有建立稳定的实践基地、创业基地,如各类创业实验园、科研成果转化对接平台等,为学生创新创业提供了强有力的阵地支持。

三、共青团服务大学生创新创业工作的原则要求

共青团服务大学生创新创业应在职能范围内,从学生实际出发,不断强化为学生服务的能力,并结合学校特色,使学生创新创业时能充分利用学校的资源,提高学生创新创业能力,培养社会需要的创新人才。

(一)满足学生需求

共青团服务大学生创新创业应始终坚持满足学生需求这一工作原则,竭诚服务学生成长成才。共青团服务大学生创新创业应深入学生,了解学生最迫切希望解决的问题,提高自身服务能力。共青团应建立健全与学生沟通、应对学生诉求的机制,通过信箱、电话、互联网等形式和学生保持联系。对学生创新创业的恰当想法,共青团应予以支持,并在职责范围内为创新创业的学生搭桥牵线,充分发挥引导作用,做好后勤保障工作。

（二）立足学校特色

共青团服务大学生创新创业应始终坚持立足学校特色这一工作原则，充分挖掘校内资源。创新创业需要好的点子，共青团可以鼓励大学生充分发挥专业优势，在日常学习中找寻创新创业的兴趣点，积极探索。另外，共青团可以整合校内资源，积极搭建成果转化的平台，实现产学研结合，调动校内外积极性，为大学生创新创业提供项目咨询、专业指导、财力等方面的支持。

（三）符合社会要求

共青团服务大学生创新创业应始终坚持符合社会要求这一工作原则，重视学生创新创业能力的培养。相较于成败，大学生创新创业更重要的是能力的锻炼。共青团服务大学生创新创业应把握社会发展趋势，以激发学生创业创新潜力为出发点，鼓励学生勇于尝试、敢于挑战，进而培养社会需要的创新人才，提高国家的创新能力。

第二节　共青团服务大学生创新创业项目的实现路径

一、共青团服务大学生创新创业教育路径选择的考虑因素

开展创新创业教育，积极鼓励大学生自主创业，是高校更新教育观念、改革人才培养模式、教育内容和教学方法的重要举措，是将人才培养、科学研究和社会服务紧密结合起来，实现从注重知识传授向更加重视能力和素质培养的转变，以创业促就业的必要手段。而落实创新创业教育路径的选择，首要解决的问题是考虑教育部的相关指示以及大学生创新创业教育的需求、特点。

（一）教育部关于大学生创新创业教育的指示精神

党的十七大提出"提高自主创新能力，建设创新型国家"和"促进以创业带动就业"的发展战略。大学生是最具创新、创业潜力的群体之一。在高等学校开展创新创业教育，积极鼓励高校学生自主创业，是教育系统深入学习实践科学发展观，服务于创新型国家建设的重大战略举措；是深化高等教育教学改革，培养学生创新精神和实践能力的重要途径；是落实以创业带动就业，促进高校毕业生充分就业的重要措施。为此，教育部做了如下建议：

1. 大力推进高等学校创新创业教育工作

（1）在高等学校中大力推进创新创业教育①，促进高等教育科学发展，深化教育教学改革，提高人才培养质量。创新创业教育要面向全体学生，融入人才培养全过程。要在专业教育基础上，以转变教育思想、更新教育观念为先导，以提升学生的社会责任感、创新精神、创业意识和创业能力为核心，以改革人才培养模式和课程体系为重点，大力推进高等学校创新创业教育工作，不断提高人才培养质量。

（2）加强创新创业教育课程体系建设。把创新创业教育有效纳入专业教育和文化素质教育教学计划和学分体系，建立多层次、立体化的创新创业教育课程体系。突出专业特色，创新创业类课程的设置要与专业课程体系有机融合，创新创业实践活动要与专业实践教学有效衔接，积极推进人才培养模式、教学内容和课程体系改革。加强创新创业教育教材建设，借鉴国外成功经验，编写适用和有特色的高质量教材。

（3）加强创新创业师资队伍建设。引导各专业教师、就业指导教师积极开展创新创业教育方面的理论和案例研究，不断提高在专业教育、就业指导课中进行创新创业教育的意识和能力。支持教师到企业挂职锻炼，鼓励教师参与社会行业的创新创业实践。积极从社会各界聘请企业家、创业成功人士、专家学者等作为兼职教师，建立一支专兼结合的高素质创新创业教育教师队伍。高校要从教学考核、职称评定、培训培养、经费支持等方面给予倾斜支持。定期组织教师培训、实训和交流，不断提高教师教学研究与指导学生创新创业实践的水平。鼓励有条件的高校建立创新创业教育教研室或相应的研究机构。

（4）广泛开展创新创业实践活动。高等学校要把创新创业实践作为创新创业教育的重要延伸，通过举办创新创业大赛、讲座、论坛、模拟实践等方式，丰富学生的创新创业知识和体验，提升学生的创新精神和创业能力。省级教育行政部门和高校要将创新创业教育和实践活动成果有机结合，积极创造条件对创新创业活动中涌现的优秀创业项目进行孵化，切实扶持一批大学生实现自主创业。

（5）建立质量检测跟踪体系。省级教育行政部门和高等学校要建立创新创业教育教学质量监控系统②。

---

① 创新创业教育是适应经济社会和国家发展战略需要而产生的一种教学理念与模式。

② 指建立在校和离校学生创业信息跟踪系统，收集反馈信息，建立数据库，把未来创业成功率和创业质量作为评价创新创业教育的重要指标，反馈指导高等学校的创新创业教育教学，建立有利于创新创业人才脱颖而出的教育体系。

（6）加强理论研究和经验交流。教育部成立高校创业教育指导委员会，开展高校创新创业教育的研究、咨询、指导和服务。省级教育行政部门和高等学校要加强对国内外创新创业教育理论研究，组织编写高校创新创业教育先进经验材料汇编和大学生创业成功案例集。省级教育行政部门应定期组织创新创业教育经验交流会、座谈会、调研活动，总结交流创新创业教育经验，推广创新创业教育优秀成果。逐步探索建立中国特色的创新创业教育理论体系，形成符合实际、切实可行的创新创业教育发展思路，指导创新创业教育教学改革发展。

2.加强创业基地建设，打造全方位创业支撑平台

（1）全面建设创业基地。教育部会同科技部，以国家大学科技园为主要依托，重点建设一批"高校学生科技创业实习基地"，并制定出台相关认定办法。省级教育行政部门要结合本地实际，通过多种形式建立省级大学生创业实习和孵化基地；同时要积极争取有关部门的支持，推动本地区有关地市、高等学校、大学科技园建立大学生创业实习或孵化基地，并按其类别、规模和孵化效果，给予大力支持，充分发挥基地的辐射示范作用。

（2）明确创业基地功能定位。大学生创业实习或孵化基地是高等学校开展创新创业教育、促进学生自主创业的重要实践平台，主要任务是整合各方优势资源，开展创业指导和培训，接纳大学生实习实训，提供创业项目孵化的软硬件支持，为大学生创业提供支撑和服务，促进大学生创业就业。

（3）规范创业基地管理。大学科技园作为"高校学生科技创业实习基地"的建设主体，要把基地建设作为园区建设的重要内容，确定专门的管理部门负责基地的建设和管理；加强与依托学校和有关部门的联动，共同开展大学生实习实训和创业实践。有关高等学校要高度重视大学科技园在创新创业人才培养中的作用，出台有利于大学科技园开展学生创业工作的政策措施和激励机制。

（4）提供多种形式的创业扶持。大学生创业实习或孵化基地要结合实际，为大学生创业提供场地、资金、实训等多方面的支持。要开辟较为集中的大学生创业专用场地，配备必要的公共设备和设施，为大学生创业企业提供至少12个月的房租减免。要提供法律、工商、税务、财务、人事代理、管理咨询、项目推荐、项目融资等方面的创业咨询和服务，以及多种形式的资金支持；要为大学生开展创业培训、实训；建立公共信息服务平台，发布相关政策、创业项目和创业实训等信息。

3.进一步落实和完善大学生自主创业扶持政策，加强创业指导工作

（1）切实落实创业扶持政策。省级教育行政部门要按人力资源和社会

保障部、教育部等《关于实施"2010高校毕业生就业推进行动"大力促进高校毕业生就业的通知》（人社部发〔2010〕25号）要求，与有关部门密切配合，共同组织实施"创业引领计划"，并切实落实以下政策：对高校毕业生初创企业，可按照行业特点，合理设置资金、人员等准入条件，并允许注册资金分期到位。允许高校毕业生按照法律法规规定的条件、程序和合同约定将家庭住所、租借房、临时商业用房等作为创业经营场所。对应届及毕业2年以内的高校毕业生从事个体经营的，自其在工商部门首次注册登记之日起3年内，免收登记类和证照类等有关行政事业性收费；登记求职的高校毕业生从事个体经营，自筹资金不足的，可按规定申请小额担保贷款，从事微利项目的，可按规定享受贴息扶持；对合伙经营和组织起来就业的，贷款规模可适当扩大。完善整合就业税收优惠政策，鼓励高校毕业生自主创业。

（2）积极争取资金投入。省级教育行政部门要与有关部门协调配合，积极争取当地政府和社会支持，通过财政和社会两条渠道设立"高校毕业生创业资金"、"天使基金"等资助项目，重点扶持大学生创业。要建立健全创业投资机制，鼓励吸引外资和国内社会资本投资大学生创业。

（3）积极开展创业培训。省级教育行政部门要积极配合有关部门，对有创业愿望并具备一定创业条件的高校学生，普遍开展创业培训。要积极整合各方面资源，把成熟的创业培训项目引入高校，并探索、开发适合我国大学生创业的培训项目。同时，高等学校要加强对在校生的创业风险意识教育，帮助学生了解创业过程中可能遇到的困难和问题，不断提高防范和规避风险的意识和能力。

（4）全面加强创业信息服务。省级教育行政部门和高等学校要加大服务力度，拓展服务内涵，充分利用现有就业指导服务平台，特别是就业信息服务平台，广泛收集创业项目和创业信息，开展创业测评、创业模拟、咨询帮扶，有条件的要抓紧设立创业咨询室，开展"一对一"的创业指导和咨询，增强创业服务的针对性和有效性。

（5）高等学校要出台促进在校学生自主创业的政策和措施。高校可通过多种渠道筹集资金，普遍设立大学生创业扶持资金；依托大学科技园、创业基地、各种科研平台以及其他科技园区等为学生提供创业场地。同时，有条件的高校要结合学科专业和科研项目的特点，积极促进教师和学生的科研成果、科技发明、专利等转化为创业项目。

4.加强领导，形成推动高校创业教育大学生自主创业的工作合力

（1）省级教育行政部门要把促进高校创新创业教育和大学生自主创业

工作摆在突出重要位置。要积极争取有关部门的支持,创造性地开展工作,因地制宜地出台并切实落实鼓励大学生创业的政策措施。要加大对高校创新创业教育、创业基地建设的投入力度,在经费、项目和基金等方面给予倾斜。有条件的地区可设立针对大学生的创业实践项目,为大学生创业实践活动提供小额经费支持。根据工作需要,可评选创新创业教育示范校、创业示范基地。

(2)高等学校要把创新创业教育和大学生自主创业工作纳入学校重要议事日程。要理顺领导体制,建立健全教学、就业、科研、团委、大学科技园等部门参加的创新创业教育和自主创业工作协调机制。统筹创新创业教育、创业基地建设、创业政策扶持和创业指导服务等工作,明确分工,切实加大人员、场地、经费投入,形成长效机制。

(3)营造鼓励创新创业的良好舆论氛围。省级教育行政部门和高等学校要广泛开展创新创业教育和大学生自主创业的宣传,通过报刊、广播、电视、网络等媒体,积极宣传国家和地方促进创业的政策、措施,宣传各地和高校推动创新创业教育和促进大学生创业工作的新举措、新成效,宣传毕业生自主创业的先进典型。通过组织大学生创业事迹报告团等形式多样的活动,激发学生的创业热情,引导学生树立科学的创业观、就业观、成才观。

(二)大学生创新创业需求现状与特点

1.高校创业基地建设

高校学生科技创业实习基地即"双实双业"基地①。"双实双业"基地建设是由教育部、科技部共同组织实施的,是继两部共同组织实施国家大学科技园建设后又一项共同开展的工作。

教育部和科技部研究制定的《高校学生科技创业实习基地认定办法(试行)》(以下简称"《办法》")指出,"双实双业"基地的依托主体从试点时的大学科技园拓展到高新技术产业开发区和其他科技园区,而且不局限于国家级大学科技园和高新区,省级大学科技园和高新区也可以申报。

《办法》中对高校学生进行了明确的界定,高校学生不仅包括在校生和应届毕业生,同时还包括毕业两年(含两年)的往届毕业生。

---

① "双实双业"基地是高校开展创业教育、促进学生自主创业的重要实践平台,主要任务是整合各方优势资源,开展创业教育和培训,接纳学生实习实训,促进学生创业就业,为提高人才培养质量,为以创业带动就业提供支撑和服务。基地突出实习、实训、创业、就业的特色,因此又称"双实双业"基地。

《办法》中要求"双实双业"基地的依托主体要与高校签署相关合作文件,目的是为了将此项工作落到实处,切实服务于高校学生。对大学科技园来说,因为都是依托高校建设的,学校与科技园紧密合作;对高新技术产业开发区来说,有些大学科技园已经建在高新区里,双方也已经开展了合作,通过基地建设促进两者的合作发展,高校不仅可以依托高新区推动学生的创业就业工作,同时也可以利用人才、科技和成果等优势积极服务于高新区的建设与发展,实现合作共赢。

延伸阅读 7-1

高校学生科技创业实习基地设立背景

2009 年国际金融危机席卷全球,中国也受到了严峻的挑战,在当年高校毕业生人数达到 610 万人的情况下,就业问题成为社会关注的焦点。党中央、国务院高度重视,温家宝在 2009 年政府工作报告中指出:要把高校毕业生就业工作放在突出位置,加快建设一批投资小、见效快的大学生创业园或创业孵化基地。为贯彻落实党中央、国务院关于促进高校学生创业就业的一系列指示精神,利用国家大学科技园创新文化浓厚、创新资源丰富、创业环境优越、科技企业集聚的优势,发挥园区在推进科技创业和人才培养方面的作用,教育部和科技部于 2009 年 2 月、3 月分别召开了国家大学科技园促进大学生创业就业会议,6 月在对 14 家国家大学科技园调研的基础上,建设了"高校学生科技创业实习基地"(当时叫"大学生科技创业实习基地",在办法制定的过程中将名称规范为"高校学生科技创业实习基地")。据调查统计,经过近 1 年的建设,基地提供给大学生创业用场地共计 3 万多平方米,高校学生创业企业达到 540 家,创业人数近 4000 人,仅 2009 年一年就创办了 203 家企业和团队,共有 2236 人创业。同时,基地为创业企业提供 1~3 年的租金减免、提供小额创业贷款、配备创业导师、创业技能培训、综合咨询代理等服务,切实为促进高校学生创业就业提供了条件环境和支撑服务。

2.大学生创新创业中存在的问题

在大学生群体中,愿意接受系统创业培训的学生约占 30%,具有较强烈创业意愿的学生约占 10%,具备创业潜质、具有创业兴趣、拥有一定创业条件的学生约占 5% 左右,而对毕业 1~3 年的学生调查,创业成功率在 1% 左右。大学生群体在创新创业方面存在以下几个问题:

（1）大学生缺乏创新创业理论知识，部分大学生不清楚什么是创新、创业没有理论知识支撑，创新创业观念无从谈起。

（2）缺乏创新与创业意识，创业观念不成熟。

（3）大学生愿意参加创新与创业研究活动，不太愿意参加创新创业具体活动。

（4）毕业后首选创业的学生不多。

（5）对成功的创业者应具备的素质与能力认识不足。

二、建立青年创新创业教育体系

（一）大学生创新创业教育的路径选择

大学生创新创业教育实施的路径，是由创新创业普识教育—专修教育—创业项目孵化—新创企业社会移植四个节点的大学生创新创业教育工作系统，以及与之相适应的保障机制等，组成的大学生创新创业教育工作线路。

1. 创新创业普识教育

普识教育是在开设大学生职业生涯规划课程的基础上，面向全体学生，在本科的第二或第三学期开设的创新创业课程，以 20 学时为宜，主要讲授创新创业意识、创业环境与创业者素质、创业流程和创业风险及应对等内容。目的是指导大学生树立创新创业意识，对自己的创业能力进行评估和澄清，增强创业兴趣，为下一步专修教育提供条件。

2. 专修教育

专修教育是对于具备创业潜质、具有创业兴趣、拥有一定创业条件的学生，进行 48 学时的创新创业专修教育。专修教育通过面试和创业能力测评的方式选择学生，以实训课为主要教学形式，主要讲授创业能力拓展、创业准备、创业流程、新创企业管理和创业风险应对等五个模块的内容。授课过程应与学生组建创业团队、选择创业项目、创业体验和进入创业过程结合在一起。目的是指导学生具备创业知识，拥有创业能力，积累创业经验，为将来的创业奠定基础。对于部分学生（创业团队）的具有可行性和可操作性的创业项目，移植到创业孵化园中进行培育。

3. 创业项目孵化

项目孵化是在孵化园中，学生（创业团队）的创业项目由萌芽、成活到新创企业的培育过程。项目孵化需要：建设孵化场地和配置相关设施；设立"大学生创新创业基金"，制定基金管理办法；组建创业导师团队，采用责任制的方式,帮助学生创业项目顺利孵化;组建孵化项目管理团队,对学生的创业项目移植到孵化园进行审批,对学生使用的创业基金进行审批和管理;建立扶持大学生创新创业的政策。通过上述工作,充分发挥孵化园的孵化功能,使学生的创业项目进入实施阶段,新创企业待条件成熟后移植于社会。

4.新创企业社会移植

学生(创业团队)的创业项目进入社会后,导师团队和项目管理团队要建立跟踪支持系统,在1～2年内对学生的新创企业进行扶持和帮助,使学生的新创企业顺利成长。在这四个节点中,普识教育是基础。在大学生创新创业意识树立的前提下,使一部分具有创业潜质的学生脱颖而出,进入创业的强化教育和创业体验阶段。专修教育是核心。通过创业体验和创业实践,获取创业经验,在教学团队和企业家导师团队的指导与服务下,催生创业项目,撰写商业项目书,使之具体化和可操作化,为进入孵化园孵化创造条件。项目孵化是关键。它既是创业专修教育成果的具体表现,也是提高大学生创业成功率的重要措施,更是提升创新创业教育影响力、营造创新创业氛围的关节点。社会移植是结点。大学生新创企业的顺利成长,真正落实了以创业带动就业的教育目的。

(二)为保障路径的实施,建立创新创业教育课程体系

构建创新创业教育课程体系是在建立适合大学生创新创业教育教学内容体系的基础上,根据教学目的的要求,形成必修课、专修课、讲座课和实践课相结合的课程系统。

(1)必修课。开设"大学生创业指导"课程,18学时,1学分。在本科第三学期开设,要把课程纳入专业教育和文化素质教育的教学计划与学分体系,实现与专业课程体系的有机融合,专业课实践教学要与学生的创新创业实践活动有效衔接。

(2)专修课。专修课是对具备创业潜质、具有创业兴趣、拥有一定创业条件的学生进行的创业实践教育。本课程以专修班形式举办,48学时,3学分。专修班人数为30人一班,每学期开设1期,每期2个月,每期开设1～2班。

(3)讲座课。学校要建立专家库,选聘企业家、创业成功人士、创业成功校友和政府相关人员到校做创业讲座。

(4)实践课。根据教学要求,制定实践教学计划。以全程化、阶段性、项目化为指导思想,以本科3～7学期为时间点,把实践教学内容具体化为各个阶段的实践项目,制定每个实践项目的操作方案。方案内容包括:项目训练

的目的、项目设计、项目实施准备、实践步骤、学生实践过程应完成事项和课后作业、实践效果评估等。

三、健全青年创新创业教育体系

（一）做好创新创业教育的基础工作

（1）教材建设。编写大学生创新创业教材，教材按创新创业意识确立、创业准备、创业流程、新创企业管理和创业风险应对五个模块设计，每个模块根据教学目的的要求设计相关章节。教材编写要充分借鉴国内外成功经验，注重理论联系实际，注重学生动手能力的培养，以适用和有特色为质量标准。

（2）组建教学团队。组建以专职教师为基础、兼职教师为骨干的创新创业教育教学团队，做好以下几点工作：

第一，创新创业教育教研室设 2 名专职教师岗，采用签约形式聘请 4 名兼职教师，组成创新创业教育核心教学团队。第二，组建兼职教师队伍。由创新创业教育中心聘请专业课教师、企业家、创业成功人士、专家学者担任创业兼职教师，建立稳定的工作关系。第三，严格教师准入条件。创新创业教育教师除了具备较强的教学能力外，还必须拥有在企业工作的经历或创业经验。第四，加大教师培训力度。鼓励教师参加各种培训活动，安排教师参加学术交流、企业考察、调研和到企业挂职锻炼，鼓励教师参与社会行业的创新创业实践。第五，积极开展教学研讨活动，通过教材编写、项目研究、集体备课、说课、观摩教学等形式，提高教师教学素质。第六，进行图书资料和信息化建设，为教师的教学和研究提供条件。

（3）完善创新创业教育管理制度。在学校教学管理制度的总体框架下，突出三个方面的内容：一是作为公共课，列入专业教学计划和学分体系。二是参照其他教学工作量的计算标准，采取政策倾斜的办法给予扶持。三是综合进行绩效评估。根据创新创业教育教学的特点，制定具体的教师绩效考评标准及办法。

（二）设立大学生创业孵化园

（1）孵化园是学生自主创业的重要实践平台。孵化园的主要任务是为大学生创业提供支撑和服务，具体表现为：开展创业指导和培训；接纳大学生实习实训；提供学生创业项目孵化支持；指导学生新创企业的成长。

（2）孵化园建设。孵化园要有计划、分阶段、按步骤、有序地建设。一是场地，能够接纳 10 个学生创业孵化项目和 5 个注册新创企业入驻。二是相关设施配置，提供学生创业项目孵化和新创企业运作的房屋、水电、照明、网络和基本的办公用品。三是完善软件支持,建立指导和服务的支撑体系。

(3)孵化园管理。一是创新创业教育中心设立孵化园管理室,定岗2人,具体负责孵化园的各项工作。二是组建创业项目管理团队。聘请专家、企业家、专业教师组成项目管理团队,负责学生创业项目的立项;项目入驻孵化园的审批、项目运作过程的指导与监督、项目迁出孵化园的审批;创业基金申请的审批、创业基金使用过程的监督、创业基金回收管理。三是组建项目指导团队。项目指导团队的主要任务是为学生创业过程提供帮助和服务,组建程序为:学生创业项目必须配备创业导师;导师由学生创业团队自愿自主聘请,双向选择,导师解聘由双方共同商定;导师为学生的创业过程提供技术帮助和咨询服务;创新创业教育中心将各指导教师组成指导团队,定期召开研讨会,了解项目进程、交流经验、分析存在的问题和解决措施。四是建立健全管理制度。主要包括孵化园管理制度、创业项目管理团队工作制度、项目指导团队工作制度、创业基金管理制度等。

(三)设立大学生创新创业基金

(1)目的与任务。设立大学生创新创业基金,为大学生创新创业活动提供资金支持。

(2)基金来源。采用以社会资助为主、学校投资为辅的方式,主要来源:一是学校建立创新创业启动资金;二是社会赞助;三是学校与地方政府、高新区、工业园区、企业和校友联动,联合投资进行项目开发。

(3)基金使用范围。使用范围:一是学生创新、发明创造资助;二是学生创业团队的项目孵化支持;三是孵化园新创企业的经营资金扶持;四是学生创业团队的培训。

(四)建立健全大学生自主创业的扶持政策

(1)创业孵化园配备必要的公共设备和设施,免费提供给学生使用。

(2)创业基金给学生创业活动提供资金支持,免除全部利息。

(3)无偿为学生创业提供法律、工商、税务、管理咨询、项目推荐、项目融资等方面的咨询和服务。

(4)创新创业网站无偿为大学生创新创业活动提供信息支持。

(5)免费进行创新创业培训。

(6)完善学生管理制度,引领学生创业。

第三节　共青团服务大学生创新创业工作的探究

一、建立科学的大学生创新创业教育评价机制

创新创业教育评价是高校实施创新创业教育，对大学生的创业意识、创业技能和创业精神的培养和提高程度，以及其社会价值的实现等方面做出判断的过程。

构建创新创业教育评价机制对高校创新创业活动开展、教育过程管理和教育产品质量的检验考核具有重要的作用，有助于创新创业教育活动的规范化、科学化和学校教育的可持续发展。政府还可以依据评价结果决定对高校的奖惩和资金支持力度。评价主体应该是创新创业教育的利益相关者，为保证评价结果的客观性，应建立多元化、多维度的创新创业教育评价体系。

二、健全大学生创新创业教育资金保障机制

高校创新创业教育需要建立资金保障机制。在创业教育的实验阶段，创新创业教育主要由政府推动，创业教育资金主要来源于政府拨款和与大学的学科紧密联系的政府研究部门的研究资助。当创业教育普及之后，面对遍地开花的创业教育大学，政府创业教育资金会显得捉襟见肘。因此，高校应开辟稳定的创业教育资金来源。已有的研究显示了创业教育高校由主要依靠政府资助转向更多地依靠自我的趋势，这种转变可以增加投资的总数，也给予学校更多的资金使用的自由，让创业教育高校更容易走向自主。

为健全大学生创新创业教育资金保障机制，应加强建设大学生创新创业基金使用的管理机制：

（1）基金使用限额。学生创新发明最高为 1000 元，以资助形式使用；项目孵化最高为 5000 元，以贷款形式使用；新创企业的经营资金最高为 10000元，以贷款形式使用；培训费用以资助形式在基金中列支。

（2）基金使用程序。第一，使用方须向创新创业教育中心提交申请报告，内容包括：申请基金金额、使用理由、使用方向、使用时间、担保人签字（创新发明申请由院系主任签字，项目孵化和新创企业经营资金申请由创业导师担保）；第二，创新创业项目管理团队对使用方提交的申请进行论证和

审批,同意后由创新创业教育中心办理拨付;第三,费用发生后,创业导师在报销凭证上签字,由创新创业教育中心审批后交财务报销。

(3)使用过程督查。创新创业教育中心定期(如每季度一次)召开基金使用检讨会,由使用方说明基金使用情况,及时发现和纠正基金使用过程中出现的问题。此外,创新创业教育中心要不定期地进行跟踪督查,保障基金使用的有序运行。

(4)效果评估。基金使用年度结束后,使用方要向创新创业教育中心提交基金使用年度总结,对基金使用的情况进行概述和分析,总结经验与不足,提出完善措施;创新创业教育中心对全校基金使用情况进行分析,撰写基金使用情况的总结报告,向校创新创业教育领导小组汇报,批准后归档。

三、完善创新创业扶持政策,营造良好的创新创业环境

在创新创业教育过程中不断强化有关大学生创业的政策扶持。全面落实有利于大学生创业的各种优惠扶持政策,为大学生创业提供各种便利条件,以实现创业带动就业的最终目的。

校园文化作为一种影响大学生社会化的因素,其范围已经超过学校的常规教育,影响的广度和力度都是非常巨大的。它对大学生的思想观点、道德修养、社会知识、精神气质等都产生重大的影响。文化在教育中的作用历来为教育家所重视,由于目前"中国的创业文化暗淡无光,而从业文化倒是十分厚实",因此,要培养现代社会所需要的创业人才,共青团应该在校园内营造良好的创业文化氛围和创业教育环境,为大学生创业教育机制的开展提供充分的保障。

共青团首先要加强校园创业文化的建设,开设丰富多彩的与创新创业有关的校园文化活动,大力开展如"创业大赛"、"大学生创业俱乐部"、"创业论坛"、"创业沙龙"、"科技文化节"等活动,鼓励和引导广大的学生积极参与到创新创业过程中。在活动开展过程中,将创新创业的各种知识和理念融会到活动中,使学生通过参加活动不断提高自身的创业能力,培养创新创业兴趣,培养大学生正确的创业观和良好的创业心理素质。良好的创业环境可以便于各种优惠的创业政策和法律的宣传,促进创业教育的顺利开展。

四、健全创新创业服务体系,提供优质服务

共青团组织必须以开放的形式来开展创新创业教育,采取多渠道的方式与社会外界建立联系,保证大学生创新创业能够得到社会、政府以及企

业的支持和关注,及时做好高校与政府有关创新创业政策的良好沟通。高校应加强与企业的交流合作,可以建立由企业家、成功人士、专家等人员组成的服务队,定期为大学生进行创新创业方面的讲座,可以直接聘请相关的人士承担大学生创业企业的技术顾问,实时地进行专业知识、项目可行性等方面的指导,积极地促进大学生的科技创新的成果在企业生产中的转化。

建立产学研服务一体化的服务体系,通过产学研合作,充分利用学校在人才培养方面的优势和资源,使人才培养、技术开发在实践过程中得到实现。不断健全创新创业服务体系,在大学生中及时地开展创新创业技术指导、教育培训、创业实训等服务,提高大学生创新创业服务效率。

大学生创新创业教育是当前社会经济发展的需要,是在 21 世纪新时代培养人才的需要。高校共青团作为高校党委领导下的先进青年学生群众组织,是高校团员青年根本利益的代表者和维护者,是培养高级人才的一支重要力量。高校共青团担负着培养新世纪接班人的重任,必须与时俱进,不断更新教育理念,抓住机遇,努力完成培养高素质、创新创业型人才的重任,提升大学生自身的核心竞争能力。

第四节　成功创新创业项目示例

浙江大学以全面提升创业教育为主线,积极推进以学生需求为导向、以实践活动为载体、以市场价值为驱动、"学研产用"相结合的创新创业教育模式,在加强人才创新创业意识培养、思维锻炼、知识储备、技能提升及构建全方位人才培养模式等方面取得了显著成效。

主要的创新创业项目有强化创新创业意识的赛事类活动,如浙江大学"蒲公英"学生创业计划竞赛、"挑战杯"全国大学生课外学术科技作品竞赛等;针对在校创业团队构建的高层次创业教育合作——浙江大学"蒲公英"青年创业学院;拓展学生视野思维的国际性创新创业交流活动,如浙江大学"蒲公英"青年学生创新创业峰会、"未来科技城·蒲公英"大学生创业计划竞赛;帮助学生实现创业计划到创业实践的孵化项目,如"圆正天使"大学生创业成长扶持资金、浙江大学良渚创业育成中心等。

一、创新创业赛事

为推进我校大学生创新创业教育工作,营造良好的创新创业教育氛围,提升我校大学生创新创业综合能力,学校对接国家"挑战杯"两项赛事,寓教育于赛事培训中,在比赛队伍组建选拔、课程讲座、个性辅导等方面对参赛队伍进行全方位的教育培训,鼓励参赛者发挥创意,在展现自我的同时收获更多的创新创业知识,提升创新创业技能,提高创新创业素养,为今后的创新创业之路打下坚实基础。

延伸阅读 7-2

浙江大学"蒲公英"学生创业计划竞赛

浙江大学"蒲公英"学生创业计划竞赛是高校大学生创新创业教育的重要实践平台,是学校最受学生欢迎的创新创业赛事之一。自 1999 年开办以来,每两年举行一届,迄今为止已经成功举办了九届。

"蒲公英"学生创业计划竞赛组委会成员单位由浙江大学党委学工部、党委研工部、本科生院、浙大科技园、科研院、管理学院、计财处等十余个部门组成,学校分管党委副书记任竞赛组委会主任,分管副校长任副主任,学校团委作为秘书单位,在校内构建了强大的组织依托,为竞赛提供了有力的资源支撑。

经由"蒲公英"学生创业计划竞赛推出的优秀作品先后在历届浙江省和全国"挑战杯"大赛中取得了令人瞩目的成绩。"蒲公英"学生创业计划竞赛不仅实现了普及创业理念、增强创业教育、提升创业技能、营造创业氛围、推动浙江大学产学研联动协同创新的目标,还培育出了一大批优秀的大学生创业者,为高校学生创赛发展和创业实践提供了良好典范。

每年的"蒲公英"学生创业计划竞赛从当年的 9 月份持续至次年的 3 月份,历时半年,分为预赛、初赛、复赛、决赛等几个环节。预赛阶段面向有意于创业但尚无完善的创业计划(或项目)的个人或团队,包括项目选秀、一分钟演讲、一页纸计划书等环节,放低参赛门槛,增强选手创业兴趣。初赛阶段面向经历预赛阶段选拔出的团队及已拥有创业计划、创业项目或创业产品的团队,包括团队组建、项目对接、初赛文本制作及评审等环节。复赛阶段面向初赛晋级的团队,包括竞赛培训、创业导师对接、商业计划创作、市场调研、现场答辩等环节,综合考量创业能力,提高选手创业素质。决赛阶段面向复赛晋级的团队,包括秘密答辩、公开展示、项目投资洽谈等环节,展示选手风采,推动选手创业实践。

整个竞赛期间,主办方举办若干场专场培训会,邀请著名专家学者、知名企业家和风险投资人来给参赛选手进行讲座、培训和个性辅导,从项目选题、市场调研、市场分析、营销策略、财务分析等方面进行全方位培训演练,切实增长创业知识、提升创业技能。

浙江大学"蒲公英"学生创业计划竞赛是学校创业教育体系中的重要组成部分,在实现创业教育内容与创业教育方式的协同创新方面发挥着重要作用,越来越成为大学生创新意识培养、创新能力塑造和创业素质提升的重要平台。

延伸阅读 7-3

"挑战杯"全国大学生课外学术科技作品竞赛

"挑战杯"全国大学生课外学术科技作品竞赛是在国家鼓励大学生科技创新的号召下,由团中央、中国科协、教育部、全国学联和承办高校所在省(市)人民政府主办的全国竞赛活动,旨在引导和激励高校学生实事求是、刻苦钻研、勇于创新,促进高校学生课外学术科技活动的开展,是在全国大学生课外学术科技活动中一项具有导向性、示范性、群众性、涉及领域广泛的竞赛活动。

"挑战杯"全国大学生课外学术科技作品竞赛分为校级比赛、省级比赛和全国比赛三个等级,从每年的 10 月份持续至次年的 10 月份,历时近一年时间。"挑战杯"已经成为大学生学术科技创新和实践的重要平台,对激励大学生的创新精神、提高大学生的自主创新能力、提升科研竞赛的成果水平、促进大学生课外学术科技活动的蓬勃开展等都有了长足的推动,在促进青年创新人才成长、深化素质教育、推动经济社会发展等方面发挥了积极的作用。

崇尚科学、追求真知、勤奋学习、锐意创新、迎接挑战,"挑战杯"全国大学生课外学术科技作品竞赛作为中国大学生科技中的"奥林匹克",历经 20年的发展,在培养大学生科学精神、提升大学生自主创新能力、增强大学生立足实际解决问题能力方面发挥了积极作用,是青年学子进行学习、历练、交流的良好平台。广大青年学子积极投身科研创新事业,在科技的海洋中放飞梦想,在挑战的征程中成就未来。

二、创新创业培训

推动青年创新创业是建设创新型国家的重要战略,是提升自主创新能力的关键举措。当前大学生创新创业教育缺乏相应的组织保障、资源支持及系统设计，创新创业培训工作亟须一个有效的载体平台。为系统推进我校大学生创新创业教育培训工作，在地方政府大力支持下，联合成立了浙江大学"蒲公英"青年创业学院，以"蒲公英"青年创业培训班的形式进行招生和培训工作，选拔有志于创业的优秀青年学子，以培养具有创业潜质和能力的高素质创新人才为目标，秉承强化创新创业教育理念，突出第二课堂教育优势，邀请"蒲公英"青年创业学院导师、创业者和企业家，与学员们分享创业经验、传授创业技能、指导创业计划（项目），并通过培训讲座、素质拓展、孵化对接、创业实践、境外交流等形式提高学员的创新创业能力，提升学员对创新创业的感悟和思考。

延伸阅读 7-4

浙江大学"蒲公英"青年创业学院

推动青年创新创业是建设创新型国家的重要战略，是提升自主创新能力的关键举措。为了更加有效、系统地推进创业教育实践工作，在浙江大学"蒲公英"学生创业计划竞赛的基础上，浙江大学和余杭区人民政府共同筹建成立了"蒲公英"青年创业学院，共同开展创新创业人才的培养，实现科技、人才、资本、市场的对接。

"蒲公英"青年创业学院由学校党委主要领导担任学院顾问，学校党委分管领导任院长。学院设立日常办公机构，其中秘书处设在浙江大学团委，办公室设在余杭组团（创新基地）管委会。学院的配置以兼职为主，适当选拔优秀硕（博）士生挂职，开展创业培训、课程教育、创业顾问、孵化指导等学院相关工作。学院建立院长联席会议制度、秘书处工作例会制度、学院办公会议制度等相关工作制度，保证学院的运营实效。

"蒲公英"青年创业学院以"培养创业精神，提升创业能力，造就创业精英"为宗旨、使命，致力于打造浙江大学和余杭区战略推动青年创新创业的重要平台，提升青年大学生和青年企业家的创新创业意识，营造全社会崇尚创新创业的良好氛围，建立科学、系统、全过程、全方位的创新创业教育工作新体系。

"蒲公英"青年创业学院的特色和亮点工作在于，在学院里引入若干个大学生创业成长扶持基金，为创业竞赛以及创业实践提供充裕的资本支持；嫁接创业孵化平台、提供创业服务支撑，宣传利用了各地方尤其是杭州市有关鼓励大学生创业的扶持政策,并在浙江大学与杭州市的战略合作中,将联合推动大学生创业孵化作为专题立项,研究构建杭州市扶持大学生创业的政策体系;建立学院导师库,邀请企业家、创投经理人、专家学者等全过程指导学生创业竞赛项目;借助校地共建的优势,形成海外高层次创新创业人才与本土人才对接的机制与平台。

学院每年以举办"蒲公英"创业训练班的形式招纳和培训学员,目前已经成功举办两期,每期培训学员 30 名左右。通过邀请"蒲公英"青年创业学院和社会各界的导师、创业者和企业家,与学员们分享创业经验、传授创业技能、指导创业计划(项目),并通过系列课程、培训讲座、创业比赛、素质拓展、孵化对接、创业实践、境外交流等形式提高学员的创新创业能力,促进学员对创新创业的感悟和思考。

三、创新创业交流

独学而无友,则孤陋而寡闻。创新创业教育是当前大学生教育的重要方面,相互借鉴先进经验和优秀做法,将更加有效地推进大学生创新创业教育工作。为拓展学生国际视野,交流创新创业经验,激发创新创业灵感,提升创新创业技能,我校积极推进与国际地区高校的合作交流活动。

延伸阅读 7-5

浙江大学"蒲公英"青年学生创新创业峰会

浙江大学"蒲公英"青年学生创新创业峰会是浙江大学校团委主办、浙江大学"蒲公英"青年创业学院具体承办的青年学生创新创业活动,邀请来自国内外及港澳台地区高校的青年学生参加,旨在促进不同文化之间的交流,拓宽青年学生的国际视野,分享校际国际创业方面的经验,推动学校创新创业教育发展。

峰会期间,主办方开设创新创业类辅导课程,邀请领域内知名企业家、高校从事学生创新创业教育的专家、学生事务主管等为到访学生开班授课、举办主题讲座,传授创新创业知识,提升学生创新创业技能,帮助学生明晰创新创业思维模式。安排学生到阿里巴巴等著名企业及浙江大学国家大学科技园、杭州未来科技城、杭州西湖广告产业园等科技园进行参观考察,帮助学生了解企业或科技园的发展现状、运营情况及对大学生创业的扶持政策。同时通过举办主题研讨、组织学生开展创业计划竞赛等形式,开展深度的创新创业教育合作交流。

首届峰会于 2014 年 5 月 4 日开幕,至 5 月 9 日闭幕,历时 6 天,邀请了新加坡管理大学和台湾政治大学的 30 余名师生参加,青年学子在求是园中比拼智慧,书写友谊。他们共同学习、交流、参观、辩论,产生了思想的碰撞,激发了创业的灵感。峰会有效加深了青年学生在创新创业领域的主题交流,鼓励大学生们把握时代旋律,勇立时代潮头,为高科技成果转化为生产力贡献力量,用知识创造更多的社会福祉。

延伸阅读 7-6

"未来科技城·蒲公英"大学生创业计划竞赛

为进一步促进青年大学生围绕创新创业主题开展深度交流与研讨,由浙江大学、浙江杭州未来科技城管委会主办,浙江大学"蒲公英"青年创业学院、港澳台事务办公室承办的"未来科技城·蒲公英"大学生创业计划竞赛于 2012 年 7 月 3 日至 9 日在浙江大学举行。

竞赛以"创意设计"为主题,邀请内地及港澳台地区知名高校师生参加,对创意设计作品进行展示和商业方案设计,开展创意设计产业及主题研讨。竞赛以夏令营的形式举办,通过创业高峰论坛、创业沙龙、主题参观考察、企业家座谈会等活动,培养大学生的创新能力和创业精神,为有志于创业的青年大学生提供展示、交流和合作的平台。

本次竞赛共有来自我国大陆及港澳台地区 13 所知名高校的 14 支队伍参赛。邀请浙商创投、曼哈顿资本管理咨询公司、渣打银行、传媒梦工场等著名企业和风投总裁作为评委,对选手们的参赛项目、陈述技巧、节奏控制、市场把握等各方面做点评和指导。

本次竞赛在促进我国大陆及港澳台地区大学生创业教育交流、普及大学生创业理念、营造校园创业氛围、推动政产学研协同创新、培养优秀大学生创业者方面具有积极意义,为高校创新创业教育工作提供了良好借鉴。

四、创新创业孵化

精通的目的全在于应用,创新创业教育的目的在于创新创业实践,创造更多的经济与社会价值。浙江大学在构建大学生创新创业教育培训体系的过程中,重视大学生创新创业实践工作,将其纳入整个体系构架中,积极推进优秀项目和优秀团队的落地转化,提供良好的落地孵化政策和资源支持,鼓励青年大学生从创业计划走向创业实践,开启创业生涯。在浙江大学国家大学科技园的基础上,学校积极拓展新的创新创业孵化基地,提供更加有力的创新创业孵化基金,更好地帮助青年学子走出第一步。

延伸阅读 7-7

"圆正天使"大学生创业成长扶持资金

为进一步推动大学生创新创业成果落地,促进学校科研成果转化,实现企业经济效益和社会价值,浙江大学创新技术研究院有限公司与共青团浙江大学委员会决定开展"圆正天使"大学生创业成长扶持资金项目,支持在校大学生开展创新创业活动,这也是"蒲公英"青年创业学院成立伊始的第一支大学生创业成长扶持基金。

当前大学生创业存在如下特点:学历高、热情高但创业经验少,需创业指导;有创意、点子好但成熟产品少,需产品研发;风险投资不少但面向大学生的天使投资少。针对上述特点,浙江大学创新技术研究院有限公司出资100万元,与共青团浙江大学委员会共同发起设立"圆正天使"大学生创业成长扶持资金项目。"圆正天使"基金根据"蒲公英"学生创业计划竞赛中学生提交的创业计划书,评估大学生的创业项目,确定实际扶持金额,进入蒲公英复赛的项目,经书面申请和面试评估合格者可申请不高于5000元的首笔经费资助。获得扶持资金的项目,基金还将帮助邀请创业导师,进行项目优化、跟踪、孵化,优秀项目可以经书面申请、面试评估再向基金申请"天使投资"启动资金。

延伸阅读 7-8

浙江大学良渚创业育成中心

为贯彻落实《浙江大学关于全面服务创新驱动发展战略的实施意见》有关精神,鼓励支持大学生创新创业实践,浙江大学联合良渚街道人民政府成立浙江大学良渚创业育成中心。

良渚创业育成中心作为高新创业产业园区,致力于引进高新科技企业、良渚地方转型升级企业及浙江大学成果转化企业,是良渚街道与浙江大学强强联合、优势互补、紧密联系的校地合作平台。

　　育成中心将全方位整合政、产、学界资源,提供专业人力、空间及行政资源支持,协助浙大师生开始创业之旅,支持新创企业茁壮成长,提升地区产业能量,促进良渚街道产业升级、转型和实现经济快速平稳协调发展。

　　育成中心汇聚强大的技术优势和社会公关资源,在技术成果输出、项目申报及人才培养等方面为企业提供咨询服务,根据企业实际需求提出个性化解决方案,协助解决实际发展难题,并跟进政府的相关扶持政策,服务企业健康发展。

　　育成中心拥有5000平方米办公楼面积,其中1000平方米专门用于浙大在校学生及毕业五年内校友创业,场地兼顾企业办公和生产需求,配套设施齐全,满足办公多元化需求。中心为在校大学生企业提供更加优惠的政策,包括免费提供50平方米左右、配备基本办公家具的办公场地及10万元、20万元的无偿资助资金。

参考文献

[1] 徐菊芬.创业教育——大学生社会实践新功能.高等理科教育,2002(4).

[2] 黄赐英.实践性课程:开展创业教育的重要途径.黑龙江高教研究,2006(1).

[3] 席升阳.我国大学创业教育的观念、理念和实践.北京:科学出版社,2008.

[4] 李群如.大学生创新创业教育路径的探索与实践.人力资源管理,2011(6).

[5] 张明,高建新,刘芳丽,等.高校共青团在大学生创新创业服务中的思考.湖北函授大学学报,2011(4).

[6] 刘洪银.完善大学生创新创业教育机制.山东纺织经济,2012(8).

[7] 张洁.在新形势下高校共青团工作如何服务于大学生创业的探究与思考.出国与就业,2011(2).

[8] 蒋小莺.浅议推进大学生创新创业的途径与方式.科教文汇,2012(6).

[9] 姚军.高校共青团组织促进大学生就业创业工作研究.中国青年研究,2007(12).

[10] 兰亚明.高校创业教育的思考与建议.中国青年研究,2011(8).

[11] 黄达海.对新时期高校共青团工作的思考.广东青年干部学院学报,2004(3).

［12］胡晓风.创业教育论集.成都：四川教育出版社，1995.

［13］何富美，金利娟.高校创业教育问题探究.云南财经大学学报，2012(3).

［14］席升阳.我国大学创业教育的观念、理念和实践.北京：科学出版社，2008.

［15］周宇飞.基于多维理念的大学生创业教育模式创新.当代教育论坛，2011(4).

第八讲　高校青工团建工作创新

　　青年教职工是高校发展的重要影响因素和有效人力资源。做好高校青工团建工作,引领广大青年教职工投身高校发展建设,是高校青工团建工作的重要使命和任务。本讲从高校青工团建工作的根本属性及重要意义入手,着重对高校青工团建工作的重点领域进行讲解,以浙江大学为例,阐明高校青工团建工作的特点及方法。同时,提出并着力破解下一步高校青工团建工作的创新思考。

第一节　高校青工团建工作的根本属性及重要意义

一、高校青工团建工作的根本属性

(一)天然的政治属性要求必须做好高校青工团建工作

　　党章第 49 条规定:"中国共产主义青年团是中国共产党领导的先进青年的群众组织,是广大青年在实践中学习共产主义的学校,是中国共产党的助手和后备军。"党章规定的共青团的这一政治属性,决定了作为党的直接领导下的进步青年组织,必须履行好党的助手和后备军职责,不断加强自身建设,探索党的政治和组织行为在青年中实现的路径、党的意识形态在青年中的传播路径,最终将党的理论精神转化为广大青年的实际行动。

　　在高校,共青团的基本组成和服务对象是全体团员青年,既包括全体大学生青年,也包括全体青年教职工。随着高等教育体制的不断变革,受学历要求等综合因素的影响,高校教职工队伍的年龄比例也在悄然变化,学校的青年教职工数量比例不断增大。我们清醒地认识到,做好高校青工团建工作是新时期党交给共青团的光荣使命。高校青工团建工作的首要任务是引导青年教职工始终在思想上、组织上、行动上与党保持高度一致,积极打造平台,服务好青年教职工的成长成才,使之成为政治坚定、品德优良、素质全面的社会主义事业合格建设者和可靠接班人，为社会主义事业的新征程——国家富强、民族振兴、人民幸福的"中国梦"的实现贡献青春力量。

(二)特殊的育人属性决定高校青工团建工作的双重功效

党的十八大报告提出："要坚持教育优先发展，全面贯彻党的教育方针，把立德树人作为教育的根本任务，全面实施素质教育，推动高等教育内涵式发展，培养学生社会责任感、创新精神、实践能力，为社会主义现代化建设服务。"这就为我国高等学校教育教学的改革和发展提出了明确要求，高校共青团应紧密围绕这一高等教育改革的使命始终做好"育人"工作。因此，作为高校发展的重要影响因素和有效人力资源的高校青年教职工具有特殊性，既是"育人"工作的对象，也是实施"育人"工作的主体。高校青工团建工作除了促进青年教职工自身成长、做好青年教职工的"育人"工作外，还要将青年教职工这一"育人"的主体和客体角色有机融合，充分调动青年教职工的积极性，坚定理想信念、立足本职工作、练就过硬本领、提高综合素质，围绕高校"育人"重心——大学生全面发展做好高质量的教学、服务和管理工作，成为高等教育"育人"工作目标实现的生力军，为我国高等教育改革跨越式发展做出贡献。

二、高校青工团建工作创新的重要意义

(一)新时期高校青工团建工作遇到的机遇和挑战

中国共产党历来高度重视和关心青年工作，给高校共青团工作首先开创了良好环境。当前，高等教育改革发展大趋势要求高校致力于提高人才培养质量、提升科学研究水平、增强社会服务能力、优化结构办出特色，更加注重以人为本的高素质人才的培养，给青工团建工作指明了方向。大多数高校青年教职工团员政治坚定、敬业奋进，给青工团建工作提供了智力保障。文化大发展、信息技术的蓬勃发展给青工团建工作拓宽了工作平台，青工团建工作遇到了新的机遇，蓬勃发展。

然而，我们也要看到随着社会主义市场经济体制改革的深入，当前高校青工团建工作的内外环境发生了明显变化。特别是随着全球化的不断深化、国内经济社会的加速转型，市场经济体制的运行规则以及市场中的个体行为模式对青年教职工的价值判断产生很大的影响，使得高校青工团建工作的环境、条件和对象都发生了明显的变化。从工作环境来看，社会秩序不再靠计划经济下的权威原则和计划手段来维系，青年教职工囿于职业发展、经济和社会压力，更多关注自身的发展和自我价值的实现，如何发挥青工团建的有效组织功效，实现引导青年教职工的政治目标路径值得深思；从工作

条件来看,虚拟网络空间给团工作拓宽阵地的同时,也使青工团建工作的条件愈来愈复杂。青年教师、思政辅导员、青年职工等不同职业特点、不同学历的高校青年教职工在话语体系、聚集方式上个体差异大,如何进行分层、分类凝聚青年教职工亟待探索;从工作对象来看,高校青年教职工知识结构相对完整、综合素质较为全面,青工团建需要面对一个更加全面的工作对象来开展工作,传统的灌输式的思想政治教育已经不能完全适应青年教职工的需要,如何结合青年教职工的实际工作和生活需求,如何将党团大道理转化成青年教职工易于接受的小故事,融入并促进青年教职工的本职工作是高校青工团建工作的重要命题。因此,高校青工团建工作创新势在必行。

(二)高校青工团建工作创新的重要意义

高校青工团建创新是实现党的十八大提出的奋斗目标的需要。习近平总书记在团的十七大重要讲话中强调:"当前,全党全国各族人民正在为实现党的十八大提出的奋斗目标而奋发努力,正在朝着实现中华民族伟大复兴的中国梦而奋勇迈进。这是党和国家工作大局,也是中国青年运动的时代主题。"这为新时期共青团工作指明了方向。他指出,团的工作要把握住根本性问题,把培养中国特色社会主义事业建设者和接班人作为根本任务,把巩固和扩大党执政的青年群众基础作为政治责任,把围绕中心、服务大局作为工作主线。团的工作要把握住广大青年的脉搏。要提高团的吸引力和凝聚力,关键是要高举理想信念的旗帜。共青团要做好青年思想引导工作、增强吸引力和凝聚力,必须站在理想信念这个制高点上。只有思想上、精神上的吸引力和凝聚力,才是内在的、强大的、持久的。这就要求高校青工团建不断创新,始终将引导青年教职工坚定跟党走中国特色社会主义道路作为高校青工团建工作的重中之重,使他们不断增强道路自信、理论自信、制度自信,不断增进对党的信赖、信念、信心,团结带领高校青年教职工积极参与经济建设、政治建设、文化建设、社会建设、生态文明建设,为实现高等教育事业大发展和社会繁荣做贡献。

高校青工团建创新是实现高校共青团"育人"工作目标的需要。当代高校青年教职工是在改革开放和现代化建设的新时期成长起来的,普遍受过系统的、先进的教育,蕴藏着人才资源开发的巨大潜力。他们思想解放,朝气蓬勃,充满活力,具有较强的学习能力、创新能力和开拓精神,具备相当的服务育人的能力,是高等教育发展的主力军和有生力量。这就要求高校青工团建工作不断创新,打造一支政治坚定、作风优良、工作勤奋、青年信任的高素质青年教职工队伍,服务好大学生的成长成才,当好大学生的引路人和贴心朋友,对实现高校共青团培养政治坚定、素质全面的大学生的"育人"目标起到至关重要的作用。

高校青工团建创新是高校青年教职工实现可持续发展的需要。当前，伴随着经济全球化和信息技术革命，人力资源愈益取代自然资源成为第一资源。作为人才资源的重要储备力量——青年能否实现可持续发展，成为综合国力竞争的不竭动力，这也是共青团的重要使命。不断创新高校青工团建工作，把竭诚服务青年作为高校青工团建工作的出发点和落脚点，使团组织成为青年教职工遇到困难时想得起、找得到、靠得住的力量，为青年教职工成长成才和可持续发展提供及时有效的服务，打造实践锻炼的平台，进一步坚定理想信念、练就过硬本领、勇于创新创造、矢志艰苦奋斗、锤炼高尚品格，使他们在组织中真正有所收获、有所提高，不断增强归属感，愿意并自觉投身到高校发展和社会主义伟大事业的建设中。

第二节　高校青工团建工作的重点领域

在履行团的"两个全体"①和"四项基本职能"②的过程中，做好思想引导工作是党赋予高校共青团的根本任务。只有解决了青年的思想意识关键点，才能使其自觉自愿地投身到党和国家的事业中，才有可能发挥出共青团的组织优势；只有将青年的实际需求作为开展引导青年的落脚点和出发点，服务好青年的成长成才，才能增强共青团组织的凝聚力和吸引力，坚定跟党走中国特色社会主义道路的理想信念。因此，高校青工团建工作的重点领域在于对青年教职工的引导，通过各种方式和载体，结合青年教职工的实际工作和生活需求，引导和团结广大青年教职工坚定理想信念、爱岗敬业奉献、提高工作水平、锻造综合素质，为高等教育事业和共青团育人工作发展做出贡献。以"青年文明号"创建为主要内容的"青"字号文明工程是高校青工团建做好青年教职工引导的重要抓手。

一、实施"青"字号文明工程的重要意义

"青"字号文明工程就是围绕高校的中心工作，以青工线基层团员青年和团组织为主体，开展各种形式的团的精神文明建设活动，通过精神文明建设，进一步增强广大青年教职工的社会责任感和工作责任心，激发广大青年

---

① "两个全体"是指力争使团的基层组织网络覆盖全体青年，使团的各项工作和活动影响全体青年。

② "四项基本职能"是指组织青年、引导青年、服务青年、维护青少年合法权益。

教职工努力提高岗位技能,建功立业,形成一种积极向上、锐意进取的良好风气。实施"青"字号文明工程的主要载体是开展"青年文明号"创建活动。

在高校青工团建工作中开展"青年文明号"创建活动,是为适应社会主义市场经济体制和高等教育体制改革的要求,加强青年教职工思想政治教育工作和职业道德建设,引领青年教职工在教学、管理和服务中创建的体现高度职业文明、创造一流工作成绩的青年集体工程。作为高校青工团建的有效形式,"青年文明号"创建极大地激发了青年教职工团员和团组织的积极性,通过先锋模范和表率作用,切实加强了青年教职工的思想政治工作,塑造积极的人生态度和不断进取的奋斗精神,激发了其立足本职爱岗敬业、提高水平的积极性,有效提升了青工团组织的凝聚力、战斗力和创新力,为高校的可持续发展提供一流的队伍保障。

二、高校开展青年文明号工作概要

(一)青年文明号和青年文明号活动发展及精神内涵

1993 年,团中央在总结深圳市"青年服务号"和铁路系统"青年文明示范班组"、"共青团号"等活动成功经验的基础上,决定把它们统称为"青年文明号",首先在服务行业开展了创建"青年文明号"的探索,并在 1993 年召开的团的十三届二中全会上把青年文明号作为跨世纪青年文明工程中一项重要内容,写入了《在建立社会主义市场经济体制进程中我国青年工作战略发展规划》。1994 年,团中央正式下发《关于在全国开展创建青年文明号活动的意见》。20 多年来,青年文明号的内涵不断深化,机制不断完善,领域由服务窗口行业拓展到生产行业和国家建设重点工程,之后又延伸至机关事业单位、学校。近年来,青年文明号依托"青年文明号服务卡"、"青年文明号助万家"、"青年文明号信用建设示范行动"、"青年文明号节能减排示范行动"等各种载体,取得了良好的社会、经济和人才效益,成为共青团最宝贵的工作品牌之一。青年文明号分为全国、省(部)、市(地、州)、县(区)四个级别(行业、系统、企业可参照设立相应级别)。

青年文明号是指在生产、经营、管理和服务中创建并经过活动组织管理部门认定的,体现高度职业文明、创造一流工作业绩的一线青年集体。青年文明号活动以促进青年成长成才和所在单位发展进步为目标,以倡导职业文明为核心,以行业规范和岗位职责为基本标准。

新时期青年文明号的精神内涵是"敬业、协作、创优、奉献",即爱岗敬业,强调每个成员具备良好的职业精神,干一行、爱一行、钻一行,在平凡的岗位上创造优秀的工作业绩;团结协作,青年文明号集体成员之间互帮互助，共同提高，具有良好的团队精神和协作意识；创先争优，立足本职，争创一流，成为行业标杆；奉献社会，引导广大青年树立"青春献事业，文明献社会"的自觉意识，发挥岗位技能和优势，积极参与社会公益实践。

（二）青年文明号创建条件及要求

青年文明号创建单位应是以青年为主体、建制稳定的工作集体。规模较小的单位也可以整体参与创建。基本条件是：第一，创建单位人数一般应该在 10 人以上 200 人以下。其中，35 周岁以下青年人数占 60% 以上，且至少有一位年龄不超过 35 周岁的负责人。第二，全体成员思想政治素质良好，遵纪守法，模范遵守本行业、本单位的各项规章制度、操作规程和服务规范。第三，全体成员具有良好的职业道德、精湛的岗位技能、突出的工作业绩。第四，围绕本单位中心工作开展富有实效的创建活动，有明确的创建规划、细化的创建标准、醒目的创建标识、有形的创建载体。第五，注重发挥青年作用，符合建团条件的须按照团章要求建立团的组织，开展团的工作。第六，在本行业（系统）、地区的某层级创建集体中具有较强示范性、代表性和影响力，且参与创建两年以上，方可申评所创建层级青年文明号。

根据青年文明号争创要求，争创集体必须认真做好以下几个方面的创建工作：第一，制定创建方案。立足岗位，确定争创青年文明号的创建目标、创建主题、创建口号和创建载体；明确领导小组组长、成员及号长。第二，强化创建过程。首先，进行创号部署动员。通过召开动员会议等方式，让集体成员强化创号意识，增强荣誉感和责任感。其次，营造创建氛围。办公场所内外整洁卫生、用品摆放整齐有序，岗位人员遵守职业道德规范，着装整洁得体，举止端庄文明，精神面貌好，敬业精神强。在醒目位置悬挂争创"青年文明号"创建标志，制作青年文明号服务卡，设计张贴青年文明号人性化提示标志，团员佩戴团徽，做到青年文明号牌匾（已获得称号的）、青年文明号承诺内容、青年文明号成员照片、青年文明号信用公约"四上墙"。窗口服务单位须设青年文明号意见箱或监督台，争创集体成员要挂牌服务。建立争创活动宣传阵地，借助宣传栏、墙报等形式公布创建标准、规章制度、服务承诺、活动资料、考核情况等内容。此外，开展丰富多彩的创建活动。通过开展学习活动、技能活动、服务活动、公益活动、文体活动、发明创造活动等方式，展示青年文明号的良好精神风貌，在思想作风、工作技能、工作业绩和团的建设中体现先进性，促进单位经济效益、社会效益和个人效益的提升。第三，建好创建台账。把握"单独建档、专人管理；及时收集、定期整理；分类归档、完整无缺"的工作原则，内容覆盖组织机构、规章制度和活动记录三个部分。

获得青年文明号称号的集体,由相应活动组织管理部门下发文件表彰,授予青年文明号牌匾和证书。基层单位应坚持物质奖励和精神奖励相结合的原则,制定并落实奖励措施,纳入本单位奖励序列,在工资奖金、学习深造、晋级晋职等方面优先考虑青年文明号成员。将青年文明号集体负责人列为重点培养对象,提供学习和锻炼机会。各级青年文明号活动组织管理部门可在表彰青年文明号的同时,表彰在组织开展青年文明号活动中业绩突出的单位和个人。

(三)高校共青团开展青年文明号工作的成效

在高校,青年文明号是指在教学、管理和服务中创建并经过活动组织管理部门认定的,体现高度职业文明、创造一流工作业绩的一线青年集体。青年文明号活动以促进青年成长成才和服务高校育人工作为目标,以倡导职业文明为核心,以行业规范和岗位职责为基本标准。

自开展至今,产生很好的成效,彰显了青年文明号的共青团特色,服务并促进了团的基层组织建设和基层工作,受到基层团组织和广大青年的普遍欢迎。作为共青团的重要工作品牌,创建单位把青年文明号创建工作与加强团组织的自身建设结合起来,在创建和评选过程中,始终体现共青团组织的主体作用。一方面创建单位团组织主动衔接,注重与基层团建有机结合,将成立团组织作为评选的基本条件,积极参与到青年文明号创建活动当中,在青年文明号创建集体中扩大团的组织覆盖,为青年文明号创建活动提供更广泛的组织基础;另一方面注重创新活动载体,结合团的各种品牌活动丰富青年文明号创建形式,切实提高青年教职工的工作水平,完善创建、评选、表彰、激励机制,使青年文明号这个"老品牌"焕发出"新活力"。

第三节　高校青工团建工作的路径及创新思考
——以浙江大学为例

高校青工团建工作在高校共青团和高等教育事业发展中发挥着重要作用。在新的形势下,高校共青团要针对当前青年教职工的特点,充分发挥团的优势,利用各种社会资源,进一步强化服务功能,不断创新青工团建工作机制和方法,建立起有效的服务青年教职工成长成才的体系,在服务中巩固以共同理想为核心、以实际需求为基础、以团的组织为网络、以多种形式的活动为纽带的高校青工团建工作体系,使青年教职工更好地为高校育人工作中心服务。

一、明确政治属性,进一步创新青年教职工思想引领工作路径

(一)思想政治教育常抓不懈

深入贯彻党的十八大精神,用社会主义核心价值体系构筑青年教职工精神支柱,坚持用社会主义核心价值体系引导青年教职工,引导青年教职工按照党的要求健康成长、为实现中国梦而奋斗是共青团的根本任务。要大力弘扬社会主义核心价值体系,引导青年教职工积极培育和践行社会主义核心价值观,筑牢为推进中国特色社会主义事业、实现中国梦而奋斗的共同思想道德基础。团结和带领青年教职工坚定信念、牢记使命、脚踏实地、锐意进取、满怀信心地紧跟着党,为全面建成小康社会、加快推进社会主义现代化、实现中华民族伟大复兴的中国梦而奋斗。

处理好"务虚"与"务实"的关系。在市场经济条件下,青年教职工变得注重实际、更加务实,呼唤通过与实际工作生活需求紧密结合,对提高自身综合素质有所帮助的学习方式出现,这就对青工团建工作提出了更高的要求。因此,针对青年教职工开展思想政治教育更要讲"务实",改变传统的只重"政教式"的务虚。围绕青年教职工本职工作和发展需要,运用组织化、群众化、社会化的方式,以开展宣讲团、报告团、经验交流会、专题讲座、演讲比赛等形式活泼、内容健康的理论学习活动为载体,促进团员青年理论水平和政治素质的提高,确保青年教职工真学、真懂、真信、能用,进一步坚定理想信念,为引领青年教职工立足本职、建功立业打下坚实的思想基础。

处理好"灌输"与"启迪"的关系。当代高校青年教职工普遍具有较为丰富的知识体系以及较强的学习和思考能力,且富有批判精神、善于调整选择,传统的灌输式的思想政治教育方式显然已经不能达到很好的教育效果。因此,高校青工团建工作开展青年教职工思想政治教育,务必要尊重和突出青年教职工在学习中的主体地位,从高台灌输式教育向民主启迪式教育转变,启迪青年教职工在理论学习中进一步去寻求提高自身竞争优势的途径,参与重塑个人形象和素质的提升,由此使青年教职工有足够的自觉学习内动力,充分发挥提高、鼓舞和凝聚青年教职工的作用,为做好青年教职工思想引领工作扫清思想障碍。

(二)突出新媒体阵地教育

新媒体的快速发展正在掀起一场媒体革命,将彻底改变人们的交流方式。新媒体的不断发展、各种网络用语的不断兴起,青年教职工的话语体系悄然变化。与报纸、广播、电视等传统媒体相比,手机、网络及其他新媒体具有数字性,强化了人与人的互动式学习。随着手机的应用越来越广泛,它已

成为我们及时传播正确思想的工具之一。由于网络具有覆盖面广、辐射性强等特点,也已成为思想引导工作中的重要平台。另外,电子杂志、微博、微信等其他新兴媒体也在思想引导工作中发挥着不可忽视的作用。这些新媒体不仅要成为面向青年教职工学习、娱乐的载体,还可以成为高校共青团吸引和凝聚青年教职工、宣传开展活动的载体,使青年教职工思想引导工作获得更好的效果。因此,高校共青团在开展青年教职工思想政治教育中,除了发挥好传统的思想政治教育阵地优势外,还要突出结合新媒体阵地以合理、有效、易于被青年教职工接受的新媒体方式做好青年教职工的思想引导工作,要善于将党团大道理通过青年教职工喜爱的时尚媒体元素转化成青年听得懂、乐接受的小故事,起到润物细无声的教育引导效果。

始终坚持发挥传统媒体的优势教育力量。在新媒体发展日新月异的今天,传统媒体以其严肃的特点,在传播先进理论思想方面具有不可替代的作用。相较新媒体而言,传统的报纸、杂志、广播和电视等传统媒体更具有思想深度的表现能力,高校共青团要始终坚持发挥传统阵地的主导作用,贯穿于青年教职工引导的全过程,同时注重结合新媒体的积极元素,建立和巩固青年教职工的核心理论价值体系。

注意引导青年教职工增强对新媒体宣传的辨别能力。传播迅速、即时便捷是新媒体的优点,但由于缺乏监管、规范性不够等,断章取义、颠倒是非、翻来覆去的"新闻"或"观点"屡见不鲜。利用新媒体积极的作用给青年教职工创造更好学习条件、提供更多学习平台的同时,应加强树立"三观"、"三热爱"①的主流价值体系和评判标准,引导青年教职工对纷繁复杂的新媒体"事件"提高辨别能力,学会去伪存真。

延伸阅读 8-1

浙江大学图书与信息中心团总支让阅读变成"悦读"

为更好地推进校园文化建设,针对现在学生阅读量不足、阅读选择迷茫的现状,从 2010 年起,浙江大学图书与信息中心团总支与"浙大·新青年传媒"学生组织联合,结合当下青年学生们喜爱的电子书、微博、漫画等时尚文化元素,推出"悦读"系列。发动校园内喜爱读书的学生,以学生的视角和选择力求为浙大学子推荐好书。图书涵盖生活、学习、政治、哲学、经济等各个

---

① "三观"指人生观、价值观、世界观;"三热爱"指热爱共产党、热爱祖国、热爱社会主义。

领域,包含新生入学、品味经典、青春励志、小说百年等主题,累计免费发放数量超过 3 万册。通过该活动努力满足学生们读书的多样需求,从而使广大学生能真正养成阅读的习惯,树立悦读的人生态度,真正体会到"开卷有益"的妙处,活动受到了全校师生的好评。

同时在图书馆开辟专门空间,为喜爱读书的同学提供个性化服务,推出"悦·空间",以"打造你的个人书房"为理念,为浙大学子提供最新、最舒适的阅读体验。在"悦·空间",同学们可以"读我所爱、写我所想、遇我想读、聆听经典",使阅读真正变得"悦"读,在校园里营造了良好的读书氛围。

图书与信息中心团总支通过这种有益的探索将单向的为学生提供图书和知识资源,转变成了解学生需求、走进学生的双向的交流服务,提高了青年教职工工作的积极性,也确保了服务育人的工作成效。

(三)注重青年榜样的感召力量

榜样即典型、楷模,是指值得学习的人或事物。榜样具有示范作用,它会吸引他人对其进行模仿。榜样具有激励作用,它会有力地推动人的成长。现代社会中,个性张扬、价值取向多元、信息获取通畅,人们无时无刻不在关注着别人的行为方式,榜样的内容和形式也更加多元化。因此,高校共青团在青年教职工的榜样示范上要做好认真筛选、正面引导和主动树立典型的工作,对合乎社会主义核心价值体系、有利于激发青年教职工立足本职建功立业的热情、有利于青年教职工成长成才的示范引领的青年榜样要大力宣传,注重发挥青年榜样在青年教职工思想政治教育中的感召力量。

加强引导对公立榜样精神实质的吸收和消化。公立榜样是指自上而下树立,并让下级广泛学习或引导下级普遍认可从而规范自身言行的榜样。如中共中央宣传部等 11 个部门联合组织评选出的"100 位为新中国成立作出突出贡献的英雄模范人物和 100 位新中国成立以来感动中国人物"。这些榜样符合党和国家对公民的要求或者学校对青年教职工的期望,在较高层面与当代主旋律和学校发展的要求相贴合,容易得到最广泛的认可,教育效果好,影响深远。虽然年代不同,事迹也不一样,但其精神实质都是一致的:坚定的理想信念和崇高的人生境界。他们是社会主义核心价值体系教育最生动、最直接的教材,也是激励青年教职工团结奋斗的精神力量。

加强身边榜样的树立和激励作用的发挥。身边榜样是指在一定的基层群体中得到普遍认可,值得学习或推广的身边典型或榜样,如各级青年岗位能手的评比。这些榜样多是所在群体中大家熟知的人、日常生活中大家身边的人,他们就是青年教职工里的普通而优秀的一分子。相较公立榜样,身边榜样与青年教职工的距离最近、亲切感最强,更容易起到感召和激励的作用。因此,高校共青团要依托优秀共青团员、杰出青年、青年岗位能手、先进工作者的评比,青年技能大赛等各种载体注重发掘、树立和宣传身边榜样,对青年教职工的工作、学习和生活起到积极的带动作用和示范效应,引导青年教职工实实在在跟着身边榜样学习,弘扬艰苦创业和敬业爱岗精神,立足本职岗位,提高工作技能,争创一流成绩,努力成为素质全面的优秀人才,推动高校育人中心工作的开展。

延伸阅读 8-2

"青春在奉献中闪光"
浙江大学青工系统创先争优先进集体、先进个人评选活动

为深入贯彻落实创先争优活动,在广大青年教职工团员中选树可亲、可敬、可信、可学的先进模范,营造创先争优的良好氛围,鼓励和倡导广大青年教职工在服务一流大学建设中贡献青春才智、提升能力素养,2010 年,共青团浙江大学委员会在全校 11 个青工团委和团总支中发起开展"青春在奉献中闪光"青工系统创先争优先进集体、先进个人评选活动。评选历时近一年,坚持"自下而上、上下联动"的原则,采取组织推荐的方式,通过推荐、评选、表彰等环节最终评选出 2 家创先争优先进集体和 8 名先进个人。

这些先进集体和先进个人突出反映了当代浙江大学团员青年的精神风貌,代表青年健康向上、积极进取的价值取向,在平凡的工作岗位上创造不平凡的业绩、令人感动的故事和可学可敬的时代精神。从校园里的"螺丝钉",到爱岗敬业的坚守者,到大爱无疆的志愿者,就职于浙大的普通而优秀的青工们,以一颗火热的心投入到工作、生活中,立足本行、无私奉献。在他们身上,彰显了当代青年热爱祖国、努力践行科学发展观、模范表率地在实践中追求真知的先进性;体现了与时俱进、勇于创新的时代性;在一定程度上代表了当代青年青春飞扬、激情无限的典型性,个性鲜明、以小见大、以平凡见精神的感召性。

通过先进集体和人物的评选和宣传,在求是园中的青年教职工中掀起了一股向身边优秀青年典型学习爱岗敬业、无私奉献、励志克艰精神的热潮,在青年教职工群体中起到了很好的榜样示范引领作用。

二、提升工作水平，进一步增强组织青年教职工围绕中心建功立业的实效

（一）坚持党建带团建、团建促党建的重要工作原则

党建带团建是共青团建设的重要原则，也是党建的重要任务。实践证明，加强基层党建带团建工作，是充分发挥共青团生力军和突击队作用，完成党的中心任务的重要保证；是活跃基层、打牢基础，扩大党的工作覆盖面和影响力的迫切需要；是为党的队伍源源不断注入新鲜血液，保证党的事业薪火相传、后继有人的战略任务。高校青工团建要始终坚持党建带团建、团建促党建的重要工作原则，高举中国特色社会主义伟大旗帜，以邓小平理论、"三个代表"重要思想、科学发展观为指导，紧紧围绕学校改革发展大局，以带思想建设为根本，以带组织建设为基础，以带干部队伍建设为关键，以构建良好发展环境为保障，建立健全长效工作机制，服务青年教职工全面发展，培养德才兼备的青年教职工骨干，团结和凝聚团员青年，为高校共青团和高等教育发展贡献力量。

在高校青工团建工作中，一方面要服从于、服务于党的历史任务，同党为实现这些任务而确立的政治路线紧密联系。要积极争取学校党委的支持和资源，在党委的坚强领导下依照法律和自己的章程独立自主、创造性地开展工作。另一方面，要服从于、服务于党的中心工作。就是要增强青年教职工的党性观念，紧紧围绕学校的党政中心工作，团结和带领广大青年教职工，为学校改革、发展和稳定，服务学生成长成才做出贡献。要把为党的中心工作提供了多少服务、做出了多少贡献，作为衡量高校青工团建工作成败得失的重要政治标准。

（二）依托青年文明号创建凝聚团队力量，为服务大局做贡献

青年文明号活动是团组织为适应建立社会主义市场经济体制的要求，引导广大青年职工弘扬良好的职业道德，创造一流的工作业绩，推动经济与社会协调发展做贡献而实施的一项重要品牌。与以往的表彰奖励最大的区别在于：青年文明号不仅是取得成果以后进行的一种肯定、一种荣誉，更注重过程管理，必须是有组织、有领导、有方案、有步骤、有成效地进行创建，强调以优质的创建过程去争取优质的结果。高校青年文明号的生命力就在于创建的过程，通过计划、领导、实施、检查、成效、保证等6个阶段的创建过程，与服务学校中心工作相结合，与服务青年教职工成长成才相结合，弘扬青年教职工职业道德，规范职业行为，提高职业能力，进一步提高青年教职工的综合素质，推动高校健康发展，同时在创建过程中突出团组织作用的发挥，

达到扩大团组织覆盖、提升组织活力、促进团的自身建设的目的。

在创建过程中，要注重提高认识、加强宣传，不断丰富青年文明号的精神内涵，不断扩大社会影响力。从高校青工团建工作的角度来看，青年文明号是一项以倡导职业文明为主题，争创一流业绩为目标，培养青年教职工人才为内容的青年文明工程。从建设社会主义精神文明角度看，青年文明号是精神文明建设的有形活动载体，直接从属和致力于精神文明建设。除了倡导职业文明外，高校青年文明号还应在提供优质服务、创新创新、培养优秀青年人才方面起到重要作用。因此，要通过大力宣传青年文明号全面的精神内涵和作用，不断扩大社会影响力，争取党政和社会各方的支持和资源。

不断创新工作载体，最大限度地扩大青年文明号的品牌效应。围绕党政中心工作设计载体。当前，经济结构及经济发展方式发生变化，民生建设不断加强，青年文明号创建要时刻以为人民服务为宗旨，设计服务中心业务、服务社会建设、服务青年成长发展的有效载体，推动青年文明号焕发出新的时代光彩。党的群众路线教育实践活动是青年文明号活动发展深化的重要契机，群众路线是我们党的生命线，密切联系群众是党的优良传统和作风。党有号召，团有行动，作为党的助手和后备军，高校共青团要紧紧围绕群众路线教育实践活动的部署，引导青年教职工立足岗位创造优异业绩。

围绕高校的育人根本任务和功能设计载体。要紧密结合高校的育人根本任务、功能，设计青年教职工便于参加、乐于参加的工作项目，引导青年教职工高标准、严要求，从自身做起，践行岗位职责，努力提高服务学生成长成才的水平。

围绕青年教职工的心理特点及成长需求设计载体。高校青年文明号活动的主体是青年教职工，青年教职工对职业道德与职业能力的进取是青年文明号发展的内生动力。要尊重青年教职工的主体性，从青年教职工成长发展的愿望出发，融入其关注的热点和时代新元素，设计出荣誉感、参与感、时尚感强的活动载体，突出青年教职工参与的普遍性与广泛性，以此保持青年文明号的持久活力。

延伸阅读 8-3

浙江大学后勤集团青年文明号创建之路

为了团结和带领青年围绕学校中心工作，积极进取，奋发向上，展现当代后勤青年员工的精神风貌,自 2002 年起,在浙江大学后勤集团党委和校团委的领导下,浙江大学后勤集团团委开展了"青年文明号"创建之路。

健全制度,推进创建。先后出台了创建"青年文明号"各项管理制度,成立活动工作小组,明确创建工作目标、总体思路和责任分工。通过在人员、经费、时间等方面的政策倾斜,为创建活动的有序开展提供坚实的组织保障。同时,为了让学校师生积极参与创建和监管,创建集体必须接受师生代表的不定期明察暗访,公布监督电话,对遭到师生投诉且处理不当的集体实行"一票否决",取消称号。

用心沟通,服务至上。为了把"青年文明号"创建工作做细、做精、做优,创建集体围绕自身服务工作的特点,创新与师生双向互动沟通的新途径,不断提高服务成效。自 2007 年 11 月起,浙江大学开展了关爱空巢老教师的"守望工程"活动,后勤集团商贸中心利用身处家属区的商业网点优势,延伸服务工作的范畴。它们逐个登记切实有需要提供帮助的空巢老人的详细信息资料,协助校团委发放了包含子女、结对志愿者、社区和相关管理服务部门的应急电话爱心卡,让老人在紧急情况下能得到及时救助。同时,将创建活动贯穿在为空巢老人提供便利服务中,一包盐、一袋米或一瓶水,老人只要打个电话,很快会有专人免费送货上门。每逢节假日,浙大超市的青年员工还会上门帮老人清理卫生、聊聊天、散散步,陪伴他们度过温暖的节假日。浙大超市青年员工的真诚付出得到了社会各界的高度评价。

加强实践,服务青年。高校后勤服务一线的青年员工大部分是外来务工人员,文化程度不高,员工素质参差不齐,但他们思维活跃、有理想、有抱负,非常想在平凡的岗位上做出不平凡的事业,实现自己的人生价值。通过开展"青年文明号"创建活动,青年员工逐步树立了牢固的服务、奉献、责任意识,大大激发了学习和工作的热情和能力,青年员工的综合素质大幅提高。面对学校国际交流会议和留学生逐年增加的趋势,很多一线青年员工都感觉到英语技能的欠缺已经成为与留学生和国际友人日常交流最大的障碍。紫金港校区接待餐厅联系外语学院,把日常用语和常用服务用语翻译后制成小手册,开展日常英语普及班,同时与外教建立了互助学习关系。现如今,接待餐厅的服务人员都能讲一口流利的英语,得到了留学生和国际友人的高度评价,被评为"2011 年国家级青年文明号"。玉泉幼儿园在幼儿教育工作中深入研究,青年教师们的教育成果在全国各类期刊公开发表 28 篇,在省市区论文获奖 16 篇,课题立项 7 个,同时涌现出了教坛新秀 8 人、教育先进个人 6 人。2004 年玉泉幼儿园被评为"国家绿色学校运行机制和管理项目研究实验园"、浙江省实践《幼儿园教育指导纲要》示范园,2006 年被授予实践国家教育部"园本教研制度建设"重点实验园称号。

在十余年的"青年文明号"创建活动中,浙江大学后勤集团团委始终秉承服务师生、服务学校、服务社会的宗旨,围绕学校中心工作,不断创新活动形式、丰富活动内涵,积极推动职业文明建设和青年的成长成才,为学校的可持续发展提供了有力的后勤保障。截止到 2011 年,共涌现出 1 个全国级、2 个省级、12 个校级"青年文明号"和 7 位校级"青年岗位能手"。"青年文明号"已经成为浙江大学后勤集团精神文明建设和团组织建设中一颗灿烂的明珠。

(三)发挥激励作用,提高青年教职工建功立业积极性

激励(motivation)即激发人的行为动机,以促使个体有效地完成行为目标,或者说,激励就是组织通过设计适当的外部奖酬形式和工作环境,以一定的行为规范和惩罚性措施,借助信息沟通,来激发、引导、保持和归化组织成员的行为,以有效地实现组织及其成员个人目标的系统活动。在高校,青年教职工智慧和力量的有效凝聚是高校共青团永葆先进性的不竭源泉。因此,高校青工团建工作的全过程必须始终坚持以青年教职工为本,促进青年教职工的全面发展,充分尊重青年教职工的实际需求和主体地位并提供适当的激励措施确保青年教职工建功立业的积极性和涌动力。

随着社会经济、政治、文化的快速发展,市场经济体制的建立和完善以及中西方文化、价值观的相互浸透,青年教职工的思想观念、价值取向、行为准则都发生了很大的变化。加之现代社会快节奏的工作生活也给青年教职工带来了物质和精神上的压力,势必会引起青年教职工的需求内容、需求层次及行为动机等发生变化:青年教职工非常关心实现自己人生价值和发挥才能机会的同时也非常渴望收入不断提高、住房等物质条件进一步改善。

因此,对青年教职工的激励应该是综合性的激励。除了采取薪酬激励、职务和地位激励等保障因素激励外,还要采取技能培训激励、参与民主管理激励、文化激励、职业生涯设计激励等多种激励方法,使青年教职工成长成才,实现自身价值。薪酬是青年教职工赖以生存和发展的物质基础,也是青年教职工评价自身价值的重要砝码。对目前大多数青年教职工来说,薪酬的高低和对薪酬公平的认知程度,是影响青年职工工作积极性的重要因素。随着知识更新速度不断加快,青年教职工不仅需要在实践中丰富和积累知识,还需要不断加强理论学习,充实知识,提高能力。加强青年教职工的培训工作,不仅是学校发展的需要,更是青年教职工提高自身竞争能力的需要。让青年教职工参与学校民主管理,不仅有利于青年教职工有效地进行

自主管理,也有利于发挥青年教职工聪明才智,创造更多展示自己才能的机会。良好的校园文化氛围可以为青年教职工创造一个宽松、和谐、团结、奋进的工作和学习环境。最直接可见的精神激励方式就是荣誉激励,荣誉既是对青年教职工过去取得的工作成绩的评价和肯定,也是对未来工作的鼓励。职业生涯设计则是指青年教职工未来职业发展的规划,可以帮助青年教职工明确自己的发展目标,从而有效调动教职工的积极性。

在采取激励措施鼓励青年教职工立足本职、建功立业时,需要坚持五个原则:①贴近青年教职工需求特点的原则。对青年教职工进行激励,应采取适合其特点并令其易于接受的激励方法。②差异性激励的原则。对不同岗位、不同学历、不同年龄、不同性别的青年教职工,要采取有针对性的分层分类激励方法。③突出重点,统筹兼顾的原则。激励方法不但要对在关键岗位、做出突出贡献的青年教职工进行重点激励,更重要的是对绝大多数青年职工都要起到普遍激励作用。④多种激励方法有机结合的原则。没有一种激励方法对所有人,或者是对一个人在任何时候都有效,只有采取多种有效的激励方法,才能真正起到激发青年教职工积极性的作用。⑤激励青年职工为企业创造效益和帮助青年职工实现个人目标相结合的原则。

三、倡导职业文明,进一步提升服务青年教职工成长成才能力

(一)依托技能培养,提高服务育人技能和水平

当前,高等教育发展的核心问题是培育高校的核心竞争力,建设具有中国特色的世界一流大学。作为高校党委的助手和后备军,高校青工团建除了具有天然的政治属性外,有别于行业青工团建的最大特点在于教学、服务和管理。作为教书育人的高校,高校青年教职工的顾客就是广大青年学生,产品就是优质高效的服务,做好服务育人是开展青工团建的目的和基础。高校共青团必须围绕高校育人中心工作目标,确立以质量为核心的内涵式发展方针为高校青工团建的工作标准。青年教职工是创造和提高服务育人质量的关键因素,因此,动员和引导青年教职工立足本职、学习创新,提升服务育人技能和水平,是高校青工团建的重要探索和有益创新。

首先,充分认识提升青年教职工服务育人技能和水平对高校发展的重要意义。提升青年教职工服务育人技能和水平,有利于造就一支素质高、专业强、业务精的青年人才生力军和突击队;有利于优化青年教职工发展环境,满足青年教职工成长成才根本需求的现实途径;有利于发挥整合优势,狠抓教学、管理和服务质量升级,整体推动高校育人工作力度和创新。

其次,提升青年教职工服务育人技能和水平的关键要引导青年教职工

将学业务、比技能贯穿于整个职业生涯。提升青年教职工服务育人技能和水平是一项长线工程,不可能一蹴而就。一方面,要特别注意加强整体培养的过程性。高校青年教职工团组织应根据本单位实际工作情况和青年教职工对自身价值实现、潜能开发和未来发展的需求,通过思想政治教育、提供行为指导、强化资源保障等途径,帮助青年教职工恰当地调整职业目标,不断提高业务能力和综合素质。另一方面,要注重个体培养的过程性。帮助不同学历、不同职业、不同需求的青年教职工确立适合自己的职业目标,分层分类进行引导、提高服务育人技能和水平,使各类教职工都能自觉将提高自身服务育人技能和水平与促进学校教育教学发展和服务好青年学生的成长成才紧密结合。

最后,提升青年教职工服务育人技能和水平必须要突出工作重点。一是加大舆论宣传力度。高校共青团要深入宣传涌现出的各级各类业务强、素质高的优秀青年教职工先进典型,引导和激励广大青年教职工敬业爱岗,勤于学习,苦练业务,锐意创新。二是抓住组织技能培训和技能竞赛两个关键环节。加强技能培训,全面提升青年教职工的业务能力,将技能培训纳入学校人才培养体系;以赛促练,开展经常性的岗位练兵和技能比武活动,帮助青年教职工在工作岗位比拼中成长,也为发现和培育一批优秀青年教职工人才打开渠道。三是加强制度规范和激励机制保障。建立和完善相关的工作制度和机制,实现工作的科学化和规范化,是促进"青年教职工技能振兴"推进工作有效实施的根本保证。设置适当的激励机制,对工作成效显著的,给予奖励,积极倡导勤奋敬业、勇于创新的精神。

(二)鼓励学习研究,为青年教职工可持续发展引航蓄电

高校青工团建要高度重视和鼓励青年教职工本职工作和学习研究的相互联系、相互转化。即把学习作为工作的重要部分和贯穿因素,把工作作为学习的重要途径和内容,提倡和开展以提高工作效率、质量为目标的学习研究,使学习成为青年教职工的一种工作方式和工作状态。这是青年教职工工作可持续发展的动力保障,也是建设学习型青工团组织的高校青工团建的重要任务。

要大力支持青年教职工组织有利于工作的辅导报告、参观学习等活动。引导鼓励青年教职工为改进工作开展讨论、试验、课题和竞赛,鼓励他们展开部门内和部门间的工作探讨、开发或创新项目,为他们共享学习或工作经验、成果提供交流平台,积极推动学习成果和工作成果的相互转化。引导帮助"青年文明号"等集体建设成长为"学习型青年文明号"等,还要树立和推广能把学习和工作有机结合起来的新的团内品牌。

要积极提供和改善有利于青年教职工学习的条件和环境。帮助改善青年教职工学习资源条件，要使学习所需要的时间、经费、载体、阵地，使学习成果和工作成果相互转化的渠道能够得到保障和畅通并成为一种制度；要营造宽容的氛围，允许和鼓励青年教职工在有利于工作的前提下独辟蹊径探索新的工作形式、活动内容、组织方式等。

延伸阅读 8-4

浙江大学机关青年联谊会

2011 年 6 月，浙江大学机关青年联谊会（以下简称"青联会"）作为 35 周岁以下的校机关青年干部职工群众组织，在学校机关党委的领导下、机关工会的指导下和机关团委的支持下成立了。联谊会以"凝心聚力、服务发展"为核心宗旨，以关心机关青年的成长进步，密切机关青年之间的沟通联络与合作，建立机关青年与机关党委、机关工会、机关团委之间的沟通渠道，增强机关青年对学校的归属感和荣誉感，凝心聚力，促进和谐；充分利用广大机关青年的热情与才智，努力促进青年积极参与学校和机关组织的各项活动，在机关各个部门的工作中发挥积极作用，服务发展，争创一流为主要工作内容。

通过两年的努力，青联会通过建章立制，进一步规范组织性质和宗旨任务、明确会员权利义务、明晰日常执行机构理事会及其职责、制定会议制度和决策程序、确立经费来源和管理方式，进一步完善了组织的基本架构和职能，为组织正常运转和活动打下扎实基础。截至目前，已有会员 170 余人，选举产生了第一届理事会的 20 位理事及 5 位理事会负责人。

通过召开成立大会及理事会，开办"青年干部讲习所"，与人事处合作在新教职工培训环节设置交流沙龙，让"资深"机关教师为年轻教职工和青年学生授课、座谈等进一步丰富机关青年知识体系和执业经验。组织开展杭钢、超山好"摄"之旅，摄影知识讲座（与校摄影协会合办），青山、青莲、清心春日漫步联谊（与后勤集团合办），相亲联谊（与西湖团区委合办）等系列活动，加强机关青年与学校内外青年的交流。青联会在关心学校机关青年的成长进步、搭建成长舞台、拓展交流渠道、维护正当权益、整合各类资源，努力促进机关青年在各项工作中发挥积极作用方面做了非常有益的探索并取得了很好的成绩。

四、做好育人工作,进一步激发青年教职工团的基层组织建设和基层工作活力

(一)依托组织育人,打造高素质青工团建队伍

造就一支高素质、复合型、能担当重任的团干部队伍。习近平总书记在团的十七大同团中央新一届领导班子成员集体谈话时的讲话中指出推动高校青工团建工作不断开创新局面的关键在团干部。他对加强团干部队伍建设有四条明确要求,为高校开展青工团干队伍建设指明了方向:一是必须坚定理想信念,团干部应该最富有理想、富有理想主义,要在广大青年中树立威信、形成号召力,首先要高扬理想旗帜。二是必须心系广大青年,坚持以青年为本,深深植根青年、充分依靠青年、一切为了青年,做青年友,不做青年"官",努力增强党对青年的凝聚力和青年对党的向心力。三是必须提高工作能力,勤奋学习,向书本学习,向实践学习,向青年学习,在同广大青年的密切交往中提高工作本领,在同他们打成一片中找到做好青年工作的有效办法。四是必须锤炼优良作风,既要有干事创业的激情,更要有脚踏实地的作为。结合高校青年教职工团干队伍建设,具体要求是:在团干部的选拔上,按照政治素质高、文化层次高、群众威信高、年轻有朝气的标准,严把政治关、文化关和年龄关,为造就高素质青年教职工团干部队伍打下坚实基础。在团干部培训上,利用各级党、团校加大对青年教职工团干部的培训力度。针对队伍中存在的问题,切实加强团干部队伍的作风建设,大力倡导刻苦学习、勤于实践的风气,脚踏实地、求真务实的风气,淡泊名利、廉洁奉公的风气。

着力建设一支思想进步、作用明显、规模合理的团员队伍。团的十七大报告要求,要坚持用科学理论、先进思想武装团员,教育广大团员自觉增强团员意识,努力在各自岗位上创先争优,积极推荐优秀团员做党的发展对象,源源不断为党输送新鲜血液。具体到高校青年教职工团员层面,就是指要造就一支信念坚定、能够发挥模范带头作用的青年教职工团员队伍。在坚持原则、保证质量的前提下,不断加大团员发展的力度,切实加强对团员的培养教育和管理工作,引导他们不断强化团员意识和责任意识,在工作、学习和生活中发挥模范先锋作用。

延伸阅读 8-5

"薪火"青年团干研修计划

"薪火"青年团干研修计划是共青团浙江大学委员会为深入贯彻十七届四中全会精神的有力举措,旨在进一步加强专兼职团干和学生团干队伍建设,培养和造就一支"让党放心、让青年满意"的高素质团干部队伍。为浙江大学共青团事业发展、为各级团组织带领团员青年加快建设世界一流大学步伐、加快构建社会主义和谐社会的伟大实践做出积极贡献提供思想、组织和队伍保证。

自 2010 年启动以来,该研修计划紧密围绕学校中心工作,坚持以社会主义核心价值体系为根本,以能力培养为重点,以改革创新为动力,以机制建设为保障,结合浙江大学 39 个院系和 13 个青工团委(团总支)120 余名专兼职团干队伍现状,坚持理论与实践相结合、长期培养与短期集训相融合、专职团干与学生骨干相配合的原则,通过成立浙江大学青年研究中心和浙江大学学生干部教育培训基地,组织实施各类研修(培训)计划、专题研讨会、新老团干成长分享会、实践调研、素质拓展等学习活动,进一步提高了浙江大学团干部政治素养、思想意识、理论水平、工作能力和业务水平,使浙江大学团干部在不断实践与创新团工作的过程中得到成长,学校共青团工作能够得以薪火相传并实现跨越式发展。

(二)依托实践育人,激发青工团组织工作活力

人类是在生产劳动的实践中诞生和发展起来的,是在社会实践中得到培养、教育、成长、发展的。每个人的成长与发展都离不开实践,都要接受实践的检验,因此,实践具有教育人的功能。

在高校青工团建中,首先要围绕学校育人中心工作,结合青年教职工实际工作,充分发挥实践育人的作用,加强实践活动和实践环节的体验,使得青年教职工的工作理论在实践中得以检验,提高研究和解决工作实际问题的能力,有效促进自身全面发展。其次,发挥实践育人功效,促进青年教职工全面发展的同时,通过结合共青团的各种实践载体和平台,可以使青年教职工更多地参与到培养学生的工作中,有助于更好地把握服务好学生成长成才工作的方向。更重要的是,实践育人途径是提升高校共青团组织影响力的重要途径。通过组织参与实践活动,高校青年教职工团组织可以更好

地发挥主体作用，在各项实践活动中扩大组织覆盖、提升组织活力，进而促进团的自身建设，为高校青工团建工作提供坚实的组织基础。

社会实践是高校共青团加强团员青年思想政治教育，全面提高团员青年综合素质的重要形式，也是引导团员青年在实践中学习中国特色社会主义理论和共产主义理论的一种生动形式。高校青年教职工可以利用寒暑假，通过结合实际工作需求，亲身参与社会实践，让工作理论在社会实践中得以检验；可以通过对学生社会实践团队的专业指导和帮助，拉近与学生的距离，为学生实践成才更好地服务；可以利用不同岗位资源，为学生社会实践搭平台、建基地，帮助学生有针对性地了解行业走向，提升社会认知，为学生提高专业技术技能和就业创业能力提供机会和帮扶。

志愿服务是共青团在新的历史条件下创新工作领域、服务社会需求的一大创举，对于促进社会的和谐与进步，提高全社会的道德水平，促进团员青年的发展和思想境界的提升具有十分重要的意义。它所弘扬的"奉献、友爱、互助、进步"的社会风气与高校青工团建的重点领域青年文明号在社会主义精神文明建设中倡导的"敬业、协作、创优、奉献"精神极度吻合。高校青工团建工作应该引导广大青年教职工树立"青春献事业，文明献社会"的自觉意识，发挥岗位技能和优势，积极参与社会公益实践。同时，也可以结合岗位资源，为学生参与志愿服务、献身公益提供平台，为倡导志愿服务成为当代青年和社会公众的生活时尚、生活方式乃至生活状态做贡献。

校园文化活动对引导青年教职工创新思维方式、更新思想观念、陶冶道德情操、提升价值追求有着非常重要的作用。青年教职工既是高校校园文化建设的参与者、评判者，也是高校校园文化建设的创造者、推动者，更是高校校园文化建设的追随者、受益者。和谐向上、积极健康的先进校园文化对高校青年教职工正确的发展思路和发展方向的建立有重要的指引作用。高校青工团建要达到增强青年教职工核心竞争力、实现青年教职工与学校共同发展的目标，就必须组织和引导青年教职工积极参与校园文化活动和建设，充分发挥文化育人、文化导向、文化激励、文化管理的作用。

延伸阅读 8-6

创新保持久　爱心促和谐
——浙医二院"广济之舟"志愿服务联盟

2010 年开始，浙江大学医学院附属第二医院（以下简称"浙医二院"）按照卫生部关于加强志愿者服务的要求,积极开拓创新,全力探索医院志愿服务管理模式。

截至 2012 年 10 月 10 日,"广济之舟"招募志愿者近 4000 人。目前,每天(包括双休日)有 20 多名志愿者活跃在医院的各个场所。截至 2012 年 10 月 10 日,已有 8500 人次志愿者参加志愿服务,其中来自社会各行各业的志愿者占 97%,累计服务时间超过 6 万小时,服务量达到 130 万人次。

1. 联合社会力量,推进志愿服务常态化

医院专门组织人员到台湾万芳医院和美国 UCLA 等医院学习医院志愿服务管理模式,并结合医院实际情况,以持续常态化开展医院志愿服务为目标,探索志愿服务运行管理模式。

2010 年 9 月,医院决定与杭州都市快报、华东医药公司结成"广济之舟"志愿服务联盟,并约定由医院组建"广济之舟"管理办公室,负责"广济之舟"具体组织实施工作;都市快报负责"广济之舟"志愿者服务的媒体宣传,通过报纸或网络招募志愿者;华东医药每年提供不少于 10 万元人民币的专项基金,共同推动"广济之舟"志愿者服务活动。

2. "4+5"规范培训,推行优良标准服务

医院精心设计培训课程,形成了"4+5"的培训模式,即 4 小时的课堂培训(主要介绍志愿精神、医院文化以及服务内容、注意事项等课程),以及 5 小时的带教(每个新加入的志愿者,第一次上岗时,管理员会安排一位老志愿者带教一天,帮助志愿者迅速进入工作状态)。

为了规范志愿服务工作,医院专门设计了 logo、服务台、徽标和制服,精心选择了玫瑰红作为制服的标准色。

3. 加强日常管理,细心关爱志愿者

在筹建期,医院就根据台湾万芳医院和国内其他医院的经验,精心设计制作了"广济之舟"志愿者服务管理手册,包括志愿者服务工作细则等内容。2012 年,根据一年来的情况,又重新修订了志愿者服务管理手册。同时,医院专门设立了"广济之舟"志愿者管理办公室,精心选拔了富有爱心和奉献精神的员工专职负责志愿服务的日常管理工作。

医院还在全院大力倡导"关爱"文化,关心爱护志愿者,让他们能全身心投入志愿服务。院长王建安经常在医院的会议上强调志愿服务在医院医疗活动中的重要性,对全院职工提出了"一个微笑、一声问候"的倡议,要求每个职工在遇到志愿者时主动微笑致意、问候致谢。每逢佳节,医院领导必定要带着礼物慰问感谢志愿者。全院上下形成了尊重志愿者的氛围,让每个志愿者在医院工作时真正有了"家"的感觉。

"广济之舟"志愿者管理办公室管理人员还把志愿者在服务时的精彩瞬间拍摄下来。根据以上的素材,管理人员每天撰写"广济之舟"日记,从未中断。医院在院内网和官网(www.z2hospital.com)上开设了"广济之舟"志愿者服务专栏,刊登"广济之舟"日记、媒体报道等内容,在院内外持续宣传志愿文化,弘扬志愿精神。

4. 拓展服务内容,不断提高志愿服务水平

开展专业化的志愿服务是大陆医院社工管理者的追求目标。

"广济之舟"成立的第一年,医院推出的志愿服务内容仅包括低技术含量的引导、咨询、搀扶、陪护、租借轮椅和打印报告单等项目。随着志愿者队伍的壮大和稳定,医院先后推出了心理疏导、疾病筛查、健康宣教、资料管理、宗教服务和语言服务等专业化服务的项目。

5. 传递爱心,志愿服务走向全国

志愿者的奉献精神,正在改变医院医务人员的传统观念。到了节假日,他们就会脱下白大褂,穿上红马甲,与来自社会各界的志愿者共同为病人提供志愿服务。医务人员还走入社区、农村及基层医疗单位,为基层民众提供医疗志愿服务。

志愿服务还向其他医疗机构延伸。截至目前,浙江大学医学院附属儿童医院、富阳市第二医院和余杭区第五医院已成为"广济之舟"志愿联盟的成员医院,还有更多的医院等待加盟。

浙医二院已接待了来自全国各地的100多家医院前来参观学习。山东淄博市中心医院等很多医院还成功复制了"广济之舟"的管理模式,将医院志愿服务在国内发扬光大。

6. 社会反响和各界评价

"广济之舟"志愿服务赢得了病人和医务人员的好评,各大媒体跟踪报道,社会反响强烈,《中国医院院长》杂志、《中国卫生》杂志、《健康报》、《浙江日报》、《钱江晚报》和《都市快报》等媒体已100余次报道志愿服务的事迹。卫生部领导和卫生厅领导多次与志愿者见面、慰问、交谈。2011年世界志愿者日,"广济之舟"志愿者联盟喜获"2011年度浙江省优秀志愿服务集体"称号。

在2012年的优秀志愿者表彰大会上,卫生部医管司张宗久司长给"广济之舟"志愿服务联盟的评价是:"浙医二院组织开展的这项活动是整体活动中非常重要的活动之一,带动了'志愿服务在医院'行动,发挥了突出的、引领的作用。"《中国卫生》杂志社社长黄泽民的评价是:"浙医二院的志愿服务成为全国医院的一面旗帜,志愿服务成为医院医疗服务中一道非常亮丽的风景线。"共青团浙江省委员会副书记朱斌的评价是："'广济之舟'志愿者在生命线上开展志愿服务,弘扬大爱,在一年的时间里,取得了令人瞩目的成绩……"

(来源:浙江大学医学院附属第二医院《第九届中国青年志愿者优秀项目奖申报材料》)

参考文献

[1] 刘艳辉,傅方正.引领思想　共话成长:大学生思想引导工作指导手册.杭州:浙江大学出版社,2010.

[2] 傅方正,张后勇.高校后勤企业团员青年工作的实践与探索.黑龙江高教研究,2005(9).

[3] 胡征宇,姜群瑛.加强新时期青工队伍建设 造就高素质后勤服务人才.高校后勤研究,2005(1).

[4] 朱玥腾.围绕新时期高校中心工作探索后勤青团建新思路——记浙江大学后勤集团"青年文明号"创建工作.东方企业文化,2010(14).

[5] 张季菁.关才团组织用科学发展观指导高校青年工作的思考.探索,2005(1).

[6] 李丽,黄涛.如何发挥"青年文明号"的引领作用.经济师,2009(9).

[7] 植琳.全面推进青年文明号创建活动的思考.社会科学家,2006(10)(增刊).

[8] 袁明斌.鞍山钢铁集团公司青年职工激励方法分析与效果评价.东北大学硕士学位论文,2005.

[9] 徐一.对青年文明号活动引入 ISO 质量管理体系的思考.管理观察,2010(18).

[10] 倪文驹.落实科学发展观　提升青工技能水平　培养青年技能人才.北京青年工作研究,2006(11).

[11] 赵剑民.建设学习型共青团组织:理论分析与对策研究.山西青年管理干部学院学报,2005(1).

[12] 丁子林.新形势下创新企业共青团工作的思考.工会论坛(山东省工会管理干部学院学报),2012(4).

[13] 高健,赵晶.高校共青团实践育人工作探讨.党建思政德育,2012(2).

[14] 蒋建其.论高校共青团实践育人的实现途径.上海青年管理干部学院学报,2011(2).

[15] 罗娅.文化的力量引领青工健康成长.供电企业管理,2010(5).

[16] 中共中央组织部、共青团中央.印发《关于加强新形势下基层党建带团建工作的意见》的通知(组通字〔2010〕76号).

[17] 中共浙江大学委员会关于加强新形势下党建带团建工作的意见(党委发〔2013〕17号).

第九讲　共青团工作的基本思路与基本方法

　　面临新的形势,高校共青团工作要坚持党的领导,服务青年学生,加强对青年学生的思想引领,要以高度的社会责任感、历史使命感,为青年学生的成长成才搭建平台,做青年学生坚强的后盾。同时,在工作中要注重运用社会调查研究、塑造品牌等工作基本方法,创新工作思路、创新工作载体和创新组织机制,加强和改进高校共青团工作。

第一节　共青团工作的基本原则

一、树立目标导向:坚持党的领导

　　坚持党的领导是共青团工作取得胜利的核心保障。高校共青团组织开展工作,必须紧紧围绕学校党组织的中心任务,牢固坚持党的领导地位和工作方向不动摇。

　　(一)围绕党的中心任务开展工作

　　党在不同历史时期有不同的工作任务,不同地区和不同领域的党组织也有不同的工作重心。高校共青团组织开展工作,就是要充分发挥助手和后备军的作用,牢牢把握高校党组织的中心任务,立足高校实际,结合学校的环境和特点,服务高校人才培养、科学研究和社会服务等中心任务。

　　一是要做好人才培养工作。高校团组织要发挥好组织覆盖的优势,加强对青年学生的人才发掘和成才引导,通过开展青年学生的思想教育、第二课堂、社会实践、志愿服务等活动,全面拓展青年学生的综合素质。二是要服务科学研究工作。一方面要在青年教师和学生中营造热爱科研、崇尚科研的环境氛围;另一方面要关心和支持青年教师和学生开展形式多样、内容丰富的科研工作,为青年教师和学生开展科学研究提供服务和便利。三是要促进社会服务工作。高校共青团组织要在学校党组织和上级团组织的统一安排下,积极主动地加强同地方的联系,通过组织优秀青年师生外派挂职等工作形式,加快推动高校人才流动和智力输出,形成校地合作共赢的良好局面。

(二)落实党建带团建的工作制度

加强基层党建带团建工作,是充分发挥共青团生力军和突击队作用,完成党的中心任务的重要保证;是活跃基层、打牢基础,扩大党的工作覆盖面和影响力的迫切需要;是为党的队伍源源不断注入新鲜血液,保证党的事业薪火相传、后继有人的战略任务。

高校落实党建带团建工作,要牢固树立赢得青年就是赢得未来的思想,切实加强对共青团工作的领导,充分发挥共青团组织的作用;坚持基层导向,持续深入加强团的基层组织建设,不断增强基层团组织的凝聚力、创造力、战斗力和活力;深入研究党建带团建工作的特点与规律,推动团建方式和内容的创新和发展;努力打造一支政治过硬、素质全面、作风扎实的团干部队伍。在内容要求上,要以邓小平理论和"三个代表"重要思想为指导,深入贯彻落实科学发展观,紧紧围绕学校改革发展大局,以带团干部队伍建设为关键,以带基层组织建设为基础,以创先争优活动为载体,服务青年学生全面发展,培养德才兼备的青年骨干。

二、明确工作对象:服务青年学生

竭诚为青年服务,是党的全心全意为人民服务宗旨在团的工作中的具体体现,也是共青团密切联系青年、团结凝聚青年的关键所在,是团的工作的出发点和归宿。高校团组织服务青年学生,要不断拓宽服务渠道,改进服务方式,创新服务理念。

(一)服务全体青年学生

高校团组织服务青年学生,要认真贯彻"两个全体青年"的要求,服务对象要覆盖全体青年学生,服务内容要向青年学生成长成才的方方面面拓展延伸。一是要建立科学合理的服务体系。高校学生人数众多,不同学科和领域的青年学生分布差异较大,开展工作的环境和条件不一,高校团组织服务青年学生要进行科学合理的制度设计,建立分类引导的服务体系,针对性地开展不同层次、不同类型学生的科技创新、学术研究、就业创业、社会实践等服务工作,避免"一刀切"的工作方法。二是要建立青年学生自我服务的工作机制。高校共青团组织要充分发挥优秀学生骨干的带动作用,不断提高青年学生自我服务的能力和水平。要教育青年学生认清自身的主体性,在学校的指导和老师的引导下,按照社会和时代的要求以及自身发展的需求,充分发挥主观能动性,提高自我教育、自我管理、自我服务的意识和习惯,通过自觉、自主、自为、自律,全面提高自身综合素质。

(二)提高服务的质量和水平

总体上来说,近年来高校共青团组织服务职能的发挥日益充分和显著,但仍然存在服务意识不够强烈、服务渠道较为简单、服务内容不够全面、服务成效不够明显等问题。新形势下提高高校共青团工作的质量和水平要做到三个转变。

一是要从被动服务向主动服务转变。高校团组织要进一步提高服务青年学生的工作意识,团干部要转变"领导上级"的身份,做青年的"知心朋友",主动了解青年成才需求和成长需要。二是要从辅助职能向核心职能转变。高校团组织要把服务青年学生成长成才作为团工作的核心职能,把服务青年学生作为一切工作的出发点和落脚点。三是要从单一服务向多样化服务转变。高校团组织要在传统服务内容的基础上不断增加新的服务内容,寻找新的服务方式,与青年的关注方向和服务需求相结合,提供青年学生多样化的服务选择。

三、共青团工作的基本思路

组织青年、引导青年、服务青年和维护青少年合法权益是共青团组织的四项基本职能。充分发挥这四项职能是长期以来共青团工作的主要任务,紧紧围绕四项职能开展工作是共青团组织一切活动的出发点和着力点。

(一)把青年学生组织起来

把青年学生组织好,是开展一切工作的基础和前提。从人员上来讲,高校青年学生除极少数外,基本上都是团员,共青团在高校青年学生中的组织覆盖基本上接近100%。但实际上,形式上入团的青年学生并不代表他们真正意义上成了一名合格团员。我们要清醒地认识到,还有一些团员青年对团组织的定位模糊,对团的职责和使命概念不清,甚至对团的组织缺乏认同。解决这些问题就要求高校共青团组织要坚持不懈地做好团的基层组织建设工作,创新团的基层组织设置方式,加强在学生社团等各类学生自组织中建团的力度,探索基层团干部公推直选的选拔模式,加强学生团干部的培养力度,依靠团组织自身魅力团结和凝聚广大青年学生。

延伸阅读 9-1

浙江大学以重大纪念日为契机开展大型青年活动

共青团组织以重大纪念日为契机开展大型青年活动,是共青团发挥组织青年这一首要职能的典型表现。

五四青年节是共青团组织的专属节日。团组织可以利用五四青年节开展学习交流会、价值观讨论会、座谈会、朗诵会等多样化活动,通过活动组织青年、凝聚青年,加强青年学生核心价值观教育,从而实现引导青年健康发展的目的。

2014 年上半年,浙江大学团委结合习近平总书记有关"中国梦"的阐述以及"社会主义核心价值观"的系列讲话精神,组织全校团员青年开展"践行核心价值观　青春共筑中国梦"团员主题教育活动,并借助五四青年节的活动契机,于 5 月 4 日前后,在全校范围内开展纪念五四运动 95 周年暨"践行核心价值观　青春共筑中国梦"团支部风采大赛活动。

法学 1104 团支部几位成员围坐在台上,仿佛乘坐着时光机,每个人都将自己在支部铭记的美好时刻娓娓道来,带着台下的观众一同见证他们支部成长的经历与美好;光电系光学工程所博士生团支部结合了"开讲啦"的节目形式,与现场观众一同回忆了奋发向上、团结共进的支部点滴;电子信息工程 1003 团支部以舞台剧形式喊出了支部成员的共同心声,在最好的岁月遇见你;工信 1304 团支部则借失联客机事件,精心安排了一个十年之后的相聚,以幽默风趣的方式回顾了支部生活;民族 1302 团支部的"浙里雪莲"们,穿上美丽的传统藏族服饰,用极具民族特色的藏族舞蹈舞出了支部风采,一句"扎西德勒"表达了他们的良好祝愿;食品 1101 团支部联合紫金港餐饮中心团支部描绘了他们的青春梦想——为了食品安全而奋斗终生;船舶 1301 团支部的特色光影开场迅速吸引了观众,将活动推向了高潮;人文 1301 团支部古色古香的琴棋书画表演给人留下了深刻印象;光学研究生团支部通过对百年校史的回首,展望中国梦与个人梦等。

精彩的活动内容与丰富的展演形式,为团员青年带来了一场视听盛宴,同时也为青年团干如何在新形势下传承五四精神、发扬青年生力军作用提供借鉴参考。

(二)做好青年学生的思想引领

青年的成长成才不能没有思想的引领,这是因为青年的全面成长,不但需要有丰富的知识和能力,而且需要有良好的思想品德。青年大学生正处在成长的关键时期,世界观和人生观尚未定型,通过思想道德教育引领他们全面提高科学文化素质和思想道德素质,对其一生的发展相当重要。

加强青年学生的思想引领,一是要尊重青年学生的主体地位,要坚持"以青年为本",深入了解青年的思想诉求,尊重青年思想观念的发展变化,把对青年的思想引导与对青年的思想尊重结合起来;要设身处地理解青年学生多样的思想观点,在交流沟通中做好引导工作。二是要适应时代特点,开展网络思想引领工作。团干部要充分认识以微博为代表的网络新媒体在思想引领中的地位和作用,努力把思想教育领地拓展到网络世界,不断创新团工作的方式方法,开辟与青年学生对话沟通、教育引领的新渠道。三是要加强典型引领,树立青春偶像。高校团组织要改进和创新正面典型的培养和宣传工作,要特别注意树立的典型能够贴近青年,信服于青年,不人为拔高形象,不虚化夸大事迹,要让我们所树立的典型真正能够为青年喜爱和效仿。

延伸阅读 9-2

浙江大学"感动同窗"先进事迹评选活动

用青春书写感动,用榜样激励人生。浙江大学于 2010 年在全校团员青年中发起"感动同窗"先进事迹评选活动,让青年学生从身边出发,寻找榜样、树立榜样、宣传榜样、学习榜样。

经过广泛发动、层层推选、风采展示、网上投票、评委会审议等环节,从各院系团委、各学生组织申报的 100 余件感动事迹中最终产生了十大感动事迹。入选的事迹丰富多彩,又贴近同学们的生活。朴实无华的"三农"社团在全国多地开展支教活动,在艰苦的条件下给孩子们送去了温暖和鼓励;热爱音乐、执着梦想的"击悦非洲鼓社团"克服重重难题,坚持着"播种快乐"的初衷,带动了周围的同学;勇当重担的研究生支教团手执教鞭,把知识送进了穷乡僻壤;法学专业的阮啸同学学以致用,以 140 元斗赢惠普,打响了学生维权战;自强不息的叶沈俏同学失去了双腿却用双臂飞翔,追逐梦想;立志科研的王争同学身残志坚,得到了浙江大学在校学生的最高荣誉——"竺可桢奖学金"……

这些身边的榜样,有的是彰显社会公德,有的是无私奉献社会,有的是自强自立成才,有的是勇攀科学高峰,突出反映了当代青年大学生的精神风貌,代表了当代青年健康向上、积极进取的价值取向。

（三）提供青年学生优质的成才服务

高校共青团组织服务青年学生要找准有效切入点，必须深入研究青年学生成长成才的需求，准确定位共青团组织服务青年学生的角色和地位，充分发挥团组织的政治优势，有效整合资源，竭诚服务青年学生。

在实际工作中，青年学生的需求多种多样，满足全部学生的每一个要求是不现实的。但有一些需求，如就业创业需求、学习成才、身心健康的需求是具有普遍性和迫切性的。这就要求高校共青团组织服务青年学生要突出重点，要把全党、全社会都在关心的青年学生就业创业等问题放在首要位置推进服务。此外，高校共青团组织服务青年学生还要注意整合力量，优化资源配置。一是要配置好团内的资源，如充分发挥团属媒体、报刊等宣传平台的优势，为青年学生发声；要统筹调配不同地区、不同领域的资源，把资源向基层倾斜，激发基层团组织服务青年的热情和动力。二是要争取社会力量的支持。高校团组织要积极主动地加强同社会力量的合作，吸引更多的社会资源向高校投放，向青年学生投放。

延伸阅读 9-3

"挑战杯"全国大学生系列科技学术竞赛

"挑战杯"全国大学生系列科技学术竞赛，是由共青团中央、中国科协、教育部和全国学联共同主办的全国性的大学生课外学术实践竞赛。"挑战杯"竞赛在中国共有两个并列项目，一个是"挑战杯"中国大学生创业计划竞赛，另一个则是"挑战杯"全国大学生课外学术科技作品竞赛。这两个项目的全国竞赛交叉轮流开展，每个项目每两年举办一届。

其中，"挑战杯"全国大学生课外学术科技作品竞赛以"崇尚科学、追求真知、勤奋学习、锐意创新、迎接挑战"为宗旨，在促进青年创新人才成长、深化高校素质教育、推动经济社会发展等方面发挥了积极作用，在广大高校乃至社会上产生了广泛而良好的影响，被誉为当代大学生科技创新的"奥林匹克"盛会。而"挑战杯"中国大学生创业计划竞赛借用风险投资的运作模式，要求参赛者组成优势互补的竞赛小组，提出一项具有市场前景的技术、产品或者服务，并围绕这一技术、产品或服务，以获得风险投资为目的，完成一份完整、具体、深入的创业计划，在培养复合型、创新型人才，促进高校产学研结合，推动国内风险投资体系建立方面发挥出越来越积极的作用。

(四)做青年学生的坚强后盾

团的十七大报告指出,共青团组织要"依法有序维护青少年合法权益。要积极参与社会管理创新,把维护青少年合法权益与坚持党的领导、依法维权、促进社会和谐稳定有机统一起来,努力使青年在遇到困难和问题时想得起、找得到、靠得住"。维护青年学生的合法权益是高校共青团组织的重要工作内容,也是团组织凝聚青年学生、服务青年学生的重要途径。高校团组织开展青年学生的维权工作,一是要依法保护青年学生的合法权利,要保障青年学生依法行使其在政治、经济、文化、生活等方面的合法权利,要在青年学生的合法权利受到侵犯时给予足够的支持和关注。二是要代表和反映青年学生合理的利益诉求,要积极为青年学生争取资源、寻求帮助、解决问题,想青年学生之所想,帮助青年学生排忧解难,始终做青年学生的坚强后盾。

延伸阅读 9-4

浙江大学学生会推出"权服侠"

高校作为青年学生聚集的小社区,囊括了青年学生食、住、学、用等大部分的生活。在这个小社区里,难免会遇到权益被侵害或对学校某项安排不满意等问题。在这种情况下,"权服侠"应运而生。

"权服侠"这个称号源于浙江大学学生会权益服务部门,它的背后是一群为维护学生合法权益而奔波的学生会成员。为适应高校学生交流习惯,"权服侠"在校园 BBS 与人人网上均开创了专属页面,用以收集学生对选课教学、上课自习、食堂就餐、宿管后勤等等各方面的维权意见与建议,并通过与学校相关部门的沟通,及时解决学生关心的问题。

每年 3 月份,"权服侠"会联合学校后勤等部门举办"3·15 维权交流会",开启"维权服务月",设身处地为学生合法权益忙碌。学代会前后,"权服侠"还会积极追踪学代会相关提案的后期处理,并将处理意见及时向学生通报、反馈。

第二节　共青团工作的基本方法

一、工作基本态度

团的事业是伟大的,团的使命是崇高的。陆昊同志曾指出,要引导团员"既要有鲜明的时代性,又要有厚重的历史感"。高校团干部在开展工作的过程中,要始终树立社会责任感和历史使命感。

(一)树立社会责任感

青年学生是国家的栋梁、民族的希望,青年学生成长的怎么样,直接关系到党的事业的兴衰。高校共青团工作树立社会责任感,首先是指团的干部要把教育和引导好青年学生成长成才作为自己的重要职责,要深刻认识人才培养工作的重要性和紧迫性,要抱着对党、对青年、对社会负责的态度开展工作。其次是指共青团组织要努力培养青年学生的社会责任感,要通过理想信念教育、社会实践活动等工作形式帮助大学生了解党情、国情和社情,正确认识自己在建设社会主义伟大事业中的角色和任务,激发和鼓励大学生投入到党和国家的建设洪流中去。

(二)树立历史使命感

为党培养和输送社会主义事业的合格建设者和可靠接班人是党赋予共青团的光荣使命。共青团自成立至今在不同历史时期为新中国的革命和建设事业培养了大批人才,做出了突出的贡献。90多年来,作为党的助手和后备军,共青团始终站在时代发展的前列,在党领导的革命、建设和改革开放中团结带领广大团员青年冲锋奋斗在前,发挥了生力军和突击队作用。高校共青团组织要充分发扬团的优良传统,深入认识党同共青团的血肉联系,把青年人才的培养作为一项光荣的历史使命实现。

(三)怀着感情融入工作

情感是人们对历史现实的对象和现象的一种心理反应,具有一种本能的冲动和关切的原始力量。开展团的工作如果没有感情必将是枯燥无味的,也肯定不会取得任何成效。怀着感情融入工作就是要求高校团干部要建立对团的事业的崇敬之情,建立对青年学生的关爱之情,建立与团线干部的战友深情。

建立对团的事业的崇敬之情。崇高而深厚的情感源于理性,是人们理想信念形成的催化剂,是蕴藏在人们内心深处的一种认同和挚爱。理性与情感的交融所形成的理想信念,具有鲜活的生命力和内在力量。没有情感,谈不上对真理的追求;没有热情,世界任何伟大的业绩也不能实现。广大团干部和团员青年的深厚情感,集中表现在对祖国和人民的无限忠诚,对党和国家事业的无限热爱。这种深厚情感的背后,包含了对党和团90多年的奋斗所取得的来之不易的胜利成果的珍惜之情;包含了对成千上万的革命前辈和社会主义事业的开拓者前赴后继、英勇奋战精神的崇敬之情;包含了与团员青年紧密相连、息息相关的亲人之情。高校共青团组织要建立对团的事业的无限崇敬之情,教育和引导广大青年学生更加坚定"永远跟党走"的理想信念。

建立对青年学生的关爱之情。高校共青团干部要始终做青年学生的成长导师和知心朋友,在对青年学生尊重和关爱的基础上渗透团的工作。高校青年学生的发展和团组织的设置是动态的,团建工作以团的组织覆盖和工作覆盖最大化为目标,还要想方设法对青年学生进行感情覆盖,要用青年喜欢的沟通、交流、联络和聚集方式作为新的组织建设载体,探索对青年学生进行感情覆盖的有形依托和有效途径。要坚持"联系青年、服务青年、凝聚青年"的工作理念,尊重、理解、关心、帮助他们,加强与他们的沟通、联络和服务,使之成为共青团把工作渗透到广大青年当中的一个很有效的载体。有了感情纽带的基础,就有了理性认同的可能,才能增强他们对团组织的认同感和归属感,最大限度地把全体青年学生联系、团结在团组织的周围,进而凝聚在党组织的周围。

建立与团线干部的战友深情。高校团干部是学校教师和干部队伍中最为年轻活跃、情感丰富的群体,全体团干部分享着共同的称号,承担着共同的使命,这一深厚的情感维系是开展高校团工作重要的催化剂。高校共青团组织要特别重视加强团干部之间的情感维系,努力营造催人奋进、生动和谐的工作氛围,促进形成团组织上下一心、团结有为的良好局面。

二、工作基本方法

实际工作中,掌握重要的工作方法不仅有助于团组织各项工作的组织开展,更有助于团干部快速了解基层、融入基层,从而取得事半功倍的效果。团工作的基本方法有:调研法、共建法、试点法、典型带动法等。

(一)调查研究

调查研究简称调研,是研究者为达到特定目的,通过问卷或访谈形式对某一群体开展调查,并据以分析、研究,最终获得结论的方法。高校团干部获取成长的重要途径之一,就是能够始终带着研究的态度开展工作,把自己从繁杂的工作中解脱出来,经常开展研究工作,审视和总结工作成果,不断提高自身的能力素质。

没有调查研究就没有发言权,没有调查研究就没有科学研究的依据。调查研究是一切社会工作的逻辑起点,是团干部的基本功。大到社会制度的变迁,小到青年学生随时可能发生的思想、行为、价值观念的变化,都会给共青团的工作带来直接或间接的影响。深入而广泛的调查研究,可以帮助各级团的干部了解青年、青年工作以及共青团组织的实际状况,使团的工作真正从青年和社会的实际出发。科学规范的调查研究及其结论,可以为正确的工作决策提供重要依据,避免盲目性,减少主观随意性。经常进行调查研究,有助于密切团干部与基层、与实际工作、与青年学生的联系,提高团干部认识分析事物的能力,提升工作的整体水平。

延伸阅读 9-5

调查研究得真知

在新项目推出前,对类似项目进行调研学习,并借鉴其先进经验,有助于少走或不走弯路,防范未知风险。浙江大学传媒学院在筹备浙江大学全媒体实践平台建设之际,由浙江大学新闻与传播专业研一学生杜玲玲和黄珍珍组成的全媒体调研团队远赴山东省,开展了为期四天的调研工作,以深入了解传媒行业全媒体运作的过程。

她们先后走访了山东省乃至全国全媒体的行业先行者青岛报业传媒集团、烟台日报报业集团,同时深入到青岛报业传媒集团采编一线了解了全媒体采编流程。通过调研,她们了解到,青岛报业集团已形成了包括青岛全搜索网、《青岛晚报》《青岛早报》、掌上青岛 APP、掌上青岛微信、青岛手机报、码上青岛等在内的掌上青岛全媒体集群。在得知调研人员来意后,掌上青岛报业集团微信事业部主任陈小宁还为学校组建全媒体微信平台给出了两点建议:第一,作为校园公共账号,首先应该在内容上做文章,内容要做到有趣,如校花、校草等。第二,创新才具活力,积极策划微信活动,增加粉丝黏度,如借助微信语音功能开展校园好声音、与校园附近商家合作开展试吃活动等。

事前调研为活动的开展提供了良好的探索经验,对全媒体实践也具有可借鉴意义。

（二）结对共建

结对共建是指在基层团支部之间构建互帮互助机制，以实现资源共享、优势互补、共同提高的最终目的。对高校而言，结对共建既可以是校内不同团支部之间的结对，也可以是校内团支部与校外社区、街道等团支部之间的结对。

校内结对共建。校内结对共建的优势在于支部成分相近、活动区域相同，易于找到结对共建支部。同一所高校中，有文理工农医的学科差异，也有不同年级甚至不同类型的支部差异，如教职工团支部与学生团支部等。通过团支部结对共建来促进学科之间的沟通交流，对于拓展支部整体建设能力、扩大支部活动影响力都有重要作用。

校外结对共建。相比于校内结对共建，高校团支部与街道、社区团支部结对共建的缺点在于支部之间联系不够便利，尤其是最初建立结对共建关系时，往往需要第三方引荐或经过较繁琐的联系过程。但与校外支部结对共建的优点在于双方互补优势明显，一方面，高校团支部能够充分发挥大学生团员钻研能力强、活动形式多样的特点，为校外支部建设带来活力；另一方面，校外街道、社区等单位能够为大学生团员提供良好的社会实践平台，为大学生积极融入社会创造机会。

延伸阅读 9-6

与地方共建社会实践基地

经双方主动联系与协商，浙江大学丹青学园分团委与杭州市西湖区团区委实施社会实践基地共建活动。对于丹青学园团员青年来说，能够充分利用西湖区的社区和企业资源，开展挂职、科普、志愿服务、调研等实践活动，可以在实践中了解社会，长知识、长才干，以更好地融入社会；对于西湖区团区委来说，通过大学生挂职街道岗位，可以让大学生参与社区具体工作，为社区老年、留守儿童提供帮助，也可以为项目调研出谋划策等。

（三）试点先行

试点先行是指在进行一项新的活动决策前，从风险最低化角度出发，应先在小范围内试点，之后再根据试点结果做出整体决策。团组织在开展大型创新性工作且当前缺少充分的实践经验时，也需要先确定试点并进行跟踪记录。

试点工作不是盲目地、漫无目的地开展工作，而是要在正确理论指导下进行的有根据、有次序的实践性探索工作。在选择试点时，要综合考量目标对象的各项条件是否具有代表性，如团组织构成情况、客观条件的契合度、团干部的能力与配合度等等。试点工作开展过程中，上级团组织要积极予以科学指导，并保持与试点对象的密切沟通，及时反馈试点过程中出现的问题和群众反映的意见建议，并予以更正。一旦试点工作结束，团组织要提交试点工作报告，对试点完成情况予以总结汇报。经探索，试点成功后，方可在大范围内推行。

延伸阅读 9-7

浙江大学团建统筹工程

浙江大学团建统筹工程包括统筹团的创先争优活动、统筹团的基层组织建设、统筹团的干部队伍建设，是为进一步加强新形势下团的基层组织建设和基层工作，增强团组织的应变能力、解难能力和创新能力的重要举措。2011年，浙江大学首先确立人文学院团委"浙大团史研究与青年工作巡礼"等27个项目为团建统筹工程试点项目。经过上级指导、基层调研、团干交流以及中期检查、项目验收，团建统筹工程试点工作得以圆满结束。2013年，浙江大学团委在试点工作的基础上，在全校范围内启动团建统筹工程特色项目申报，进一步深化团建统筹工作。正是试点工作的顺利进行，才让团建统筹工程在更大范围内得以全面展开。试点工作为后期工作的全面铺开提供了宝贵的经验借鉴意义。

（四）塑造品牌

塑造品牌是指在开展团工作过程中，要善于提炼总结，将典型项目逐步优化、完善，并持续开展，从而形成特有的品牌项目。

塑造特有品牌一般需要经历三个过程。最初，团组织从自身及团员青年实际情况出发，可以全面撒网，尝试构建不同门类、不同主题的团员活动，并认真跟踪各项活动进展情况，总结经验，反思不足。在之后的发展完善阶段，团组织要逐步筛选并确定合适、独特的项目，去粗取精，并逐步优化细节，形成1~3个精品项目。最后，团组织要有侧重地向精品项目倾斜人力、物力，并不断宣传、创新，打造特有品牌，吸引更多团员青年参与。

延伸阅读 9-8

浙江大学 E 志者协会

由浙江大学电气工程学院学生组成的 E 志者协会,历经二十七载的风雨路程,不断用品牌行动诠释着他们对服务的理解和对奉献的不懈追求。在校内,他们积极举办"电气热点问题系列讲座"、"电器 DIY 大赛"等品牌活动,为全校同学搭建起学习交流的平台;在校外,他们定期开展社区免费维修活动,热心服务社会。此外,他们还自主编写了《安全用电手册》、《节电小贴士》,引导同学们安全合理用电;上门慰问独居老人,为老人们带去温暖,等等。

E 志者协会通过品牌活动的塑造,在青年学生中打响了知名度,他们的品牌活动也荣获"浙江大学优秀青年志愿者服务项目"称号。

三、以创新的精神推动工作

高校共青团在经济社会深刻变革的背景下,为了适应党的事业发展需要,顺应广大青年期望,履行好团的根本职责,必须把握现实突出问题,积极推进团的建设理论创新、制度创新和工作创新。

(一)创新工作思路

良好的工作思路是做好共青团工作的基础,思路清晰能促使共青团工作目标有一个明确的方向,并能整合共青团工作的各项资源,使共青团工作的目标得以实现。当前,创新工作思路要统筹考虑学校育才要求、青年成才需求和社会用才诉求三者之间的关系,要用社会主义核心价值体系教育引导青年学生,用中国特色社会主义理论武装青年学生,夯实青年学生思想基础,引导青年学生坚定走中国特色社会主义道路的信念。

延伸阅读 9-9

浙江大学"青年通"互动平台

浙江大学"青年通"是一个数字化多媒体互动平台,由多媒体终端机、感应区和展示柜台三部分组成。目前分布在校园内的 42 台"青年通"集信息资讯发布平台和活动信息网上审核平台为一体,各院级团委及下属学生组织、各学生社团以及需要开通权限的学校其他部门均可申请账号,用以申请活动或发布海报宣传信息。

"青年通"打造了一个全新的多媒体形式,增强了与受众的信息交互,减少海报的使用,符合绿色校园的建设理念,较之微博、人人网,具有更强的稳定性和辐射力。可以说,"青年通"是在目前流行的"媒体校园"概念下的一次有益尝试,为师生带来便利的同时,也宣告了一个新阶段的来临。

(二)创新工作载体

举办既有思想性、教育性又有趣味性、参与性的活动,是开展高校团工作行之有效的好载体。要在总结以往成功经验的基础上,不断创新活动载体,打造更多形式新颖、内涵丰富、符合时代要求、具有时代特色的活动品牌,使高校团工作充满生机、富有活力。要围绕中心工作建载体。坚持活动围绕中心搞、内容围绕中心定、形式围绕中心走,开展形式生动活泼、学生喜闻乐见的主题教育活动,把党的"大道理"转化为学生易于接受的"小道理",把党的正确主张转化为学生的自觉行动。

延伸阅读 9-10

浙江大学"团干开讲"专栏

浙江大学"团干开讲"网上专栏,打破了以往现场讲座的固有形式,通过设计人物的动漫形象,融入相应图片等资料制作成动画视频,再加上优秀团干的配音解说,使团课变得生动、有趣,更加贴合青年学生的需求。

目前,"团干开讲"由团工作总结与寄语、竺可桢的西迁故事、优秀"五四红旗团支部"展示、寻访红色记忆分享等专题构成。其中"开讲"的有长期从事共青团工作的专职团干部,也有社会实践活动表现优秀的学生团干,他们分别从不同视角向全校团员青年诠释了浙江大学共青团工作的内涵和实践意义,寓教于乐,可读性强。简短精悍的视频,将团课与新媒体融洽地结合在一起,点击量合计已逾 6 万次,受到青年学生的普遍欢迎。

(三)创新组织机制

团的基层组织是团的根基,是团的一切工作的基础。在组织动员青年学生方面,要着力探索组织化动员机制与社会化动员机制相结合的新方式。

一方面,要坚持开展并不断深化志愿服务工作,进一步探索精神文明建设的有效载体和新的社会化动员机制;另一方面,要以加强基层团组织建设和基层工作为基础,积极探索和强化共青团的组织化动员机制,比如利用网络建立组织、抓住青年学生的兴趣建立组织,建立各类社团、协会进而建立团组织等。

延伸阅读 9-11

学生社团凝聚青年

学生社团能够最大程度调动青年学生的兴趣,能够涵盖高校大部分青年学生。话剧社、京剧社、街舞社、茶社、红十字协会、户外运动俱乐部等,都能够在特定领域将青年学生召集起来,起到凝聚青年的作用。

在青年学生集中度高的学生社团建立活动团支部,赋予活动团支部选举、团内推优、团内表彰等团支部基本职能,不仅能够调动社团学生的参与积极性,更能有效发挥共青团组织引导青年的重要作用,进一步深化共青团的基层组织建设。

参考文献

[1] 刘艳辉,傅方正.引领思想　共话成长:大学生思想引导工作指导手册.杭州:浙江大学出版社,2010.

[2] 中共中央组织部、共青团中央《关于加强新形势下基层党建带团建工作的意见》.2010-12-25.

[3] 共青团中央《关于加强和改进团的作风建设的决定》.2001-12-12.

[4] 熊英,赵君.主动服务与自我服务相结合的大学生思想政治教育工作新探.学校党建与思想教育(高教版),2011(10).

[5] 郗杰英,刘俊彦.共青团工作12讲.北京:中国青年出版社,2012(5).

[6] 董庆龄.谈共青团的健康发展力与根本生命力.中国青年研究,2010(3).

[7] 胡余波.高校共青团工作范式创新.中国青年研究,2009(3).

第十讲 高校团学干部能力提升

　　党的十八大报告提出要"全面实施素质教育,深化教育领域综合改革,着力提高教育质量,培养创新精神"。团学干部作为学生中的骨干,更应具备创新精神及能力。本讲从青年团学干部的成长观、能力提升等方面讲解团学干部提升创新能力的途径。

第一节　青年团学干部的成长观

一、各历史时期对青年团学干部的要求

(一)革命时期(1912—1949)对青年团学干部的要求

1. 学习新知,看清时局,开启民智

　　青年团学干部,是随着中国青年运动的发展而产生的。而青年运动的发展又紧紧地植根于近代世界与近代中国的社会大变动之中。在这个阶段,中国有了具备近代思想的青年,他们站在时代大潮的浪尖,明锐地观察着时局的变化,思索并践行着民族前进的方向。这个时期对青年团学干部的要求,就是时代赋予先进知识分子的要求。

　　1919 年五四运动前夕,随着中国工人阶级与民族资产阶级一起发展起来的,是人数达几百万的中国青年学生群体。早期洋务派创办了京师同文馆、湖北自强学堂、福建船政学堂等新型学校;维新派为了培养维新人才和传播新思想,创办了万木草堂、时务学堂等学校;1905 年废除科举制度后,各类新型公立和私立普通学校广泛建立,中国近代教育体系与制度逐步形成,中国青年学生数量以前所未有的速度发展。据统计,1913 年,全国大专院校及中小学人数已达 279 万余人。与此同时,留洋人数也与日俱增,1906 年仅赴日留学生就达 1.2 万多人。

　　青年学生是睁眼看世界的先进分子,因之从思想、科技、文化等各方面

都有了新的认知,20世纪初,科学救国、实业救国、教育救国等种种反映政治变革和政治改良的社会思潮层出不穷,真实地反映了一代先进青年的爱国热忱和思想状况。

2.引进马列主义,组织、参与爱国运动

随着时局的变化与思想的发展,青年学生从种种西方思想中认识到民主和科学的重要,开始从对封建传统道德、思想和文化的抨击,转向对资产阶级共和国的救国方案的怀疑,逐步在思想上具备接受马克思列宁主义的有利因素。

1917年俄国十月革命的胜利,显示了马克思列宁主义的伟大力量,为中国青年思想上的觉醒指明了正确的方向。中国一批先进的青年知识分子和青年学生开始学习和接受马克思主义。在十月革命的指引下,新文化运动由一个资产阶级文化启蒙运动转变为宣传社会主义、宣传马克思主义的革命文化运动,马克思主义逐渐成为新文化运动的主流;而蓬勃发展的新文化运动,又为马克思主义的传播开辟了更为广阔的道路。具有初步共产主义思想的青年知识分子,开始在中国社会中积极传播马克思主义,进一步推动和促进了广大人民群众和中国青年的觉醒。

在革命思想的指引下,具有先进思想的青年开始组织起来,成立各种爱国青年组织,并以此为基础掀起反帝爱国运动,作为一个新的社会群体开始集结和扩大,并具有了固定的政治联系和组织方式,成为一支不可忽视的政治力量。学生干部于是在其中渐渐有了存在的必要,并开始发挥不可替代的作用。

五四运动是中国青年运动的伟大开端,也是青年干部在近代历史上的一次精彩亮相。毛泽东指出:"'五四'以来,中国青年起了什么作用呢?起了某种先锋队的作用,……什么叫先锋队的作用?就是带头作用,就是站在革命队伍的前头。"时代要求中国青年能在爱国运动前敏锐地认清局势,合理地策划;在运动中有效地组织并联合广大人民群众,充当时代的先锋队。

3.赶走侵略者,打倒反动派,打碎旧世界

时代的主题往往是青年的使命。在革命时期,青年团学干部的首要素质是有坚定的政治理想与艰苦奋斗的精神,因为他们带领青年从事的是一项与强权斗争的残酷的战斗,其主流价值取向是"打碎一个旧世界"。从五四运动的反帝反封建,到"一二·九"运动的反对日本帝国主义与国民党政权的"不抵抗"政策,再到"一二·一"运动控诉国民党政府压制民主、摧毁人权的法西斯统治,都体现了这一特征。

在抗日战争和解放战争中,青年团学干部也作为战斗的主力军,活跃在革命的各条战线，从事战斗、后勤保障、思想宣传、文化教育等工作。中国青年运动在这一时期都是在党的领导下为推翻"三座大山"、打倒反动政权、摧毁旧的社会制度而斗争。

（二）建设时期(1949—1979)对青年团学干部的要求

1949年新中国成立后，中国青年运动在价值取向上实现了重大转变，其主流就是"建立一个新世界"。中国青年以高昂的热情投身百废待兴的祖国建设，大批"青年突击手"、"青年垦荒队"、"青年掘进队"在这一时期涌现。同时，由于包括意识形态在内的上层建筑的发展总是相对滞后于社会生产力的进步，因而在党团组织的带领下广大青年开始在广泛的领域向封建主义和官僚资本主义的残余势力作斗争，这使得"破"与"立"的双重价值取向在青年运动中长期存在。比如声势浩大的学雷锋活动就伴随着对个人主义、利己主义的清算；如广大青年积极参与的"三反"、"五反"运动，就以对旧制度残余势力和意识形态的激进的破坏和摧毁为特征；如在包括青年在内的全国人民中广泛开展的支持志愿军抗美援朝运动，就以反对美帝国主义的威胁和侵略、保家卫国为目标。

总之，建设时期的总目标是在一个千疮百孔的基础上建立富强的新中国，同时要时刻警惕意识形态领域的颠覆活动。因此对青年团学干部的政治性有非常高的要求，并不鼓励进行多元价值的了解与研究。在此基础上，鼓励对国家、社会与集体的无私奉献。

（三）十一届三中全会后(1979—1999)对青年团学干部的要求

自20世纪70年代末我国实行改革开放以来，青年始终是改革最坚定、最彻底的支持者和参与者。80年代初一项社会调查表明，青年群体对改革的支持度高出其他年龄的社会群体相当大的比例。这一差别直到10年后才逐渐消失。改革之初，青年不仅在态度和热情上表现出对改革事业激进的支持，而且落实在自己的行动中。80年代初，北京大学学生率先喊出"团结起来，振兴中华"，清华大学学生喊出"从我做起，从现在做起"。这两句话，不仅成为具有历史意义的标志性口号，而且成为20多年中一代又一代青年的实践。80年代在青年中广泛开展的"学张海迪"活动、"学赖宁"活动、"五讲四美三热爱"活动；90年代在青年中广泛开展的青年志愿者行动、保护母亲河行动、青年科技创新行动，无不以"建设"为鲜明的主要的价值取向。

一方面，随着改革开放而到来的是思想的全面解放，各种思潮涌入校园，对青年团学干部的政治性提出了更高的要求。另一方面，也积极鼓励青年学生成为改革的宣传兵与实践者，解放思想，实事求是，外语学习与出国留学在这一时期也开始被鼓励,目的就在于使青年学生具有国际视野,为中国更深入地介入国际事务做好准备。

(四)新世纪以来(2000年至今)对青年团学干部的要求

在世纪之交,江泽民同志希望青年学生努力做到"四个统一",即"坚持学习科学文化与加强思想修养的统一";"坚持学习书本知识与投身社会实践的统一";"坚持实现自身价值与服务祖国人民的统一";"坚持树立远大理想与进行艰苦奋斗的统一"。

新世纪新阶段,胡锦涛同志对全国青年学生提出三点希望:"希望同学们把文化知识学习和思想品德修养紧密结合起来";"希望同学们把创新思维和社会实践紧密结合起来";"希望同学们把全面发展和个性发展结合起来"。

在2014年的五四讲话中,习近平同志勉励青年积极践行社会主义核心价值观,做到"勤学"、"修德"、"明辨"、"笃实"。

通过给青年回信以传递对青年学生的要求也是新世纪以来国家领导人常使用的方式。在上任后连续两年的青年节前夕,习近平都会专门给青年学生回信,除了2014年写给保定学院毕业生群体的信外,2013年5月2日,习近平在青年节前夕给北京大学考古文博学院2009级本科团支部回信;同年10月,他给中央民族大学附属中学全体同学回信;同年12月,他给华中农业大学"本禹志愿服务队"回信。2014年1月16日,他给留德学生回信。从习近平回信的内容来看,奉献精神和"中国梦"是两个最大的主题。温家宝同志在任时也曾给浙江大学"三农协会"的同学骨干回信,鼓励大学生开展农村调查,指出:"在中国不懂农村就不会真正懂国情。对大学生来说,无论将来从事什么工作,了解农村都是不可或缺的一课。"

总结来看,新时期对青年的要求与对青年团学干部的要求是一致的,主要为:①爱国,这是一切努力的前提;②有理想,并为之而艰苦奋斗;③掌握新时期的先进知识与文化,不断提高为人民服务的本领;④培养高尚的道德与情操。

二、新时期的新特征及其对青年团学干部成长观的影响

(一)社会思想多元化

当今社会由于改革开放的深入发展和建立社会主义市场经济体制的过程影响,在深刻改变社会生活面貌的同时,也深刻影响到当代青年的价值观,并进一步影响他们的行为方式。价值观的外延被大大拓展的同时,也由一元趋向多元。一方面要接受传统的、主导的价值观的影响,另一方面也呈

现出新的、重要的突破。新旧两种价值观在青年身上表现出矛盾的统一。新媒体打通了信息传播的屏障，加大了信息控制的难度。学校不再是信息的唯一来源，学生可以根据自己的爱好兴趣通过网络获取丰富信息，从而形成自己的思想观念和价值判断。这些思想观念很容易诱导学生由欣赏走向趋同，进而弱化团组织对团员青年的思想教育，影响团组织的作用发挥，导致部分学生团员意识淡薄，缺乏应有的荣誉感和责任感，政治上进心不强等。

当今社会，青年可以通过电影、电视、报刊、网络等方式直接或间接地接受来自全球的信息。同时，新媒体信息来源的广泛性和隐蔽性，加大了信息控制的难度，青年感受了世界形形色色的文化，并由此产生文化的碰撞与冲突，主流价值和非主流价值、传统观念和现代思想、个人主义和集体主义在意识形态领域内相斥相融，争夺青年团员的思想阵地。

思想的多元导致利益需求的多样，导致大学生的需求具有多重表现与多样选择的新特点。在发展过程中，青年在学习、生活、成长成才等方面遇到的困难更多，面对的问题更加具体，迫切需要团组织的引导与帮助。传统媒介下，共青团组织相对封闭的活动模式、服务内容已难以适应和直接服务于青年多元化的利益需求目标，工作开展面临困难，这必然给共青团组织的发展和凝聚力带来巨大挑战。

随着西方实用主义和个人主义价值理念向大学校园的渗透，加之大学生自我意识形态的过度膨胀使价值目标选择呈现功利化，价值评价标准呈现功利化，价值实现手段追求功利化。这种价值取向世俗化、功利化的认识偏差，导致部分青年团员在日常言行中利己主义、实用主义盛行。人们受各种思想观念影响的渠道明显增多、程度明显加深，人们思想活动的独立性、选择性、多变性和差异性明显增强，这无疑在最缺少保守思想、最讲兼容并蓄的青年群体中表现最为突出。

（二）网络时代的到来（去中心化的倾向）

新的时代是网络的时代，即我们常说的信息化社会。作为第三次工业革命的重要组成部分，其与前两次工业革命一样，必将给人类的生活方式与社会的组织形式带来巨大而深刻的变化。而其中最值得我们注意的，则是其带来的去中心化的倾向。

去中心化首先体现在思想领域。这一点上文已经提及：在网络时代，我们拥有了更多接受资讯的途径，不同的价值观与行为模式必定蕴含于各种资讯之中，并在潜移默化之中影响我们的价值观。这使得一元化的价值观越来越难以维系。或者说，主流价值观必须要有更大的包容性与更内涵丰富的表述。在传达主流价值观时,需要更强的说服性与技巧,才能使新时代的青年接收并接受。这给团学干部的工作提出了更高的要求,也要求他们有更广泛的学习,能了解与比较不同的价值观。

去中心化还体现在社会组织方式方面。网络时代催生了自媒体的产生,个人与个人间的直接联系成为可能。我们无须再像以前那样,通过一个组织或媒体,就能传递出自己的声音,并接收他人的讯息。每个人都拥有话语权的结果是,个体间的结合更为容易,基于独特需求的小团体的形成更加便捷、生存成本更低,人们无须通过加入一个大组织来寻求归属感、认同感与安全感,也越来越不需要借助大组织来实现自己的愿景。这样的环境下,青年学生对党、团、班级等传统组织的归属感与依赖度会进一步降低,而转而向社团、学生组织、小组等倾注更多的时间与情感。在去中心化、去体制化的时代,作为"体制内"的团学干部如何适应并开展工作,值得研究。

(三)"守成"与"创新"共存

当代中国,改革已进入深水区。所谓改革,内涵是丰富的,其从经济领域启动而触及政治、文化、思想、社会等各领域。改革的时期必定是新老交替、新老共存的时期,所以这一代的青年往往会在"传统"与"现代"之间迷茫与取舍,于是也便肩负着"收成"与"创新"的双重使命。

父辈信奉的是集体主义的价值观。计划经济时期,集体价值至上的一元价值观占据统治地位。个人价值观的地位微乎其微,乃至于被彻底否定。往上回溯,中国几千年的大一统与中央集权的历史传统也没有给个人价值留下很大的空间,人总是被束缚于家庭、氏族、国家等集体之中。但随着生产力的发展与生活物质水平的提高,人有了更多实现个人诉求的愿望与可能,但对集体主义的追忆与美好的留恋依然是社会中的思潮。社会毕竟是人与人连接的产物,"现代"也永远无法割断与"历史"的纽带。中华民族有着悠久的文明传统,传统是无法割裂的,对传统文化与父辈记忆的学习和传承,永远是青年一代的使命,无法逃避。

而另一方面,改革必须创新,必须剔除旧有的障碍与糟粕,舍弃一些我们已经习惯甚至深入民族集体记忆的东西。这个创新的过程,一定是痛苦的。并且,最难办的是,一定是没有标准答案的。哪些是"优良传统"应该保存、哪些是"历史糟粕"应该予以摒弃,其中的标准需要几代人在实践中不断思考、尝试、论证与总结。"三个有利于"也许是现有的一个较好的标准,但急速变化的社会仍然在冲击着我们每一个人,承担着"守成"与"创新"的双重任务,并且不断思考两者的区别,是这个时代特有的烙印与课题。

第二节 高校团学干部应具备的基本素质

在新的历史时期,我国政治、经济、社会和文化背景都发生了巨大的变化,随着国家教育制度改革的不断深入,办学思想和办学形式的多样化,对高校共青团的思想建设、组织建设和作风建设提出了新的要求。要增强团组织的凝聚力和向心力,更好地为青年学生成长成才服务,就要求高校团干部队伍必须具备较深的文化层次、较高的理论水平和较强的工作能力。

一、具有过硬的政治理论素质

高校共青团干部首先是教育者,要教育好别人,自己必须先受教育,努力提高自身的政治素养。作为高校学生群体中的骨干分子,高校基层团干部应该具备较强的政治敏锐度和鉴别能力,对于各种不同的思潮,我们要保持清醒的头脑,吸收有利思想,抵制不良思潮的侵袭,努力在政治思想方面与党中央保持高度一致,才能在未来选择正确的路径,才能对中国特色社会主义道路有着更深刻和更全面的理解。

在教育战线上保证坚持党的基本路线,坚持社会主义方向,是高校团干部的一个重要历史任务,同时高等学校是培养德智体等方面全面发展的社会主义事业的建设者和接班人的重要基地。这就要求高校共青团干部要坚持用马克思列宁主义、毛泽东思想、邓小平理论和"三个代表"重要思想、科学发展观武装自己,掌握正确的政治立场、观点和方法,使之成为思想政治素质中的主体,成为精神支柱,同时提高正确观察事物和科学判断形势的能力,提高处理复杂矛盾和应对各种风险的能力,提高认识世界和改造世界的能力,提高工作的主动性、创造性。

二、具有良好的道德素质

廉洁自律、无私奉献是共青团的优良传统,也是团干部应具备的思想道德素质。团干部要时刻保持积极心态,树立正确的事业观,把团的工作当作事业去追求,把团的岗位看作是为党的事业奉献的岗位,倍加珍惜团的岗位所赋予的神圣职责,无限热爱团的岗位,以强烈的事业心和责任感对待本职工作,以奉献为荣、以奉献为乐,力争在相对短暂的时间内为共青团事业的发展做出更大的贡献。

团干部要不断提高思想境界,增强人格力量,树立廉洁自律的意识,提高勤俭办事的自觉性。因为团干部肩负着培养、教育青年学生的重要职责，其一言一行都代表着团的形象，都有一种示范作用和影响；团组织在青年学生中的威信，相当程度上是广大团干部廉洁自律言行的折射，也是青年学生评价团组织战斗力如何、团干部表率作用如何的重要尺度。为此，团干部必须坚定理想和信念，牢固树立正确的世界观、人生观和价值观，始终保持正确的人生追求，注意培养高尚的情操和积极健康的生活方式，从一点一滴、一言一行的生活小节上严格要求自己，时时刻刻自重、自省、自警、自励，切实做到廉洁自律、无私奉献，赢得团员青年的信任，成为团员青年的表率。

三、具有较强的能力素质

高校团学干部不仅需要知识，更需要能力。有能力才能开展好工作，才能开拓进取。团学干部的能力素质，决定着学生工作的质量，也决定着学生组织实施教育的程度和效果。因此提高自身思想政治素质、道德素质的同时，还要努力提高能力素质，才能适应新形势、新任务的需要，高校团学干部应当具备以下几方面的能力：

（1）组织领导和协调能力。精心组织、调动广大青年学生的积极性，做到统筹全局、有条不紊。在学生活动空间不大的情况下，要善于调动各方面的资源，协调各方面的关系和力量，整合资源开展学生的活动。

（2）宣传发动能力。通过宣读、演讲、座谈、辩论等各种形式引导广大青年学习政治理论、发表政治观点，教育广大青年学生树立正确的世界观、人生观、价值观，学会宣传自己、宣传团组织，扩大学生组织的影响力，通过宣传，调动广大青年学生的积极性，参与到学生活动中来。

（3）开拓创新能力。团学干部在工作中善于运用自己的智慧和敏锐的目光发现新问题、提出新见解、设计新方案的能力。在工作中除了继承和吸收传统的经验外，还应结合工作的具体情况，不断更新工作的内容和形式，开拓学生组织工作的新局面。只有不断创新，才能使团组织工作具有时代气息，增强学校学生组织的吸引力和号召力。

四、具有良好的学习能力

在知识经济时代，知识更新大大加快，科技发展日新月异，思想文化交融激荡，使青年学生的思想、行为、心理、需求等呈现许多新特点。作为高校基层团学干部，需要不断学习，才能更好地解决这些新问题。学习应该是全面的、广泛的，要构建科学合理的知识体系，优化个人的知识结构，必须结合学生工作实际，着眼于未来的事业发展，适应社会的要求，调整优化自己的知识结构，充实和吸纳新的知识营养，及时更新淘汰过时的知识储备。既要认真学习掌握与做好本职工作紧密相关的知识，还要广泛学习理论知识、科学知识、文化知识、社会知识、历史知识、市场经济知识、管理知识等，特别要注重学习信息技术知识和国际交流知识，使自己的知识库始终保持一团活水、常学常新。高校基层团学干部应该具有良好的学习能力，才能为自己赢得更多的支持和信赖，容易在学生中建立一定的威信，这也为日后工作中遇到的各种困难提供帮助。

五、具有良好的身心素质

高校基层团学干部，除了以上几个方面的基本素质以外，还应该具备良好的身心素质，这是开展各项工作的前提条件，也是他们应对繁重工作的必备条件。良好的心理素质是高校团学干部做好高校学生工作的一个重要因素，它直接影响着团学干部能否承担各种繁重的工作任务。当代大学生呈现出许多新的特点，各种新问题层出不穷，给高校学生组织工作的开展带来很多新的挑战。这就要求高校团学干部必须要具有良好的心理素质，才能承担和胜任各种繁重的工作任务，才能拥有良好的人际交往能力，才能善于组织和协调各方面力量，整合各方社会资源，以适应社会发展的需要。同时具有强烈的责任感和服务奉献精神，有较强的团队协作意识，正确对待利益得失，以较强的身心素质应对各种工作中的困难。

第三节　高校团学干部能力提升

高校的团学干部是具有学生身份的特殊的领导者、教育者和管理者，其特定的角色定位要求其应该具备多方面的素质和能力，如思想道德素质、科学文化素质和心理素质等。团学干部能力的提高，需要内外因共同的作用。一方面，团学干部自身要追求进步，奋发向上，勤于锻炼，努力提升；另一方面，高校各级学生工作部门也要加强对团学干部的培养。

本节主要从领导能力、团队建设、口才培养、社交礼仪、公文写作、危机处理、时间管理这七个模块介绍如何提升团学干部的素质和能力。其中，领导能力在所有的能力模块中处于核心位置，团队建设、口才培养、社交礼仪、公文写作、危机处理、时间管理等方面的能力提升能更好地促进领导艺术的提高，其关系如图 10-1 所示。

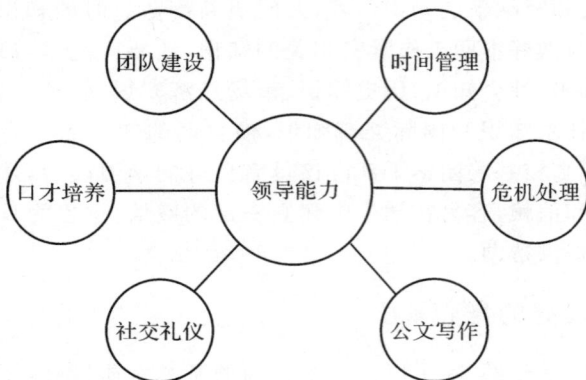

图 10-1　团学干部素质和能力结构关系图

一、领导能力

（一）基本概念

1. 领导能力的基本概念

领导能力是指领导者在领导方法上表现出的创造性和有效性：创造性要求领导者充分发挥主观能动性，把握规律，创造新的领导方法，统筹兼顾，使被领导者感到愉悦和舒畅；有效性是指运用领导艺术后领导目标的实现。团学干部掌握领导能力，能有效实现领导目标，使团组织高效运行，成员间关系融洽，营造和谐团组织氛围。

2. 领导能力的组成及特点

根据领导工作的主要组成部分，领导能力主要分为三种，即用人艺术、决策能力和处理人际关系的能力。

（1）用人艺术。用人艺术包括知人善任、扬长避短、积极培养等，团学干部应合理分配工作及适当激励所在组织的成员，要善于发掘和利用组织外的优秀人才，通过各种资源的整合实现组织目标，并注意用人权力的公正透明。

（2）决策能力。决策能力，其特点是科学与经验的结合，主要运用于组织和筹办活动中，要求团学干部统筹兼顾，把握关键，明确指令，及时决断，充分发挥判断力、想象力、应变力等。

（3）处理人际关系的能力。人际关系的艺术在于保持良好人际关系，掌握沟通技巧，正确处理纠纷。在团学工作中主要表现为具备良好的群众基础，受到成员的支持和理解，要求尊重他人、平等待人、态度和蔼、学会倾听等。

（二）提升领导能力的方法与途径

学习和实践是提高领导艺术的根本途径。根据领导艺术的两个特点，其创造性决定了领导艺术的掌握是非程序化的、非模式化的，而有效性决定了领导者须因势利导展开工作，从实践中去总结经验。提升领导艺术的方法和途径是多种多样、因人而异的，更是一个长期学习和积累的过程，高校团学干部应该根据自身的成长环境和工作性质，在学习和实践中提升领导能力。以下从领导能力共通性的角度介绍了团学干部应该如何提升其领导能力。

1. 提升自我的文化修养

团学干部要通过不断学习掌握丰富的理论基础和学识，这既是增强个人魅力的一个重要组成部分，也是领导者决策时把握全局的根据和创造新领导方法的源泉。团学干部要不断丰富自己对国情和党情的了解，了解社会发展的最新动态。通过相关理论的学习掌握决策的原则、基本方法和程序，使决策更科学、更有说服力，获得同学们的支持，提高同学们的积极性和主动性。通过交谈、观察、调查等方式全面了解团组织同学的情况，尤其注重该同学的影响力、上进心、责任心。科学运用人才，需坚持公道、信任、激励、沟通、层次领导、鼓励竞争和考评等原则。在实践中，应因人而异，避免任务分配上的过分平均主义，也要注意在利用人才资源中进一步培养。

2. 运用良好的沟通技巧

团学干部在组织成员的沟通中，应由浅入深，先寻求共同的经历和兴趣，再达到深层次的共同点，如共同的信仰、理想、目标等。基于相互的认同实现相互的欣赏和支持。团学干部要先自我激励后激励他人，先激发团队成员积极的动机，再通过"励"进行反馈，满足其心灵上的自我认可需求，激发创造性。要注意个体激励和集体激励相结合，物质和精神激励相结合。

3. 掌握合理的协调能力

团学干部要掌握协调能力，协调能力主要包括与上下级和同级间的协调，学会处理冲突，要做到：容人之长，认可别人的才干和优秀之处；容人之短，避免以己长格物，指出其成员的不足之处助其改进，而不是一味批评指责；容人之私，从保护团成员的隐私和私交等，进一步推广到保护团成员的合理利益；容人之正，这就要求团干部放低姿态，从谏如流，善于承认自己的不足，认可下属的正义之言和正义之行。

总之，作为一名团学干部，要从大局出发，坚持"有限忍耐，合理斗争；自我保护，控制情绪；存异求同，加强沟通；处事坦然，真诚和善；顾全大局，发扬民主"的原则。

延伸阅读 10-1

领导力的教育
——美国高中英语和政治课中的跨学科阅读

该课程选取美国高中英语和政治两门课程的课本中关于名人传记的相关内容,作为学生的课前阅读内容,目的是培养学生的批判性思维、沟通、合作学习以及基于道德的分析推理等领导素质与能力。

在课堂教学活动之前,预先发给高中学生相关的阅读资料,让学生提前准备。要求学生在课堂上对所阅读的书进行分析和评价。学生被分成小组,每个组给出不同的主题,要求每个组基于对书中内容的理解和分析,围绕这个主题作生动而有趣的戏剧性的展示。四个小组的主题分别是:①团队互动的重要性;②小说的文学性;③从混乱到秩序;④领导力的不同类型。要求每个组的展示不超过20分钟,目的明确并具有戏剧性结构,可运用多媒体技术和互动提问的形式。

结果,每个组运用了不同方式进行了主题展示:一个组运用了投影仪展示了书中故事发生的历史时刻和关键事件;一个组运用了根据书中故事改编的电影片段;一个组表演了书中故事的几个场景;还有一个组运用色彩丰富、信息丰富的海报说明了书中领导者风格的异同。

延伸阅读 10-2

领导者的用人艺术——孙权的用人之道

东汉末年,天下大乱,诸葛亮于隆中躬耕陇亩,后经刘备"三顾茅庐"出山为其所用;其兄诸葛瑾,避乱江东,经孙权妹婿弘咨荐于孙权,受到礼遇。初为长史,后来官至大将军,在诸葛瑾代吕蒙领南郡太守时,就有人诬告他与刘备有勾结,但孙权听了说:"孤与子瑜有生死不易之誓,子瑜之不负孤,犹孤之不负子瑜也。"

短短数语,便可看出孙权"用人不疑,疑人不用"的真谛所在。孙权重用诸葛瑾,引起了一些人的嫉妒和谗言,但因孙权了解诸葛瑾,所以没有因为谗言而怀疑诸葛瑾,而是对其更加信任,不无端的猜疑。作为一个领导者,如果做不到这一点,听到谗言就对其下属不予信任,朝令夕改,今天让下属做,明天又不让下属做,下属这么做,他又让那么做,这样只会败坏了自己的事业。

《孙子兵法》里说道:"将能君不御"。领导就好比树根,下属就好比树干,树根就应该把吸收到的养分毫无保留地输给树干。领导者授权后,就要予以信任,不能授而生疑,大事小事都干预,事无巨细勤过问。只要下属有能力完成某项任务,授权后,就应允许他具有一定的自主权,下属职权范围内的事让人家说了算。只要不违背大原则,大可不必过问,不要随意进行牵制和干预。

信任是对人才的最有力支持。首先,要相信他们对事业的忠诚,不要束缚他们的手脚,让他们创造性地开展工作。其次,要相信他们的工作能力,既要委以职位,又要授予权力,使他们敢于负责,让他们明确自己的职责、忠于职守。遇事不推诿,大胆工作。对人才的信任和使用还包括当下属在工作中出了问题,走了弯路时,用人者要勇于承担责任,帮助他们总结经验,鼓励他们继续前进。

用人不疑还表现在敢于用那些才干超过自己的人。在这方面,有的用人者却缺乏勇气和信心,对他们手下那些才干超群、特别是超过自己的人总感到不好驾驭,处处针对,设定限制。他们宁肯将职权交给那些平庸之辈,也不交给超过自己的人。这样久而久之,在他所领导的单位形成了"武大郎开店"的局面,人才匮乏,效率低下。真正有作为的用人者充分信任和善于使用那些超过自己的人,这样在他所领导的单位就能形成人才荟萃、生机勃勃的局面。

二、团队建设

(一)基本概念

管理学家斯蒂芬·P.罗宾斯认为:团队就是由两个或者两个以上的,相互作用、相互依赖的个体,为了特定目标而按照一定规则结合在一起的组织。

团队建设,是指为了实现一定的目标和使命,有计划、有步骤地组织团队,并为使团队顺利运行、完成目标和使命而使其成员之间达成共识、相互信任、相互支持、共同奋斗的一系列行为过程和程序。

团队有几个重要的构成要素,总结为5P。

1. 目标(purpose)

团队应该有一个既定的目标,为团队成员导航,知道要向何处去,没有目标这个团队就没有存在的价值。

2. 人(people)

人是构成团队最核心的力量,2个(包含2个)以上的人就可以构成团队。目标是通过人员具体实现的,所以人员的选择是团队中非常重要的一个部分。

3. 定位(place)

团队的定位包含两层意思:第一,团队的定位,团队在企业中处于什么位置,由谁选择和决定团队的成员,团队最终应对谁负责,团队采取什么方式激励下属;第二,个体的定位,作为成员在团队中扮演什么角色,是订计划还是具体实施或评估等。

4. 权限(power)

团队当中领导人的权力大小跟团队的发展阶段相关,一般来说,团队越成熟领导者所拥有的权力相应越小,在团队发展的初期阶段领导权是相对比较集中的。

5. 计划(plan)

计划的两层含义:第一,目标最终的实现,需要一系列具体的行动方案,可以把计划理解成目标的具体工作的程序;第二,提前按计划进行可以保证团队的顺利进度,只有在计划的操作下团队才会一步一步地贴近目标,从而最终实现目标。

(二)加强团队建设的方法与途径

有效的领导力和团队建设被视为团队或组织成长、变革和再生的关键因素之一,也是高校学生干部需要加强的素质和能力。在高校团学干部的工作中,主要涉及党团支部、学生会、学生社团、班委会和班级等方面的团队建设,在这些团队的建设中,可以从明确团队目标、完善团队的制度建设、保持畅通良好的沟通渠道、营造积极向上的工作氛围四个方面开展相应的团队建设。

1. 明确团队目标

规划和明确具体可行的团队发展目标,是团队成员最好的航船方向,目标方向越明确越具体,由此激发的团队效力也就越大。对于明确目标,需要做到两个方面:第一,要将团队的发展方针、发展目标、发展计划告诉所有成员,让成员有工作的热情和动力;第二,要明确成员的个人成长计划和能力提升方案,让成员觉得自己在团队里有所作为,有发展的前途。有这样一个目标,就可以使团队成员看到希望,从而劲往一处使,产生向目标奋进的力量源泉。

2. 完善团队的制度建设

团队建设,制度先行。一个运作良好、健康发展的团队必须拥有一套完善、合理、规范的制度。团队的规章制度包含很多层面:纪律条例、组织条例、财务条例、保密条例和奖惩制度等。好的规章制度可能体现在执行者能感觉到规章制度的存在,但并不觉得规章制度会是一种约束。网上流行一个破窗理论:如果有人打破了一个建筑物的窗户玻璃,而这扇窗户又得不到及时的修理,别人就可能受到某些暗示性的纵容去打烂更多的窗户玻璃。久而久之,这些破窗户就会给人造成一种无序的感觉。这个理论说明,对于违背规章制度的行为,应该及时制止,否则长期下来,在这种公众麻木不仁的氛围中,一些不良风气、违规行为就会滋生、蔓延且繁荣。同时,作为团队的领导者,更应该成为遵守规章制度的表率。

3. 保持畅通良好的沟通渠道

除了日常的工作之外,整个团队要保持经常性的沟通,多交流,善于倾听团队成员的心声,要用真心换人心。无论是社会上的企业团体还是高校的学生团队,都要提倡人性化管理,要多关心团队成员,及时帮助他们。在工作中,团队成员可能或多或少犯这样那样的错误,这就要求在批评时应该掌握一个度,一方面利于工作的开展,另一方面要让他们改正错误,认识到错误的严重性。沟通的主要途径包括以下几个方面:

(1)组织经常性的座谈会、部门例会等,建议团队成员在会上积极反映对团队的一些看法、观点以及有益的建议。

(2)组织团体活动、集体活动,增强团队成员之间在交流和感情。

(3)团队内的各部门之间要进行横向和纵向的沟通,不要因沟通不足而造成隔阂,沟通方式是多样的,但不能流于形式,一定要落于实处。

(4)合理利用新媒体平台,如网络论坛、QQ、人人网、微博、微信等,开展多维度、多形式的交流活动。

4. 营造积极向上的工作氛围

一个团队要有内部的文化氛围,并且是在成员参与的基础上形成,只有团队成员把组织当成自己的"家",把成员的发展与团队的发展融合在一起,这个团队才会有生命力和战斗力。具体可以通过以下几项措施:

(1)团队成员之间要相互关心,相互帮助,对于成员反映的实际问题,要及时解决,条件不够、不能满足的,要给一个答复。

(2)根据团队的实际情况,可以制定相应的激励机制,如评奖评优的激励、工作质量的激励、突出贡献的激励等,并且要将激励机制最终落实。

（3）适时举办团队活动，如给团队成员过生日或过集体生日，在各类节假日开展温馨的问候，举办健康、积极、向上的团队文体活动等。

延伸阅读 10-3

良好的沟通和制度建设——索尼公司的人才战略

一天晚上，索尼董事长盛田昭夫按照惯例走进职工餐厅与职工一起就餐、聊天。他多年来一直保持着这个习惯，以培养员工的合作意识和与他们的良好关系。这天，盛田昭夫忽然发现一位年轻职工郁郁寡欢，满腹心事，闷头吃饭，谁也不理。于是，盛田昭夫就主动坐在这名员工对面，与他攀谈。几杯酒下肚之后，这个员工终于开口了："我毕业于东京大学，有一份待遇十分优厚的工作。但是，进入索尼之前，对索尼公司崇拜得发狂。当时，我认为我进入索尼，是我一生的最佳选择。但是，现在才发现，我不是在为索尼工作，而是为课长干活。坦率地说，我这位课长是个无能之辈，更可悲的是，我所有的行动与建议都得课长批准。我自己的一些小发明与改进，课长不仅不支持，不解释，还挖苦我癞蛤蟆想吃天鹅肉，有野心。对我来说，这名课长就是索尼。我十分泄气，心灰意冷。这就是索尼？这就是我的索尼？我居然要放弃了那份优厚的工作来到这种地方！"这番话令盛田昭夫十分震惊，他想，类似的问题在公司内部员工中恐怕不少，管理者应该关心他们的苦恼，了解他们的处境，不能堵塞他们的上进之路，于是产生了改革人事管理制度的想法。之后，索尼公司开始每周出版一次内部小报，刊登公司各部门的"求人广告"，员工可以自由而秘密地前去应聘，他们的上司无权阻止。另外，索尼原则上每隔两年就让员工调换一次工作，特别是对于那些精力旺盛、干劲十足的人才，不是让他们被动地等待工作，而是主动地给他们施展才能的机会。在索尼公司实行内部招聘制度以后，有能力的人才大多能找到自己较中意的岗位，而且人力资源部门可以发现那些"流出"人才的上司所存在的问题。

延伸阅读 10-4

构建积极向上的工作氛围——小规模团队的探索

蒋大奎和陆谟经过三年苦读，获得了 MBA 学位。1996 年年初，他俩想自己出去闯天下,自立门户。二人分析了自己的长处与不足,又做过初步市场调研后,决定涉足中、短途公路物资运输。经过筹备,他们办起了"神驼物资运输有限责任公司"。董事会决定,先小规模试探,买下三台旧卡车,择吉开张。

蒋、陆两人既兴奋又不安,但他们学的是 MBA,对管理理论是熟悉的,知道应该先务虚,再务实,即先制定公司文化与战略这些"软件",再搞运营、销售、公关等这些"硬件"。他们观察本地公路运输服务业,觉得彼此差异不大,没有特色,这正犯兵家之大忌。神驼必须创造自己独有的特色!经仔细推敲,决定"神驼"就是要在服务方面出类拔萃。

但要做到这一点,需要适当的人来保证。蒋、陆二人觉得在创业阶段,公司结构与人员都必须贯彻"少而精"的原则。为此,组织结构只设两层,他俩都不要助理和秘书,直接一抓到底。分配上基本是平均的,工资也属行业中等,但奖金与企业效益直接挂钩,部分奖金不发现金,改发优惠价折算的本企业股票。基层的职工只分内、外勤,外勤即司机和押送员,内勤则是分管职能工作的职员,他们的岗位职责并不太明确,而是编成自治小组,高度自主。有活一起干,有福一同享,分工含混可多学技能知识,锻炼成多面手。为此,他们在选聘职工时十分仔细,并轮流向他们介绍公司的宗旨和目标。

头半年确实很辛苦,但似乎是得大于失的。这种团结一致、拼命向前的气势和决心,确实使"神驼"服务质量在用户中一枝独秀,口碑载道。一开始是派人上门招引用户,半年下来,反是用户来登门恳请提供服务,用户们还辗转相告,层层推荐。"神驼"的业务滚雪球似地增长,蒋、陆二人已有些应接不暇了。

三、口才培养

(一)基本概念

口才主要体现在人与人之间的沟通,一个人的口才是展示自我的名片、实现自我的工具和提升自我的阶梯。口才好的人在与人沟通交流时能让对方接受、理解并受益。口才水平具体体现在说服、批评、赞美和鼓励等口语表达过程中,通常运用于演讲、辩论和会议主持等实践。

进行口才培养不仅有利于提升团学干部自身能力,也有利于有效开展团学工作,对于学生干部自身而言更是影响深远、受益一生。具备良好口才的团学干部不仅能成为学生群体中的演讲家,更能以其开阔的知识视野、缜密的逻辑思维、高超的表达艺术、良好的心理素质以及洋溢的青春激情在学生中产生广泛而深远的影响力,成为大学生中的时代领袖。

好的口才应当至少具备以下三方面的能力:

1.思想力

思想力包括了知识储备和逻辑思维两方面。只有具备全面、大量的生活常识和专业学识,才能在日常生活和紧急工作状态下运用已有的知识储备,表达出自己的意见。没有较广泛、深度的知识储备,在人与人的沟通过程中很难找到可以长期、深入交流的共同话题,影响人与人之间的认识和情谊。对于团学干部而言,和广大有志青年接触是日常工作状态,具备良好的知识储备更加体现其工作潜力,也才能以其知识储备赢得青年们的尊敬。

逻辑思维相较于知识储备而言,更加难以习得,但是缜密的逻辑思维,不仅有利于表达个人想法,更加能显示一个人对问题思考的全面性、合理性。高校团学干部在工作中的逻辑思维,不仅体现在工作任务布置得井井有条,还体现在紧急事件处理及时、妥当,更体现在对身边事物的独立态度和自主想法。

常说,话语是人大脑想法的口头反馈,思想力是具备良好口才的基础。

2.表达力

表达力主要表现在对一个复杂的事件或想法,是否能够简明扼要地表达清楚,能否将核心内容信息传递给其他人。常有人笑说"只可意会,不可言传",但是在实际的高校团学工作中,就应当把一些事情及时地用口头方式传达清楚,提高办事效率。

表达力还表现在对一件事或一个人的真实还原、描述。错误的表达或者欠缺的表达,无法将一件事或一个人原原本本地重现,会影响他人对该事、该人的印象。有意保留的表达,或者有意突出的表达,也会影响他人对事物的印象。因此,表达力是口才实现其作用、意义的非常重要的因素。

3.感染力

口才不仅仅表现在能够把想表达的都说清楚,在表达的同时一定是有目的的,这种目的不一定是强烈的意识侵入,大多为潜移默化的感染,否则说的话就变成了没有意义的"废话"。让周围的人能接收表达的想法,赞同表达的想法,并一同实践想法,将其变成现实。说服、批评、赞美和鼓励等说话意图体现了口才中感染力水平。

增加话语中的感染力,需要良好的心理素质以及洋溢的青春激情。作为站在新时代有志青年中的高校团学干部,会遇到诸多挑战,这就需要具备良好的心理素质加以应对。具备一定的心理常识,更易于分析交流对象的特征和需求,有针对性地进行交流,达到"说到我心坎里"的效果。青年是富有活力的群体,是"总用不完精力"的群体,作为高校的团学干部,作为青年的引领者,更需要以激情武装自己,融入青年中。

同时,感染力是华丽口才的重要体现因素。

（二）提升口才的方法与途径

要提升口才能力,则需要通过不同途径、方法的训练和积累,以提升口才的思想力、表达力、感染力。

1. 日常积累

提升口才能力离不开日常积累,积累日常生活、学习、工作中所需要运用的理论、常识以及表达口才所需的理论知识。

（1）理论学习。提升口才主要学习逻辑思维和心理学两方面的知识,即思维训练和心理训练。学习逻辑思维,学会深入分析,多角度看问题,学习提高思维能力,善用辩证法看待、解决问题。学习心理学以具备强大、稳定的心理状态,懂得如何去理解他人,如何安慰他人,如何鼓舞他人。

（2）日常观察。日常观察身边发生的事情,包括时事政治、学生动态等等,也包括对其他口才能人的观察。强化积累,完善知识结构,为沟通交流的内容打下基础。只有在了解的基础上,才能进行发散性或深入性的交谈。

2. 模仿训练

（1）语言训练。语言训练即如何发音、如何运用语句。为什么播音员的声音能吸引听众,正是因为他们的语言训练。虽然,作为高校团干部,没有必要人人都堪比播音员,但是语言训练是提升口才的重要训练。字、词、句,音调高低、语速快慢、发音强弱,不同的变化可以反映表达者不同的情感以及表达内容的逻辑性。

（2）表达训练。所有的积累和理论学习都是为了能在实际中运用,因此,表达训练非常重要。表达训练可以是个人自行进行,也可以两人之间互相问答,也可以是多人之间的交流。在此之间,要多观摩别人,从点滴做起。更要勇于实践,收集一些训练材料,试着演绎材料的内容,并尝试发散演讲,提高演讲能力。

3. 实战训练

通过实战训练,可以强化口才能力,也有利于今后更加灵活运用口才能力。主要的实战训练内容包括辩论、演讲、主持。三者之间有相似之处,也存在差异性。共同之处是三种语言表达都可以提前准备讲稿。但是辩论对于现场应变能力的要求更强,演讲(非即兴演讲)的现场变化较少,主持内容的变动程度则与会议主题、形式相关。无论是何种方式,都会对表达者的心理造成紧张氛围,这是对其心理状态的考验。

对于高校团干部而言,工作中比较常接触到竞选演讲、述职报告、即兴演讲、会议主持这四类内容、形式的发言。无论哪种发言,都需要发言人饱含热情,充满自信,这是对自己所讲内容的肯定,更是个人风采的展示。

延伸阅读 10-5

高校培养模式——浙江大学口才训练中心

浙江大学党委学生工作部和人文学院联合共建并成立了全校第一个大学生综合素质能力培训平台——口才中心。口才中心将面向全校文、理、工、农、医各学科本科生招收学员,并聘请校内外知名教授、专业教师、口才专家担任主讲老师,中心活动将在包括经典名著阅读和演讲、沟通与辩论技巧等为内容的理论培训的基础上,通过小班化辅导,并通过组队参加读诗会、专项辩论、演讲比赛、面试模拟等方式,通过与校内外合作、以"走出去"的方式,开展实训,全面促进学生包括口才在内的综合素质提升,让学生得到切实的锻炼和提高。

延伸阅读 10-6

模仿训练——林肯的特殊训练法

美国前总统林肯为了提升口才能力,徒步 30 英里,去法院听律师们的辩护词,听到那些云游八方的福音传教士挥舞手臂、声震长空的布道,以此来学习他们的语言表达方式及其仪态。他边听边模仿,还对着树、树桩、成行的玉米练习口才。

延伸阅读 10-7

日常积累——华罗庚勤练口才

我国著名的数学家华罗庚从小就注意培养自己的口才,他通过背诵唐诗四五百首,学习普通话,以此来加强语言运用能力,锻炼自己的口才。华罗庚先生曾说:"勤能补拙是良训,一分辛苦一分才。"

延伸阅读 10-8

实战训练积累——希拉里注重口才训练的长期积累

美国现任国务卿希拉里,在学生时代就意识到口才的重要性,并且在课堂内外经常和他人就自己心中的疑问进行讨论。她不仅和自己的同学形成讨论组,在课后还常常请教老师,在老师的建议下阅读书籍、讨论问题。其指出"每一次的讨论不仅提高了我的认识,也使我的口才有了飞速进步"。

四、社交礼仪

(一)基本概念

1.社交礼仪的概念

社交礼仪是指人际关系、人际交往中互相尊重、联络感情、增进友谊的文明行为,也是个人文化修养、品德修养和思想修养等精神内涵的外在表现,是一个人发展自我、体现自我所应具备的基本素质之一。社交在当今社会人际交往中发挥的作用愈显重要。通过社交,人们可以沟通心灵,建立深厚友谊,取得支持与帮助;通过社交,人们可以互通信息,共享资源,对取得事业成功大有裨益。

社交礼仪不仅是进入社会后的必备技能,而且在高校中也具有广泛的运用空间。特别是高校学生骨干,因其工作性质决定了其有更多的机会与不同的人接触沟通,出席不同类型的场合,组织不同性质的活动。在这些场合中如何得体地与人互动,为他们营造良好的相处环境,提升自我的形象,保证活动的顺利圆满进行,都需要对社交礼仪的熟练掌握与运用。

2.社交礼仪的功能

(1)个人角度。增进感情,在社交上投入的时间将带来感情上的收获,如我们与亲戚朋友在一起休闲娱乐;建立关系,社交在很多情况下是建立诸如商业合作、感情姻缘等关系的纽带;充实自我,丰富人生阅历和人性情感。

(2)组织角度。礼仪是高校学生组织文化、组织精神的重要内容,是组织形象的主要附着点。成员良好的礼仪可以塑造一个组织的形象,提高组织受众的满意度和美誉度,并最终达到提升组织声誉和社会效益的目的。

(3)社会角度。多学社交礼仪,可以免除学生干部在交际场合的胆怯与害羞,平添更多的信心和勇气,使自己知礼懂礼;有助于获取信息、有益于信息交流,是适应现代信息社会的需要。

(二)社交礼仪养成的方法与途径

1.基本原则

(1)自尊自信,不卑不亢。得体的礼仪的前提是有"强大"的自我。对自己有信心,不管面对的是领导、老师还是同学、朋友;不管所处寝室、课堂还是会场、典礼,都能比较从容地应对、找准自己的定位并进行与他人的互动。

(2)换位思考:以对方为中心。社交礼仪可细化的规则有很多,我们不可能也没必要一一研习。只要在社会交往中始终牢记"己所不欲,勿施于人",照顾他人的感受,营造舒适的互动环境,希望能使别人有愉悦的沟通体验,就做到了最重要的一点。

(3)注重细节。教养体现在细节,细节展现着素质。做人可以大大咧咧、不拘小节,但学生干部交流的对象往往不是亲密熟识的朋友而是初次见面的师生,不熟悉的人之间,只能通过短时间内观察到的现象与细节来判断一个人,形成对一个人的印象。所以注重细节,能使自己在他人心中留下更好的印象,便于将来人际的交往与工作的开展。

2.校内基本礼仪

(1)课堂礼仪。应按时到教室上课,在课堂上保持安静,提问或发言时举手示意。尊重授课老师,以不影响同学听课为基本要求。

(2)办公室礼仪。去老师办公室应提前预约,不在午休或会议期间打扰老师,进办公室要敲门,当老师有其他事务需要处理时应耐心等待,尊重办公空间的秩序与严肃性。

(3)宿舍礼仪。应在宿舍中发挥表率作用,尊重他人的生活习惯与财务权利。照顾他人的感受,多征求他人意见,多与他人分享。

(4)交谈礼仪。不管是与老师还是与同学交流,都应有良好得体的仪态,懂得倾听的重要性,注意语气与措辞,不随意打断他人的发言。总之,一切规则的目的是希望他人与自己交流时获得良好的互动体验。

(5)参加集体活动和仪式时的礼仪。学生干部在集体活动中不仅应积极参加,带头遵守集体活动的要求,同时还应主动协助相关部门和老师做好活动的准备和组织工作。

3.社会交往礼仪

(1)着装礼仪。这是一门高深的学问,在不同场合有不同的着装要求,总的原则是衣装应与环境及其他参与者相一致，在出席活动前事先询问主办方或同行者对着装的要求是个不错的方法。总的要求是：得体，干净整齐，朴素大方，在运动休闲的场合应能体现学生干部的朝气和活力；在正式场合能体现端庄与干练。

（2）通信礼仪。通信的手段日新月异，但不论是通过电话、短信，还是电邮与他人联络，都需要注意：①时间选择，除非有十分紧急的情况，千万不要在他人休息时或晚间联系；②要有称谓及署名；③尊重他人，对他人的联系要及时给出回应，即使因有事无法及时反馈，也应事后解释说明；④放低姿态，不管是请求他人的支持还是答复他人的要求，都应诚恳，有良好的措辞；⑤换位思考，注意他人感受，不作伤害他人情绪或尊严的表述。

（3）造访礼仪。由于工作需要，学生干部时常要到其他兄弟院校或一些机关、企业事业单位造访领导、老师、其他学生干部或同学。应注意适当的造访时间，造访前应预约。在交谈过程中，态度应谨慎谦虚，谈吐文明礼貌，举止大方得体。初次造访时，如有条件，可以带上价格适宜的本校纪念品作为伴手礼。

（4）其他礼仪。在工作实践中，还有其他一些场合比如接待来访、作介绍等，都需要注意细节和礼仪。总之在任何场合都做到考虑他人感受，维护自身形象，就不会有太大的偏差。

延伸阅读 10-9

尊重他人，注意细节——教养无处不在

国内某高校一位专业优秀的学者出国考察，虽对自己的专业表现极有信心，国外同行也未表示异议，但他仍然感觉到，自己并不受欢迎。回国前夕，在他一再追问下，才有朋友婉转地告诉他，是因为他教养太差。

原来，一天，他应邀去对方办公室谈话，是初次见面。谈了一会儿有电话进来，主人打了个招呼就接听电话，他闲着无事，便翻起主人书桌上的书籍文件，就像在图书馆翻阅杂志一样。主人不悦，谈兴大减，找了个借口就结束了这场谈话。

该学者认为，一般说的没有教养是指随地吐痰、满口脏话，而像这样的翻书竟然被叫作"没教养"，更让学者委屈的是从小学到中学到大学到博士，没有任何人教过我该做什么，不该做什么，我去哪里学习这些教养？

延伸阅读 10-10

仪表礼仪——浙江大学学生社交与礼仪培训

浙江大学在国内高校中较早开展了系统性的面向高校学生的社交与礼仪培训。自 2013 年起开办社交与礼仪培训班，旨在使同学们通过对形体姿态、着装配饰、行为礼仪等的学习，能够做到举止大方，谈吐得体，树立优雅形象，更好地展现个人独特气质与魅力。2014 年在此基础上成立"浙江大学礼仪与形象管理中心"，讲授课程包含礼仪基础、着装礼仪、餐饮礼仪等内容，授课方式分为讲座与工作坊两种形式。该校"大学生礼仪素养提升工程"还入选了"2013 年全国高校辅导员精品工程项目"。

延伸阅读 10-11

语言得体——嘉宾致辞

某学生社团在校内举办文化节的开幕式，请来了学院党委领导和校内外嘉宾参加，请他们坐在主席台上。仪式开始时，主持人宣布："请书记下台致辞！"却见书记端坐没动，主持人很奇怪，重复了一遍："请书记下台致辞！"书记还是端坐没动，脸上还露出一丝恼怒。主持人又宣布了一遍："请书记致辞！"张书记才很不情愿地勉强起来去致辞。

延伸阅读 10-12

邮件礼仪——写电子邮件的注意事项

（1）一定不要空白标题，这是最失礼的；

（2）标题要简短，不宜冗长，不要让 outlook 用省略号才能显示完你的标题；

（3）标题要能真实反映文章的内容和重要性，切忌使用含义不清的标题，如"王先生收"；

（4）一封信尽可能只针对一个主题，不在一封信内谈及多件事情，以便于日后整理；

（5）可适当使用大写字母或特殊字符（如"＊、!"等）来突出标题，引起收件人注意，但应适度，特别是不要随便就用"紧急"之类的字眼；

（6）回复对方邮件时，可以根据回复内容需要更改标题，不要"RE RE"一大串。

五、公文写作

（一）基本概念

1.公文的基本概念

公务文书是法定机关与组织在公务活动中，按照特定的体式、经过一定的处理程序形成和使用的书面材料，又称公务文件。无论从事专业工作，还是从事行政事务，都要学会通过公文来传达政令政策、处理公务，以保证协调各种关系，决定事务，使工作正确地、高效地进行。

在高校的学生工作中，主要的公文形式包括两大类，一类是《党政机关公文处理工作条例》规定的 15 个文种公文，分别是决议、决定、命令、公报、公告、通告、意见、通知、通报、报告、请示、批复、议案、函、纪要；另一类是《党政机关公文处理工作条例》规定之外的公文，主要有章程、条例、规则、规定、办法、细则、计划、总结、简报、调查报告、述职报告、会议记录、电话记录、大事记等。

2.公文的特点

（1）有政治性、政策性。公文具有政治性、政策性的特点，一般由特定的作者或组织制成和发布。例如，党委系统可以按隶属关系的权限制作、发布党委文件，行政系统的行政机关可以依职权制作发布行政性文件等。

（2）法定的权威性和行政约束力。公文具有法定的权威性和行政约束力，这是其他书面材料不具备的，同时具有定向性和现实效用，即在特定空间、时间上的作用特点。

（3）特定的体式和处理程序。公文具有特定的体式和处理程序，公文的体式、种类有统一的规定，每种公文的适用范围、表达内容都有一定的格式；文字表述的结构、格式安排、表达方式都有约定俗成的规范；处理文件的程序、手续制度也有严格的规定。

（二）提升公文写作能力的方法与途径

团学干部需要掌握一般公文写作的基本要求、结构原则、组成要素、语言特点和注意事项,并结合具体的公文类型进行写作。

1.公文的基本要求

首先,公文写作要充分体现制文意图,政策思想要保持连贯。其次,提炼观点要准确,要求直笔写作,开门见山,写作时要避繁就简,摒弃空洞的套话,平铺直叙,直陈目的,单刀直入。用"根据、按照、遵照、由于、因为、鉴于、为了、为"等开头,直接揭示主旨。最后,要正确使用数字、标点符号,不写别字。公文中的数字,除成文日期、部分结构层次序数和在词、词组、惯用语、缩略语、具有修辞色彩语句中作为词素的数字必须使用汉字外,应当使用阿拉伯数字。

2.公文的结构原则

公文的写作要反映社会的发展规律和内在联系,要服从表现主旨的需要,也要符合人们的一般思维规律。

3.公文的组成要素

主旨、材料、结构、语言是构成公文的基本要素。

公文写作的主旨通常是指一篇公文所表达的中心思想或基本观点,它是公文的核心和灵魂。公文的主旨必须符合正确、集中、鲜明和新颖的要求。

公文写作的材料,是用来表达主旨的事实和依据。公文写作人员要学会运用科学的方法,围绕公文主旨选择真实、准确、典型和新颖的材料。

公文写作的结构是公文的骨架,只有借助于结构这个骨架,公文的主旨和材料才能组合成为一个有机的整体。

公文写作的语言属于应用语体,既要体现公文语言庄重、准确、朴实、精练、严谨、规范的特点,又要符合现代汉语语法、修辞、逻辑等方面的规范。

4.公文的语言特点

根据公文的特性,其语言风格具有一定的规范性要求。

首先,公文的语言要求庄重、严肃,即"板起面孔说话",要使用书面语言、标准语言,不用或少用口语、俗语,忌滥用文学语言。

其次,公文的语言要求平实、得体,写作态度要诚实,少做作,勿卖弄。同时,语言要适合发文者的身份,要适合题旨、适合对象、适合语境。

再次,公文的语言要求明晰、准确,用语审慎周密,分寸恰当,要用限制性的词语表示出事物的差别,运用数字明确表述事物,注意前后照应,避免互相矛盾,不生造词语,不写错别字,正确使用标点符号。

最后,公文的语言要求简洁、精当,要从特定目的、特定对象出发,根据工作需要,写最重要的,运用各种简省的表述方法,并要进行仔细的修改。

5.公文写作的常见问题

公文写作的过程中,常常会出现结构、语句、格式方面的错误,所以在公文的写作过程中,需要注意以下问题:

(1)文件中称谓太简单、不明确、不规范或不统一;

(2)标题不规范或过于繁琐;

(3)标题与落款不一致;

(4)标题排列不美观;

(5)字体字号混乱;

(6)文句不通,不符合语法规范;

(7)出现错别字;

(8)标点符号使用不规范。

延伸阅读 10-13

公文示范

公文范例

关于邀请×校长、×书记参加"10356211"工程奠基仪式
并致辞的请示报告

校长办公室、党委办公室并呈×校长、×书记:

根据"校长办公会议决",我院成立了专门的"10356211"工程指挥小组,在校领导的指导和指挥小组的努力下,前期准备工作已经就绪。现定于十月二十一日举行工程奠基仪式,届时想请×校长、×书记参加仪式并致辞,请校长办公室提供方便。热切盼望×校长、×书记的到来!

此致

敬礼!

环资学院

2013 年 10 月 11 日

错误及分析

1.标题

标题应由"发文机关＋关于＋事由＋文种"构成,对内发文可省略发文机关。就上文标题而言,似乎也符合这一要求,但这只是最起码的格式要求,细究起来,这个标题仍存在着不少错误:

(1)多用标点。标题中除书名号外一般不用标点,如:"关于印发《浙江大学公章管理办法》的通知"。上文题目中的顿号、引号都是多余的,应该去掉。

(2)人物模糊不清,顺序排列不当。公文里所提到的人物应使用全名,不能只用姓氏加上职务,一个学校可能会有两个王校长,不用全名会引起不必要的麻烦。对外行文尤其要注意。

(3)项目不宜使用代号。公文应该是明晰的,应让阅读人一看便知。有些项目和工程有代号,而这些代号可能只有该领域的人知晓,一旦用代号代替项目具体内容出现在公文里,会给人一种不知所云的感觉。

(4)混用文种。根据国务院 2000 年 8 月发布的《国家行政机关公文处理办法》,行政公文的种类主要有命令、议案、决定、意见、公告、通告、通知、通报、报告、请示、批复、函、会议纪要 13 种。请示和报告为不同文种,不能混而为一,上文应属请示。文种不能错用,也不能混用,更不要生造,如事宜、申请等都是非公文文种。

2.主送机关

主送机关,即受文对象,应根据公文内容选择相应的主送机关。上文中的主送机关也存在着错误:

(1)多头请示。请示和报告一般只写一个主送机关,需同时送其他机关的应采用抄送形式。上文应主送党委办公室,抄送校长办公室。

(2)不能送个人。公文是机关单位之间联系汇报工作、处理解决问题的载体,它只针对单位,不针对个人,所以它一般不直接送给个人审阅。

3.正文

文种不同,内容要求也有变化。请示的正文一般包括请示缘由、请示事项,并应提出自己对解决问题的态度和意见。上文作为请示,虽然符合基本要求,但很多错误也是显而易见的:

(1)引文不全。引用的公文要写明"发文时间＋发文机关＋标题＋公文编号",如:"根据浙大〔2003〕17 号《关于进一步做好校园安全工作的通知》精神"。上文所提到的"校长办公会议决"缺少时间和议决题目。

(2)数字不规范。正文中除一些约定俗成的叫法外(如浙江大学"十二五"规划），数字应用阿拉伯数字，"十月二十一日"应为"10 月 21 日"。

（3）用词不当。公文讲究公事公办，不需要过度客气，行文应力求客观。"请校长办公室提供方便。热切盼望×校长、×书记的到来！"这些含有感情色彩的话尽量不用。

（4）信息不准确。公文所涉及的时间、地点、人物应尽量做到准确具体，上文中举行奠基仪式的时间不够具体，地点也没说明，在公文写作中要注意避免。

（5）结尾不当。公文有自己的结尾用词，请示一般用"以上请示，请予批复"结尾，而不用私人信件中常用的"此致"、"敬礼"。

（6）缺少联系人。请示一般应有联系人和联系电话，上文中少了这项内容。

4. 落款与日期

正文后右下角要写上发文机关和发文日期，这看起来简单，但一不小心，可能也会像上文一样出错：

（1）发文单位不能用简称。其实在整个公文里，人名、地名、单位名称、文件名称、事物名称等都忌用简称。上文中的"资环学院"应写全称"资源与环境科学学院"。

（2）发文日期不能用阿拉伯数字。和正文要求正好相反，发文日期要用汉字，但 0 不能写成"零"，也不能用"0"，而使用"插入"菜单中的符号"○"。所以上文中的"2013 年 10 月 11 日"应改为"二○一三年十月十一日"。

六、高校危机事件处理

（一）高校危机事件

1. 危机事件的概念

什么是危机事件呢？著名的危机管理大师巴顿（Barton，2002）认为："危机（事件）是一个会引起潜在负面影响的具有不确定性的大事件，这种事件及其后果可能对组织及其员工、产品、服务、资产和声誉造成巨大的伤害。"从这一经典的危机事件的定义可以看出，危机事件具有两个重要的特点：负面影响、不确定性。

（1）负面影响，指的是危机事件所带来的后果往往是消极的，或者我们可以这么说，危机事件如果不加处理而任其规律发展，其对事件相关人的伤害是必然的。伤害对个人而言包括生理、心理、财物等；对组织则包括秩序、效率、声誉等。

（2）不确定性，指的是危机时机发生前的可预见性与发生后的发展的预测性都是比较弱的。这种不确定性来自危机事件本身的性质,来自预见及处理此类事件的经验缺乏,也往往来自相关技能在事件处理者中的不普及。

2.高校危机事件的类型

具有上述特点的危机事件发生在高校中,或发生在与高校相关的人员、组织中,我们就称之为高校危机事件。目前对高校危机事件的研究不少,但几乎都集中在宏观层面,即影响高校教学秩序、师生安全、学校声誉的事件。从高校团学干部的视角来看,此类事件自己参与的机会不多且往往是辅助者。笔者的着眼更多是在另一类微观层面的危机事件,详见分类如下:

(1)宏观层面的高校危机事件。此类事件往往也是较为传统及普遍的高校危机事件,主要有以下几类:安全稳定类、事故灾难类、校园治安类、公共卫生类、组织声誉类等。对高校团学干部而言,此类事件最大的特点是第一责任人并不是学生干部,而是学校领导或各部门的负责人。此特点最大的指导价值在于,团学干部在此类事件中主要承担的是信息传达、舆论引导、物资运送等辅助工作。因此,此时学生干部主要的责任与应对策略是明确自身职责,听从领导者安排,完成分内工作,对事件的总体把握与筹划没有更高的要求。

(2)微观层面的高校危机事件。此类事件的主体一般是与高校相关的较小的组织,校内如学生社团、学生会、班级等;校外如实践小分队、对外交流团队、赛事代表队等。这些团队中发生的影响不辐射至组织外的危机事件,属于我们在此讨论的范畴。因之,如果是在此类组织中发生的人员伤亡、健康卫生等事件,依然属于第一类事件,因其影响已不局限于微观层面。该类事件主要有以下几类:组织声誉类(如有同学对其组织提出尖锐批评且影响较大)、活动举办类(如活动预定的嘉宾无法出席、活动现场出现不顺利等)、人事关系类(如部长与干事之间产生冲突)、层级冲突类(如学生组织成员与上级组织、指导老师等产生冲突)等。因为学生干部是处理此类事件的主体,且其发生的频率远高于第一类事件,因此是我们在下文讨论的重点。

(二)提升高校危机处理能力的方法与途径

前文已述,高校危机事件有两种大类的区分,学生干部在两种类型的危机事件中扮演的角色与承担的任务不同,相应地所需要的能力与采取的措施也有差异。分述如下:

1.宏观层面高校危机事件的处理:作为辅助者

在此类事件中,处理的责任人往往是校领导、机关领导、辅导员等具有成熟经验的领导、老师,因此学生干部主要承担的是辅助工作。其工作要点如下：

（1）找准定位，听从指挥。作为事件处理的辅助者，首先要找准自己的定位，不擅做主张。积极配合负责人的工作，明确交付给自己的任务，随时准备，全力完成。在了解事件处理整体进度的基础上，做好自己的分内工作。有意外的情况，多汇报，多请示，顾全大局，听从指挥。

（2）快速反应，传递信息。在此类事件中，学生干部很可能是事件的第一发现者，因其与学生群体的接触最为紧密。在发生这种情况时，学生干部首先要有第一时间的正确反应，比如遇到意外伤害事件时的拨打急救电话、比如遇到公共安全事件时的及时疏散；之后，要尽快寻求工具与途径，以最快的速度向辅导员、指导老师等责任人汇报情况，便于事件在更高层面的决策、处理。

（3）了解情况，消除影响。在危机事件处理的过程中与结束后，都应及时跟进并了解处理的进展与情况。始终以主人翁的精神，客观科学地向外发布危机事件的信息，自觉与官方的声音保持一致，自觉向周围的同学与校外的人士传递积极的信息，自觉维护学校、组织的形象。期望通过科学的事件处理与透明的信息公开，最大限度地挽回危机事件对学校声誉的影响，甚至将危机转化为机遇。

2.微观层面高校危机事件的处理：作为负责人

当由学生骨干担任负责人的组织出现危机事件时，就需要学生干部以负责人的角色解决。这时，其将参与整个事件的处理过程，对其采取策略与各种素质也提出了更高的要求。

（1）心理准备。危机事件是很难预料的，所以在成为一个组织的负责人后，学生骨干就该做好这方面的心理准备，要明确这种情况在工作的过程中是有很大的概率发生的。有了这种心理上的准备，当危机真的发生时，就可以以最快的速度调整自己的情绪与状态，较好地投入危机事件的处理中。

（2）处理原则。即处理危机事件时应始终坚持的工作方针。此种原则有利于指导处理者明确事件处理的轻重缓急，最大限度地提高处理效率，减少事件的消极影响。

①量力而行。分析危机的性质，决定是否需要向上级部门或指导老师汇报，寻求他们的帮助。除了向上级寻求帮助，也需要学会向同学、下属等借力，协同解决问题。量力而行是一个重要的原则，什么问题都自己承担不是一种理智的行为。

②目标明确。需要事先分析要把危机处理到何种程度：是完全消除影响，还是尽量减少损失。不做过高或过低的预期，制定合理的目标是完成任

务的重要一步。

③"快、准、净"。对危机事件的处理必须快速、高效,尽量在短时间内处理完毕。对突发性事件处理工作的指挥、分析、预测要"准",对事件公布的消息和上报的材料要"准"。突发事件处理工作一定要干净彻底,不留隐患。

(3)工作小组。处理危机事件需要将有效的人力进行有限分配,既各司其职,又相互配合。在一个科学高效的组织结构中,个人的功能都能得到增益,整体实现"1+1>2"的效果。

在一个"领导小组"之下,可设置"信息联络组"、"物资保障组"、"资料收集组"等分组,根据事件性质与程度的不同,灵活调整各组的构成与任务。

(4)处置阶段。一般来讲,危机事件的处理可以分为三个阶段:预警阶段、应对阶段和善后阶段,明确处置分阶段这一事实,并在不同阶段采取不同措施,有利于事件的顺利、高效处理。

①预警阶段。主要工作是对危机事件萌芽、孕育时的异常信息进行收集和分析,预测可能发生的事件,并事先制定可能发生的事件的预案。

②应对阶段。这是对危机事件的实际处理阶段,需要应用各种知识,整合各方资源,按照危机处理预案审慎、及时处理。

③善后阶段。此阶段往往被忽视,其实十分关键,起到维持效果,提升队伍的作用。此阶段的主要工作是消除突发事件的不良影响,总结经验教训。

延伸阅读 10-14

信息反馈——学生干部的优势

浙江某重点高校 2006 级英语系 1 班班长在谈到自己处理班级突发事件时,说:"由于系里同学比较多,我们班的大多数同学系里老师都不认识,而我们这些班干部就不存在这种情况,对身边的同学了解比较多。在处理班里突发事件时,这种优势在信息获得以及事件处理的针对性等方面都具有重要的作用。"

延伸阅读 10-15

承担辅助任务——"蛋炒饭"风波

2006 年 3 月 13 日晚 7 时多,广东某高校一名学生在食堂吃了"蛋炒饭"后,出现恶心、呕吐、发烧、胸闷、指甲发黑甚至昏迷等症状。8 时许,大批学生陆续出现类似的症状。学生干部们马上通知学校餐饮中心和各院系负责学生工作的老师,同时赶紧与校门诊部联系。校门诊部肖大夫介绍,经过初步检查,这是一起学生集体中毒事件,随即启动了应急事件处理预案,将情况向上级防疫部门报告。经检验科医师检测,发现学生血液中含有亚硝酸盐成分,医生诊断学生们的症状是由亚硝酸盐引起的中毒。门诊部对他们迅速施行了洗胃、吸氧等救治手段,幸好抢救及时,所有中毒同学均无生命危险。在抢救过程中,学生干部们积极做医生的助手,做了大量的服务工作。同时,他们还积极配合学校和防疫部门做好排查工作。学校已经通知所有吃了"蛋炒饭"的学生去门诊部进行检查。第二天,很多受害学生的室友和同学,集体到食堂餐厅,吵着要找卖"蛋炒饭"的窗口"算账"。餐厅工作人员与学生发生激烈争吵。关键时刻,学生干部们再次站了出来,劝说各位同学保持冷静,应通过学校等有关途径解决问题,这才平息了风波。学校和有关部门随即对该售饭窗口实行食品卫生监控、检查,以避免中毒事件的再次发生。

延伸阅读 10-16

承担领导任务——处理学生会"纳新危机"

小沈是某学院学生会的主席,在开学初的学生会纳新中,距离报名截止日期只剩 1 天时,收到的报名表只有个位数,如果这样的情况持续下去,学生会将面临无人可用,工作无法开展,组织无法存续的危机。其与主席团成员一起冷静分析了情况产生的原因,认识到主要是因学校的招生模式调整,导致本学院所属大类的新生对其认知度不高,而其他大类的新生有较大的意向却没有合适途径。因此,其带领学生会成员果断调整纳新策略:选择受众,采取入室宣讲、学长组推荐等有针对性的宣传方式,并简化报名手续,最终顺利完成纳新任务。

七、时间管理能力

（一）基本概念

时间管理是指通过事先规划并运用一定的技巧、方法与工具实现对时间的灵活以及有效运用，从而实现个人或组织的既定目标。具备优秀的时间管理能力相较于其他人可以更加有效地完成工作任务，压缩时间，有序地安排繁杂的工作，并且能够游刃有余地处理突发事件。对于高校团学干部而言，时间管理为提高完成团工作质量是至关重要的，只要在有效进行时间管理的基础上才能发挥个人的才能做一些创意性工作。具备较高的时间管理能力者，往往具有以下几个特征：

1.时间管理目标明确

时间管理的总目标是优化工作效率，但是怎样算是高效的工作安排，不同人有不同的判断。事务性工作、自己感兴趣的事情还是上级布置的任务，又或者帮助他人的事情更应当排在完成的优先位置上，不同人会有不同的选择和考虑愿意。具有明确的时间管理目标，能够及时地做出安排事务的顺序，并且按照目标要求根据实际情况做出适当的调整安排，有条不紊地做好工作任务分配，按期完成各项工作。即使工作无法如期完成，只要安排与目标一致，也能在最短的时间内完成，减少对后期其他工作的影响程度。

2.计划安排常规化

时间管理的重要步骤就是计划安排，计划安排不是只针对一件重要的事才做。有较强时间意识的人能把计划安排常规化，凡事都会进行时间安排。计划安排不仅仅是针对所要做的事情进行排序，还要预估所花的时间。对于两件事之间的碎片化时间也能够进行规划整合，提高时间利用率。

计划安排常规化，不仅可以让自己形成良好的习惯，该什么时间做什么事情，同时也能让他人了解自己的做事风格和习惯，方便与他人工作衔接。常规化的时间计划也能让我们自己了解自己的办事效率，在常规化的工作中归纳总结，并针对工作效率或外部变化适当做出调整，不断提高办事效率。

3.熟练运用时间管理技巧

现在时间管理能力越来越被重视，国内外不同专家、学者提出了诸多时间管理的原理和技巧。David Allen 时间管理五步法（GTD）：收集、整理、组织、回顾与行动；帕累托原则，或称为二八原则；麦肯锡 30 秒电梯理论，或称为"电梯演讲"。这些时间管理技巧给出了时间管理的某种模式、安排规则或者提高工作效率的要点。熟练掌握多种技巧,并合理运用于自己的日常时间管理,不得不说是具备较高时间管理能力的体现。

(二)提升时间管理能力的方法与途径

1.日常事务分析

记录自己日常所有会做的事情,分析各类事情的重要性、紧迫性等,从而根据自身的理解进行事务工作日常安排。例如在高校的团学工作中,可以对开会时间、分管工作管理时间、学生指导时间、个人学习时间等做规划分配,并留出一定的时间用于紧急事件处理或者用于临时附加工作。

在日常工作记录的基础上,对一定时期的工作进行总结、分析,并根据自己的工作内容变化和一段时间后的熟练程度、自身优缺点进行适当调整,并且根据工作内容适当将个人工作分配给其他人,从而减轻自身负担。

2.计划安排

计划安排包括目标设定、分轻重缓急、估算时间等。计划安排可能是一天内的,也可能是一周甚至是一个月、一个季度的工作。一个详细的计划安排,不是简单地把工作任务排序,而是建立在对每件事的分析上,进行归类、规划。需要根据自身能力合理估算所需时间,还必须要有大局观,从整体性去考虑计划安排,预定实现目标的进程及步骤。

在计划安排自己时间的同时,还可以结合周围的资源,善于将一些工作分派和授权给他人来完成,提高工作效率。并且,为计划提供预留时间,掌握一定的应付意外事件或干扰的方法和技巧;准备应变计划。

3.严格执行计划

计划的制定就是为了更有指导性地执行,因此,在你已经看过总工作量并且计算出有必要在多大程度上重新组织之前,不要轻易做出承诺。但是,约定的工作,就应当尽可能严格按照计划进行。确认工作进度是否按照计划有条不紊地进行,如果发现存在较大差距,则需要及时重新进行时间安排。

在执行计划过程中,会遇到突发事件、额外任务或他人的求助。此时,要认识到自己的能力有限,对于自己已有安排之余无法完成的事情必须坚定说"不",保证原计划的照常进行。如果是自身能力有限,在执行之后才发现与预定的计划偏差大,则要考虑到借助其他人来达到目标或完成任务,并及时做好任务分工安排。

4.养成良好习惯

俗话说"熟能生巧",当一个人习惯性地进行计划制定,习惯性地做好时间安排,习惯性地有序完成琐碎事务时,则一定能在繁琐的事务中解放自己。例如在繁杂的高校团学工作中,养成定时查收邮件、查看校内外新闻、记录会议安排的习惯,有利于提早做好时间规划,不让自己处于被动的地位,能更加主动、有效地完成阶段性任务,才能有时间进行自我学习,关心、掌握学生动态,更加有预见性地做好团学工作。

延伸阅读 10-17

时间规划——学业与活动的平衡

进入大学后,很多学生都面临社团和学业之间的平衡问题,但是在社团中也不乏一些学业、社团兼顾的优秀学生,小张同学就是其中一员。她把自己的时间划分得清清楚楚,课堂时间专注于学习,课后零碎的时间进行课堂预习和复习,周一至周三的晚上完成作业,课程较少的周四、周五晚上筹备社团活动,周末的白天投入社团活动或其他个人文艺爱好培养,其余时间用于处理其他临时性事件或用于课外阅读、学术研究。她很好地利用碎片化的时间,处理一些零碎的事情,将一些同性质的事务聚集在一起,提高效率,又较好地处理了社团和学业之间的关系。

延伸阅读 10-18

目标设定——更远的目光

作为学生,成绩是衡量学生学习情况的一个标准。小A和小B都是金融专业的学生,他们的成绩都排在班级前列,但是毕业后小B找到的工作年收入远远高于小A。在采访小A的过程中发现,小A把获得高成绩作为自己大学学习的目标,而小B把获得更多的知识作为自己大学学习的目标。虽然两个目标很近,都需要认真学习,实现目标会让他们获得不错的成绩。但是小A往往临时抱佛脚,只能获得不错的成绩;小B则在日常积累中提升了自学能力,获得更好成绩的同时,提高了学习效率。

延伸阅读 10-19

计划总结——柳比歇夫的"时间统计法"

苏联生物学家柳比歇夫,从 1916 年元旦开始(当时 20 岁),对自己实行了一种"时间统计法",即把自己每分钟、每小时做了些什么,时间是否用得恰当,都详细地记载下来。而且像吝啬的小商人核算金钱一样核计自己的时间,一天一小结,每月一大结,年终一总结。直到 1972 年逝世为止,56 年如一日,从来没有间断过。由于他一生善于管理和利用时间,发表了学术著作 70 余部,还写下了 12500 张打字稿的论文和专著,内容涉及昆虫学、科学史、农业遗传学、植物保护、进化论、哲学等。在紧张的科学研究中,他每天都能保证 10 小时左右的工作时间,并经常参加娱乐活动、体育锻炼,从事社会工作。

参考文献

[1] 董海艳.社会转型时期大学生思想政治工作研究.吉林大学硕士学位论文,2008.

[2] 刘巍巍.浅谈新时期推进高校共青团工作的方法和途径.长春金融高等专科学校学报,2010(03).

[3] 高飞,高蕴博.团干部的作风培养机制研究.辽宁医学院学报,2012(4).

[4] 凌日飞,辛立章,曾丽萍,等.共青团干部培养长效机制的思考.广西青年干部学院学报,2012(4).

[5] 李健希.新形势下对高校共青团工作的思考.中国科教创新导刊,2009(29).

[6] 石国亮.高校学生干部培训教程.北京:中国青年出版社,2007.

[7] 王宇.决定一生的口才.上海:上海交通大学出版社,2008.

[8] 鲁献慧.论中国现代化建设中的人格转型.社会科学辑刊,2001(4).

[9] 孙厚军.党政机关公文处理工作教程.杭州:浙江大学出版社,2013.

[10] http://baike.baidu.com/view/296931.htm? fr=aladdin.

后 记

　　高校团学干部是一支朝气蓬勃、青春热情、善于思考的骨干队伍,是高校思想政治工作队伍中一支重要的生力军。他们与广大青年学生联系密切,对团学各项工作的推进、落实、反馈有着不可替代的作用。

　　新形势下,高校团学工作的外部环境和内部基础均发生了很大的变化,与新形势新任务的要求相比,高校团学干部的思想政治素质和工作能力还需要进一步提高,团学干部教育培训工作的形式内容和运行机制还需要进一步完善。因此,加强对高校团学干部的培训工作,促进他们对团学相关实务知识的掌握,增强他们的理论水平和实际工作能力,全面提升他们的综合能力素质,是一项十分重要而紧迫的工作。

　　本书编写组在开展高校团学干部实务培训工作积累的基础上,编写了《历练·提升·成长——高校团学干部实务培训十讲》。本书同时吸取了近年来高校团学干部培训工作研究的优秀科研成果,从高校团学工作实际出发,力求以讲座的形式,深入浅出地阐述共青团的历史沿革与发展现状、团的基层组织与团支部建设、团的思想引领与宣传信息工作、团的文体活动与品牌文化建设、大学生社会实践活动的组织与实施、青年志愿者与青年志愿服务活动、共青团服务大学生创新创业工作的方法与途径、高校青工团建工作创新、共青团工作的基本思路与基本方法、高校团学干部的能力提升等十个方面的问题,适合高校各级团学干部阅读和学习。

　　本书力求通俗易懂,为了便于读者的理解,在各章都附有案例或延伸阅读。本书既可作为高校各级团校开展团学干部培训的教材,也可用作团学干部提升能力素质的辅导读物。

　　本书是共青团干部集体智慧的结晶,全书由刘艳辉、潘健主持编写和统稿,王万成协助负责第一至五讲的统稿,金芳芳协助负责第六至十讲的统稿。全书十讲作者分别是:第一讲谭芸、马宇光、潘健,第二讲陈敏、王万成,第三讲沈晓华、卢飞霞、梁艳,第四讲卢军霞、任立娣、吴维东,第五讲潘贤林,第六讲沈晔娜、刘艳辉,第七讲朱佐想,第八讲仇婷婷、潘健,第九讲徐洁、李姿曼、刘艳辉,第十讲俞磊、翁亮。

　　浙江大学党委高度重视团学干部队伍建设和教育培训工作,校党委副书记严建华教授欣然为本书作序。张子法老师对本书第一讲和第二讲做了细致的校核工作,浙江大学出版社徐霞女士做了精心编辑,在此一并表示衷心的感谢。

　　本书在编写过程中,参阅了国内大量的文献资料,在此谨向文献资料的作者表示衷心的感谢。由于编者水平有限,书中难免存在错误和缺点,敬请各位专家和老师以及广大团学干部予以批评指正。

编　者

2015 年 1 月

图书在版编目（CIP）数据

历练·提升·成长：高校团学干部实务培训十讲 /
刘艳辉，潘健主编. —杭州：浙江大学出版社，2015.4
ISBN 978-7-308-14487-2

Ⅰ.①历… Ⅱ.①刘…②潘… Ⅲ.①中国共产主义
青年团－高等学校－共青团干部－干部培训－学习参考
资料 Ⅳ.①D297.6

中国版本图书馆 CIP 数据核字（2015）第 050880 号

历练·提升·成长

——高校团学干部实务培训十讲

刘艳辉　潘　健　主编

责任编辑	徐　霞	
封面设计	续设计	
出版发行	浙江大学出版社	
	（杭州市天目山路 148 号　邮政编码 310007）	
	（网址：http://www.zjupress.com）	
排　　版	杭州中大图文设计有限公司	
印　　刷	浙江省良渚印刷厂	
开　　本	710mm×1000mm　1/16	
印　　张	21.75	
字　　数	379 千	
版印次	2015 年 4 月第 1 版　2015 年 4 月第 1 次印刷	
书　　号	ISBN 978-7-308-14487-2	
定　　价	46.00 元	